자이스토리

중학 국어 **독해력 완성** ③

[비문학]

수경출판사

모든 공부의 시작은 '글 읽기'입니다!

왜 독해를 공부해야 할까요?

모든 교과서는 잘 짜여진 '비문학 지문'과도 같습니다. 글을 읽고 이해하고 정리하는 훈련이 제대로 되어 있지 않으면 교과서 내용을 이해할 수 없고, 흥미를 붙이기도 쉽지 않아 공부를 하기 어렵습니다. 그래서 올바른 독해법을 연습해야 합니다.

올바른 독해 연습은 어떻게 시작해야 할까요?

친구들과 대화를 한다고 생각해 봅시다. 대화가 이어지려면 가장 먼저 친구가 '무엇을 말하고자 하는지' 파악해야겠죠? 글 읽기도 마찬가지입니다. 글에서 말하고자 하는 바, 즉 주제를 파악하는 것이 글을 독해하는 핵심입니다. 따라서 글을 읽고 올바른 독해를 하려면 결국 글의 주제를 찾는 연습을 해야 합니다.

우리가 시험에서 마주하는 글은 보통 길기 때문에 글의 주제를 한번에 찾는 것은 많이 어렵습니다. 그래서 체계적인 훈련을 거쳐야 합니다. 긴 글을 통째로 이해하는 것이 아니라, '문단'별로 쪼개서 이해한 후에 각 '문단 간의 관계'를 파악합니다. 쪼개서 이해한 문단들이 머릿속에서 서로 연결되면 '글 전체'의 핵심을 이해할 수 있게 되는 것이죠.

글을 읽고 어떤 이야기를 하는지 잘 이해하게 되면 수학 서술형 문제도 쉽게 풀 수 있고, 영어 단어를 조금 몰라도 영어 지문을 충분히 독해할 수 있게 됩니다. 그 뿐인가요? 사회 현상이나 과학 원리를 배울 때도 이를 설명하고 있는 글을 잘 이해하면 해당 개념이나 법칙, 현상을 쉽게 익힐 수 있어요. 그래서 글을 잘 이해하면 모든 과목의 성적이 오르게 되는 것입니다.

자이스토리 중학 국어 독해력 완성

계단식으로 올바른 독해를 연습할 수 있어요!

"Follow Me!"에서는 마치 과외 선생님이 옆에서 나의 수준에 맞춰 설명해 주듯이 각 STEP별로 학습할 사항을 안내하고 있어요. 지문에서 어떤 것을 먼저 찾아야 글을 쉽게 이해할 수 있는지, 그 이후에는 어떤 과정을 거쳐야 독해를 제대로 하게 되는지를 차근차근 설명해 줍니다. "Follow Me!"에서 알려준 방법대로 지문을 읽는 연습을 하면 글의 내용을 정확히 이해하기 위해서는 어떤 것들을 먼저 파악해야 하는지 알게 되고, 문제를 쉽게 풀 수 있게 됩니다.

STEP Ⅲ
글의 구조 파악하기,
주제 찾기

STEP Ⅱ
문단 요약하기,
문단 간의 관계 파악하기

STEP Ⅰ
핵심어 찾기,
중심 문장 찾기

- **중학 국어 자이스토리 독해력 완성 1** [비문학] 중학 국어 독해 기초 연습 (중2~예비 중1)
- **중학 국어 자이스토리 독해력 완성 2** [비문학] 중학 국어 독해 집중 훈련 (중3~중1)
- **중학 국어 자이스토리 독해력 완성 3** [비문학] 중학 국어 독해 심화 학습 (예비 고1~중2)

문제를 쉽게 이해할 수 있는 친절하고 자세한 입체 첨삭 해설

- 혼자 공부하더라도 어렵지 않도록 모든 지문을 분석하고 입체 첨삭으로 시각화했으며, '왜 정답', '왜 오답'을 통해 모든 문제의 정답과 오답의 근거를 제시하였습니다.
- 수업 및 학습 지도 자료로 활용할 때 큰 효과를 거둘 수 있도록 지문 해제, 문단 요약, 주제, 정답 풀이, 오답 풀이 등도 상세하게 수록하였습니다.

구성과 특징

① 하루 2개 지문으로 재미있게 독해 시작!

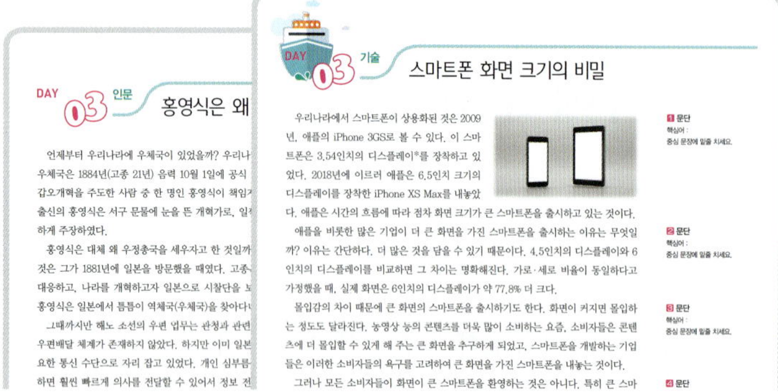

▶ **눈높이에 맞는 흥미로운 내용으로 구성**
교과서 지문 속 소재를 중심으로 중학생이 흥미롭게 생각하는 내용을 난이도에 따라 구성했습니다.

▶ **매일 서로 다른 제재의 지문으로 학습**
비슷한 제재로 학습하여 지루함을 느끼지 않도록 서로 다른 2개 영역의 제재를 선택하여 수록했습니다.

▶ **STEP별 독해틀 제공**
각 단계에 따라 연습해야 하는 학습 요소를 지문 옆에 기본틀로 제공하였습니다. 지문을 읽고 직접 해당 내용을 찾고, 쓰면서 독해의 단계를 차근차근 익혀 보세요.

② 독해 방법을 단계별로 알려주는 나만의 과외 선생님 "Follow Me!"

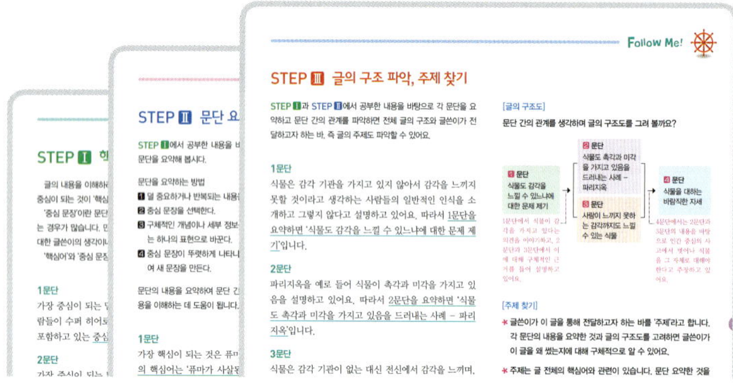

▶ **STEP별로 아주 쉽게 설명하는 Follow Me!**
지문을 독해하기 위해서 STEP이 필요한 이유와 STEP별로 제시된 학습 내용을 어떻게 적용해야 하는지 구체적인 방법을 알려줍니다.

▶ **STEP별 2일씩 Follow Me! 과외 선생님**
STEP별 학습 방법을 지문에 구체적으로 적용한 내용을 보여 줌으로써 혼자 지문을 독해 할 때에도 쉽게 따라 할 수 있습니다.

③ 독해력 향상을 위한 STEP Ⅰ~Ⅲ [각 8일씩 구성]

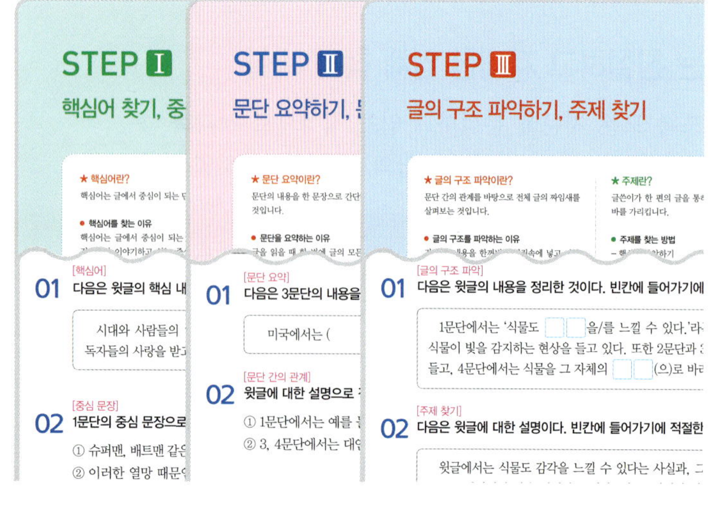

STEP Ⅰ - 핵심어 찾기, 중심 문장 찾기
글의 중심 소재인 핵심어와 글의 중심이 되는 중심 문장을 찾는 훈련을 합니다.

STEP Ⅱ - 문단 요약하기, 문단 간의 관계 파악하기
각 문단의 중심 내용을 요약하고 문단 간의 관계를 파악해 봅니다.

STEP Ⅲ - 글의 구조 파악하기, 주제 찾기
문단 간의 관계를 바탕으로 전체 글의 짜임새인 구조를 파악하고, 주제를 찾아봅니다.

● STEP별 학습 요소를 Day별 문제 01~02번, 06~07번을 통해 훈련할 수 있게 했습니다.
● STEP별로 각각 8일씩, 16지문을 학습하게 했습니다.

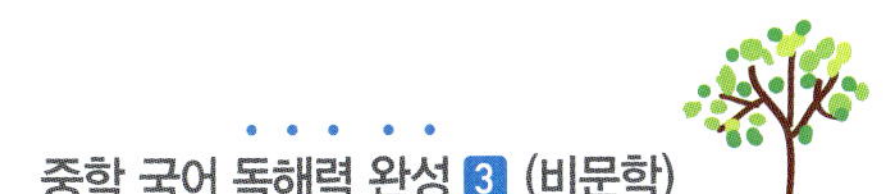

4 지문 이해를 돕는 어휘, 문제 풀이 팁 제공!

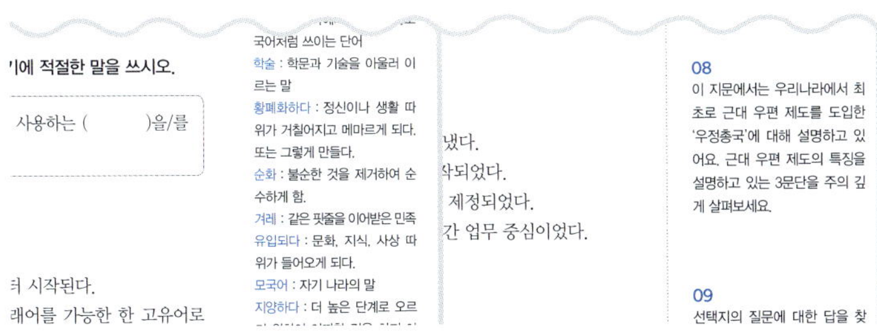

▶ **지문과 문제의 어휘 풀이 수록**

지문 및 문제에 나온 어려운 어휘와 개념어는 지문 바로 옆과 아래에 수록하여 쉽고 빠르게 찾아볼 수 있게 했습니다.

▶ **문제를 이해하는 방법 제시**

문제에서 묻는 핵심이 무엇인지, 지문에서 참고해야 할 부분이 어디인지 등을 알려줌으로써 문제 자체를 이해하지 못해서 풀지 못하는 일이 없도록 했습니다.

5 Review 어휘+배경지식으로 복습과 심화 학습까지!

▶ **어휘 테스트**

Day별 어휘를 십자말풀이, 괄호 넣기, 유사어 찾기 등의 다양한 유형으로 테스트해 봄으로써 어휘를 쉽고 정확하게 익힐 수 있습니다.

▶ **지문과 관련된 배경지식**

· 지문에서 궁금했던 내용이나 비슷한 제재로 출제가 가능한 내용, 심화 학습이 필요한 내용으로 구성했습니다.
· 만화, 대화 등 다양한 시각적 자료로 구성하여 쉽고 재미있게 읽고, 오랫동안 기억할 수 있습니다.

6 다시는 틀리지 않게 완벽히 이해시키는 입체 첨삭 해설

핵심어

지문을 독해하는 데 핵심이 되는 단어를 표시했습니다.

문단 요약

각 문단의 핵심 내용을 요약하여 전체적인 지문의 구조를 파악할 수 있습니다.

내용 풀이

중요 내용에 해설을 달아 어려운 내용도 쉽게 이해할 수 있습니다.

전체 중심 문단

글 전체에서 가장 중요한 문단을 알려줍니다.

전체 중심 문장

글 전체에서 가장 중요한 중심 문장을 표시했습니다.

지문 분석

지문의 내용과 주제, 문단 간의 관계를 스스로 공부할 수 있도록 정리했습니다.

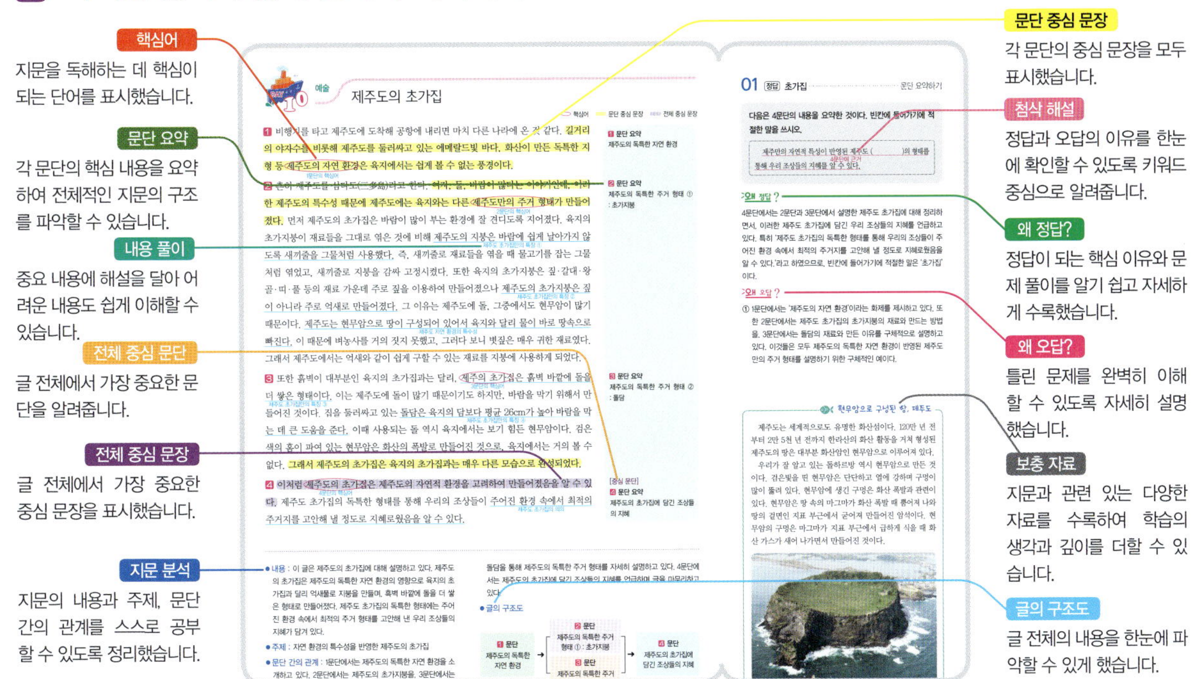

문단 중심 문장

각 문단의 중심 문장을 모두 표시했습니다.

첨삭 해설

정답과 오답의 이유를 한눈에 확인할 수 있도록 키워드 중심으로 알려줍니다.

왜 정답?

정답이 되는 핵심 이유와 문제 풀이를 알기 쉽고 자세하게 수록했습니다.

왜 오답?

틀린 문제를 완벽히 이해할 수 있도록 자세히 설명했습니다.

보충 자료

지문과 관련 있는 다양한 자료를 수록하여 학습의 생각과 깊이를 더할 수 있습니다.

글의 구조도

글 전체의 내용을 한눈에 파악할 수 있게 했습니다.

차례

★ 글의 소재는 이렇게 구분해요!

- **인문** : 인간의 사상이나 문화를 대상으로 하는 언어, 역사, 철학, 윤리학, 논리학 등
- **사회** : 우리 사회와 관련된 정치, 경제, 법, 심리학, 제도, 복지, 언론, 사회 문화 등
- **예술** : 아름다움을 창조하는 구체적인 행위인 미술, 음악, 건축, 공연 등
- **과학** : 생물학, 물리학, 지구 과학, 화학 등
- **기술** : 정보 통신, 에너지 및 자원, 기계 등
- **복합** : 인문, 사회, 예술, 과학, 기술을 복합적으로 다룸.

STEP I
핵심어 찾기, 중심 문장 찾기

국어의 중요성은 아무리 강조해도 지나치지 않다. 국어가 학교 내신이나 대입 수학 능력시험에서 차지하는 비중이 매우 크기도 하지만, 나아가 국어 과목은 말하기, 읽기, 듣기, 쓰기 등 커뮤니케이션 능력을 배양하는 과목이기 때문이다. 커뮤니케이션 능력 특히 독해력이 떨어지는 학생은 글을 읽고도 그 내용을 정확하게 파악하지 못하고 문제가 요구하는 사항도 정확히 포착하지 못한다.

대체로 국어는 시간 대비 효율이 높지 않은 과목으로 알려져 있다. 열심히 공부해도 그다지 성과가 잘 나오지 않아 고등학교에 가서 아무리 열심히 공부해도 국어 성적 향상은 기대하기 어렵다는 게 정설처럼 받아들여지고 있기까지 하다. 일리가 있다. 하지만 반드시 그런 것은 아니다.

국어 공부의 핵심은 독해력에 있다. 짧은 시간 안에 지문을 읽고 정확히 이해하고 답해야 한다. 한 번 지문을 읽으면 그 내용을 정확히 파악할 수 있어야 한다. 이러한 역량은 문제 풀이를 많이 해 본다고 습득할 수 있는 것이 아니다. 올바른 방향성을 가지고 꾸준히 연습해야 실력을 쌓을 수 있다.

독해력을 기르기에 가장 좋은 학습법은 다양한 주제의 지문에서 핵심어와 중심 문장을 찾는 연습을 하는 것이다. 지문을 읽으며 각 문단별 주제와 핵심어를 찾는 노력을 하다 보면 어느 순간에 자신의 독해력이 놀랄 만큼 향상되어 있는 모습을 확인하게 될 것이다.

이번에 자이스토리에서 핵심어와 중심 문장을 찾는 훈련을 할 수 있는 책이 나왔다. 이 책에서 제시된 방법으로 독해 훈련을 한다면 탄탄한 국어 능력을 배양할 수 있으리라 확신한다. 문단별 핵심어 찾기와 중심 문장을 찾는 훈련을 지속하기 바란다. 핵심어와 중심 문장을 찾는 훈련이야말로 국어 실력을 근본적으로 향상시킬 수 있는 유일한 대안이다. 잘 정돈된 좋은 지문으로 꾸준히 노력하다 보면 비문학뿐 아니라, 문학 문제를 해결하는 능력도 눈에 띄게 향상될 것이다. 더불어 이런 노력을 기울이다 보면 지문을 읽고 질문에 대답하는 형태의 면접 시험에서도 남다른 역량을 갖추게 될 것이다.

지니국어논술 학원(대치, 반포, 분당, 압구정) 대표　윤 진 성

 자이스토리 **국어 공부** **로드맵** 

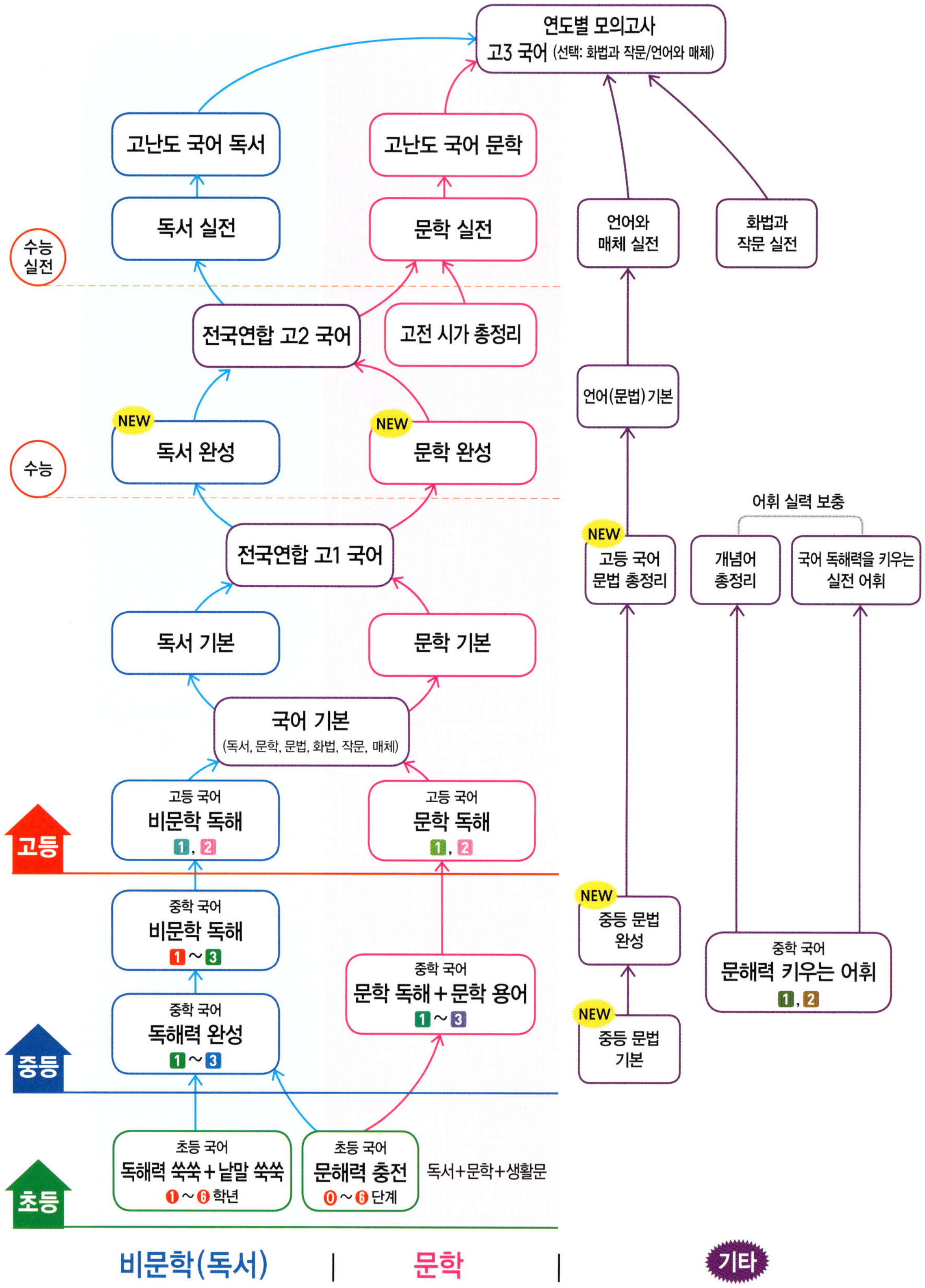

STEP Ⅱ

문단 요약하기, 문단 간의 관계 파악하기

STEP Ⅲ

글의 구조 파악하기, 주제 찾기

꾸준함이 독해력을 길러 줍니다.

1. Day별 일정 분량을 꾸준히 공부하세요!

- 매일 2개의 지문을 읽으며 글과 친숙해져 보세요.
- 아무리 지문을 많이 읽어도 눈으로만 읽으면 무엇을 말하고 있는지 이해할 수 없어요. 글쓴이가 말하고자 하는 것이 무엇인지 집중해서 읽고 스스로 정리해 보아야 해요.

2. 문제를 풀면서 글쓴이의 생각을 확인해 봐요!

- 지문을 읽고 문제를 푸는 것은 글쓴이의 생각을 제대로 이해했는지 점검하는 과정이에요.
- 문제를 풀면서 내가 이해한 것이 맞는지, 어떤 부분을 잘못 이해했는지 등을 꼼꼼히 확인하세요.

3. 글을 읽다가 궁금한 점은 찾아봐요!

- 잘 모르는 어휘는 풀이를 보고 문맥을 고려하여 그 뜻을 다시 생각해 보세요.
- 모르는 내용을 짐작만 하지 말고 정확하게 이해할 수 있도록 노력해 보세요.
- 이미 알고 있는 내용의 글은 이해하기에 어렵지 않은 것처럼, 배경지식이 쌓이면 글의 내용을 쉽게 이해할 수 있어요.

4. STEP Ⅰ~Ⅲ에 맞춰 연습하면 글을 더 쉽게 이해할 수 있어요!

- STEP 1~3에서는 글을 읽을 때 어떤 부분에 집중해야 하는지 안내해 줍니다.
- 핵심어는 어떻게 찾아야 하는지, 문단은 어떻게 요약하고 주제는 어떻게 찾는지 각 STEP에 따라 연습해 보세요.
- "Follow Me!"를 통해 STEP 1~3의 과정을 자세하게 설명하고 있어서 스스로 지문을 읽고 쉽게 독해할 수 있는 힘이 생겨요!
- 국어 독해력이 높아지면 수학 서술형 문제, 영어 지문, 사회·과학의 원리를 쉽게 이해할 수 있어서 모든 과목의 성적이 올라갑니다.

학습 계획표

- 매일 2개의 지문을 읽고 정리하며, 리뷰(어휘 테스트+배경지식)를 통해 복습하는 학습 계획표입니다.
- 계획표대로 공부한 날은 빨간 펜으로 Day 칸에 X 표시해 보세요. X가 늘어날수록 독해력이 쑥쑥 높아질 거예요.

Day	틀린 문제 / 헷갈리는 문제 번호 적기	날짜		복습 날짜	
01		월	일	월	일
02		월	일	월	일
03		월	일	월	일
04		월	일	월	일
05		월	일	월	일
06		월	일	월	일
07		월	일	월	일
08		월	일	월	일
09		월	일	월	일
10		월	일	월	일
11		월	일	월	일
12		월	일	월	일
13		월	일	월	일
14		월	일	월	일
15		월	일	월	일
16		월	일	월	일
17		월	일	월	일
18		월	일	월	일
19		월	일	월	일
20		월	일	월	일
21		월	일	월	일
22		월	일	월	일
23		월	일	월	일
24		월	일	월	일

STEP Ⅰ

핵심어 찾기, 중심 문장 찾기

★ 핵심어란?

핵심어는 글에서 중심이 되는 단어입니다.

● 핵심어를 찾는 이유

핵심어는 글에서 중심이 되는 단어이므로 글 전체에서 이야기하고 있는 중심 대상일 확률이 높습니다. 따라서 이 글이 무엇을 이야기하고 있는지를 파악하려면 핵심어를 찾는 것이 중요합니다.

● 핵심어를 찾는 방법

- 글에서 가장 많이 등장하는 말 찾기
- 글에서 가장 중심이 되는 말 찾기

★ 중심 문장이란?

중심 문장은 문단 또는 글을 대표하는 핵심 내용이 들어 있는 문장입니다. 보통 중심 문장은 문단의 처음이나 끝에 제시되는 경우가 많습니다.

● 중심 문장을 찾는 이유

하나의 문단에서는 보통 하나의 중심 내용을 이야기하므로, 중심 문장을 찾으면 그 문단에서 이야기하고자 하는 내용을 쉽게 파악할 수 있습니다.

● 중심 문장을 찾는 방법

- 가장 핵심이 되는 문장 찾기
- 그 문단의 내용을 요약하고 있는 문장 찾기
- 중심 문장이 구체적으로 나타나 있지 않은 경우에는 문단의 핵심어를 찾고 그 핵심어에 대한 글쓴이의 생각이나 태도를 파악하여 문장으로 구성하기

슈퍼 히어로의 탄생

슈퍼맨, 배트맨 같은 미국 만화의 슈퍼 히어로는 언제, 무슨 이유 때문에 등장했을까? 1930년대 미국 사회는 오랜 경제 침체의 늪에 빠져 있었고, 미국 사람들은 힘든 현실을 벗어나게 해 줄 영웅을 원했다. 이러한 열망 때문인지 미국 사람들은 강한 남성 캐릭터가 위험을 무릅쓰고 사건을 해결해 나가는 내용의 만화를 즐겨 보기 시작했다.

미국의 슈퍼 히어로 1호는 '팬텀'이다. 팬텀은 1936년 한 신문에 연재되던 만화에 처음 등장했는데, 마스크로 얼굴을 가리고 악당을 물리치는 그의 모습에 사람들은 즐거워했다. 이후 미국의 신문에는 주로 역동적인 장면과 화려한 색채로 치장한 슈퍼 히어로 만화들이 실리기 시작했다.

1938년에는 〈액션 코믹스 1호〉를 통해 슈퍼맨이 처음 소개되었다. 사람들은 뛰어난 능력을 가진 슈퍼맨이 악당들을 물리치는 장면에서 쾌감을 느꼈고, 곧 슈퍼맨 시리즈는 인기를 끌게 되었다. 이러한 슈퍼맨의 인기는 화려한 의상에 초능력을 쓸 줄 아는 캐릭터라면 무엇이든 크게 인기를 끌 정도로 미국 만화 산업을 바꿔 놓았다. 이처럼 슈퍼 히어로가 끊임없이 등장했던 1930~40년대를 '골든 에이지'라고 부른다.

슈퍼맨이 큰 인기를 얻은 이유는 당시 1차 세계 대전 이후 폐허로 변해 버린 유럽을 떠나 미국에 정착했던 이민자들의 모습이 슈퍼맨 캐릭터에 반영되어 있었기 때문이다. 클립톤이라는 행성에서 온 외계인인 슈퍼맨은 떠나온 행성이 파괴되어 다시는 고향으로 돌아갈 수 없었다. 그래서 평소에는 기자로, 나쁜 일이 생겼을 때에는 슈퍼 히어로로 활약하며 지구의 평화를 지키며 지구에 정착하게 된다. 이러한 처지의 슈퍼맨은 당시 사람들에게 단순히 선망의 대상일 뿐만 아니라 동질감을 느끼는 대상이기도 하였다.

이처럼 슈퍼 히어로 만화는 단순히 멋지고 화려해서만이 아니라, 당시의 시대상을 반영함으로써 사람들이 그 캐릭터에 동질감을 느끼게 하기 때문에 인기를 얻을 수 있었다. 슈퍼 히어로를 그린 만화들은 오늘날에도 시대의 모습을 적극적으로 담아내면서 여전히 독자들의 사랑을 받고 있다.

[핵심어]

01 다음은 윗글의 핵심 내용을 정리한 것이다. 빈칸에 들어가기에 적절한 말을 쓰시오.

> 시대와 사람들의 열망을 잘 반영하고 있어서 (　　　　　) 만화는 꾸준히 독자들의 사랑을 받고 있다.

[중심 문장]

02 1문단의 중심 문장으로 가장 적절한 것은?

① 슈퍼맨, 배트맨 같은 미국 만화의 슈퍼 히어로는 언제, 무슨 이유 때문에 등장했을까?

② 이러한 열망 때문인지 미국 사람들은 강한 남성 캐릭터가 위험을 무릅쓰고 사건을 해결해 나가는 내용의 만화를 즐겨 보기 시작했다.

---

1 문단
핵심어 :
중심 문장에 밑줄 치세요.

2 문단
핵심어 :
중심 문장에 밑줄 치세요.

3 문단
핵심어 :
중심 문장에 밑줄 치세요.

4 문단
핵심어 :
중심 문장에 밑줄 치세요.

5 문단
핵심어 :
중심 문장에 밑줄 치세요.

침체 : 어떤 현상이나 사물이 진전하지 못하고 제자리에 머무름.
역동적 : 힘차고 활발하게 움직이는 것
치장하다 : 잘 매만져 곱게 꾸미다.
판도 : 어떤 세력이 미치는 영역 또는 범위
폐허 : 건물이나 성 따위가 파괴되어 황폐하게 된 터
반영되다 : 다른 것에 영향을 받아 어떤 현상이 나타나다.
선망 : 부러워하여 바람.
동질감 : 성질이 서로 비슷해서 익숙하거나 잘 맞는 느낌

STEP Ⅰ 핵심어 찾기, 중심 문장 찾기

글의 내용을 이해하려면 첫 번째로 핵심어와 중심 문장을 찾아야 합니다. 보통 글에 가장 많이 등장하고, 중심이 되는 것이 '핵심어'입니다.

'중심 문장'이란 문단 또는 글 전체의 핵심 내용이 들어 있는 문장으로, 대개 문단의 처음이나 끝에 제시되는 경우가 많습니다. 만약 중심 문장이 구체적으로 드러나 있지 않다면 문단의 핵심어를 찾고 그 핵심어에 대한 글쓴이의 생각이나 태도를 파악하여 문장을 새로 구성해야 해요.

'핵심어'와 '중심 문장'을 찾으면 문단에서 이야기하고자 하는 내용을 쉽게 파악할 수 있습니다.

1문단

가장 중심이 되는 말이 슈퍼 히어로이므로 1문단의 핵심어는 '슈퍼 히어로'입니다. 미국 사람들이 슈퍼 히어로가 등장하는 만화를 즐겨 보게 된 이유가 핵심 내용이므로, 이 내용을 포함하고 있는 중심 문장은 '이러한 열망 때문인지 ~ 만화를 즐겨 보기 시작했다.'입니다.

2문단

가장 중심이 되는 말은 팬텀이므로 2문단의 핵심어는 '팬텀'입니다. 팬텀 이후로 슈퍼 히어로 만화들이 신문에 실렸다는 것이 2문단의 핵심 내용이므로, 중심 문장은 '미국의 슈퍼 히어로 1호는 '팬텀'이다.'입니다.

3문단

가장 많이 등장한 말이 슈퍼맨이므로 3문단의 핵심어는 '슈퍼맨'입니다. 슈퍼맨이 인기를 끈 이후 화려한 의상에 초능력을 쓸 줄 아는 캐릭터, 즉 슈퍼 히어로가 큰 인기를 끌며 미국 만화 산업을 바꾸어 놓았다는 것이 3문단의 핵심 내용이므로 3문단의 중심 문장은 '이러한 슈퍼맨의 인기는 ~ 미국 만화 산업을 바꾸게 되었다.'입니다.

4문단

가장 많이 나오고 중심이 되는 말이 슈퍼맨이므로, 4문단의 핵심어는 '슈퍼맨'입니다. 4문단의 핵심 내용은 슈퍼맨이 인기를 끈 이유이므로, 중심 문장은 '슈퍼맨이 큰 인기를 얻은 이유는 ~ 이민자들의 모습이 슈퍼맨 캐릭터에 반영되어 있었기 때문이다.'입니다.

5문단

가장 많이 나오고 중심이 되는 말이 슈퍼 히어로이므로 5문단의 핵심어는 '슈퍼 히어로'입니다. 슈퍼 히어로 만화가 인기를 얻는 이유를 정리한 것이 이 문단의 핵심 내용이므로 5문단의 중심 문장은 '이처럼 슈퍼 히어로 만화는 ~ 동질감을 느끼게 하기 때문에 인기를 얻을 수 있었다.'입니다.

＊ 이 글의 문단별 핵심어를 정리하면 '슈퍼 히어로', '팬텀', '슈퍼맨'입니다. 가장 많이 등장하면서 중심이 되는 말이 슈퍼 히어로이므로 이 글 전체의 핵심어는 '슈퍼 히어로'입니다.

＊ 이 글의 핵심 내용은 슈퍼 히어로 만화가 인기를 끈 이유는 시대의 모습을 담아내었기 때문이라는 것이므로, 이 글 전체의 중심 문장은 '이처럼 슈퍼 히어로 만화는 단순히 멋지고 화려해서만이 아니라, 당시의 시대상을 반영함으로써 사람들이 그 캐릭터에 동질감을 느끼게 하기 때문에 인기를 얻을 수 있었다.'입니다.

로봇이 작곡하고 그림 그리는 세상

과학 기술의 발전으로 로봇은 인간의 노동력을 대체하는 주요한 자원으로 각종 산업 분야에서 활용되고 있다. 하지만 로봇이 아무리 발전해도 예술 분야에서는 인간을 넘어서기 어렵다고 여겨졌다. 대부분의 사람들은 인간만이 고유한 창작 능력과 예술성을 가진다고 생각했기 때문이다. 하지만 최근 정교하고 섬세한 영역까지 기술이 발달하면서 '로봇 아티스트'가 탄생하였고, 이러한 인식이 조금씩 변화하고 있다.

피아노를 연주하며 작곡을 하고, 그림을 그리고, 춤을 추고, 심지어 소설까지 창작하는 등 로봇은 더욱 다양한 예술 분야로 활동 범위를 넓혀 가고 있다. 특히 로봇이 놀라운 성취를 보여 주는 분야는 작곡과 연주이다.

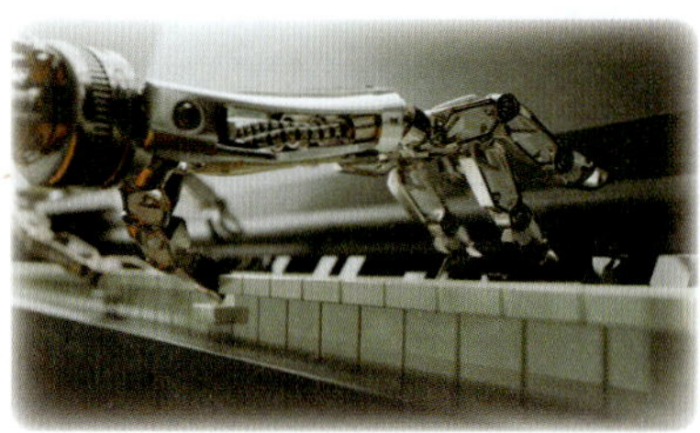

세계적인 인터넷 서비스 기업 '구글'은 예술 작품을 창작하는 인공 지능 프로젝트를 진행하면서 그 첫 결과물로 로봇이 작곡한 80초 정도의 피아노 연주곡을 발표했다. 또한 미국 조지아공대 음악기술센터에서 개발한 로봇 '시몬'은 네 개의 팔을 사용해 환상적인 타악기 연주를 선보이기도 했다. 개발자에 따르면 시몬은 머신러닝(Machine Learning)* 프로그램을 이용해 다양한 음악 스타일로 연주할 수 있으며 너무 복잡해서 인간이 연주할 수 없는 화음까지도 연주할 수 있다고 한다.

미술 분야에서도 로봇의 역할은 확대되고 있다. 타이완대학이 개발한 '그림 그리는 로봇'은 붓을 사용해 캔버스에 아름다운 그림을 그린다. 또한 영국에서 개발한 '도자기 빚는 로봇'은 인터넷에서 꽃병의 이미지를 수집한 후 도자기의 기본 형태를 스스로 설정하고, 이를 기반으로 하여 새로운 디자인을 만들어서 아름다운 도자기 꽃병을 완성해 냈다.

이와 같은 로봇의 활약을 고려하면, 멀지 않은 미래에 우리는 예술가에게 찬사를 보내는 대신 로봇 아티스트에게 찬사를 보내는 것이 더 익숙해질 수 있다. 로봇 아티스트에 의해 창작된 그림이 경매에서 실제 화가의 작품 가격에 상응하는 가격으로 현재 거래되고 있기도 하다. 이러한 시점에서 우리는 과연 로봇 아티스트의 창작물을 진정한 예술 작품으로 볼 수 있을지, 한 번쯤 고민해 보아야 할 것이다.

* 머신러닝(Machine Learning) : '기계 학습'이라는 말로, 컴퓨터가 스스로 방대한 데이터를 분석하여 학습하고 이를 바탕으로 미래를 예측하는 기술이다.

---

1 문단
핵심어 :
중심 문장에 밑줄 치세요.

2 문단
핵심어 :
중심 문장에 밑줄 치세요.

3 문단
핵심어 :
중심 문장에 밑줄 치세요.

4 문단
핵심어 :
중심 문장에 밑줄 치세요.

5 문단
핵심어 :
중심 문장에 밑줄 치세요.

분야 : 여러 갈래로 나누어진 범위나 부분
정교하다 : 솜씨나 기술 따위가 정밀하고 교묘하다.
섬세하다 : 매우 찬찬하고 세밀하다.
성취 : 목적한 바를 이룸.
수집하다 : 취미나 연구를 위하여 여러 가지 물건이나 재료를 찾아 모으다.
찬사 : 칭찬하거나 찬양하는 말이나 글
상응하다 : 서로 응하거나 어울리다.

[핵심어]

03 다음은 윗글의 핵심 내용을 정리한 것이다. 빈칸에 들어가기에 적절한 말을 쓰시오.

> 정교하고 섬세한 영역까지 기술이 발달함에 따라 (　　　　)들은 최근 다양한 예술 영역에서 자신의 능력을 발휘하고 있다.

[중심 문장]

04 5문단의 중심 문장으로 가장 적절한 것은?

① 이와 같은 로봇의 활약을 고려하면, 멀지 않은 미래에 우리는 예술가에게 찬사를 보내는 대신 로봇 아티스트에게 찬사를 보내는 것이 더 익숙해질 수 있다.

② 로봇 아티스트에 의해 창작된 그림이 경매에서 실제 화가의 작품 가격에 상응하는 가격으로 현재 거래되고 있기도 하다.

③ 이러한 시점에서 우리는 과연 로봇 아티스트의 창작물을 진정한 예술 작품으로 볼 수 있을지, 한 번쯤 고민해 보아야 할 것이다.

05 윗글의 내용으로 적절하지 <u>않은</u> 것은?

① 영국에서는 스스로 도자기를 빚는 로봇이 개발되었다.

② 과거에는 로봇이 예술 분야에서 활동하기 어렵다고 여겼다.

③ 현재 로봇 아티스트들은 모든 영역에서 인간 예술가보다 능력이 뛰어나다.

④ 로봇 연주자인 '시몬'은 인간이 연주하기에 너무 복잡한 음악도 연주할 수 있다.

⑤ 음악 분야의 로봇은 특히 작곡과 연주 부분에서 뛰어난 성취를 보여 주고 있다.

05
이 지문에서는 로봇 아티스트에 대해 이야기하고 있어요. 선택지의 내용이 지문의 어느 부분에서 언급된 내용인지를 파악하는 것이 문제를 푸는 핵심입니다! 각 선택지의 내용이 지문의 어느 부분과 관련되는지 파악해 볼까요?

06 윗글에 대한 설명으로 가장 적절한 것은?

① 로봇이 섬세하게 움직일 수 있는 과학적 원리를 설명하고 있다.

② 로봇이 예술 분야에서 활약하는 구체적인 사례를 언급하고 있다.

③ 로봇이 가진 예술적 능력의 한계점과 이에 대한 대안을 제시하고 있다.

④ 로봇이 예술 분야에서 활약하는 것에 대한 장점과 단점을 언급하고 있다.

⑤ 로봇이 예술 분야에서 활동하는 것에 대한 찬성과 반대의 상반된 의견을 제시하고 있다.

06
1문단에서 로봇들이 최근 다양한 예술 영역에서 자기만의 능력을 보여 주고 있다고 했어요. 2문단과 3문단에서는 구체적인 사례를 들어 예술 영역에서 로봇들이 어떤 활약을 보이는지를 설명하고 있네요.

07 글쓴이가 윗글을 통해 궁극적으로 말하고자 하는 바로 가장 적절한 것은?

① 예술적인 아름다움은 오로지 인간만이 느낄 수 있다.

② 로봇은 감정이 없으므로 예술 분야로의 진출에 어려움이 있다.

③ 로봇이 예술 분야에 진출하면서 사람들의 일자리를 빼앗고 있다.

④ 현재의 로봇 기술은 한계가 있으므로 더 많은 연구가 이루어져야 한다.

⑤ 로봇 아티스트의 등장에 대해 알고, 그들이 만드는 창작물에 대해 한 번쯤 생각해 보아야 한다.

07
5문단에 로봇 아티스트에 대한 글쓴이의 생각이 드러나 있네요. 이를 바탕으로 문제를 풀어 볼까요?

활약하다 : 활발히 활동하다.

개발되다 : 새로운 물건을 만들거나 새로운 생각을 내어놓다.

제시하다 : 어떠한 의사를 말이나 글로 나타내어 보이게 하다.

상반되다 : 서로 반대되거나 어긋나게 되다.

궁극적 : 더할 나위 없는 지경에 도달하는 것

★ 정답은 [해설편 표지] 안쪽에 있습니다.

❋ [01~03] 다음 단어와 그 뜻풀이를 바르게 연결하시오.

01 성취 •

02 찬사 •

03 제시하다 •

• ㉠ 어떠한 의사를 말이나 글로 나타내어 보이게 하다.

• ㉡ 목적한 바를 이룸.

• ㉢ 칭찬하거나 찬양하는 말이나 글

❋ [04~07] 문맥을 고려하여 다음 문장의 빈칸에 들어가기에 알맞은 단어를 고르시오.

04 이 핸드폰이 시장에 나가는 내년엔 핸드폰 업계의 (　　　)이/가 달라질 것이다.

① 판정　　　② 판도　　　③ 판결

05 그 (　　　)에서는 호철이의 실력을 따라갈 사람이 없다고 모두가 인정한다.

① 분야　　　② 분수　　　③ 분리

06 그 그림 속의 동물은 마치 실제로 살아 움직이는 듯한 (　　　)인 느낌이 든다.

① 효율적　　　② 일반적　　　③ 역동적

07 수진이는 아주 (　　　)한 손놀림으로 목걸이에 보석 하나하나를 붙이기 시작했다.

① 자세　　　② 섬세　　　③ 섬뜩

❋ [08~12] 〈보기〉에 제시된 초성과 뜻풀이를 참고하여 다음 문장의 빈칸에 들어가기에 알맞은 단어를 쓰시오.

〈보기〉
- ㅊㅊ : 어떤 현상이나 사물이 진전하지 못하고 제자리에 머무름.
- ㅍㅎ : 건물이나 성 따위가 파괴되어 황폐하게 된 터
- ㄷㅈㄱ : 성질이 서로 비슷해서 익숙하거나 잘 맞는 느낌
- ㅈㄱ하다 : 솜씨나 기술 따위가 정밀하고 교묘하다.
- ㅎㅇ하다 : 활발히 활동하다.

08 그녀는 그림을 아주 (　　　)하게 그려서, 그녀의 그림을 본 사람들은 그림을 사진으로 착각하기도 했다.

09 조선 시대 때, 외적이 쳐들어와 나라에 위기가 닥치면 전국에서 의병들이 (　　　)했다.

10 경기 (　　　)이/가 언제 회복될지는 아무도 알지 못한다.

11 나는 나와 비슷한 처지의 드라마 주인공에게 강한 (　　　)을/를 느꼈다.

12 화산 폭발이 일어나 남쪽 지역이 (　　　)이/가 되었다.

❋ [13~14] 문맥을 고려하여 밑줄 친 단어의 뜻과 가장 가까운 것을 고르시오.

13 모든 사람들이 그 소설을 좋아하는 이유는, 소설에 요즘 사람들의 취향이 정확하게 <u>반영되어</u> 있기 때문이다.

① 나타나다　　　② 사라지다　　　③ 나누다

14 어머니는 운동화를 신지도 않으면서 계속 <u>수집하기만</u> 하는 아들의 취미를 이해하지 못했다.

① 수리하다　　　② 모으다　　　③ 집중하다

✳ 우리나라에도 히어로가 있었을까?

　　우리나라의 히어로들은 고전 소설, 그 중에서도 영웅 소설 속에서 찾아볼 수 있어요. 영웅 소설이란, 말 그대로 영웅적 인물이 등장하여 일반인과는 다른 비범한 능력을 갖고 원대한 업적을 달성하는 내용을 가진 소설을 말합니다. 영웅 소설은 보통 '고귀한 혈통으로 탄생함. → 비범한 능력을 갖춤. → 시련을 만남. → 조력자가 등장함. → 위기를 극복하고 업적을 달성함.'이라는 공통적인 구조를 가지고 있어요. 이러한 영웅 소설 속 히어로들은 특히 임진왜란과 병자호란이 끝난 조선 후기, 우리 민족이 받은 상처를 위로하고 극복하고자 했던 의도를 지니고 탄생하여 많은 인기를 끌었어요.

백제는 어떻게 해양 강국이 될 수 있었을까?

백제의 역사는 우리나라 삼국 시대의 역사 중에서 가장 알려져 있지 않다. 고구려, 신라에 비해 백제의 유물과 기록이 많이 남아 있지 않기 때문이다. 하지만 근·현대에 이르러 중국과 일본의 역사서에서 백제와 관련된 기록들이 발견되면서 백제가 국제적으로 활발하게 교류했다는 것이 증명되었고, 이로써 백제의 위상이 새롭게 부각되었다.

특히 〈삼국사기〉에는 백제의 한 승려가 바닷길로 인도에 이르렀다는 기록이 있고, 일본의 역사서인 〈일본서기〉에는 백제가 동남아시아 지역과도 교류가 있었음이 기록되어 있다. 이처럼 백제는 중국과 일본, 동남아시아 일대를 활발히 누비는 해양 강국이었다. 중국의 역사서인 〈수서〉에는 백제라는 국호가 '많은 가문들이 바다를 다스린다.'라는 의미의 '백가제해(百家濟海)'라는 말의 줄임말이라고 기록되어 있다.

그렇다면 백제가 해양 강국이 될 수 있었던 이유는 무엇일까? 그 이유는 백제의 지리적 특성에서 찾을 수 있다. 백제는 현재의 서울과 서해안 일대에 자리 잡은 국가였다. 게다가 바로 위쪽에 있던 고구려에 막혀 대륙으로의 진출이 자유롭지 못했다. 이러한 지리적 특성으로 인해 백제는 배를 만드는 기술과 항해술을 발전시켜 서해의 바닷길을 점령하여 활발한 해양 활동을 펼칠 수 있었다.

백제인들은 기원전부터 노와 키, 돛이 달린 바닷길 전용의 배를 만들어 탔는데, 이는 당대의 중국 배와 비교하였을 때 훨씬 효율적이었다. 중국의 배는 선원들이 노를 당기면 그 반동으로 물을 밀어내면서 나아갔기 때문에 배를 움직이기 위해서는 많은 사람과 큰 힘이 필요했다. 반면 백제의 배는 노의 끝을 회전시켜 물을 저어 가는 방식을 사용하였기 때문에 비교적 적은 힘이 들었다. 또한 백제의 배는 바다를 건너는 데 적합했지만, 중국의 배는 속도가 느리고 무거워 바다를 항해하는 용도로는 적합하지 않았다.

이처럼 뛰어난 기술을 바탕으로 백제는 해양 강국으로 자리매김할 수 있었다. 또 바닷길을 이용한 활발한 교류를 통해 여러 나라에 백제의 기술과 유물을 전파하며 그 위상을 떨쳤다. 이제는 백제를 우리나라의 자랑스러운 해양 강국으로 기억해야 한다.

1 문단
핵심어 :
중심 문장에 밑줄 치세요.

2 문단
핵심어 :
중심 문장에 밑줄 치세요.

3 문단
핵심어 :
중심 문장에 밑줄 치세요.

4 문단
핵심어 :
중심 문장에 밑줄 치세요.

5 문단
핵심어 :
중심 문장에 밑줄 치세요.

[핵심어]

01 다음은 윗글의 핵심 내용을 정리한 것이다. 빈칸에 들어가기에 적절한 말을 쓰시오.

> (   )은/는 배를 만드는 기술과 항해술을 가진 해양 강국이다.

[중심 문장]

02 2문단의 중심 문장으로 가장 적절한 것은?

① 이처럼 백제는 중국과 일본, 동남아시아 일대를 활발히 누비는 해양 강국이었다.
② 중국의 역사서인 〈수서〉에는 백제라는 국호가 '많은 가문들이 바다를 다스린다.'라는 의미의 '백가제해(百家濟海)'라는 말의 줄임말이라고 기록되어 있다.

위상 : 어떤 사물이 다른 사물과의 관계 속에서 가지는 위치나 상태
부각되다 : 어떤 사물이 특징지어져 두드러지게 되다.
일대 : 일정한 범위의 어느 지역 전부
국호 : 나라의 이름
밀접하다 : 아주 가깝게 맞닿아 있다. 또는 그런 관계에 있다.
진출 : 어떤 방면으로 활동 범위나 세력을 넓혀 나아감.
적합하다 : 일이나 조건 따위에 꼭 알맞다.

STEP **I** 핵심어 찾기, 중심 문장 찾기

1문단

1문단에서는 그동안 소외되어 왔던 백제의 역사가 근·현대에 이르러 새롭게 부각되었다고 설명하고 있어요. 가장 중심이 되는 말이 백제이므로 1문단의 핵심어는 '백제'입니다. 1문단의 핵심 내용은 백제의 역사가 새롭게 주목받고 있다는 것이므로, 이 내용을 포함하고 있는 중심 문장은 '하지만 근·현대에 이르러 ~ 위상이 새롭게 부각되었다.'입니다.

2문단

주로 등장하는 말은 바로 백제이므로 2문단의 핵심어는 '백제'입니다. 〈삼국사기〉, 〈일본서기〉, 〈수서〉 등 다양한 역사서의 기록들을 근거로 들어 백제가 해상 강국이었음을 알 수 있다는 것이 2문단의 핵심 내용이므로, 중심 문장은 '이처럼 백제는 ~ 해양 강국이었다.'입니다.

3문단

백제가 해양 강국이 될 수 있었던 이유인 백제의 지리적 특성에 대해 설명하고 있어요. 가장 중심이 되는 말이 지리적 특성이므로 3문단의 핵심어는 '지리적 특성'입니다. 백제의 지리적 특성 때문에 백제가 해양 강국이 되었다는 것이 3문단의 핵심 내용이므로, 3문단의 중심 문장은 '이러한 지리적 특성으로 ~ 해양 활동을 펼칠 수 있었다.'입니다.

4문단

가장 중심이 되는 말이 배이므로 4문단의 핵심어는 '배'입니다. 백제의 배와 중국의 배를 비교하였을 때 백제의 배가 더 우수하다는 것이 4문단의 핵심 내용이므로, 중심 문장은 '백제인들은 ~ 당대의 중국 배와 비교하였을 때 훨씬 효율적이었다.'입니다.

5문단

가장 자주 나오는 말이 해양 강국이므로 5문단의 핵심어는 '해양 강국'입니다. 백제가 해양 강국이라는 것을 기억해야 한다는 것이 5문단의 핵심 내용이므로, 이러한 내용을 포함하고 있는 5문단의 중심 문장은 '이제는 백제를 우리나라의 자랑스러운 해양 강국으로 기억해야 한다.'입니다.

* 이 글의 문단별 핵심어를 정리하면 '백제', '지리적 특성', '배', '해양 강국'입니다. 가장 중심이 되는 말이 '백제'와 '해양 강국'이므로 이 글 전체의 핵심어는 '백제', '해양 강국'입니다.
* 이 글의 핵심 내용은 바다와 인접한 지리적 특성으로 인해 배를 만드는 기술과 항해술이 발달한 백제는 해양 강국이었다는 것이므로 이 글 전체의 중심 문장은 '이제는 백제를 우리나라의 자랑스러운 해양 강국으로 기억해야 한다.'입니다.

▲ 백제 금동대향로

단순접촉효과

어떤 사람이나 물건을 이유도 없이 '좋아한다'고 느낀 적이 있는가? 가령 빵집에 빵을 사러 갔다고 했을 때, 우리가 선택한 빵에 대해 그 이유를 물으면 "이 빵이 맛있을 것 같아서……."라든가, "좋아하니까!"라는 식으로 답할 것이다. 하지만 실제로는 '이 빵을 광고에서 자주 보았다.'라는 것이 진짜 이유였을 확률이 상당히 높다.

우리는 어떤 상품의 로고나 패키지, 상품명 등을 몇 번 보거나 들었을 때 무의식중에 호감을 갖게 된다. 이와 같이 특정한 대상에 반복적으로 노출될 때 우리는 그것에 대한 긍정적 인식을 갖게 되는데, 이를 '단순접촉효과'라고 한다. 이와 같은 효과가 일어나는 이유는 무엇일까? 그것은 바로 '주입' 때문이다. 반복적으로 본 것이 머릿속에 자연스럽게 주입되는 것이다. '자연스럽게 주입되는 느낌'이 우리에게는 '좋은 느낌'이기 때문에 우리는 그런 느낌이 드는 대상을 좋아한다고 생각하게 된다.

이런 느낌은 물건만이 아니라 사람에게서도 비슷하게 받게 된다. 한 번이라도 어딘가에서 마주친 사람인데, 그 사실을 알아채지 못한 채 '처음 만났다.'라고 느낀다고 가정을 해 보자. 우리가 깨닫지 못한다고 해도 단순접촉효과가 나타날 수 있으며, 우리는 무의식적으로 그 사람에 대한 좋은 느낌을 갖게 된다. 이러한 느낌은 '처음 보는데도 왠지 그리운 느낌이 드는 사람'과 같은 호감으로 이어진다.

단순접촉효과에 대해서는 이미 많은 실험에서 그 효과가 입증되고 있다. 신문이나 잡지에 상품 광고가 자주 실리는 것도, TV의 광고에서 상품을 반복해서 선전하는 것도 바로 이 효과를 노리는 것이라 할 수 있다.

---

1 문단
핵심어 :
중심 문장에 밑줄 치세요.

2 문단
핵심어 :
중심 문장에 밑줄 치세요.

3 문단
핵심어 :
중심 문장에 밑줄 치세요.

4 문단
핵심어 :
중심 문장에 밑줄 치세요.

무의식 : 자신의 언행이나 상태 따위를 스스로 깨닫지 못하는 일체의 작용
호감 : 좋게 여기는 감정
주입 : 기억과 암기를 주로 하여 지식을 넣어 줌.
가정 : 사실이 아니거나 또는 사실인지 아닌지 분명하지 않은 것을 임시로 인정함.
선전하다 : 주의나 주장, 사물의 존재, 효능 따위를 많은 사람이 알고 이해하도록 잘 설명하여 널리 알리다.

[핵심어]

03 다음은 윗글의 핵심 내용을 정리한 것이다. 빈칸에 들어가기에 적절한 말을 쓰시오.

> 특정한 상품이나 사람에 대해 이전에 몇 번 봤거나 들었다는 이유만으로 무의식중에 호감을 갖게 되는 것을 ( )(이)라고 한다.

[중심 문장]

04 각 문단의 중심 문장으로 가장 적절한 것은?

① 1문단 : 가령 빵집에 빵을 사러 갔다고 했을 때, 우리가 선택한 빵에 대해 그 이유를 물으면 "이 빵이 맛있을 것 같아서……."라든가, "좋아하니까!"라는 식으로 답할 것이다.

② 2문단 : 이와 같이 특정한 대상에 반복적으로 노출될 때 우리는 그것에 대한 긍정적 인식을 갖게 되는데, 이를 '단순접촉효과'라고 한다.

③ 3문단 : 한 번이라도 어딘가에서 마주친 사람인데, 그 사실을 알아채지 못한 채 '처음 만났다.'라고 느낀다고 가정을 해 보자.

▶ 정답과 해설 p. 08

05 윗글에 대한 설명으로 적절하지 <u>않은</u> 것은?

① 본인이 깨닫지 못하더라도 단순접촉효과는 나타날 수 있다.

② 단순접촉효과는 이미 많은 실험을 통해 그 효과가 입증되고 있다.

③ 실제로 오늘 처음 만난 사람을 대상으로도 단순접촉효과가 나타날 수 있다.

④ 반복적으로 봤던 것은 우리 머릿속에 자연스럽게 주입되어 단순접촉효과를 일으킨다.

⑤ 어떤 상품을 이유 없이 좋아한다면 단순접촉효과로 인해 무의식적으로 좋아하게 된 것일 확률이 높다.

05

이 지문에서는 '단순접촉효과'에 대해 설명하고 있어요. 3문단에서는 '단순접촉효과'가 사람에게도 비슷하게 나타난다면서 한 번이라도 어딘가에서 만난 사람을 기억하지 못했을 때의 상황을 가정하고 있네요.

06 윗글에 언급된 내용으로 가장 적절한 것은?

① 단순접촉효과의 장점과 단점

② 단순접촉효과의 개념과 영향

③ 단순접촉효과의 영향에서 벗어나는 방법

④ 단순접촉효과를 증명해 낸 연구 방법과 그 결과

⑤ 단순접촉효과를 이용한 광고의 과거와 현재의 모습 비교

06

1문단에서 빵을 예로 들어 '단순접촉효과'에 대하여 설명하고 있어요. 2문단에서는 단순접촉효과의 개념을 제시하고 있습니다. 3문단과 4문단에서는 '단순접촉효과'가 인간관계에서 어떻게 적용되는지를 언급하고 있네요.

07 단순접촉효과를 활용한 광고 전략으로 가장 적절한 것은?

① 인기 많은 연예인을 섭외하여 제품과 함께 사진 찍기

② SNS 스타에게 제품을 협찬하여 후기를 작성하게 하기

③ 새로운 제품이 출시될 때 일정 기간 동안 가격을 낮춰서 판매하기

④ 멤버십 제도를 만들어 상품을 구매할 때마다 포인트를 적립해 주기

⑤ 같은 광고를 TV, 인터넷, 라디오 등 다양한 매체를 통해 반복하여 내보내기

07

2문단에서 단순접촉효과란 특정한 대상에 대하여 반복적으로 노출될 때, 그것에 대한 호감을 갖게 되는 것이라고 했어요. 그렇다면 상품을 반복적으로 소비자에게 노출하면 단순접촉효과를 얻을 수 있겠네요!

입증되다 : 어떤 증거 따위가 나와 증명되다.

영향 : 어떤 사물의 효과나 작용이 다른 것에 미치는 일

증명하다 : 어떤 사항이나 판단 따위에 대하여 그것이 진실인지 아닌지 증거를 들어서 밝히다.

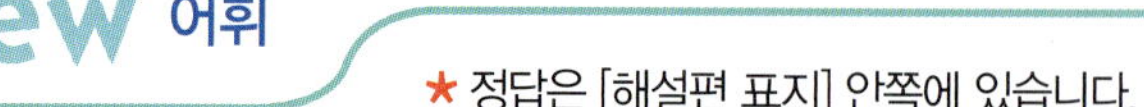

★ 정답은 [해설편 표지] 안쪽에 있습니다.

＊ [01~04] 사다리 타기에 따라, 빈칸에 들어갈 단어의 뜻을 〈보기〉에서 골라 번호를 쓰시오.

〈보기〉
① 어떤 사물이 다른 사물과의 관계 속에서 가지는 위치나 상태
② 주의나 주장, 사물의 존재, 효능 따위를 많은 사람이 알고 이해하도록 잘 설명하여 널리 알리다.
③ 어떤 사항이나 판단 따위에 대하여 그것이 진실인지 아닌지 증거를 들어서 밝히다.
④ 사실이 아니거나 또는 사실인지 아닌지 분명하지 않은 것을 임시로 인정함.

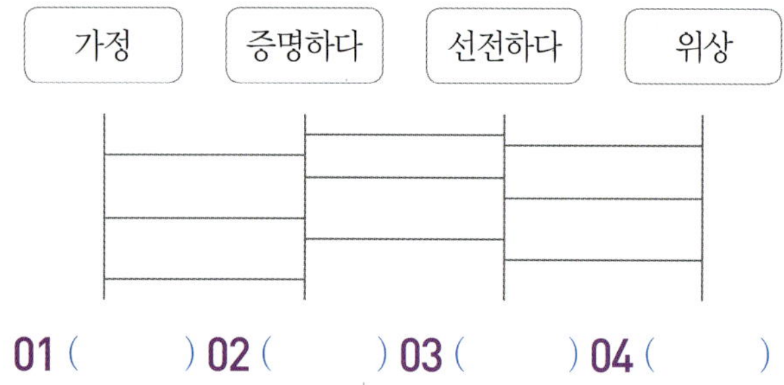

01 (   ) **02** (   ) **03** (   ) **04** (   )

＊ [05~08] 문맥을 고려하여 다음 문장의 빈칸에 들어가기에 알맞은 단어를 〈보기〉에서 찾아 쓰시오.

〈보기〉
호감   무의식   영향   주입

05 나는 굉장히 (   )적으로 그의 어깨에 팔을 올렸다.

06 (   )식 교육은 학생들이 어떠한 개념을 이해하는 데 큰 도움이 되지 않는다.

07 그녀는 언제나 부지런해서 사람들에게 (   )을/를 샀다.

08 그는 미술 교사인 부모님의 (   )을/를 받아 어렸을 때부터 그림 그리는 것을 좋아했다.

＊ [09~12] 〈보기〉에 제시된 초성과 뜻풀이를 참고하여 다음 문장의 빈칸에 들어가기에 알맞은 단어를 쓰시오.

〈보기〉
• ㅇㄷ : 일정한 범위의 어느 지역 전부
• ㄱㅎ : 나라의 이름
• ㅈㅊ : 어떤 방면으로 활동 범위나 세력을 넓혀 나아감.
• ㅇㅈ되다 : 어떤 증거 따위가 나와 증명되다.

09 대한민국이라는 우리나라의 (   )은/는 1948년에 정식으로 헌법에 기록되었다.

10 큰 홍수가 나자 강 주변 (   )이/가 온통 물에 잠기었다.

11 진짜 범인을 보았다는 사람의 증언으로 인해 그의 무죄가 (   )되었다.

12 우리나라 가수들의 성공적인 해외 (   )(으)로 '케이팝'이라는 새로운 문화가 생겨났다.

＊ [13~15] 문맥을 고려하여 밑줄 친 단어의 뜻과 가장 가까운 것을 고르시오.

13
온통 초록색 물건들 사이에 빨간색 물건이 하나 있으니까 빨간색이 <u>부각된다</u>.

① 뛰어나다   ② 부담되다   ③ 두드러지다

14
세계화를 맞이한 오늘날의 우리 사회에서는 국가 간의 관계가 아주 <u>밀접하다</u>.

① 가깝다   ② 멀다   ③ 특이하다

15
민수는 손재주가 좋아서 우리 반의 환경미화 작업을 맡기에 <u>적합하다</u>.

① 모으다   ② 불편하다   ③ 알맞다

✳ 단순접촉효과와 에펠탑의 관계

 sk_061224

★ 31,930명이 공감합니다.

파리에 와서 처음 봤을 때는 별로였는데,
계속 보다 보니 왠지 멋지네!
#Paris #에펠탑 #계속_보니까#정든_느낌#여행스타그램#좋
아요#파리여행#유럽여행

단순접촉효과는 자주 노출되는 대상에 긍정적인 인식을 갖게 되는 것을 말합니다. 이를 '에펠탑 효과'라고도 부르죠. 왜 그럴까요?

프랑스 파리의 상징이라고 할 수 있는 에펠탑은 1889년에 프랑스 대혁명 100주년과 파리 만국박람회를 기념하며 세워진 철골 구조물입니다.

지금은 많은 사람들에게 사랑을 받는 건축물이지만, 처음 에펠탑 건설을 계획했을 때에는 모습이 흉물스럽다며 많은 예술가와 시민들의 극심한 반대에 부딪히게 되었죠.

그래서 파리시에서는 에펠탑을 20년만 유지하기로 시민들과 약속하고, 힘겹게 에펠탑을 세울 수 있었습니다.

그러는 동안, 에펠탑을 싫어했던 시민들은 일상생활 속에서 오고 가며 에펠탑을 보게 되었습니다. 즉, 에펠탑을 자연스럽게 볼 수 있는 기회가 늘어났던 거죠. 그러면서 파리 시민들은 점점 에펠탑을 사랑하게 되었습니다. 에펠탑이야말로 단순접촉효과의 대표적인 예인 것입니다! 그래서 우리는 단순접촉효과를 '에펠탑 효과'라고도 부르게 되었어요.

스마트폰 화면 크기의 비밀

우리나라에서 스마트폰이 상용화된 것은 2009년, 애플의 iPhone 3GS로 볼 수 있다. 이 스마트폰은 3.54인치의 디스플레이*를 장착하고 있었다. 2018년에 이르러 애플은 6.5인치 크기의 디스플레이를 장착한 iPhone XS Max를 내놓았다. 애플은 시간의 흐름에 따라 점차 화면 크기가 큰 스마트폰을 출시하고 있는 것이다.

애플을 비롯한 많은 기업이 더 큰 화면을 가진 스마트폰을 출시하는 이유는 무엇일까? 이유는 간단하다. 더 많은 것을 담을 수 있기 때문이다. 4.5인치의 디스플레이와 6인치의 디스플레이를 비교하면 그 차이는 명확해진다. 가로·세로 비율이 동일하다고 가정했을 때, 실제 화면은 6인치의 디스플레이를 가진 스마트폰이 약 77.8% 더 크다.

몰입감의 차이 때문에 큰 화면의 스마트폰을 출시하기도 한다. 화면이 커지면 몰입하는 정도도 달라진다. 동영상 등의 콘텐츠를 더욱 많이 소비하는 요즘, 소비자들은 콘텐츠에 더 몰입할 수 있게 해 주는 큰 화면을 추구하게 되었고, 스마트폰을 개발하는 기업들은 이러한 소비자들의 욕구를 고려하여 큰 화면을 가진 스마트폰을 내놓는 것이다.

그러나 모든 소비자들이 화면이 큰 스마트폰을 환영하는 것은 아니다. 특히 큰 스마트폰은 손이 작은 사람들의 신체적 특징을 고려하지 않은 것이라고 비판하는 사람들도 있다. 그들은 스마트폰들이 너무 커 손이 작은 사람이 쓰기에는 불편하다면서, 이는 손이 작은 사용자에 대한 배려를 하지 않은 것이라고 주장한다.

또한 기술적인 측면에서 화면이 커지면서 스마트폰의 배터리 소모량이 많아져 배터리가 전력을 유지하는 시간이 짧아졌다는 점도 비판 대상이다. 스마트폰의 화면이 커지고 해상도가 높아질수록 같은 시간 동안 소비하는 전력이 커져서 배터리가 빨리 닳게 되는 것이다.

앞으로 스마트폰의 화면 크기는 어떻게 달라질까? 화면이 더욱 커질지, 다시 작아질지는 소비자들의 선호에 달려 있다. 기업에서는 사람들이 원하는 크기의 스마트폰을 출시해야만 사람들이 그것을 구매하기 때문에 소비자들의 선호에 관심을 가질 수밖에 없다.

* 디스플레이(display) : 주로 전기적으로 전송되는 신호를 인간이 인식할 수 있는 형태로 나타내는 것. 또는 그 장치를 말한다. TV 브라운관, 휴대전화 액정 등이 일반적으로 사용되고 있다.

장착하다 : 의복, 기구, 장비 따위에 장치를 부착하다.
출시하다 : 상품을 시중에 내보내다.
명확하다 : 명백하고 확실하다.
몰입하다 : 깊이 파고들거나 빠지다.
소모량 : 써서 없애는 양
해상도 : 컴퓨터의 디스플레이 따위의 표시의 선명도
선호 : 여럿 가운데서 특별히 가려서 좋아함.

[핵심어]

01 다음은 윗글의 핵심 내용을 정리한 것이다. 빈칸에 들어가기에 적절한 말을 쓰시오.

> (   )의 화면 크기는 소비자들의 선호에 따라 달라진다.

[중심 문장]

02 2문단의 중심 문장으로 적절한 것은?

① 애플을 비롯한 많은 기업이 더 큰 화면을 가진 스마트폰을 출시하는 이유는 무엇일까?

② 더 많은 것을 담을 수 있기 때문이다.

③ 가로·세로 비율이 동일하다고 가정했을 때, 실제 화면은 6인치의 디스플레이가 약 77.8% 더 크다.

03 윗글의 내용으로 가장 적절한 것은?

① 손이 작은 사람들은 스마트폰을 사용하는 것을 싫어한다.

② 모든 사람들이 스마트폰의 화면 크기가 큰 것을 좋아한다.

③ 스마트폰 화면이 커지는 것에는 장점과 단점이 모두 존재한다.

④ 스마트폰으로 이용할 수 있는 콘텐츠를 더 많이 개발해야 한다.

⑤ 스마트폰 화면이 지나치게 커졌으므로 다시 작아질 필요가 있다.

03
이 지문에서는 스마트폰 화면 크기에 대해 이야기하고 있어요. 각 선택지의 내용이 지문의 어느 부분에서 나오는지를 잘 살펴보세요.

04 윗글을 읽고 답할 수 있는 질문으로 적절하지 <u>않은</u> 것은?

① 스마트폰 화면 크기는 어떻게 달라졌는가?

② 스마트폰 화면 크기에 따른 몰입감은 차이가 있는가?

③ 스마트폰 화면이 커지는 것에 대한 소비자의 반응은 어떠한가?

④ 스마트폰 화면이 커지는 것과 배터리 소모 사이에는 무슨 관계가 있는가?

⑤ 스마트폰 화면의 크기를 더욱 크게 만들기 위해 필요한 기술은 무엇인가?

04
이 지문에서는 스마트폰의 화면 크기가 점점 커지는 현상을 설명하면서, 이에 따라 나타나는 소비자들의 다양한 반응을 설명하고 있어요. 각 문단의 중심 문장을 살펴보면서 지문에서 언급되지 않은 내용을 찾아보세요.

05 윗글을 읽고 정리한 내용으로 적절하지 <u>않은</u> 것은?

스마트폰 화면의 실태
- 점차 크기가 증가하는 추세를 보임.

스마트폰 화면이 커지는 이유
- 더 많은 것을 화면에 담을 수 있기 때문임. ································ ①
- 몰입감이 높아지기 때문임. ·· ②
- 스마트폰으로 이용하는 콘텐츠를 소비하는 사람들이 늘어났기 때문임. ··········· ③

스마트폰 화면이 커짐에 따라 생기는 부작용
- 지나치게 큰 화면 때문에 손이 작은 사람은 사용하기 불편함. ····················· ④
- 배터리의 전력이 유지되는 시간이 길어짐. ································ ⑤

05
1문단에서는 스마트폰의 화면 크기가 점차 변화하는 현상을 설명하고 있고, 2문단과 3문단에서는 그러한 현상이 나타나는 이유를 설명하고 있어요. 한편 4문단과 5문단에서는 스마트폰의 화면이 커지는 것에 대한 단점을 설명하고 있지요. 각 문단의 내용과 선택지의 내용을 비교해 보세요.

콘텐츠 : 인터넷이나 컴퓨터 통신 등을 통하여 제공되는 각종 정보나 그 내용물

추세 : 어떤 현상이 일정한 방향으로 나아가는 경향

전력 : 전류가 단위 시간에 하는 일. 또는 단위 시간에 사용되는 에너지의 양

홍영식은 왜 우체국을 세웠을까?

언제부터 우리나라에 우체국이 있었을까? 우리나라에 최초로 세워진 근대적 개념의 우체국은 1884년(고종 21년) 음력 10월 1일에 공식 개국한 '우정총국'이다. 우정총국은 갑신정변을 주도한 사람 중 한 명인 홍영식이 책임자로 임명된 후 설립되었다. 명문가 출신의 홍영식은 서구 문물에 눈을 뜬 개혁가로, 일찍부터 서양의 우편 제도 도입을 강하게 주장하였다.

홍영식은 대체 왜 우정총국을 세우자고 한 것일까? 홍영식이 근대 우편 제도를 접한 것은 그가 1881년에 일본을 방문했을 때였다. 고종은 당시 밀려들어오는 서구 문물에 대응하고, 나라를 개혁하고자 일본으로 시찰단을 보냈다. 이 시찰단에 포함되어 있던 홍영식은 일본에서 틈틈이 역체국(우체국)을 찾아다니며 운영 방식과 효과를 조사했다.

그때까지만 해도 조선의 우편 업무는 관청과 관련된 업무 중심이었기 때문에 민간의 우편배달 체계가 존재하지 않았다. 하지만 이미 일본에서는 민간의 우편배달 체계가 중요한 통신 수단으로 자리 잡고 있었다. 개인 심부름꾼을 통하는 것보다 우편배달을 통하면 훨씬 빠르게 의사를 전달할 수 있어서 정보 전달의 효율을 한층 높일 수 있었다. 또 우편배달을 통해 많은 사람들이 소식과 정보를 주고받음으로써 바깥세상이 어떻게 돌아가는지도 빠르게 알 수 있었다.

홍영식은 이 같은 일본에서의 경험과 조사 결과를 통해 근대적인 우편 제도의 편의성을 몸소 느낄 수 있었다. 그래서 그는 조선으로 돌아와서 조선에도 근대적인 우편 제도를 도입해야 한다고 주장한 것이다. 결국 홍영식은 고종에게 우정총국의 설립 허가를 받아 냈고, 우정총국의 책임자 자리에 올랐다.

1956년부터 '체신의 날'이 제정되어 우정총국의 개국을 기념하게 되었다. 이후 체신의 날은 '정보통신의 날'로 이름이 바뀌고, 기념일도 4월 22일로 바뀌었다. 그럼에도 여전히 우편 업무 종사자들은 이 날을 기념하고 있다. 이는 근대적 우편 제도가 도입됨에 따라 우리가 편리한 생활을 할 수 있고, 정보를 빠르게 습득할 수 있음을 기념하기 위한 것이라고 볼 수 있다.

[핵심어]

06 다음은 윗글의 핵심 내용을 정리한 것이다. 빈칸에 들어가기에 적절한 말을 쓰시오.

> (   )은/는 우리나라 최초로 설립되었던 근대적 개념의 우체국이다.

[중심 문장]

07 각 문단의 중심 문장으로 가장 적절한 것은?

① 1문단 : 우리나라에 최초로 세워진 근대적 개념의 우체국은 1884년(고종 21년) 음력 10월 1일에 공식 개국한 '우정총국'이다.

② 2문단 : 고종은 당시 밀려들어오는 서구 문물에 대응하고, 나라를 개혁하고자 일본으로 시찰단을 보냈다.

③ 3문단 : 하지만 이미 일본에서는 민간의 우편배달 체계가 중요한 통신 수단으로 자리 잡고 있었다.

④ 4문단 : 홍영식은 이 같은 일본에서의 경험과 조사 결과를 통해 근대적인 우편 제도의 편의성을 몸소 느낄 수 있었다.

08 윗글의 내용으로 적절하지 <u>않은</u> 것은?

① 홍영식은 일본에서 근대 우편 제도를 경험했다.

② 고종은 개혁의 필요성을 느껴 일본으로 시찰단을 보냈다.

③ 우리나라 최초의 민간 우편배달은 우정총국에서 시작되었다.

④ 체신의 날은 우정총국이 개국한 것을 기념하기 위해 제정되었다.

⑤ 우정총국이 설립되기 전까지 조선의 우편 제도는 민간 업무 중심이었다.

08
이 지문에서는 우리나라에서 최초로 근대 우편 제도를 도입한 '우정총국'에 대해 설명하고 있어요. 근대 우편 제도의 특징을 설명하고 있는 3문단을 주의 깊게 살펴보세요.

09 윗글을 읽고 답할 수 있는 질문으로 가장 적절한 것은?

① 편지가 배달되는 원리는 무엇인가요?

② 일본의 우편 제도는 어떻게 발전했나요?

③ 과거의 우편 제도와 현재의 우편 제도는 무엇이 다른가요?

④ 우리나라에 근대적 우편 제도가 도입된 배경은 무엇인가요?

⑤ 서양의 우편 제도와 우리나라의 우편 제도의 차이점은 무엇인가요?

09
선택지의 질문에 대한 답을 찾으려면 지문의 어느 부분에서 해당 내용을 이야기하고 있는지를 살펴봐야 합니다. 각 문단의 중심 문장을 떠올려 보세요.

10 윗글을 읽고 난 후의 반응으로 적절하지 <u>않은</u> 것은?

① 우정총국의 설립으로 훨씬 효율적으로 정보를 전달할 수 있었겠군.

② 홍영식은 조선의 기존 우편 업무가 변화할 필요성이 있다고 느꼈겠군.

③ 우편배달 체계가 아무리 발달해도 개인 심부름꾼을 이용하는 것만큼 효율적이지는 않았겠군.

④ 앞으로 '정보 통신의 날'에는 근대적 우편 제도로 인해 우리 생활이 더욱 편리해진 것을 기념해야겠군.

⑤ 홍영식이 일본에서 역체국을 찾아다니며 조사한 것이 조선에서 우정총국을 설립하고 운영할 때 큰 도움이 되었겠군.

10
우정총국은 지문 전체에서 이야기하고 있고, 홍영식은 1, 2, 4문단에서, '우편배달 체계'는 3문단에서, '정보 통신의 날'은 5문단에서 이야기하고 있어요. 문단별 중심 내용을 파악하면 문제에서 묻는 내용이 지문의 어느 부분에 나오는지를 쉽게 찾을 수 있어요.

제정되다 : 제도나 법률 따위가 만들어져서 정하여지다.

설립되다 : 기관이나 조직체 따위가 만들어져 일으켜지다.

효율적 : 들인 노력에 비해 얻는 결과가 큰 것

운영하다 : 조직이나 기구, 사업체 따위를 관리하고 운용하다.

★ 정답은 [해설편 표지] 안쪽에 있습니다.

★ [01~04] 다음 단어와 그 뜻풀이를 바르게 연결하시오.

01 선호 •

02 도입 •

03 전력 •

04 콘텐츠 •

• ㉠ 기술, 방법, 물자 따위를 끌어 들임.

• ㉡ 전류가 단위 시간에 하는 일. 또는 단위 시간에 사용되는 에너지의 양

• ㉢ 여럿 가운데서 특별히 가려서 좋아함.

• ㉣ 인터넷이나 컴퓨터 통신 등을 통하여 제공되는 각종 정보나 그 내용물

★ [05~08] 문맥을 고려하여 다음 문장의 빈칸에 들어가기에 알맞은 단어를 고르시오.

05 이 노래는 (   )에서 유행하는 노래이다.

① 행정　　　② 민간　　　③ 시민

06 운동을 할 때는 평상시보다 에너지 (   )이 증가한다.

① 소모량　　② 허용량　　③ 강수량

07 이 모니터는 (   )가 높아서 어떤 것이든 선명하게 보인다.

① 해상도　　② 신뢰도　　③ 난이도

08 (   )만을 생각하여 일회용품을 지나치게 자주 사용하는 것은 환경을 파괴하는 일이다.

① 공정성　　② 편의성　　③ 객관성

★ [09~12] 제시된 글자들을 조합하여 다음 뜻풀이에 해당하는 단어를 쓰시오.

개	문	구
장	국	물
다	착	서

09 방송국이나 우체국 따위가 사무소가 설치되어 처음으로 업무가 시작되다. (   )하다

10 문화의 산물. 곧 정치, 경제, 종교, 예술, 법률 따위의 문화에 관한 모든 것을 통틀어 이르는 말
(   )

11 서양을 이루는 유럽과 북아메리카를 통틀어 이르는 말 (   )

12 의복, 기구, 장비 따위에 장치를 부착하다.
(   )하다

★ [13~15] 문맥을 고려하여 밑줄 친 단어의 뜻과 가장 가까운 것을 고르시오.

13 우리 회사에서는 이번에 <u>출시한</u> 휴대폰이 많이 팔릴 것이라고 기대하고 있다.

① 내놓다　　② 사다　　③ 출발하다

14 게임에 너무 <u>몰입하면</u> 건강이 나빠지거나 정신적으로 안 좋은 영향을 받을 수 있다.

① 출입하다　　② 빠지다　　③ 무시하다

15 그는 머리가 좋아서 가르쳐 주는 것들을 아주 빠르게 <u>습득하였다</u>.

① 얻다　　② 버리다　　③ 배우다

✳ 근대 우편 제도의 선구자, 홍영식

오늘은 조선에 근대 우편 제도를 도입하기 위해 힘쓰셨던 홍영식 선생님에 대해 평생 연구하신 ○○○ 선생님을 만나서 이야기를 나눠 보겠습니다. 선생님, 안녕하세요?

네, 반갑습니다.

홍영식 선생님은 우리나라 근대 우편 제도의 선구자라고 할 수 있는데요. 그분이 근대 우편 제도를 도입하고자 계획하셨을 때, 어려움은 없으셨나요?

홍영식 선생님이 우리나라에 근대 우편 제도를 도입하려고 했던 당시에 일본인들은 부산에서 멋대로 자기들의 우편 제도를 실시하고 있었어요. 이것을 그대로 두면 국가에서 공식적으로 우편 제도를 시행하기가 어려웠죠. 그래서 홍영식 선생님이 이것에 대해 일본인들에게 엄중히 항의했고, 결국에는 일본으로부터 훗날 조선이 우편 제도를 시행하게 되면 조선의 제도에 따르겠다는 약속을 받아 내었습니다.

와, 정말 대단하시군요. 그러한 어려움을 극복하고 '우정총국'을 세우신 줄은 몰랐습니다. 그런데 요즘에는 '우체국'이라는 말을 써서 '우정'이라는 말이 좀 낯설어요. '우정'이라는 말은 무슨 의미인가요?

당시 우리나라는 근대 우편 제도를 시행하려고 준비하면서 일본에서 사용하는 용어가 아닌, 우리나라만의 독창적인 용어를 만드는 것을 중요하게 생각했어요. 고민 끝에 우리는 '우편'을 '우정(郵征)'으로, '우표(郵票)'를 '우초(郵鈔)'로, '배달부'를 '분전인(分傳人)'으로, '우편함'을 '우정함(郵征函)'으로 부르기로 했습니다. 그러니까 우정은 곧 우편과 같은 뜻의 옛말인 셈입니다.

아, 그래서 현재 우체국 서비스를 총괄하는 국가 기관을 '우정사업본부'라고 하는 것이군요. 유익한 정보를 알려주셔서 감사합니다.

아보카도, 과연 맛있기만 한 과일일까?

SNS에 '아보카도'를 검색하면 무수히 많은 게시물을 볼 수 있다. 지방과 단백질을 많이 가진 아보카도는 과일이라고는 도저히 믿을 수 없는 기름진 맛과 독특한 빛깔을 가지고 있으며, 국내에서 인기 높은 과일 중 하나이다. 그런데 언제부터인가 아보카도가 환경 파괴의 원인이라는 이야기도 들려온다. 그 이유는 무엇일까?

우선 아보카도가 우리의 식탁까지 올라오는 과정을 살펴볼 필요가 있다. 재배 조건이 까다로운 아보카도는 특정 지역, 즉 미국이나 멕시코, 뉴질랜드 등에서만 재배된다. 이 때문에 우리나라에서 판매되는 아보카도는 적게는 9,789km에서 1만 3,054km의 거리를 이동하여 식탁에 오르게 된다. 이러한 긴 수송 거리 때문에 아보카도를 수송하는 화물선에서는 기후 변화와 미세 먼지의 주범인 이산화 탄소와 질소 산화물이 다량으로 뿜어져 나오고, 이는 환경 오염으로 이어진다.

또한 아보카도를 재배하는 과정에서 숲도 많이 파괴된다. 세계에서 아보카도를 가장 많이 수출하고 있는 멕시코에서는 아보카도를 심기 위해 지금도 숲의 나무를 베어 내고 있다. 멕시코에서 훼손되고 있는 숲의 규모는 한 해에 약 $6.9km^2$로, 이는 여의도 면적의 두 배도 넘는다.

소비하는 물도 어마어마하다. $100m^2$ 규모의 아보카도 농장을 운영하려면 하루에 10만 리터 정도의 물이 소모된다. 이는 1,000명의 사람이 하루 동안 쓰는 물의 양과 맞먹는 양이다. 아보카도의 주요 생산지 중 하나인 칠레 페토르카 지역에서는 아보카도를 키우기 위해 물을 소모하다보니 지하수는 물론, 우물의 물까지 말라 버렸다고 한다.

우리가 무심코 먹는 아보카도 한 알이 환경 파괴의 주범이라는 사실은 굉장히 놀랍게 다가온다. 아보카도를 먹기 전에, 아보카도가 식탁에 오르기 전에 어떠한 일들이 벌어지는지를 고민해야 할 때이다.

1 문단
핵심어 :
중심 문장에 밑줄 치세요.

2 문단
핵심어 :
중심 문장에 밑줄 치세요.

3 문단
핵심어 :
중심 문장에 밑줄 치세요.

4 문단
핵심어 :
중심 문장에 밑줄 치세요.

5 문단
핵심어 :
중심 문장에 밑줄 치세요.

[핵심어]

01 다음은 윗글의 핵심 내용을 정리한 것이다. 빈칸에 들어가기에 적절한 말을 쓰시오.

( )이/가 재배되는 과정에서 다양한 환경 오염 문제가 발생한다.

재배 : 식물을 심어 가꿈.
수송하다 : 기차나 자동차, 배, 항공기 따위로 사람이나 물건을 실어 옮기다.
훼손되다 : 헐거나 깨뜨려 못 쓰게 되다.
소모되다 : 쓰여 없어지다.
주범 : 어떤 일에 대하여 좋지 아니한 결과를 만드는 주된 원인

▶ 정답과 해설 p. 14

[중심 문장]

02 3문단의 중심 문장으로 가장 적절한 것은?

① 또한 아보카도를 재배하는 과정에서 숲도 많이 파괴된다.

② 세계에서 아보카도를 가장 많이 수출하고 있는 멕시코에서는 아보카도를 심기 위해 지금도 숲의 나무를 베어 내고 있다.

③ 멕시코에서 훼손되고 있는 숲의 규모는 한 해에 약 $6.9km^2$로, 이는 여의도 면적의 두 배도 넘는다.

03 윗글을 읽고 빈칸에 들어가기에 적절한 말을 쓰시오.

> 아보카도를 재배하는 과정에서 (   )이/가 많이 파괴되고 어마어마한 양의 (   )이/가 소모되며, 재배된 아보카도가 우리 식탁에 올라오려면 긴 (   )을/를 이동하여야 한다.

03
이 지문에서는 아보카도를 재배하고 그것을 소비하는 과정에서 환경이 오염된다는 것을 설명하고 있습니다. 2문단, 3문단, 4문단에서 아보카도를 재배하고 소비하는 과정에서 환경이 파괴되는 이유 세 가지를 들고 있어요.

04 아보카도에 대한 설명으로 적절하지 <u>않은</u> 것은?

① 아보카도를 가장 많이 수출하는 국가는 멕시코이다.

② 아보카도는 자라는 과정에서 질소 산화물을 많이 뿜어낸다.

③ 아보카도는 다른 과일들보다 단백질을 많이 함유하고 있다.

④ 아보카도는 재배 조건이 까다로워서 특정 국가에서만 재배된다.

⑤ 아보카도의 주요 생산지인 칠레 페토르카에서는 아보카도를 재배하기 위해 지하수까지 이용한다.

04
2~4문단에서 아보카도가 재배되는 과정에 대해 언급하고 있어요.

05 글쓴이가 윗글을 통해 궁극적으로 말하고자 하는 바로 가장 적절한 것은?

① 물 부족 문제를 해결하기 위해 전 세계가 함께 노력해야 한다.

② 우리나라에서도 아보카도를 재배하기에 적절한 환경을 조성해야 한다.

③ 아보카도 생산의 효율성을 높이기 위해 더 나은 기술이 개발되어야 한다.

④ 아보카도를 더 빠르게 수송하기 위해 지금보다 많은 수송선이 있어야 한다.

⑤ 우리가 아보카도를 소비하는 것이 환경을 파괴할 수도 있음을 인지해야 한다.

05
2~4문단에서는 아보카도가 환경을 파괴하는 구체적 원인에 대하여 설명하고 있고, 5문단에서는 글쓴이가 이 글을 쓴 의도를 드러내고 있네요.

함유하다 : 물질이 어떤 성분을 포함하고 있다.

조성하다 : 무엇을 만들어서 이루다.

효율성 : 들인 노력과 얻은 결과의 비율이 높은 특성

인지하다 : 어떤 사실을 인정하여 알다.

사물놀이의 시작

옛날부터 우리나라 사람들은 마을 잔치나 명절 때, 혹은 장이 서는 날 등 흥을 돋우어야 하는 날에 꽹과리, 징, 장구, 북 등을 치고 태평소 등을 불며 노래를 부르고 춤을 추었다. 이와 같은 것을 농악, 혹은 풍물놀이라고 하며 주로 농부들 사이에서 행해졌다.

사물놀이가 아니라 농악, 풍물놀이라고 하는 것에 의아해하는 사람들이 있을 것이다. 하지만 사물놀이는 풍물놀이와는 많이 다르다. 풍물놀이는 긴 대열을 이루어 진행된다. 대열에 맞춰 앞쪽은 '앞치배'라 하여 꽹과리, 소고, 장구, 북 등의 악기 연주자들이 서고, 뒤쪽은 '뒤치배'라 하여 양반이나 각설이 등의 복장을 하고 춤을 추는 사람들이 따라가며 흥을 돋우었다. 이 때문에 풍물놀이는 주로 야외에서 행해졌다. 1950년대까지만 하더라도 우리 주변에서 풍물놀이를 쉽게 찾아볼 수 있었지만, 산업화가 진행됨에 따라 1970년대에 이르러 점차 자취를 감추었다.

이러한 배경 속에서 탄생한 것이 바로 사물놀이다. 사물놀이는 네 사람이 각기 꽹과리, 징, 장구, 북을 가지고 어우러져 치는 놀이로, 1978년 2월 22일에 김덕수(장구), 김용배(꽹과리), 이종대(북), 최태현(징)이 서울 종로구에 있는 '공간 사랑'에서 이를 처음으로 선보였다. 주로 야외에서 행해지던 공연을 실내 공연장으로 옮겨 왔고, 다양한 악기 대신 꽹과리, 장구, 북, 징의 타악기만 사용해 리듬감을 살렸다. 이를 본 민속학자 심우성이 네 가지 악기를 쓰니 사물놀이라고 하면 어떻겠느냐고 제안해 '사물놀이'라고 이름 붙여진 것이다. 이때부터 사물놀이라는 명칭이 쓰이게 되었다.

사물놀이가 시작된 지는 40여 년밖에 흐르지 않았다. 하지만 지금 이 순간에도 사물놀이는 계속해서 변신하고 있다. 다양한 장르의 음악과 협연하여 다양한 퓨전 음악을 만들기도 하고, 난타와 같은 공연의 배경 음악이 되기도 한다. 앞으로 우리의 사물놀이가 어떻게 변할지는 시간을 두고 지켜볼 일이다.

1 문단
핵심어 :
중심 문장에 밑줄 치세요.

2 문단
핵심어 :
중심 문장에 밑줄 치세요.

3 문단
핵심어 :
중심 문장에 밑줄 치세요.

4 문단
핵심어 :
중심 문장에 밑줄 치세요.

돋우다 : 감정이나 기색 따위를 생겨나게 하다.
의아하다 : 의심스럽고 이상하다.
대열 : 줄을 지어 늘어선 행렬
타악기 : 두드려서 소리를 내는 악기를 통틀어 이르는 말
명칭 : 사람이나 사물 따위의 이름. 또는 그것을 일컫는 이름
협연하다 : 한 독주자가 다른 독주자나 악단 따위와 함께 한 악곡을 연주하다.
퓨전 : 서로 다른 두 종류 이상의 것을 섞어 새롭게 만든 것

[핵심어]

06 다음은 윗글의 핵심 내용을 정리한 것이다. 빈칸에 들어가기에 적절한 말을 쓰시오.

> (   )은/는 네 사람이 각기 꽹과리, 징, 장구, 북을 가지고 어우러져 치는 놀이다.

04 DAY

[중심 문장]

07 각 문단의 중심 문장으로 가장 적절한 것은?

① 1문단 : 이와 같은 것을 농악, 혹은 풍물놀이라고 하며 주로 농부들 사이에서 행해졌다.

② 2문단 : 사물놀이가 아니라 농악, 풍물놀이라고 하는 것에 의아해하는 사람들이 있을 것이다.

③ 3문단 : 이때부터 사물놀이라는 명칭이 쓰이게 되었다.

④ 4문단 : 사물놀이가 시작된 지는 40여년밖에 흐르지 않았다.

08 윗글의 내용으로 적절하지 <u>않은</u> 것은?

① 사물놀이의 역사는 풍물놀이의 역사에 비해 짧다.

② 풍물놀이와 사물놀이는 악기 구성이 일부 다르다.

③ 풍물놀이의 앞치배에는 보통 악기 연주자들이 위치한다.

④ 풍물놀이와 사물놀이에는 모두 춤을 추는 무용수가 등장한다.

⑤ 사물놀이는 난타 공연을 할 때 배경 음악으로 사용되기도 한다.

08
이 지문에서는 풍물놀이와 사물놀이에 대해 설명하고 있어요. 특히 2문단에서 사물놀이에 대해 설명하고 있는 내용에 주목하여 문제를 풀어 보세요.

09 윗글을 읽고 알 수 <u>없는</u> 내용은?

① 풍물놀이의 쇠퇴

② 사물놀이의 현대적 변신

③ 풍물놀이를 이루는 구성

④ 사물놀이의 이름이 가진 의미

⑤ 사물놀이의 민속적 연구 가치

09
이 지문에서는 사물놀이의 탄생을 설명하기 위해 과거 풍물놀이의 모습과 사물놀이라는 명칭의 의미, 사물놀이가 현대적으로 계승되는 새로운 모습 등을 언급하고 있어요.

10 사물놀이에 대한 설명으로 가장 적절한 것은?

① 사물놀이는 처음에 실내에서 공연되었다.

② 사물놀이는 주로 농민들 사이에서 행해졌다.

③ 사물놀이의 '사물'은 '네 명의 인물'을 의미한다.

④ 사물놀이는 다른 장르의 음악과 함께 연주할 수 없다.

⑤ 사물놀이는 꽹과리, 장구, 북, 태평소를 사용해 리듬감을 살렸다.

10
3문단에서는 사물놀이가 어떻게 탄생했는지, 어떤 악기로 이루어졌는지, 어디서 공연하는지를 이야기하고 있어요. 4문단에서는 현재 사물놀이가 어떤 모습으로 이어지고 있는지를 설명하고 있네요.

쇠퇴 : 기세나 상태가 쇠하여 전보다 못하여 감.
민속적 : 민속과 관계된 것

★ 정답은 [해설편 표지] 안쪽에 있습니다.

* **[01~05]** 제시된 글자들을 조합하여 다음 뜻풀이에 해당하는 단어를 쓰시오.

효	협	재	모
배	율	소	성
상	연	지	인

01 들인 노력과 얻은 결과의 비율이 높은 특성

(   )

02 쓰여 없어지다. (   )되다

03 한 독주자가 다른 독주자나 악단 따위와 함께 한 악곡을 연주하다. (   )

04 어떤 사실을 인정하여 알다. (   )하다

05 식물을 심어 가꿈. (   )

* **[06~09]** 문맥을 고려하여 다음 문장의 빈칸에 들어가기에 알맞은 단어를 〈보기〉에서 찾아 쓰시오.

〈보기〉
돋우다   타악기   대열   민속적

06 마당극은 (   ) 색채가 상당히 강하다.

07 군인들이 (   )을/를 이루어 행진을 하고 있다.

08 연주자들은 북이나 장구 같은 (   )을/를 두들기며 축제의 분위기를 살렸다.

09 춤과 노래, 각종 악기 등으로 신바람을 (   ).

* **[10~14]** 〈보기〉에 제시된 초성과 뜻풀이를 참고하여 다음 문장의 빈칸에 들어가기에 알맞은 단어를 쓰시오.

〈보기〉
• ㅎㅅ되다 : 헐거나 깨뜨려 못 쓰게 되다.
• ㅎㅇ하다 : 물질이 어떤 성분을 포함하고 있다.
• ㅅㅅ하다 : 기차나 자동차, 배, 항공기 따위로 사람이나 물건을 실어 옮기다.
• ㅇㅇ하다 : 의심스럽고 이상하다.
• ㅈㅅ하다 : 무엇을 만들어서 이루다.

10 관람을 하는 사람들의 옳지 못한 태도로 인해 우리의 문화재가 (   )되는 일이 많이 생기고 있다.

11 높은 산 위에서 긴급한 환자가 발생하면 헬기를 이용해 환자를 (   )하기도 한다.

12 쌀은 탄수화물뿐만 아니라 단백질, 아미노산 등 우리 몸에 필요한 성분들을 많이 (   )하고 있다.

13 국가에서는 미리 세워 놓은 계획에 따라 새로운 도시를 (   )하였다.

14 일이 왜 이렇게 복잡해졌는지 (   )하여 이 일의 담당자에게 찾아갔다.

* **[15~17]** 다음 단어와 그 뜻풀이를 바르게 연결하시오.

15 쇠퇴 •

• ㉠ 어떤 일에 대하여 좋지 아니한 결과를 만드는 주된 원인

16 주범 •

• ㉡ 서로 다른 두 종류 이상의 것을 섞어 새롭게 만든 것

17 퓨전 •

• ㉢ 기세나 상태가 쇠하여 전보다 못하여 감.

✱ 착한 먹거리를 찾는 방법

　최근 들어 조금 더 비싸고 귀찮더라도 인간, 동물, 환경에 해를 끼치는 상품을 사지 않으려는 사람들이 늘고 있어요. 특히 음식을 살 때 음식을 생산하거나 판매하는 과정에 윤리적인 절차가 포함되었는지를 판단하며 상품을 선택하는 경향이 높아지고 있어요. 그렇다면 이러한 음식들을 그렇지 않은 음식과 어떻게 구별할 수 있을까요?

1. 유기농 인증 마크

　유기농 인증 마크는 농림수산식품부가 농약이나 몸에 안 좋은 화학 비료를 전혀 사용하지 않고 키운 농산물이나, 천연 사료를 먹여 키운 가축에게 부여하는 마크입니다. 이 마크를 보면 농약이나 항생제를 사용하지 않았는지, 건강한 먹이를 먹고 자란 가축인지 등을 바로 확인할 수 있어요.

출처 : 농림축산식품부(http://www.mafra.go.kr)

2. 탄소 성적 표지

　아보카도처럼 먼 거리를 이동하여 오는 생산물들은 재배지에서 우리의 식탁에 오르기까지 오랜 시간이 걸립니다. 이 때 수송 과정에서 온실가스와 이산화 탄소가 많이 배출되어 환경 오염을 일으켜요. 그래서 환경부에서는 제조 과정에서 탄소 배출량을 줄이거나, 비슷한 다른 제품들보다 탄소를 적게 배출할 경우에 탄소 성적 표지를 부여합니다.

출처 : 환경부(http://me.go.kr)

식물인간과 대화할 수 있을까?

사고 등으로 인해 뇌가 손상되어 의식이 없고 움직일 수 없지만, 호흡 등의 생명 유지 활동을 하는 환자를 우리는 식물인간이라고 한다. 하지만 진짜 식물인간에게는 의식이 없을까? 몸을 움직일 수 없기 때문에 의사소통이 되지 않는 것이 아닐까?

식물인간 가운데에는 의식이 있지만 자신의 의사를 외부로 알릴 수 없는 경우도 간혹 존재한다. 이처럼 의식은 있지만, 운동 기능이 마비되어 있어 자신의 의사를 타인에게 전달하지 못하는 상태를 '감금 증후군' 혹은 '락트-인 증후군'이라고 한다.

뇌공학자들은 감금 증후군인 사람들과 의사소통을 하기 위해 컴퓨터와 뇌를 연결하여 뇌의 반응을 컴퓨터상에 나타내기 위해 노력했다. 그 결과, 2000년 독일 튀빙겐대학의 닐스 비어바우머 교수 연구팀은 의식이 있는 식물인간 환자가 컴퓨터 마우스를 생각만으로 조작하게 하는 것을 성공하였다. 또 2013년 캐나다의 웨스턴온타리오대학 연구팀은 뇌 스캔을 통해 감금 증후군 환자와 의사소통을 하는 것에 성공하였다. 실험을 진행한 로리나 박사는 "감금 증후군 환자들에게 질문을 하자 환자들은 '예', '아니오'라고 정확히 답변을 하였다. 이러한 결과는 뇌 스캔을 통해 파악할 수 있었다."라고 밝히기도 했다.

이와 같은 뇌 과학 기술은 빠르면 10년 이내에 상용되어 의식이 있는 식물인간 환자나 감금 증후군 환자들의 의사소통을 도울 수 있을 것으로 전망된다. 또 이러한 기술은 혼수상태에 빠진 환자들이 의식이 있는지를 판별하는 데 큰 역할을 할 것으로 보인다.

---

01 **[핵심어]**
다음은 윗글의 핵심 내용을 정리한 것이다. 빈칸에 들어가기에 적절한 말을 쓰시오.

> (　　　　　　　　)들은 의식이 있는 식물인간과 의사소통을 하기 위해 다양한 뇌 과학 기술을 이용한 연구를 진행하고 있다.

02 **[중심 문장]**
각 문단의 중심 문장으로 가장 적절한 것은? (정답 2개)

① 1문단 : 하지만 진짜 식물인간에게는 의식이 없을까?

② 2문단 : 이처럼 의식은 있지만, 운동 기능이 마비되어 있어 자신의 의사를 타인에게 전달하지 못하는 상태를 '감금 증후군' 혹은 '락트-인 증후군'이라고 한다.

③ 3문단 : 실험을 진행한 로리나 박사는 "감금 증후군 환자들에게 질문을 하자 환자들은 '예', '아니오'라고 정확히 답변을 하였다. 이러한 결과는 뇌 스캔을 통해 파악할 수 있었다."라고 밝히기도 했다.

④ 4문단 : 또 이러한 기술은 혼수상태에 빠진 환자들이 의식이 있는지를 판별하는 데 큰 역할을 할 것으로 보인다.

1 문단
핵심어 :
중심 문장에 밑줄 치세요.

2 문단
핵심어 :
중심 문장에 밑줄 치세요.

3 문단
핵심어 :
중심 문장에 밑줄 치세요.

4 문단
핵심어 :
중심 문장에 밑줄 치세요.

손상되다 : 병이 들거나 다치다.
의식 : 깨어 있는 상태에서 자기 자신이나 사물에 대하여 인식하는 작용
의사 : 무엇을 하고자 하는 생각
마비되다 : 신경이나 근육이 형태의 변화 없이 기능을 잃어버리다.
조작하다 : 기계 따위를 일정한 방식에 따라 다루어 움직이다.
상용되다 : 일상적으로 쓰이다.
전망되다 : 앞날이 헤아려져 내다보이다.
판별하다 : 옳고 그름이나 좋고 나쁨을 판단하여 구별하다.

▶ 정답과 해설 **p. 18**

03 윗글의 내용으로 적절하지 <u>않은</u> 것은?

① 모든 식물인간은 몸을 자유롭게 움직이지 못한다.
② 식물인간이 된 사람 중에는 의식이 있는 사람도 있다.
③ 뇌 과학 기술은 혼수상태에 빠진 환자들에게도 적용할 수 있다.
④ 뇌 과학 기술은 이미 상용되어 병원과 일상생활에서 쓰이고 있다.
⑤ 뇌 스캔 기술을 이용하면 감금 증후군인 사람과도 의사소통을 할 수 있다.

03
2문단에서는 '감금 증후군', '락트–인 증후군'에 대해 설명하고 있어요. 그리고 3~4문단에서는 이들과의 의사소통을 가능하게 할 뇌 과학 기술에 대해 설명하고 있네요.

04 윗글에 언급된 내용으로 가장 적절한 것은?

① 식물인간을 깨어나게 하는 방법
② 식물인간으로 변하게 되는 신체적 원리
③ 뇌 과학 기술을 활용한 새로운 치료법 개발
④ 의식이 있는 식물인간과 의식이 없는 식물인간의 뇌 구조 차이
⑤ 뇌 과학 기술을 활용하여 식물인간과 의사소통할 수 있는 가능성

04
이 지문에서는 식물인간과 의사소통을 하기 위한 뇌공학자들의 노력에 대해 설명하고 있어요.

05 윗글에 대한 설명으로 적절하지 <u>않은</u> 것은?

① 질문을 던지며 독자의 흥미를 이끌어 내고 있다.
② 대상의 개념을 제시하며 독자의 이해를 돕고 있다.
③ 구체적인 연구 기관을 언급하며 신뢰성을 높이고 있다.
④ 대상의 한계점을 언급하며 이에 대한 해결책을 제시하고 있다.
⑤ 구체적인 사례를 제시하며 대상의 전망을 긍정적으로 평가하고 있다.

05
이 지문에서 뇌 과학 기술을 이용하여 식물인간과 의사소통할 수 있는 가능성에 대해 설명하기 위해 어떤 방법을 사용하고 있는지 살펴보세요.

신뢰성 : 굳게 믿고 의지할 수 있는 성질
한계점 : 능력이나 책임 따위가 더 이상 미치지 못하는 막다른 지점
전망 : 앞날을 헤아려 내다봄.

마음을 베는 칼, 혐오 표현

'혐오'란 매우 싫어하고 미워한다는 의미이다. 원래 '혐오 시설', '혐오 식품' 등 꺼리는 감정을 표현할 때 주로 쓰였는데, 최근에는 더 넓은 범위의 대상과 함께 쓰이고 있다. 특히 '아주 많이 혐오한다.'는 의미로 젊은 세대에서 자주 사용되고 있는 '극혐'이라는 말은 개인의 취향을 타는 모든 대상과 함께 쓰이고 있는 상황이다. 이처럼 혐오라는 말은 더 이상 일상적 의미로만 머무르지 않고, 사회적으로 확대되고 있다.

혐오 표현에서의 혐오는 어떤 집단에 속하는 사람들의 고유한 정체성을 부정하거나 차별, 배제하는 것을 의미한다. 단순하게 싫어하는 감정, 그 이상의 의미인 것이다. 그렇다면 어떤 표현을 명확하게 혐오 표현으로 볼 수 있을까?

단발머리를 한 친구를 보고 "난 단발머리가 싫다."라고 말하는 것은 혐오 표현일까? 정답은 '아니다.'이다. '단발머리가 싫다.'라는 것은 단순히 개인의 취향 문제이고, 이 말을 함으로써 친구가 단발머리를 한 것 자체를 부정하거나 배제하려는 것이 아니기 때문이다. 또한 '단발머리'가 그 친구의 고유한 정체성이라고 볼 수도 없다.

하지만 만약 무슬림 여성의 복장인 차도르를 쓴 친구를 보고 "난 차도르가 싫어."라고 말한다면 어떻게 될까? 차도르를 쓴 친구가 무슬림인 것은 그녀가 가진 고유한 종교적 정체성이다. 사회적으로 무슬림이 소수 집단인 것을 고려하면 이 말은 무슬림 집단을 부정하거나 차별하는 효과를 낳을 수 있다. 따라서 "난 차도르가 싫어."라는 것은 명백한 혐오 표현이다.

혐오 표현을 경험한 피해자들은 스트레스를 받는 등 정신적으로 고통을 받고, 불안감이 커지고 자존감이 낮아져 일상생활에 어려움을 겪기도 한다. 그러므로 소수자에 대한 혐오 표현은 단순히 나의 취향을 표현하는 말이 아니라 날카로운 칼이 되어 듣는 사람의 마음에 상처를 낼 수 있다는 점을 명심하고, 이와 같은 표현을 사용하지 말아야 한다.

---

1 문단
핵심어 :
중심 문장에 밑줄 치세요.

2 문단
핵심어 :
중심 문장에 밑줄 치세요.

3 문단
핵심어 :
중심 문장에 밑줄 치세요.

4 문단
핵심어 :
중심 문장에 밑줄 치세요.

5 문단
핵심어 :
중심 문장에 밑줄 치세요.

혐오 : 싫어하고 미워함.
정체성 : 변하지 아니하는 존재의 본질
배제하다 : 받아들이지 아니하고 물리쳐 제외하다.
취향 : 하고 싶은 마음이 생기는 방향. 또는 그런 경향
부정하다 : 그렇지 아니하다고 단정하거나 옳지 아니하다고 반대하다.
차별하다 : 둘 이상의 대상을 각각 등급이나 수준 따위의 차이를 두어서 구별하다.
명백하다 : 의심할 바 없이 아주 뚜렷하다.

[핵심어]

06 다음은 윗글의 핵심 내용을 정리한 것이다. 빈칸에 들어가기에 적절한 말을 쓰시오.

> 어떤 집단에 속하는 사람들의 고유한 정체성을 부정하거나 차별, 배제하는 표현을
> (   )(이)라고 한다.

▶ 정답과 해설 p. 20

[중심 문장]

07 1문단의 중심 문장으로 가장 적절한 것은?

① 원래 '혐오 시설', '혐오 식품' 등 꺼리는 감정을 표현할 때 주로 쓰였는데, 최근에는 더 넓은 범위의 대상과 함께 쓰이고 있다.

② 특히 '아주 많이 혐오한다.'는 의미로 젊은 세대에서 자주 사용되고 있는 '극혐'이라는 말은 개인의 취향을 타는 모든 대상과 함께 쓰이고 있는 상황이다.

③ 이처럼 혐오라는 말은 더 이상 일상적 의미로만 머무르지 않고, 사회적으로 확대되고 있다.

08 윗글을 읽고 빈칸에 들어가기에 적절한 말을 쓰시오.

> 혐오 표현에서의 (　　　　)은/는 어떤 집단에 속하는 사람들의 고유한 정체성을 부정하거나 차별, 배제하는 것을 의미한다.

08
이 지문에서는 혐오 표현에 대해 설명하고 있어요. 특히 2문단에서 '혐오 표현'에서의 '혐오'가 무엇인지 밝히고 있습니다.

09 윗글을 읽고 알 수 <u>없는</u> 내용은?

① '혐오'라는 말이 쓰이는 범위의 변화
② 혐오 표현을 사용하면 안 되는 이유
③ 다른 나라에서 발생한 혐오 표현의 사례
④ 피해자가 느끼는 혐오 표현의 부정적 측면
⑤ 혐오 표현인 것과 혐오 표현이 아닌 것을 구분하는 기준

09
1문단에서는 '혐오'의 의미가 사회적으로 확대되는 과정을, 2문단에서는 혐오 표현의 개념을 설명하고 있어요. 3문단과 4문단에서는 혐오 표현으로 볼 수 있는 사례와 그렇지 않은 사례를 들고 있고, 5문단에서는 혐오 표현의 피해자들이 느낄 수 있는 감정에 대해 설명하고 있네요.

10 혐오 표현에 대한 설명으로 가장 적절한 것은?

① 혐오 표현은 사회적으로 소외된 소수자 집단만이 사용할 수 있다.

② 혐오 표현은 최근 시설이나 식품 등의 사물과 관련해서만 쓰이고 있다.

③ 혐오 표현은 개인의 취향과 관련해 특정한 행동을 싫어함을 나타내는 표현이다.

④ 혐오 표현의 피해자는 불안감이 커지고 자존감이 낮아져 일상생활이 힘들 수도 있다.

⑤ 혐오 표현을 사용하는 사람이 듣는 사람에게 상처를 줄 의도가 없다면 이는 문제가 되지 않는다.

10
혐오 표현의 부정적 측면을 다루고 있는 4문단에 주목하여 문제를 풀어 보세요.

범위 : ① 일정하게 한정된 영역 ② 어떤 것이 미치는 한계
소외되다 : 어떤 무리에서 기피되어 따돌림을 당하거나 배척되다.
의도 : 무엇을 하고자 하는 생각이나 계획. 또는 무엇을 하려고 꾀함.

★ 정답은 [해설편 표지] 안쪽에 있습니다.

✻ [01~03] 다음 단어와 그 뜻풀이를 바르게 연결하시오.

01 의식 •
    • ㉠ 깨어 있는 상태에서 자기 자신이나 사물에 대하여 인식하는 작용

02 조작하다 •
    • ㉡ 하고 싶은 마음이 생기는 방향. 또는 그런 경향

03 취향 •
    • ㉢ 기계 따위를 일정한 방식에 따라 다루어 움직이다.

✻ [04~07] 문맥을 고려하여 다음 문장의 빈칸에 들어가기에 알맞은 단어를 고르시오.

04 엄청난 고통에 그들의 인내심이 (   )에 달하고 있었다.

  ① 자존감   ② 신뢰도   ③ 한계점

05 그 분야의 사업은 대체로 (   )이/가 밝은 편이다.

  ① 전망   ② 구상   ③ 대비

06 이번 결정은 그의 (   )와 상관없이 내 생각대로 이루어진 것이다.

  ① 의미   ② 의사   ③ 의료

07 청소년기는 자신의 (   )을 확립하는 시기이다.

  ① 정체성   ② 경제성   ③ 신뢰성

✻ [08~11] 〈보기〉에 제시된 초성과 뜻풀이를 참고하여 다음 문장의 빈칸에 들어가기에 알맞은 단어를 쓰시오.

〈보기〉
- ㅂㅇ : ① 일정하게 한정된 영역 ② 어떤 것이 미치는 한계
- ㅎㅇ : 싫어하고 미워함.
- ㅁㅂ하다 : 의심할 바 없이 아주 뚜렷하다.
- ㅅㅇ되다 : 어떤 무리에서 기피되어 따돌림을 당하거나 배척되다.

08 그의 마음속에는 불공평한 세상에 대한 (   )이/가 가득하다.

09 이 사건에 관해서 네가 아는 (   ) 내에서 말해 줬으면 좋겠다.

10 그 시간에 지현이는 나와 함께 있었기 때문에, 지현이가 범인이 아니라는 사실은 (   )하다.

11 서연이는 친구들 사이에서 혹시라도 (   )될까 두려워서 친구들이 간다는 곳은 모두 따라다녔다.

✻ [12~14] 문맥을 고려하여 밑줄 친 단어의 뜻과 가장 가까운 것을 고르시오.

12 그는 자신의 범행 사실을 계속 <u>잡아뗐다</u>.

  ① 부추기다   ② 부정하다   ③ 부유하다

13 아들과 딸 사이에 <u>차이를 두면</u> 안 된다.

  ① 특별하다   ② 차별하다   ③ 이별하다

14 기자는 신문 기사를 쓸 때 사건에 대한 주관적인 생각을 최대한 <u>없애야</u> 한다.

  ① 조작하다   ② 추가하다   ③ 배제하다

✳ 진지하면 '진지충', 설명하면 '설명충'?

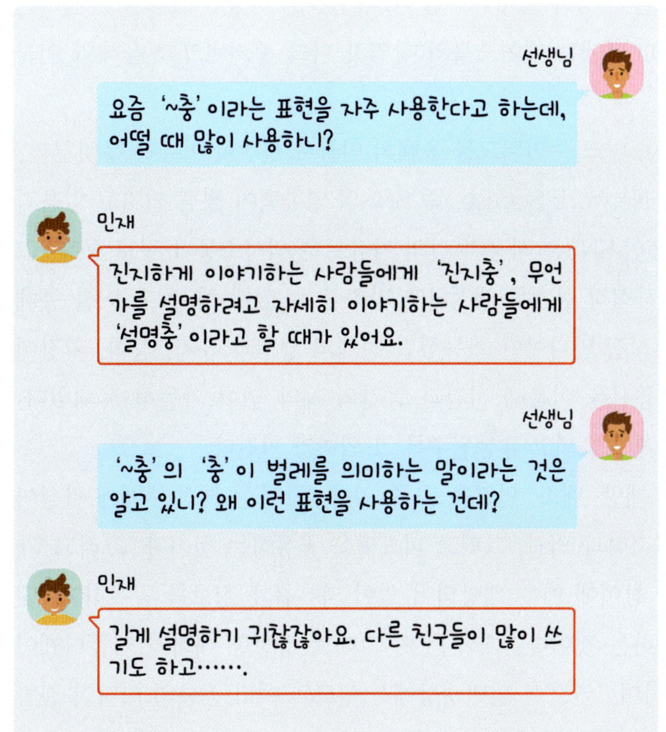

혹시 여러분도 '~충'이라는 표현을 일상적으로 사용하고 있지는 않나요? 실제로 많은 학생들이 사용하는 표현 중에는 이렇게 자기도 모르게 특정 집단을 차별하는 혐오 표현이 굉장히 많이 있습니다. 듣는 사람에게 상처를 주고, 갈등을 유발하는 이런 표현들을 계속 사용하는 것이 적절할까요?

말은 어떻게 하느냐에 따라 천 냥 빚도 갚을 수 있지만, 누군가에게는 칼이 되어 그 사람을 공격할 수도 있습니다. 우리는 일상생활에서 말을 칼로 쓰고 있지는 않은지, 진지하게 생각해 봅시다.

SNS가 바꾸어 놓은 우리의 삶

타임지는 1981년 올해의 인물로 사람이 아닌 '컴퓨터'를 선정하여 표지에 실었고, 2006년에는 올해의 인물로 'You'를 선정하였다. 여기에서의 You는 인터넷에 접속하여 홈페이지를 만들고, 블로그를 운영하며, UCC*를 제작하는 등 다양한 활동을 실현하는 '당신'을 의미한다. 또한 2010년에는 페이스북의 창업자 마크 주커버그를 올해의 인물로 선정하기도 했다.

타임지에서 컴퓨터와 You, 마크 주커버그를 올해의 인물로 선정한 이유는 무엇일까? 이것은 우리 삶에서 Social Network Service, 즉 SNS의 영향력이 점점 커지고 있음과 관련이 있다. 온라인 플랫폼인 SNS는 사용자 간의 자유로운 의사소통과 정보 공유, 그리고 인맥 확대 등을 통해 사회적 관계를 생성하고 강화할 수 있게 해 준다. 이를 통해 이전까지는 사람과 사람이 직접 만나야만 가능했던 관계의 생성과 유지, 강화, 확장이 눈에 보이지 않는 인터넷 통신을 이용해 시간과 공간의 제약 없이 가능하게 되었다. SNS는 정보가 더욱 다양하게 공유되고 유통될수록 그 의미가 커진다.

SNS의 특성으로는 참여, 개방, 대화, 연결을 들 수 있다. '참여'는 특정 주제에 관심이 있는 사람들이 자발적으로 지식과 의견, 그리고 피드백을 공유하는 것이다. 그리고 '개방'은 사용자들이 피드백과 참여에 매우 개방되어 있어 자유롭게 정보를 공유하고, 댓글, 투표 등의 기능을 이용하는 것이다. '대화'는 말 그대로 쌍방향 대화와 커뮤니케이션*을 지향하는 것을 의미하며, '연결'은 인터넷상에서 링크와 여러 종류의 미디어 결합을 통해 상호 관계를 구축하는 것을 가리킨다.

SNS는 어느덧 우리의 삶에 깊숙이 파고들어 큰 역할을 하고 있으며, 누구든지 원하면 언제 어디서든 자신이 원하는 정보를 습득하고 타인과 공유할 수 있는 세상을 열어 주었다. SNS의 등장으로 인해 이미 한 차례 삶의 모습이 크게 변화한 만큼, 앞으로 SNS가 우리 생활에 어떠한 영향을 더 미칠지 궁금해진다.

* UCC : User Created Contents, 사용자가 직접 제작한 콘텐츠
* 커뮤니케이션 : 사람들끼리 서로 생각, 느낌 따위의 정보를 주고받는 일. 말이나 글, 그 밖의 소리, 표정, 몸짓 따위로 이루어진다.

[핵심어]

01 다음은 윗글의 핵심 내용을 정리한 것이다. 빈칸에 들어가기에 적절한 말을 쓰시오.

> 온라인 플랫폼인 (   )은/는 사용자 간의 자유로운 의사소통과 정보 공유, 그리고 인맥 확대 등을 통해 사회적 관계를 생성하고 강화할 수 있게 해 준다.

---

1 문단
핵심어 :
중심 문장에 밑줄 치세요.

2 문단
핵심어 :
중심 문장에 밑줄 치세요.

3 문단
핵심어 :
중심 문장에 밑줄 치세요.

4 문단
핵심어 :
중심 문장에 밑줄 치세요.

선정하다 : 여럿 가운데서 어떤 것을 뽑아 정하다.
유지 : 어떤 상태나 상황을 그대로 보존하거나 변함없이 계속하여 지탱함.
유통되다 : 상품 따위가 여러 단계에서 교환되고 분배되다.
자발적 : 남이 시키거나 요청하지 아니하여도 자기 스스로 나아가 행하는 것
쌍방향 : 한쪽으로만 향하는 것이 아니라 양쪽을 서로 향하는 것
지향하다 : 어떤 목표로 뜻이 쏠리어 향하다.

▶ 정답과 해설 p. 22

[중심 문장]

02 각 문단의 중심 문장으로 가장 적절한 것은?

① 1문단 : 또한 2010년에는 페이스북의 창업자 마크 주커버그를 올해의 인물로 선정하기도 했다.

② 2문단 : 타임지에서 컴퓨터와 You, 마크 주커버그를 올해의 인물로 선정한 이유는 무엇일까?

③ 3문단 : SNS의 특성으로는 참여, 개방, 대화, 연결을 들 수 있다.

03 윗글에 언급된 내용으로 가장 적절한 것은?

① SNS의 발전 과정

② SNS의 기술적 한계

③ SNS의 특성과 영향력

④ SNS가 우리 삶에 미치는 부정적 영향

⑤ SNS를 활용하여 UCC를 제작하는 방법

03
이 지문에서는 SNS가 우리의 삶을 어떻게 바꾸어 놓았는지에 대해 이야기하고 있어요. 선택지의 내용이 지문의 어느 부분과 관련이 있는지를 생각해 볼까요?

04 SNS에 대한 설명으로 적절하지 <u>않은</u> 것은?

① SNS의 영향력이 점점 커지고 있다.

② SNS를 통해서 정보가 더욱 다양하게 공유되고 유통된다.

③ SNS를 활용하면 언제 어디서든 자신이 원하는 정보를 얻을 수 있다.

④ SNS 덕분에 다른 사람과 직접 만나서 소통할 수 있는 기회가 확대되었다.

⑤ SNS 덕분에 시간과 공간의 제약을 받지 않고 다른 사람들과 관계를 유지할 수 있게 되었다.

04
2문단에서는 SNS가 무엇인지에 대해 설명하고 있어요. 또 SNS가 우리의 삶에 미친 영향에 대해 언급하고 있네요. 2문단의 내용을 바탕으로 선택지가 옳은지를 판단해 보세요!

05 윗글을 읽고 난 후의 반응으로 적절하지 <u>않은</u> 것은?

① SNS의 특성에는 참여, 개방, 대화, 연결이 있군.

② SNS의 특성 중 연결은 여러 종류의 미디어를 결합하여 상호 관계를 구축하는 것이군.

③ SNS의 특성 중 대화는 자신의 의견을 일방적으로 전달할 수 있는 기회를 의미하는군.

④ SNS의 특성 중 참여는 사용자들이 특정 주제에 대한 의견을 자발적으로 공유하는 것이군.

⑤ SNS의 특성 중 개방은 사용자들이 자유롭게 정보를 공유하고, 댓글, 투표 등의 기능을 이용하는 것이군.

05
3문단에서는 참여, 개방, 대화, 연결이라는 SNS의 특성을 이야기하고 있어요. SNS의 특성으로 적절하지 않은 것을 찾아볼까요?

제약 : 조건을 붙여 내용을 제한함.
상호 : 상대가 되는 이쪽과 저쪽 모두
구축하다 : 체제, 체계 따위의 기초를 닦아 세우다.

우리말 다듬기

'성공한 케이스', '공격 템포', 'How to 뷰티 정보'. 이것들은 최근 신문과 잡지에서 쉽게 찾아볼 수 있는 표현이다. 이들의 공통점은 무엇일까? 바로 지나친 외래어 표현이라는 것이다. 요즘 옷, 화장품, 가게, 음식 이름 등과 컴퓨터 통신 언어 등에서 외래어가 많이 보인다. 또한 의학, 건축학, 컴퓨터공학, 경제학 등 각 학술 분야에서도 영어를 비롯한 외국어로 된 전문 용어를 번역하지 않고 외국어 그대로 사용함으로써, 우리말을 더욱 황폐화하고 있다.

'국어 순화'란 바로 위와 같은 것을 바로잡는 일에서부터 시작된다. 국어 순화는 '우리말 다듬기'라고도 하는데, 이는 외래어를 가능한 한 고유어로 재정리하는 것을 의미한다. 즉, 위의 '성공한 케이스'는 '성공한 경우'로, '공격 템포'는 '공격 속도'로, 'How to 뷰티 정보'는 '아름다움을 위한 정보'로 바꾸어 사용하는 것이다.

이러한 국어 순화는 국어를 어법에 맞게 쓰고 효과적으로 사용함으로써, 국어 생활을 좀 더 아름답고 풍성하게 하자는 의미를 갖고 있다. 말과 글은 어느 개인의 것이 아니라 겨레 한 사람 한 사람, 혹은 겨레 모두의 정신 작용과 밀접한 관련이 있기 때문에, 각 나라에서는 자기 나라의 말과 글을 다듬고 가꾸는 일을 꾸준히 해 오고 있다.

사실 외국으로부터 새로운 문물이 유입되면, 그에 따른 이름이나 표현 또한 자연스럽게 유입될 수밖에 없다. 이때 새로운 문물과 함께 들어온 외국어를 모국어 체계에 맞게 바꾸는 과정을 거치게 되는데, 그에 맞는 적절한 표현을 찾아내거나 새로 만드는 것은 결코 쉽지 않다. 그러나 이런 노력을 게을리 하거나 포기한다면, 결국 외래어에 의한 국어의 오염을 막을 수가 없다. 우리는 일상생활에서 지나친 외래어 사용을 지양하고 적절한 우리말로 바꿔서 표현하는 습관을 들여야 한다.

[핵심어]

06 다음은 윗글의 핵심 내용을 정리한 것이다. 빈칸에 들어가기에 적절한 말을 쓰시오.

> 우리의 일상 속에서 외래어를 가능한 고유어로 바꿔서 사용하는 (   )을/를 실천해야 한다.

[중심 문장]

07 2문단의 중심 문장으로 가장 적절한 것은?

① 국어 순화란 바로 위와 같은 것을 바로잡는 일에서부터 시작된다.

② 국어 순화는 '우리말 다듬기'라고도 하는데, 이는 외래어를 가능한 한 고유어로 재정리하는 것을 의미한다.

③ 즉, 위의 '성공한 케이스'는 '성공한 경우'로, '공격 템포'는 '공격 속도'로, 'How to 뷰티 정보'는 '아름다움을 위한 정보'로 바꾸어 사용하는 것이다.

---

1 문단
핵심어 :
중심 문장에 밑줄 치세요.

2 문단
핵심어 :
중심 문장에 밑줄 치세요.

3 문단
핵심어 :
중심 문장에 밑줄 치세요.

4 문단
핵심어 :
중심 문장에 밑줄 치세요.

외래어 : 외국에서 들어온 말로 국어처럼 쓰이는 단어
학술 : 학문과 기술을 아울러 이르는 말
황폐화하다 : 정신이나 생활 따위가 거칠어지고 메마르게 되다. 또는 그렇게 만들다.
순화 : 불순한 것을 제거하여 순수하게 함.
겨레 : 같은 핏줄을 이어받은 민족
유입되다 : 문화, 지식, 사상 따위가 들어오게 되다.
모국어 : 자기 나라의 말
지양하다 : 더 높은 단계로 오르기 위하여 어떠한 것을 하지 아니하다.

▶ 정답과 해설 p. 24

08 윗글의 내용으로 가장 적절한 것은?

① 외래어를 적절히 사용함으로써 전문성을 높여야 한다.
② 외래어를 고유어로 적절하게 순화하여 사용해야 한다.
③ 세계화의 흐름에 따라 외래어를 더 많이 받아들여야 한다.
④ 잘못된 언어생활을 바로잡기 위해 국어 교육을 더 많이 해야 한다.
⑤ 학술 분야에 쓰이는 외국어로 된 전문 용어는 우리말을 황폐화하지 않는다.

08
1문단에서는 외래어를 지나치게 많이 사용하고 있는 현실을 지적하고, 2문단에서는 이에 대한 대안으로 국어 순화를 제시하고 있어요.

09 국어 순화에 대한 설명으로 적절하지 <u>않은</u> 것은?

① 국어 순화는 국가적 차원에서만 이루어지는 것은 아니다.
② 국어 순화는 컴퓨터 통신 언어 분야에서만 이루어져야 한다.
③ 국어 순화를 하면 우리말을 좀 더 아름답고 풍성하게 가꿀 수 있다.
④ 국어 순화는 말과 글이 정신 작용과 밀접한 관련이 있다는 점에서 매우 중요하다.
⑤ 국어 순화를 하는 것은 쉽지 않지만, 외래어에 의한 국어의 오염을 막기 위해 꼭 해야 한다.

09
1문단에서는 우리 주변에서 쉽게 찾아볼 수 있는 지나친 외래어 표현을 사례로 들고 있어요. 2문단에서는 국어 순화의 개념과 필요성을 설명하고 있네요.

10 다음은 윗글을 읽고 우리 주변에서 볼 수 있는 여러 단어를 순화해 본 것이다. 적절하지 <u>않은</u> 것은?

	전	후
①	네티즌	누리꾼
②	호치키스	스테이플러
③	포토존	사진 찍는 곳
④	홈페이지	누리집
⑤	프로필	인물 소개

10
2문단에서 국어 순화의 개념을 소개하고 있어요. 즉, 외래어를 가능한 한 고유어로 재정리하는 것을 국어 순화라고 한대요. 우리말로 제대로 순화되지 않은 단어를 찾아보세요!

밀접하다 : 아주 가깝게 맞닿아 있다. 또는 그런 관계에 있다.

★ 정답은 [해설편 표지] 안쪽에 있습니다.

✳ **[01~04]** 제시된 글자들을 조합하여 다음 뜻풀이에 해당하는 단어를 쓰시오.

학	모	자	유
발	술	적	지
치	국	어	환

01 학문과 기술을 아울러 이르는 말 (　　　　)

02 자기 나라의 말 (　　　　)

03 어떤 상태나 상황을 그대로 보존하거나 변함없이 계속하여 지탱함. (　　　　)

04 남이 시키거나 요청하지 아니하여도 자기 스스로 나아가 행하는 것 (　　　　)

✳ **[05~09]** 문맥을 고려하여 다음 문장의 빈칸에 들어가기에 알맞은 단어를 〈보기〉에서 찾아 쓰시오.

〈보기〉
순화　쌍방향　제약　겨레　외래어

05 늘 좋은 생각만 한다는 지선이는 내가 나쁜 생각을 할 때마다 생각의 (　　　　)을/를 강조했다.

06 외국 문물이 들어오게 되면 (　　　　)도 자연스럽게 들어오게 된다.

07 우리 학교는 선생님과 학생이 자유롭게 소통하는 (　　　　)적인 분위기이다.

08 일제 강점기 때에는 우리말을 자유롭게 사용하는 것에 많은 (　　　　)이/가 따랐다.

09 지금은 분단되어 있지만, 우리와 북한은 원래 한 (　　　　)이다.

✳ **[10~13]** 사다리 타기에 따라, 빈칸에 들어갈 단어의 뜻을 〈보기〉에서 골라 번호를 쓰시오.

〈보기〉
① 어떤 목표로 뜻이 쏠리어 향하다.
② 상품 따위가 여러 단계에서 교환되고 분배되다.
③ 정신이나 생활 따위가 거칠어지고 메마르게 되다. 또는 그렇게 만들다.
④ 상대가 되는 이쪽과 저쪽 모두

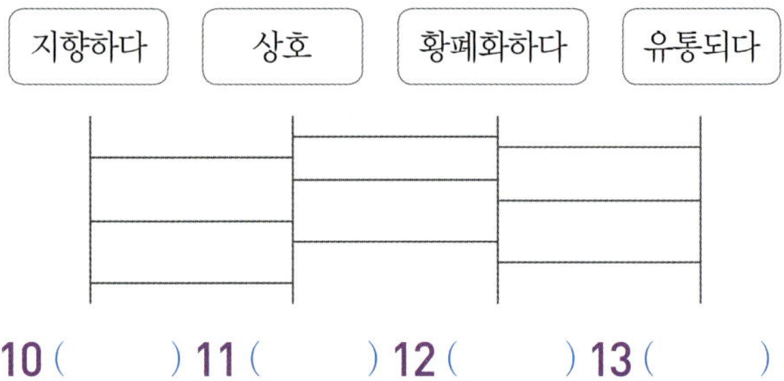

10 (　　　　) **11** (　　　　) **12** (　　　　) **13** (　　　　)

✳ **[14~17]** 문맥을 고려하여 밑줄 친 단어의 뜻과 가장 가까운 것을 고르시오.

14
그녀는 어떤 화가들도 흉내 내지 못하는 자신만의 독특한 작품 세계를 <u>구축하였다.</u>

① 팔다　　　② 세우다　　　③ 건축하다

15
반 친구들은 시험 점수를 40점이나 올린 민호를 이달의 노력상을 받을 사람으로 <u>선정하였다.</u>

① 동정하다　　② 칭찬하다　　③ 뽑다

16
세계화 시대인 요즘에는, 나라와 나라 간의 사이가 아주 <u>밀접하다.</u>

① 가깝다　　　② 멀다　　　③ 비슷하다

17
미국의 문화가 우리나라에 <u>유입되었다.</u>

① 유지되다　　② 내보내다　　③ 들어오다

✳ 국어 순화하기

　국어 '순화(純化)'는 우리말을 다듬는 일입니다. 구체적으로 비속한 말 대신 우아한 표준어를 사용하고, 외래어나 까다로운 한자어를 되도록 제한하여 국어를 순수하게 하는 일을 뜻하죠. 실제로 우리가 자주 사용하는 생활 속 잘못된 표현을 어떻게 순화할 수 있는지 생각해 봅시다.

1. 한자어 순화
어려운 한자어는 행정 문서에서 많이 쓰이고 있어요. 추가적인 설명이 없으면 이해하기 힘든 한자어는 되도록 사용하지 말고 좀 더 많은 사람들이 이해하기 쉽도록 우리말로 바꿔 써야 합니다.
　① 사료(思料)되다 → 생각하다
　② 주시(注視)하다 → 눈여겨보다
　③ 식별(識別)이 용이(容易)하다 → 구별하여 알아보기가 쉽다

2. 외래어 순화
세계화의 흐름에 따라, 외래어 사용이 날로 증가하고 있습니다. 하지만 세련되고 유식해 보인다는 이유로 외래어를 지나치게 사용하고 있는 것은 아닌지 생각해 보아야 해요. 외래어 역시 되도록 적절한 우리말로 순화해서 사용해야 합니다.
　① 네트워크(network) → 방송망, 통신망
　② 랜드마크(landmark) → 상징물
　③ 컨닝(cunning) → 부정행위

3. 일본어 순화
일제 강점기에 많은 일본어 표현들이 우리나라로 들어와 현재까지 그 잔재가 남아 있습니다. 일상생활 속 불필요한 일본어 표현도 우리말로 순화할 필요가 있겠죠?
　① 사시미(さしみ) → 생선회
　② 땡땡이, 뗑뗑이(てんてん-) → 물방울 무늬
　③ 앙꼬(餡子, あんこ) → 팥소

새로 새를 잡는다!

하늘을 나는 새들은 옛날부터 다양한 역할로 우리의 삶에 도움을 주었다. 지금처럼 통신이 발달하기 전에는 발목에 편지를 묶어 사람과 사람을 오감으로써 소식을 전달해 주기도 하였으며, 사냥을 할 때에 큰 도움을 주기도 하였다. 특히 새로 새를 잡는 매사냥은 우리나라뿐만 아니라 중앙아시아 등지에서 많이 행해졌는데, 지난 2010년 13개 나라가 공동으로 유네스코 무형 유산으로 등재를 신청하여 현재는 유네스코 인류무형문화유산으로 평가받고 있다.

매사냥이란 훈련된 매를 이용하여 사냥하는 것을 의미한다. 매사냥은 매나 독수리들이 사냥하는 습성을 이용하여 신석기 시대 전후인 기원전부터 시작되었다. 우리 민족은 고조선 시대부터 매사냥을 했다고 한다.

매사냥은 매를 길들이는 것부터 시작한다. 사냥을 하는 매는 송골매라 하며, 새끼를 길들여서 사냥에 쓰는 매를 보라매라고 하는데, 매사냥은 주로 보라매를 이용해 이루어진다. 매사냥꾼들은 보라매에게 먹이를 주며 손가락에 앉히고, 미끼를 이용해서 부르는 등의 여러 기술을 습득시킨다. 여러 가지 훈련 과정을 통해 훈련사와 매는 신뢰를 쌓고, 매는 훈련사에게 길들여지게 된다.

훈련이 끝난 매로 사냥을 할 때에는 매에 '빼짓체'라는 것을 매단다. '빼짓체'란 맑은 소리가 나는 청동 방울을 달아 놓은 깃이다. 이 방울 때문에 매가 움직이면 소리가 나고, 이 소리를 좇으면 사냥감을 쫓아 날아간 매를 찾아낼 수 있다.

매의 발톱은 몹시 날카롭기 때문에 사냥꾼은 팔뚝에 두툼한 토시를 끼고, 그 토시 위에 매를 앉혀서 사냥을 할 장소에 오른다. 매가 사냥감을 잡은 것을 발견하면, 사냥꾼은 닭의 넓적다리를 꺼내어 매에게 먹이고, 매가 잡은 사냥감을 가로챈다. 매사냥은 다양한 것을 잡기 위해 행해졌지만, 특히 꿩을 잡는데 유용했다고 한다.

이와 같은 매사냥은 일제 강점기까지도 전국적으로 행해졌다고 하는데, 매를 길들이고 관리하는 것이 어려워 점차 우리 주변에서 보기는 어려워졌다. 산과 들을 뛰어다니면서 한 해의 농사를 끝낸 후 생활의 긴장을 풀고 여유를 가지면서 했던 매사냥은 새로 새를 잡으며 스트레스를 해소하고 신체를 단련했던 우리 조상들이 즐겼던 스포츠이다.

1 문단
핵심어 :
중심 문장에 밑줄 치세요.

2 문단
핵심어 :
중심 문장에 밑줄 치세요.

3 문단
핵심어 :
중심 문장에 밑줄 치세요.

4 문단
핵심어 :
중심 문장에 밑줄 치세요.

5 문단
핵심어 :
중심 문장에 밑줄 치세요.

6 문단
핵심어 :
중심 문장에 밑줄 치세요.

등재 : 일정한 사항을 장부나 대장에 올림.
습성 : 동일한 동물종 내에서 공통되는 생활 양식이나 행동 양식
토시 : 사냥꾼들이 매를 팔에 앉혀 가지고 다니기 위하여 팔뚝에 끼는 물건

[핵심어]

01 다음은 윗글의 핵심 내용을 정리한 것이다. 빈칸에 들어가기에 적절한 말을 쓰시오.

> (   )(이)란 훈련된 매를 이용하여 사냥하는 것을 말한다.

▶ 정답과 해설 p. 26

[중심 문장]

02 3문단의 중심 문장으로 가장 적절한 것은?

① 매사냥은 매를 길들이는 것부터 시작한다.
② 매사냥꾼들은 보라매에게 먹이를 주며, 손가락에 앉히고, 미끼를 이용해서 부르는 등의 여러 기술을 습득시킨다.
③ 여러 가지 훈련 과정을 통해 훈련사와 매는 신뢰를 쌓고, 매는 훈련사에게 길들여지게 된다.

07 DAY

03 윗글을 읽고 빈칸에 들어가기에 적절한 말을 쓰시오.

> 우리 민족은 매우 이른 시기부터 매사냥을 했다. 우리 민족은 사냥을 하는 매는 (   )(이)라고 불렀고, 새끼를 길들여서 사냥에 쓰는 매를 (   )(이)라고 불렀다.

03
이 지문에서는 매사냥에 대해 소개하고 있어요. 특히 3문단에서 매사냥을 하는 과정에 대해 언급하면서 매의 이름을 소개하고 있네요.

04 매사냥에 대한 설명으로 적절하지 <u>않은</u> 것은?

① 매사냥은 송골매를 중심으로 이루어진다.
② 매사냥이 끝나면 사냥꾼은 매에게 닭고기를 먹인다.
③ 매사냥은 매나 독수리들이 사냥하는 습성에서 착안한 것이다.
④ 매사냥을 할 때는 매에 맑은 소리가 나는 청동 방울을 달아 놓아야 한다.
⑤ 매사냥꾼들은 매에게 먹이를 주고 손가락에 앉히는 훈련을 통해 매를 길들인다.

04
2문단에서는 매사냥의 개념을, 3문단에서는 매사냥을 위해 매를 길들이는 방법에 대해 설명하고 있습니다. 그리고 4문단과 5문단에서는 사냥꾼이 구체적으로 어떤 방식으로 매사냥을 하는지에 대해 설명하고 있어요.

05 윗글을 읽고 알 수 <u>없는</u> 내용은?

① 매사냥의 기원
② 매사냥의 방법
③ 매사냥의 의의
④ 매를 길들이는 방법
⑤ 매사냥의 발전 과정

05
1문단에서는 매사냥을 소개하고 있습니다. 2문단에서는 매사냥이 시작된 시기를, 3문단에서는 매를 길들이는 방법을, 4~5문단에서는 매사냥을 하는 구체적인 방법을 언급하고 있어요. 6문단에서는 매사냥의 의의를 언급하며 글을 마무리하고 있습니다.

착안하다 : 어떤 일을 주의하여 보다. 또는 어떤 문제를 해결하기 위한 실마리를 잡다.
의의 : 어떤 사실이나 행위 따위가 갖는 중요성이나 가치

은행의 기원

우리가 저금을 하고 돈을 빌리기도 하는 '은행'은 돈이 만들어진 이후부터 바로 생겨난 것일까? 그렇지는 않다. 과거에는 지금처럼 은행이라는 금융 기관이 따로 존재하지 않았다. 그 대신에 돈을 안전하게 보관해 주는 '골드스미스(goldsmith)'들이 있었다.

서양에서 돈, 화폐라는 개념이 처음 도입되었을 때 화폐는 대부분 금 아니면 은으로 만들어졌다. 금이나 은으로 만든 동전들은 모두 매우 무거웠고, 이들을 보관하는 것은 쉬운 일이 아니었다. 그래서 부자들은 돈을 누군가에게 맡겨야 한다고 생각하게 되었다.

부자들이 돈을 맡긴 사람들이 바로 골드스미스이다. 이들은 부자들의 돈을 맡아 주는 대신 부자들에게 보관료를 받았다. 보관료를 받으며 사업을 이어가던 골드스미스들은 부자들이 맡기는 화폐의 양이 그들이 찾아가는 양보다 훨씬 많다는 사실을 알게 되었다. 항상 돈을 보관하는 창고에는 일정 금액 이상이 남아있었고, 부자들이 돈을 한꺼번에 찾아가는 경우는 드물었다. 그래서 골드스미스들은 부자들의 이 돈을 돈이 필요한 사람에게 빌려주고, 이자를 받는 사업을 생각해 냈다.

골드스미스들은 더 많은 화폐를 보유하기 위한 방안을 모색했다. 보유하고 있는 화폐가 많아야만 빌려줄 수 있는 화폐가 늘어나고, 화폐를 더 많이 빌려줘야만 더 많은 이자를 거두어들일 수 있었기 때문이다. 이에 골드스미스들은 부자들에게 화폐를 보관해 줄 때 보관료를 받지 않고, 오히려 화폐를 맡긴 대가로 이자를 주겠다고 제안하게 되었다. 부자들의 돈을 더 많이 보관하게 된 골드스미스들은 이 사업을 확장하여 사람들의 화폐를 체계적으로 관리하기 시작했고, 이것이 은행의 시초가 되었다.

---

1 문단
핵심어 :
중심 문장에 밑줄 치세요.

2 문단
핵심어 :
중심 문장에 밑줄 치세요.

3 문단
핵심어 :
중심 문장에 밑줄 치세요.

4 문단
핵심어 :
중심 문장에 밑줄 치세요.

[핵심어]

06 다음은 윗글의 핵심 내용을 정리한 것이다. 빈칸에 들어가기에 적절한 말을 쓰시오.

> (   )은/는 골드스미스들의 사업으로부터 시작되었다고 할 수 있다.

[중심 문장]

07 각 문단의 중심 문장으로 가장 적절한 것은? (정답 2개)

① 1문단 : 그 대신에 돈을 안전하게 보관해 주는 '골드스미스(goldsmith)'들이 있었다.

② 2문단 : 금이나 은으로 만든 동전들은 모두 매우 무거웠고, 이들을 보관하는 것은 쉬운 일이 아니었다.

③ 3문단 : 그래서 골드스미스들은 부자들의 이 돈을 돈이 필요한 사람에게 빌려주고, 이자를 받는 사업을 생각해 냈다.

④ 4문단 : 골드스미스들은 더 많은 화폐를 보유하기 위한 방안을 모색했다.

금융 : 금전을 돌려쓰는 일. 특히 이자를 붙여서 자금을 꾸어 주거나 꾸어 오는 일과 그 오가는 관계를 이른다.
도입되다 : 기술, 방법, 물자 따위가 끌려 들어가다.
이자 : 남에게 돈을 빌려 쓴 대가로 치르는 일정한 비율의 돈
모색하다 : 일이나 사건 따위를 해결할 수 있는 방법이나 실마리를 더듬어 찾다.
보유하다 : 가지고 있거나 간직하고 있다.
확장하다 : 범위, 규모, 세력 따위를 늘려서 넓히다.
시초 : 맨 처음

08 윗글에 대한 설명으로 가장 적절한 것은?

① 은행의 개념과 역할을 소개하고 있다.
② 은행의 기원을 역사적으로 설명하고 있다.
③ 은행이 현대 사회에 미치는 영향을 설명하고 있다.
④ 은행의 내부 조직을 분석하여 그 구성 요소를 설명하고 있다.
⑤ 은행이 역사적으로 부정적인 영향을 미쳤던 사례를 소개하고 있다.

08
이 지문에서는 골드스미스들이 부자들의 돈을 통해 어떻게 이윤을 취할 수 있었는지를 설명하면서, 이것이 '은행의 시초'라고 설명하고 있어요.

07 DAY

09 윗글의 내용으로 가장 적절한 것은?

① 과거에도 지금과 똑같은 금융 기관이 존재했다.
② 은행은 돈이 만들어진 이후에 바로 생겨난 것이다.
③ 골드스미스들은 화폐를 빌려주면 빌려줄수록 손해를 본다.
④ 골드스미스란, 부자들의 돈을 대신 맡아 준 사람들을 의미한다.
⑤ 이자란 부자들이 골드스미스들에게 화폐를 맡긴 대신에 지불하는 금액이다.

09
3문단에서 골드스미스와 그들의 사업을 소개하고 있어요. 선택지의 내용이 지문의 어느 부분과 관련이 있는지 생각해 보세요.

10 윗글을 읽고 난 후의 반응으로 가장 적절한 것은?

① 초기 화폐의 모습은 현재와 같은 지폐의 형태였군.
② 대부분의 경우 부자들이 한꺼번에 찾아와 화폐를 찾아갔군.
③ 골드스미스들은 부자들의 화폐를 지키기 위해 봉사했던 집단이군.
④ 골드스미스들은 부자들의 화폐를 더 많이 보관하기 위해 보관료를 높였군.
⑤ 골드스미스들은 부자들의 화폐를 돈이 필요한 이들에게 빌려주며 이윤을 취했군.

10
2문단에서는 부자들이 돈을 맡기게 된 이유를, 3문단에서는 골드스미스들의 등장을, 4문단에서는 골드스미스들의 사업 방식에 대해 소개하고 있네요.

분석하다 : 얽혀 있거나 복잡한 것을 풀어서 개별적인 요소나 성질로 나누다.
초기 : 정해진 기간이나 일의 처음이 되는 때나 시기
형태 : 사물의 생김새나 모양
이윤 : 장사 따위를 하여 남은 돈

★ 정답은 [해설편 표지] 안쪽에 있습니다.

✱ **[01~05]** 다음 뜻풀이에 해당하는 단어를 아래에서 찾아 쓰시오.

01 금전을 융통하는 일. 특히 이자를 붙여서 자금을 대차하는 일과 그 수급 관계를 이른다. (　　　　)

02 사물의 생김새나 모양 (　　　　)

03 어떤 일을 주의하여 보다. 또는 어떤 문제를 해결하기 위한 실마리를 잡다. (　　　　)하다

04 가지고 있거나 간직하고 있다. (　　　　)하다

05 얽혀 있거나 복잡한 것을 풀어서 개별적인 요소나 성질로 나누다. (　　　　)하다

✱ **[06~07]** 문맥을 고려하여 밑줄 친 단어의 뜻과 가장 가까운 것을 고르시오.

06

통신 기술이 발전하면서 스마트폰에 다양한 기능이 <u>갖춰지기</u> 시작했다.

① 규정되다　　② 시작되다　　③ 도입되다

07

정부는 이 갈등을 평화롭게 해결할 방법을 <u>찾고</u> 있다.

① 발생하다　　② 모색하다　　③ 상정하다

✱ **[08~10]** 다음 단어와 그 뜻풀이를 바르게 연결하시오.

08 등재 •　　• ㉠ 장사 따위를 하여 남은 돈

09 시초 •　　• ㉡ 사물이 처음으로 생김. 또는 그런 근원

10 이윤 •　　• ㉢ 일정한 사항을 장부나 대장에 올림.

✱ **[11~14]** 〈보기〉에 제시된 초성과 뜻풀이를 참고하여 다음 문장의 빈칸에 들어가기에 알맞은 단어를 쓰시오.

〈보기〉
- ㅇㅇ : 어떤 사실이나 행위 따위가 갖는 중요성이나 가치
- ㅌㅅ : 사냥꾼들이 매를 팔에 앉혀 가지고 다니기 위하여 팔뚝에 끼는 물건
- ㅅㅅ : 동일한 동물종 내에서 공통되는 생활 양식이나 행동 양식
- ㅇㅈ : 남에게 돈을 빌려 쓴 대가로 치르는 일정한 비율의 돈

11 빌린 돈의 액수가 클수록 (　　　　)이/가 더 많이 늘어나게 된다.

12 사냥꾼이 (　　　　)을/를 낀 팔을 뻗자, 매가 익숙한 듯이 와서 그 위에 앉았다.

13 강아지를 키울 때는 강아지의 (　　　　)을/를 잘 알아야 한다.

14 네가 그 일을 성공했는지는 중요하지 않으니, 네가 노력했다는 사실에 (　　　　)을/를 두자.

* 우리나라 최초의 은행

▲ 한국은행

출처 : 문화재청(http://www.heritage.go.kr)

1. 우리나라 최초의 외국계 은행

우리나라에 가장 먼저 자리잡았던 근대적 은행은 부산에 설립되었던 일본의 제일은행입니다. 제일은행은 1878년(고종 15년)에 조선에 진출하여 1909년까지 영업하였고, 당시 일제의 식민지 정책 아래 각종 특권을 누렸어요.

2. 민족 자본으로 설립된 상업 은행

제일은행이 들어온 이후, 우리 민족의 자본으로 은행을 세우자는 사람들의 의견에 따라 상업 은행이 생겨났어요. 바로 우리 민족의 돈으로 만들어진 최초의 우리나라 은행인 한성은행입니다. 1897년(고종 34년)에 세워진 한성은행은 설립된 지 얼마 지나지 않아 영업 기반을 충분히 가지지 못해 부진에 빠졌어요. 그러다 1905년에는 자본 부족 문제를 해결하지 못해 제일은행의 지배를 받게 되었어요.

3. 최초의 중앙은행

중앙은행이란 화폐를 발행하고 통화량을 조절하기 위해 국가에서 운영하는 은행이에요. 일반적으로 한 국가는 하나의 중앙은행을 갖고 자국의 화폐를 관리합니다. 우리나라 최초의 중앙은행인 구 한국은행은 1909년에 만들어졌어요. 구 한국은행은 1911년 조선은행법에 의해 조선은행으로 이름이 바뀌었고, 1950년에 현재 우리가 알고 있는 한국은행이 설립될 때까지 존재했습니다.

1950년 우리나라 정부가 수립되면서 지금의 한국은행이 탄생했고, 한국은행법과 은행법이 공포되어 우리나라 금융 제도가 본격적으로 정비되기 시작했어요. 조선은행 본점 건물은 지금도 한국은행 화폐 박물관으로 쓰이고 있답니다.

힘들 때 초콜릿이 당기는 이유

왜 몸이 힘들거나 정신적으로 지칠 때에는 초콜릿이나 사탕처럼 단 음식이 먹고 싶을까? 바로 '포도당' 때문이다. 초콜릿과 같은 단 음식에는 포도당이 많이 함유되어 있는데, 포도당은 우리 몸에서 에너지원으로 사용되는 ATP를 합성하는 필수적인 요소이다. 인간을 포함한 모든 동물은 포도당과 산소를 이용하여 ATP를 만든다. 우리의 몸은 필요에 따라 ATP를 분해할 때 방출되는 에너지를 이용하여 운동을 하고 체온을 유지한다.

한편 우리 체중의 2%에 불과한 뇌는 우리가 소모하는 에너지의 20%를 사용한다. 이는 온몸의 근육이 사용하는 양과 동일한 정도이다. 인간의 뇌와 적혈구는 포도당만을 에너지로 사용하는데, 뇌 자체에는 포도당을 저장할 수 없다. 그래서 잠시라도 뇌에 가는 포도당의 공급을 끊으면 인간은 살 수 없다. 그래서 혈중 포도당 농도가 정상 수준의 50% 이하로 떨어지면 뇌 기능 장애가 나타나고, 심하면 혼수상태에 빠질 수도 있다. 그래서 우리의 몸은 혈당을 일정한 수준으로 유지하기 위해 다양한 체계가 발달되어 있다.

이러한 우리 몸의 특성을 고려하면, 우리가 몸이 힘들거나 정신적으로 지칠 때 초콜릿이나 사탕과 같이 단 음식을 찾게 되는 이유는 포도당을 섭취하기 위해서라고 할 수 있다. 우리 몸이 ATP를 합성하는 포도당을 섭취하여 신체의 기능을 유지하려고 하는 것이다. 또 포도당을 섭취하면 뇌에서 행복 호르몬인 세로토닌이 분비되는데, 이 호르몬 덕분에 심리는 안정되고, 행복감은 증가한다.

하지만 지나침은 모자람만 못하다고 지나치게 초콜릿이나 사탕을 많이 섭취하는 것은 좋지 않다. 초콜릿이나 사탕은 체내에서 빠르게 흡수되기 때문에 지나치게 많이 섭취하면 혈당이 빠른 시간 안에 너무 높아질 수 있고, 열량도 높은 편이라 많이 먹으면 비만이 될 가능성이 높다. 또 당뇨나 지방간 등의 병이 있는 경우에는 특히 유의해야 한다. 적당한 양의 초콜릿과 사탕을 먹음으로써 건강을 해치지 않으면서도 몸과 마음의 활력을 느껴 보는 것은 어떨까?

1 문단
핵심어 :
중심 문장에 밑줄 치세요.

2 문단
핵심어 :
중심 문장에 밑줄 치세요.

3 문단
핵심어 :
중심 문장에 밑줄 치세요.

4 문단
핵심어 :
중심 문장에 밑줄 치세요.

함유되다 : 물질에 어떤 성분이 포함되어 있다.
합성하다 : 생물이 빛이나 유기물, 무기물의 산화에 의하여 얻은 에너지를 이용하여 유기 화합물을 만든다.
방출되다 : 비축되어 있는 것이 내놓아지다.
혼수상태 : 의식을 잃고 인사불성이 되는 일
섭취하다 : 물체가 양분 따위를 몸속에 빨아들이다.

[핵심어]

01 다음은 윗글의 핵심 내용을 정리한 것이다. 빈칸에 들어가기에 적절한 말을 쓰시오.

> 몸이 힘들거나 지칠 때 초콜릿과 같이 단 음식이 당기는 이유는 그 안에 들어 있는 (　　　　) 때문이다.

08 DAY

[중심 문장]

02 3문단의 중심 문장으로 가장 적절한 것은?

① 이러한 우리의 몸의 특성을 고려하면, 우리가 몸이 힘들거나 정신적으로 지칠 때 초콜릿이나 사탕과 같이 단 음식을 찾게 되는 이유는 포도당을 섭취하기 위해서라고 할 수 있다.

② 또 포도당을 섭취하면 뇌에서 행복 호르몬인 세로토닌이 분비되는데, 이 호르몬 덕분에 심리는 안정되고, 행복감은 증가한다.

03
이 지문에서는 우리가 몸이 힘들거나 정신적으로 지칠 때, 초콜릿과 같이 단 음식이 당기는 이유에 대해 질문하고, 이에 대해 답하고 있어요. 우리가 단 음식을 찾게 되는 이유를 생각해 볼까요?

03 윗글을 읽고 빈칸에 들어가기에 적절한 말을 쓰시오.

> 우리가 정신적으로 지칠 때, 본능적으로 단 음식을 찾게 되는 이유 중 하나는 포도당을 섭취하면 뇌에서 행복 호르몬인 (　　　　　　)이/가 분비되기 때문이다.

04 윗글을 읽고 알 수 없는 내용은?

① 뇌가 사용하는 에너지원
② ATP가 우리 몸에서 하는 역할
③ 뇌가 우리 몸에서 에너지를 사용하는 비율
④ 당뇨 환자가 당을 과도하게 섭취하면 안 되는 이유
⑤ 혈액 속의 포도당 농도가 떨어지면 발생하는 몸의 변화

04
1문단에서는 ATP와 대해 설명하고, 2문단에서는 포도당을 뇌에서 에너지로 사용한다는 점을 설명하고 있습니다. 3문단에서 우리가 힘들 때 단 음식을 찾게 되는 이유를 제시하고, 4문단에서는 단 음식을 먹을 때 유의해야 할 점을 언급하고 있네요.

05 다음은 윗글을 읽고 정리한 것이다. 적절하지 않은 것은?

힘들 때 초콜릿이 왜 당기는 걸까?
• 초콜릿에는 포도당이 함유되어 있기 때문임. ······························ ①
• 우리 몸이 포도당과 산소를 이용하여 ATP를 합성하기 때문임. ················· ②

왜 뇌에서는 포도당이 필요한 걸까?
• 뇌는 에너지로 포도당만 사용함. ····································· ③
• 뇌 자체에는 포도당을 저장할 공간이 있음. ······························ ④

단 음식을 섭취하면 우리 몸에는 어떤 변화가 일어날까?
• 뇌에서 세로토닌이 분비됨. ·· ⑤
• 신체의 기능을 유지하는 데 도움을 줌.

05
1문단에서는 포도당과 ATP의 필요성, 2문단에서는 뇌에서 사용하는 포도당, 3문단에서는 포도당 섭취가 우리 몸에 미치는 영향에 대하여 이야기하고 있군요. 각 문단의 중심 내용을 〈보기〉의 내용과 비교해 봅시다.

에너지원 : 에너지의 기원
비율 : 다른 수나 양에 대한 어떤 수나 양의 비
농도 : 용액 따위의 진함과 묽음의 정도
분비되다 : 샘세포의 작용에 의하여 만든 액즙이 배출관으로 보내지다.

세계 여러 곳에 존재하는 홍수 신화

㉠〈노아와 방주〉 이야기는 세계적으로 유명한 기독교 신화로, 인간들의 악함을 더 이상 두고 볼 수가 없었던 하나님이 홍수로 인간 세상을 멸망시키고자 했던 것에서 시작된다. 하나님은 노아에게 큰 방주를 짓게 했고, 그 안에 노아의 가족들과 몇몇 짐승의 암수 한 쌍씩을 실어 오직 그들만 홍수를 피하게 했다. 홍수가 끝나자 새를 통해 땅이 말랐음을 확인한 노아와 그 가족들은 방주 밖으로 나와 새로운 인류의 시초가 되었다.

이 〈노아의 방주〉 이야기가 우리에게 익숙한 이유는 단지 유명하기 때문일까? 세계의 신화들은 서로 닮아 있는 경우가 많은데, 특히 '홍수 신화'는 세계의 여러 지역에서 많이 전해진다. 〈노아의 방주〉 역시 '홍수 신화' 중 하나이기 때문에 우리에게 익숙한 것일 수도 있다.

홍수 신화는 일반적으로 '큰비가 내려 온 세상이 휩쓸리고, 적은 수의 사람들만이 살아남아 새로운 인류를 만든다.'라는 구조로, 전 세계적으로 비슷하다. 그렇다면 우리나라에도 홍수 신화가 전해질까? ㉡〈목도령 설화〉는 우리나라에 전해지는 대표적인 홍수 신화로, 선녀가 땅에 내려와 낳은 아름다운 소년 '목도령'이 주인공이다. 목도령의 어머니인 선녀는 목도령이 일곱 살이 되던 해에 하늘로 돌아간다. 그러자 큰비가 몇 달 동안 계속해서 내리는데, 이때 계수나무가 목도령에게 '나는 곧 폭풍우 때문에 무너진다. 너는 내 등에 올라타야 살 수 있다.'라고 말한다. 넘어진 나무를 타고 물에 떠내려가던 목도령은 살려 달라고 외치는 개미와 모기를 만나 그들을 구해 주고, 비가 그친 후 백두산에서 신선이 된다.

신화를 연구하는 학자들 중 일부는 이처럼 세계 곳곳에서 홍수 신화가 전해지는 이유가 모든 문명이 강과 가까운 지역에서 발달했기 때문이라고 본다. 역사적으로 강은 큰비가 내릴 때마다 범람했고, 강이 범람하면 인간의 삶의 터전과 농사짓는 땅은 모두 엉망이 되었다. 이러한 경험들로 인해 사람들은 홍수라는 자연 재해에 대한 두려움을 신과 같은 초월적인 존재와 연결하여 생각하게 되었고, 이러한 인식이 사람들 사이에서 신화와 전설로 남게 되었다는 것이 그들의 생각이다.

---

1 문단
핵심어 :
중심 문장에 밑줄 치세요.

2 문단
핵심어 :
중심 문장에 밑줄 치세요.

3 문단
핵심어 :
중심 문장에 밑줄 치세요.

4 문단
핵심어 :
중심 문장에 밑줄 치세요.

신화 : 고대인의 생각이나 의식이 반영된 신성한 이야기
방주 : 노아가 하나님의 계시로 만든 네모진 잣나무 배
범람하다 : 큰물이 흘러넘치다.
터전 : 자리를 잡은 곳, 살림의 근거지가 되는 곳
초월적 : 어떠한 한계나 표준, 이해나 자연 따위를 뛰어넘거나 경험과 인식의 범위를 벗어나는 것

[핵심어]

06 다음은 윗글의 핵심 내용을 정리한 것이다. 빈칸에 들어가기에 적절한 말을 쓰시오.

> 큰비가 내려 온 세상이 휩쓸리고, 몇 명의 사람만이 살아남아 인류를 다시 번성시킨다는 것이 (　　　　　　　)의 공통된 구조이다.

[중심 문장]

07 각 문단의 중심 문장으로 가장 적절한 것은?

① 2문단 : 이 〈노아의 방주〉 이야기가 우리에게 익숙한 이유는 단지 유명하기 때문일까?

② 3문단 : 그렇다면 우리나라에도 홍수 신화가 전해질까?

③ 4문단 : 이러한 경험들로 인해 사람들은 홍수라는 자연 재해에 대한 두려움을 신과 같은 초월적인 존재와 연결하여 생각하게 되었고, 이러한 인식이 사람들 사이에서 신화와 전설로 남게 되었다는 것이 그들의 생각이다.

08 윗글에 대한 설명으로 가장 적절한 것은?

① 홍수 신화가 시간에 따라 어떻게 변화했는지를 설명하고 있다.

② 홍수 신화의 긍정적 측면과 부정적 측면을 객관적으로 전달하고 있다.

③ 홍수 신화에 대해 설명하고 이와 관련된 구체적인 사례를 소개하고 있다.

④ 홍수 신화가 전 세계적으로 나타나는 이유와 그 문제점을 제시하고 있다.

⑤ 홍수 신화에 대한 학자들의 상반되는 의견을 언급한 후, 그 절충안을 제시하고 있다.

09 ㉠과 ㉡에 대한 설명으로 적절하지 <u>않은</u> 것은?

① 초월적 존재가 등장한다.

② 홍수가 일어나 기존의 세상이 멸망한다.

③ 홍수가 일어났지만 특별한 대상은 살아남는다.

④ 결국에는 홍수가 그치며 이야기가 마무리된다.

⑤ 신에 의한 심판과 처벌의 의미를 가진 홍수가 일어난다.

10 윗글을 읽고 난 후의 반응으로 가장 적절한 것은?

① 악한 사람을 물리치고 싶어 한 소망이 홍수 신화로 발전한 것이군.

② 많은 비 때문에 사냥에 어려움을 겪었던 경험이 홍수 신화로 발전한 것이군.

③ 자신들의 문명이 다른 문명보다 우월하다는 자부심이 홍수 신화로 발전한 것이군.

④ 가뭄 때문에 비가 내리기만을 바라던 사람들의 열망이 홍수 신화로 발전한 것이군.

⑤ 홍수라는 자연 재해에 대한 두려움을 초월적 존재와 연결한 것이 홍수 신화로 발전한 것이군.

08
이 지문에서는 홍수 신화에 대해 설명하고 있어요. 특히 1문단과 3문단에서 노아의 방주 이야기와 우리나라에 전해지는 홍수 신화를 구체적으로 소개하고 있네요.

09
1문단에서는 기독교 문화에서 전해 내려오는 〈노아의 방주〉 이야기에 대해 언급하고 있고, 3문단에서는 우리나라에 존재하는 홍수 신화인 〈목도령 설화〉에 대해 이야기하고 있어요.

10
4문단에서는 세계 곳곳에서 비슷한 내용의 홍수 신화가 전해지는 이유에 대해 언급하면서 글을 마무리하고 있어요. 이 내용을 정확히 파악한 선택지를 찾아볼까요?

상반되다 : 서로 반대되거나 어긋나게 되다.

절충안 : 두 가지 이상의 안을 서로 보충하여 알맞게 조절한 안

우월하다 : 다른 것보다 낫다.

자부심 : 자기 자신 또는 자기와 관련되어 있는 것에 대하여 스스로 그 가치나 능력을 믿고 당당히 여기는 마음

★ 정답은 [해설편 표지] 안쪽에 있습니다.

* **[01~04]** 다음 단어와 그 뜻풀이를 바르게 연결하시오.

01 합성하다 ·

· ㉠ 비축되어 있는 것이 내놓아지다.

02 방출되다 ·

· ㉡ 다른 것보다 낫다.

03 우월하다 ·

· ㉢ 물체가 양분 따위를 몸 속에 빨아들이다.

04 섭취하다 ·

· ㉣ 생물이 빛이나 유기물, 무기물의 산화에 의하여 얻은 에너지를 이용하여 유기 화합물을 만들다.

* **[05~08]** 제시된 글자들을 조합하여 다음 뜻풀이에 해당하는 단어를 쓰시오.

터	농	신
분	화	전
대	도	비

05 자리를 잡은 곳. 살림의 근거지가 되는 곳 (　　　)

06 고대인의 사유나 표상이 반영된 신성한 이야기 (　　　)

07 샘세포의 작용에 의하여 만들어진 액즙이 배출관으로 보내지다. (　　　)되다

08 용액 따위의 진함과 묽음의 정도 (　　　)

* **[09~13]** 〈보기〉에 제시된 초성과 뜻풀이를 참고하여 다음 문장의 빈칸에 들어가기에 알맞은 단어를 쓰시오.

〈보기〉
• ㅎㅅㅅㅌ : 의식을 잃고 인사불성이 되는 일
• ㅈㅊㅇ : 두 가지 이상의 안을 서로 보충하여 알맞게 조절한 안
• ㅈㅂㅅ : 자기 자신 또는 자기와 관련되어 있는 것에 대하여 스스로 그 가치나 능력을 믿고 당당히 여기는 마음
• ㅂㄹ하다 : 큰물이 흘러넘치다.
• ㅊㅇㅈ : 어떠한 한계나 표준, 이해나 자연 따위를 뛰어넘거나 경험과 인식의 범위를 벗어나는 것

09 이렇게 계속 싸우지 말고 우리 둘 다 만족할 수 있는 (　　　)을/를 찾아보자.

10 아버지는 큰 사고를 당해 (　　　)에 빠져 있는 딸을 오랫동안 정성을 다해 간호하고 있다.

11 민지는 신이나 전설, 미신 등 (　　　)인 것들을 믿지 않았다.

12 곧 있을 장마로 인해 강이 (　　　)할 수 있으니, 강 주변에 사는 사람들은 모두 주의해야 한다.

13 옆 반의 희정이는 자기 아버지가 우리 학교의 교장 선생님이라는 (　　　)이/가 아주 대단하다.

* **[14~15]** 문맥을 고려하여 밑줄 친 단어의 뜻과 가장 가까운 것을 고르시오.

14

그의 행동은 정작 자신의 주장과 <u>상반되는</u> 것이었다.

① 합체되다　　② 반대되다　　③ 보충되다

15

카페인이 많이 <u>함유된</u> 음료는 청소년의 건강에 해롭다.

① 구성되다　　② 생산되다　　③ 포함되다

✽ 뇌를 활성화시키는 음식

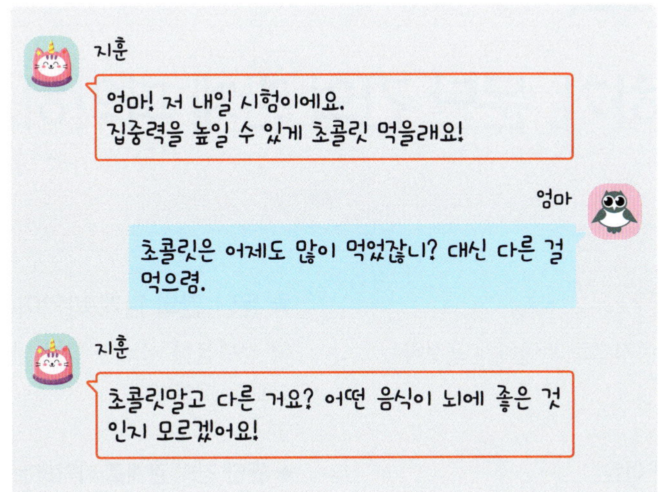

1. 호두, 아몬드, 땅콩 등의 견과류

견과류에는 항산화 성분과 아미노산이 많이 들어 있어요! 그래서 기억력을 높여 주고, 뇌 건강에 도움을 준답니다. 그리고 견과류에 들어 있는 엽산이나 비타민A, E는 치매나 알츠하이머가 생길 위험을 낮춰 준다고 하네요.

2. 블루베리

대표적인 브레인 푸드, 항산화 푸드로 알려진 블루베리는 항산화 성분인 폴리페놀을 함유하고 있어요. 폴리페놀은 뇌가 활성 산소와 염증을 막아 뇌가 퇴화하는 것을 늦춘다고 합니다.

3. 녹황색 채소

당근, 시금치 등의 녹황색 채소에는 비타민과 무기질이 풍부해 항산화 효과가 있다고 해요. 이는 뇌의 신경과 혈관 건강을 유지하는 데 도움이 된다고 하네요.

4. 고등어, 꽁치 등의 등 푸른 생선

고등어, 꽁치 등 오메가3 지방산이 풍부한 등 푸른 생선은 뇌 기능을 활성화하는 데 효과가 있어요. 오메가3 지방산은 뇌세포 막을 둘러싸고 있는 뇌의 신경 세포와 같은 성분이라고 해요. 오메가3 지방산은 우리 몸에 필요하지만 우리 몸에서 만들어지지 않아서 음식을 통해 꼭 섭취해야 한다고 해요.

STEP II
문단 요약하기, 문단 간의 관계 파악하기

★ 문단 요약이란?

문단의 내용을 한 문장으로 간단하게 표현하는 것입니다.

● 문단을 요약하는 이유

글을 읽을 때 한 번에 글의 모든 정보를 기억하기란 쉽지 않아요. 그래서 문단별로 핵심 내용을 기억하는 것이 중요합니다. 문단별로 요약한 내용을 모아 놓으면 전체 글을 요약한 것이 되기 때문에 문단을 요약하면 전체 글의 내용을 파악할 수 있어요.

● 문단을 요약하는 방법

- 덜 중요하거나 반복되는 내용을 지운다.
- 중심 문장을 선택한다.
- 구체적인 개념이나 세부 정보를 나타내는 단어들을 모두 포함하는 하나의 표현으로 바꾼다.
- 중심 문장이 뚜렷하게 나타나 있지 않다면 내용을 다시 구성하여 새 문장을 만든다.

★ 문단 간의 관계 파악이란?

각 문단들이 서로 어떻게 연결되어 있는지 알아보는 것입니다.

● 문단 간의 관계를 파악하는 이유

한 편의 글은 여러 개의 문단으로 이루어져 있고, 보통 중심 문단과 그것을 뒷받침하는 문단으로 나눌 수 있어요. 따라서 문단 간의 관계를 파악하면 글쓴이가 그 글을 통해 말하고자 하는 바를 알 수 있고, 글 전체의 내용을 이해하는데 도움이 됩니다.

● 문단 간의 관계를 파악하는 방법

- '그리고, 또, 또한, 마찬가지로' 등의 연결 표현이 등장하면 앞에서 나온 내용과 비슷한 내용이 이어질 것이라고 예상하기
- '하지만, 그러나, 그렇지만, 그림에도' 등의 연결 표현이 등장하면 앞의 내용과 반대되거나 다른 방향의 내용이 이어질 것이라고 예상하기
- '따라서, 즉, 결론적으로' 등의 연결 표현이 등장하면 앞의 내용을 요약하여 정리하거나, 다시 한 번 말함으로써 강조하는 내용이 이어질 것이라고 예상하기
- '이, 그, 저, 이러한' 등의 표현이 등장하면 이 표현들이 앞의 내용 중 무엇을 가리키는 것인지를 살펴보기

동물원은 동물을 위한 곳일까?

2018년, 대전시의 한 동물원을 탈출한 퓨마가 사살된 사건이 있었다. 이를 계기로 사람들은 퓨마가 사살될 수밖에 없었던 상황에 대해 진지하게 생각하기 시작했다.

동물원은 시설을 갖추어 여러 가지 동물을 모아 기르는 곳이다. 동물원에서는 동물을 보호하고 번식시키며 동물에 대한 연구를 하고, 일반인들은 동물원 관람을 통하여 동물에 대한 지식을 넓히고 오락 및 휴식을 제공받는다. 그러나 사람들은 퓨마 사건을 계기로 동물원의 동물들이 일정한 수준 이상의 생활 환경을 보장받으면서도 동물원의 본래의 목적을 달성할 수 있는 다양한 대안들을 모색하게 되었고, 다른 나라에서는 이미 여러 대안들이 도입되었다.

미국에서는 관람객이 동물의 서식지에 있다고 느낄 정도로 자연스럽게 만들어진 동물원인 '경관 몰입형 동물원'을 도입했다. 이 동물원은 동물이 숨어서 휴식할 공간을 따로 마련해 두었다. 이 때문에 동물원에 방문해도 동물이 보이지 않거나, 매우 작게 보일 수도 있다. 하지만 이러한 방식은 우리에게 동물들도 남들의 눈을 피해 혼자만의 시간을 보내는 존재라는 것을 느끼게 한다.

호주에서는 다른 나라에서 온 낯선 동물 대신 멸종 위기의 호주 토착 동물들을 볼 수 있는 '테즈메니아 데빌 언주(Tasmanian Devil Unzoo)'를 운영하고 있다. 이곳에서는 동물이 멸종되지 않도록 울타리를 없애고, 호주의 토착 식물을 심어 동물들의 서식지를 마련해 주었다. 추운 북극에서 살다가 여름에 더운 우리나라에서 사는 북극곰처럼, 완전히 다른 기후를 가진 지역에서 오는 동물이 없기 때문에 동물들이 낯선 환경에 적응할 때 받는 스트레스가 없다. 관람객들도 동물들의 자연스러운 행동 양식을 관찰할 수 있다.

이처럼 동물의 권리를 보호하기 위한 노력이 세계 곳곳에서 이루어지고 있다. 동물들도 사람과 같은 생명체임을 인식하고 동물들의 권리에 대해 생각해 본다면, 더 이상 사살된 퓨마와 같은 비극적인 사건은 발생하지 않을 것이다.

---

1 문단
요약 : 퓨마 사건이 남긴 영향

2 문단
요약 : ☐☐☐의 개념과 동물원에 대한 인식의 변화

3 문단
요약 : 기존 동물원의 문제점을 해결하기 위한 대안 ① : ☐☐☐☐☐ 동물원

4 문단
요약 : 기존 동물원의 문제점을 해결하기 위한 대안 ② : 테즈메니아 데빌 언주

5 문단
요약 : 동물 권리 보호의 필요성

사살되다 : 활이나 총 따위에 맞아 죽다.
계기 : 어떤 일이 일어나거나 변화하도록 만드는 결정적인 원인이나 기회
모색하다 : 일이나 사건 따위를 해결할 수 있는 방법이나 실마리를 더듬어 찾다.
경관 : 산이나 들, 강, 바다 따위의 자연이나 지역의 풍경
토착 : 대대로 그 땅에서 살고 있음.
양식 : 오랜 시간이 지나면서 자연히 정하여진 방식

---

01 [문단 요약]
다음은 3문단의 내용을 요약한 것이다. 빈칸에 들어가기에 적절한 말을 쓰시오.

> 미국에서는 (　　　　　　　)동물원을 도입하였다.

02 [문단 간의 관계]
윗글에 대한 설명으로 적절하지 <u>않은</u> 것은?

① 1문단에서는 예를 들어 화제를 제시하고, 2문단에서는 개념을 정의하고 있다.
② 3, 4문단에서는 대안을 소개하고, 5문단에서는 대안의 문제점을 이야기하고 있다.

STEP Ⅱ 문단 요약하기, 문단 간의 관계 파악하기

STEP Ⅰ에서 공부한 내용을 바탕으로 각 문단의 핵심어를 찾고 문단을 요약해 봅시다.

문단을 요약하는 방법
❶ 덜 중요하거나 반복되는 내용을 지운다.
❷ 중심 문장을 선택한다.
❸ 구체적인 개념이나 세부 정보를 나타내는 단어들을 모두 포함하는 하나의 표현으로 바꾼다.
❹ 중심 문장이 뚜렷하게 나타나 있지 않다면 내용을 다시 구성하여 새 문장을 만든다.

문단의 내용을 요약하여 문단 간의 관계를 파악하면 글 전체의 내용을 이해하는 데 도움이 됩니다.

1문단

가장 핵심이 되는 것은 퓨마가 사살된 사건이므로 1문단의 핵심어는 '퓨마가 사살된 사건'입니다. 이 사건 이후 사람들이 퓨마가 그렇게 될 수밖에 없었던 상황에 대해 생각하게 되었다고 이야기하고 있어요. 그러므로 1문단을 요약하면 '퓨마 사건이 남긴 영향'입니다.(문단 요약 ❹ 적용)

2문단

가장 자주 나오는 말이 동물원이므로 2문단의 핵심어는 '동물원'입니다. 동물원의 개념과 인식 변화에 대해 설명하고 있으므로, 2문단의 내용을 요약하면 '동물원의 개념과 동물원에 대한 인식의 변화'입니다.(문단 요약 ❸ 적용)

✱ **문단 관계** 1문단에서는 퓨마 사건을 예로 들어 독자의 관심을 이끌어 내고, 2문단에서는 동물원의 개념을 소개하며 뒤의 문단들에서 무엇을 언급할지를 안내하고 있네요.

3문단

가장 중심이 되는 말인 3문단의 핵심어는 '경관 몰입형 동물원'입니다. 미국에서 도입한 경관 몰입형 동물원에 대해 설명하고 있어요. 이러한 내용을 다시 구성하여 3문단을 요약하면 '기존 동물원의 문제점을 해결하기 위한 대안 ① : 경관 몰입형 동물원'입니다.(문단 요약 ❹ 적용)

4문단

가장 중심이 되는 말인 4문단의 핵심어는 '테즈메니아 데빌 언주'입니다. 호주에서 도입한 테즈메니아 데빌 언주에 대한 설명이 이 문단의 핵심 내용이므로, 이 내용을 다시 구성하여 4문단의 내용을 요약하면 '기존 동물원의 문제점을 해결하기 위한 대안 ② : 테즈메니아 데빌 언주'입니다.(문단 요약 ❹ 적용)

✱ **문단 관계** 3문단과 4문단에서는 2문단에서 언급한 동물들의 생활 환경을 보장할 수 있는 대안의 구체적인 예를 들고 있어요.

5문단

가장 중심이 되는 말이 동물의 권리이므로 5문단의 핵심어는 '동물의 권리'입니다. 동물의 권리에 대해 생각해 볼 것을 권하고 있으므로, 5문단의 내용을 요약하면 '동물 권리 보호의 필요성'입니다.(문단 요약 ❸ 적용)

[문단 간의 관계 파악]
- 1문단 : 퓨마 사건이 남긴 영향 — 사례 제시
- 2문단 : 동물원의 개념과 동물원에 대한 인식의 변화 ┐ 개념 제시
- 3문단 : 기존 동물원의 문제점을 해결하기 위한 대안 ① : 경관 몰입형 동물원 ┐
- 4문단 : ② 테즈메니아 데빌 언주 ┘ 2문단과 관련된 대안 제시
- 5문단 : 동물 권리 보호의 필요성 — 글쓴이의 제안

✱ 이 글에서는 기존 동물원의 한계와 그 대안인 새로운 형태의 동물원을 소개하고, 동물의 권리에 대해 생각해 볼 것을 주장하고 있습니다. 따라서 이러한 내용을 모두 포함하고 있는 이 글 전체의 중심 문장은 '동물들도 사람과 같은 생명체임을 인식하고 동물들의 권리에 대해 생각해 본다면, 더 이상 사살된 퓨마와 같은 비극적인 사건은 발생하지 않을 것이다.'입니다.

✱ 각 문단을 요약한 것 중에서 핵심 내용을 뽑아 다시 요약하면 글 전체 내용을 요약한 것이 됩니다.

✱ 1문단에서는 퓨마 사건이 남긴 영향, 2문단에서는 동물원의 개념과 동물원에 대한 인식 변화, 3~4문단에서는 기존 동물원의 문제점을 해결하기 위한 대안, 5문단에서는 동물 권리 보호의 필요성에 대해 이야기하고 있으므로 이 글 전체를 요약하면 '동물원의 한계와 대안, 그리고 동물의 권리에 대해 생각해 볼 것 제안'입니다.

바다가 우리에게 보내는 적신호

지구 표면의 약 70%를 이루고 있는 바다는 지구에 존재하는 물의 97%를 차지한다. 바닷속의 식물성 플랑크톤들은 광합성을 통해 이산화 탄소를 흡수하고 산소를 만들어 내는데, 이들은 지구상에 존재하는 산소의 절반 이상에 해당하는 양을 지난 20억 년 동안 만들어 냈다. 그러나 최근 식물성 플랑크톤의 보금자리이자, 지구 표면의 상당 부분을 차지하는 바다의 오염 문제가 심각해지고 있다. 가장 시급한 문제는 바다가 플라스틱 쓰레기로 가득 차고 있다는 점이다.

세계적으로 매년 2억 8000만 톤의 플라스틱이 생산되고, 소비된다. 이 플라스틱들은 어디로 가게 되는 것일까? 인도양에 있는 청정의 섬 코코스 제도에서는 4억 1400만 개의 플라스틱 조각들이 발견됐다고 한다. 이는 무게로 238톤에 달한다. 플라스틱들이 바다로 흘러 들어가 섬까지 이른 것이다. 한편 5mm 미만의 작은 플라스틱인 미세 플라스틱은 너무 작아 하수 처리 시설에서 걸러지지 않고, 바다와 강으로 흘러 들어간다. 이처럼 크고 작은 플라스틱들이 많은 해양 생물들의 숨통을 조이고 있다.

코에 빨대가 낀 채 괴로워하는 바다거북, 봉지를 뒤집어쓴 바다 새의 사진들은 더 이상 우리에게 낯선 것이 아니다. 최근 영국의 한 연구 단체가 해안에 떠밀려온 돌고래, 물개, 고래 등 총 50마리의 해양 동물 사체를 조사했는데, 모든 동물의 소화 기관에서 플라스틱이 검출되었다는 충격적인 결과가 보고되기도 했다.

바다로 흘러간 플라스틱들은 어떻게 될까? 인간이 모두 회수하여 처리하기는 쉽지 않다. 전 세계 식용 소금의 90% 이상에서 플라스틱이 검출됐다는 조사 결과를 고려하면 바다로 흘러 들어간 플라스틱은 결국 우리에게 악영향을 끼치게 될 것이다.

플라스틱으로 더 많은 재앙이 닥치기 전에 우리가 할 수 있는 일들 가운데 가장 중요한 것은 바로 플라스틱 쓰레기의 발생 자체를 줄이는 일이다. 플라스틱 빨대보다는 실리콘이나 스테인레스 빨대를, 비닐 봉투보다는 장바구니를, 일회용 아이스 컵 대신 텀블러를 쓰는 것부터 시작해 보자. 우리의 습관을 바꿈으로써 플라스틱 쓰레기 자체를 줄일 수 있다.

[문단 요약]

03 다음은 5문단의 내용을 요약한 것이다. 빈칸에 공통으로 들어가기에 적절한 말을 쓰시오.

> (   )(으)로 인한 해양 오염을 줄이기 위해 우리가 일상에서 할 수 있는 가장 중요한 일은 (   ) 쓰레기의 발생을 줄이는 것이다.

1 문단
요약 : 최근 심각해지고 있는 □□의 오염 문제

2 문단
요약 : 플라스틱 쓰레기에 의해 심해진 해양 오염

3 문단
요약 : 플라스틱 쓰레기에 의해 고통 받는 해양 생물들

4 문단
요약 : 다시 사람에게 돌아오는 □□□□

5 문단
요약 : 플라스틱 쓰레기를 줄이기 위해 할 수 있는 노력

흡수하다 : 빨아서 거두어들이다.
청정 : 맑고 깨끗함.
해양 : 넓고 큰 바다
사체 : 사람 또는 동물 따위의 죽은 몸뚱이
회수하다 : 도로 거두어들이다.
식용 : 먹을 것으로 씀. 또는 그런 물건

▶ 정답과 해설 **p. 36**

[문단 간의 관계]

04 윗글에 대한 설명으로 가장 적절한 것은?

① 1문단에서는 화제를 제시하고, 이후 문단에서는 화제에 대한 상반된 견해를 제시하고 있다.

② 1문단에서는 화제를 제시하고, 2~4문단에서는 구체적인 사례를 통해 문제의 심각성을 드러내고 있다.

05 윗글의 내용으로 적절하지 <u>않은</u> 것은?

① 식물성 플랑크톤의 광합성 과정에서 산소가 만들어진다.

② 바다 속의 플라스틱 쓰레기들은 많은 해양 동물의 삶을 위협한다.

③ 바다 속 미세 플라스틱들은 해양 오염을 해결하는 데 도움이 된다.

④ 플라스틱으로 오염된 바다는 우리의 삶과 건강에 나쁜 영향을 끼칠 것이다.

⑤ 플라스틱 쓰레기 자체를 줄임으로써 플라스틱으로 인한 바다의 오염을 막을 수 있다.

05
미세 플라스틱에 대해 이야기하고 있는 2문단에 주목하여 문제를 풀어 보세요.

06 윗글을 읽고 답할 수 있는 질문으로 적절하지 <u>않은</u> 것은?

① 해양 동물은 어떻게 음식물을 소화시키는가?

② 식용 소금에서 플라스틱이 검출되는 이유는 무엇인가?

③ 코코스 제도에서 발견된 플라스틱의 무게는 얼마인가?

④ 해양 오염을 줄이기 위해 우리가 할 수 있는 일은 무엇인가?

⑤ 지구에 존재하는 물의 양 가운데 가장 많은 비율을 차지하는 것은 무엇인가?

06
이 지문에서는 플라스틱이 바다 생물을 위협하고, 더 나아가 우리에게까지 악영향을 미칠 수 있다면서 플라스틱 쓰레기를 줄일 것을 권하고 있어요. 선택지의 내용을 지문의 어느 부분에서 이야기하고 있는지 생각해 보세요.

07 글쓴이가 윗글을 통해 궁극적으로 말하고자 하는 바로 가장 적절한 것은?

① 해양 오염을 막기 위해 플라스틱 쓰레기를 줄여야 한다.

② 해양 동물이 멸종하는 것을 막기 위해 전 세계적으로 노력해야 한다.

③ 오염된 바다는 스스로 정화할 수 없으므로 바닷물 정화 시스템을 개발해야 한다.

④ 바다로 흘러 들어간 미세 플라스틱을 회수할 수 있는 신기술을 개발하는 것은 어려운 일이다.

⑤ 미세 플라스틱을 섭취하지 않도록 음식을 먹기 전에 플라스틱이 들어있는지 여부를 확인해야 한다.

07
글쓴이는 1문단에서 플라스틱 때문에 심각해지고 있는 해양 오염에 대해 언급한 후, 2, 3문단에서 이것이 해양 생물들에게 미친 영향에 대해 설명하고 있어요. 5문단에서는 플라스틱 쓰레기를 줄이는 방법을 제시하고 있네요.

위협하다 : 힘으로 으르고 협박하다.

검출되다 : 시험, 검사, 분석 따위에 쓰는 물질에서 화학 물질이나 미생물 등의 존재 유무가 밝혀지다.

차지하다 : ① 사물이나 공간, 지위 따위를 자기 몫으로 가지다. ② 비율, 비중 따위를 이루다.

정화하다 : 불순하거나 더러운 것을 깨끗하게 하다.

섭취하다 : 생물체가 양분 따위를 몸속에 빨아들이다.

여부 : 그러함과 그러하지 아니함.

★ 정답은 [해설편 표지] 안쪽에 있습니다.

[01~04] 다음 단어와 그 뜻풀이를 바르게 연결하시오.

01 차지하다 ·　　· ㉠ 도로 거두어들이다.

02 위협하다 ·　　· ㉡ 사물이나 공간, 지위 따위를 자기 몫으로 가지다.

03 회수하다 ·　　· ㉢ 불순하거나 더러운 것을 깨끗하게 하다.

04 정화하다 ·　　· ㉣ 힘으로 으르고 협박하다.

[05~09] 〈보기〉에 제시된 초성과 뜻풀이를 참고하여 다음 문장의 빈칸에 들어가기에 알맞은 단어를 쓰시오.

〈보기〉
- ㅎㅅ하다 : 빨아서 거두어들이다.
- ㅅㅇ : 먹을 것으로 씀. 또는 그런 물건
- ㄱㄱ : 어떤 일이 일어나거나 변화하도록 만드는 결정적인 원인이나 기회
- ㅌㅊ : 대대로 그 땅에서 살고 있음.
- ㅅㅊ : 사람 또는 동물 따위의 죽은 몸뚱이

05 이 땅의 원래 주인은 자연과 함께 평화롭게 살아가던 (　　　) 부족이었다.

06 이 종이는 기름을 (　　　)하여서 요리를 할 때 사용하기 좋다.

07 민서는 우연한 (　　　)(으)로 반장 선거에 나갔고, 본인의 예상과는 다르게 후보들 중에서 표를 제일 많아 반장이 되었다.

08 어떤 나라에 가면 시장에서 (　　　) 곤충을 흔하게 팔기도 한다.

09 민수는 간혹 길에서 죽은 새나 고양이의 (　　　) 을/를 볼 때마다 마음이 아팠다.

[10~14] 제시된 글자들을 조합하여 다음 뜻풀이에 해당하는 단어를 쓰시오.

섭	식	취	해
출	양	양	정
검	히	청	리

10 오랜 시간이 지나면서 자연히 정하여진 방식
(　　　　)

11 맑고 깨끗함. (　　　)

12 넓고 큰 바다 (　　　)

13 생물체가 양분 따위를 몸속에 빨아들이다.
(　　　)하다

14 시험, 검사, 분석 따위에 쓰는 물질에서 화학 물질이나 미생물 등의 존재 유무가 밝혀지다. (　　　)되다

[15~17] 문맥을 고려하여 밑줄 친 단어의 뜻과 가장 가까운 것을 고르시오.

15 반장인 호진이는 최대한 많은 친구들이 만족할 만한 방법을 <u>모색했다</u>.

① 검색하다　　② 찾다　　③ 확인하다

16 사람을 공격하는 동물이 끝까지 얌전히 잡히지 않으면 어쩔 수 없이 <u>사살되는</u> 경우가 있다.

① 사라지다　　② 이동되다　　③ 죽다

17 한라산 정상에 올라간 수진이는 난생 처음 보는 <u>경관</u>에 크게 감탄하였다.

① 풍경　　② 관점　　③ 경험

✳ 미세 플라스틱이 왜 위험한 걸까?

'미세 플라스틱'이란 크기가 5mm 이하인 미세한 플라스틱 조각을 말해요. 미세 플라스틱은 대부분 큰 플라스틱이 자연에서 깨지거나 닳아서 만들어집니다.

연구에 따르면, 매년 약 800만 톤의 플라스틱 쓰레기가 바다로 유입되고 있으며, 현재 바다에 최대 약 50조 개의 미세 플라스틱이 있을 것이라고 해요. 또한 우리나라의 바다 가운데 서해와 남해는 미세 플라스틱으로 인해 더 많이 오염되었다고 알려져 있어요. 우리가 먹는 굴이나 생선 등이 서해와 남해에서 양식되고 있다는 것을 생각하면 우리의 바다가 플라스틱으로 오염되었다는 것은 아주 큰 문제입니다.

미세 플라스틱이 위험한 이유는 바로 미세 플라스틱을 먹이로 착각한 바다 생물들이 그것을 먹기 때문입니다. 동물 플랑크톤이나 작은 물고기들, 조개와 같은 어패류들은 미세 플라스틱을 먹고 이것을 몸에 쌓게 됩니다. 미세 플라스틱을 먹은 생물들은 영양분을 먹지 못했으니 영양적으로 불균형하겠죠? 그래서 잘 크지도 않게 됩니다.

게다가 해양 생물의 몸에 쌓인 미세 플라스틱은 결국 인간에게 돌아오게 됩니다. 미세 플라스틱을 먹은 작은 물고기를 큰 물고기가 먹고, 그 큰 물고기를 인간이 먹게 되면, 인간 역시 미세 플라스틱을 먹게 되는 것이지요. 실제로 이러한 미세 플라스틱은 인간의 몸에서도 발견되고 있어요. 너무 작아서 몸 밖으로 빠져나가지 않게 되면, 인체의 모든 기관에 도달할 가능성이 높다고 합니다. 우리 자신을 위해서라도 더 이상 바다가 플라스틱에 의해 오염되지 않도록 해야겠죠?

제주도의 초가집

비행기를 타고 제주도에 도착해 공항에 내리면 마치 다른 나라에 온 것 같다. 길거리의 야자수를 비롯해 제주도를 둘러싸고 있는 에메랄드빛 바다, 화산이 만든 독특한 지형 등 제주도의 자연 환경은 육지에서는 쉽게 볼 수 없는 풍경이다.

흔히 제주도를 삼다도(三多島)라고 한다. 여자, 돌, 바람이 많다는 이야기인데, 이러한 제주도의 특수성 때문에 제주도에는 육지와는 다른 제주도만의 주거 형태가 만들어졌다. 먼저 제주도의 초가집은 바람이 많이 부는 환경에 잘 견디도록 지어졌다. 육지의 초가지붕이 재료들을 그대로 엮은 것에 비해 제주도의 지붕은 바람에 쉽게 날아가지 않도록 새끼줄을 그물처럼 사용했다. 즉, 새끼줄로 재료들을 엮을 때 물고기를 잡는 그물처럼 엮었고, 새끼줄로 지붕을 감싸 고정시켰다. 또한 육지의 초가지붕은 짚·갈대·왕골·띠·풀 등의 재료 가운데 주로 짚을 이용하여 만들어졌으나 제주도의 초가지붕은 짚이 아니라 주로 억새로 만들어졌다. 그 이유는 제주도에 돌, 그중에서도 현무암이 많기 때문이다. 제주도는 현무암으로 땅이 구성되어 있어서 육지와 달리 물이 바로 땅속으로 빠진다. 이 때문에 벼농사를 거의 짓지 못했고, 그러다 보니 볏짚은 매우 귀한 재료였다. 그래서 제주도에서는 억새와 같이 쉽게 구할 수 있는 재료를 지붕에 사용하게 되었다.

또한 흙벽이 대부분인 육지의 초가집과는 달리, 제주의 초가집은 흙벽 바깥에 돌을 더 쌓은 형태이다. 이는 제주도에 돌이 많기 때문이기도 하지만, 바람을 막기 위해서 만들어진 것이다. 집을 둘러싸고 있는 돌담은 육지의 담보다 평균 26cm가 높아 바람을 막는 데 큰 도움을 준다. 이때 사용되는 돌 역시 육지에서는 보기 힘든 현무암이다. 검은색의 홈이 파여 있는 현무암은 화산의 폭발로 만들어진 것으로, 육지에서는 거의 볼 수 없다. 그래서 제주도의 초가집은 육지의 초가집과는 매우 다른 모습으로 완성되었다.

이처럼 제주도의 초가집은 제주도의 자연적 환경을 고려하여 만들어졌음을 알 수 있다. 제주도 초가집의 독특한 형태를 통해 우리의 조상들이 주어진 환경 속에서 최적의 주거지를 고안해 낼 정도로 지혜로웠음을 알 수 있다.

---

1 문단

요약 : ☐☐☐의 독특한 자연 환경

2 문단

요약 : 제주도의 독특한 주거 형태
① : 초가지붕

3 문단

요약 : 제주도의 독특한 주거 형태
② : ☐☐

4 문단

요약 : 제주도의 초가집에 담긴 조상들의 지혜

지형 : 땅의 생긴 모양이나 형세
특수성 : 일반적이고 보편적인 것과 다른 성질
최적 : 가장 알맞음.
주거지 : 집이 있거나 있었거나, 집을 지을 자리
고안하다 : 연구하여 새로운 안을 생각해 내다.

[문단 요약]

01 다음은 4문단의 내용을 요약한 것이다. 빈칸에 들어가기에 적절한 말을 쓰시오.

> 제주만의 자연적 특성이 반영된 제주도 (　　　　)의 형태를 통해 우리 조상들의 지혜를 알 수 있다.

[문단 간의 관계]

02 윗글에 대한 설명으로 적절하지 <u>않은</u> 것은?

① 1문단에서는 화제를 제시하고, 2문단과 3문단에서는 구체적인 예를 들고 있다.
② 4문단에서는 1~3문단의 내용을 요약하고, 미래에 대해 전망하고 있다.

STEP Ⅱ 문단 요약하기, 문단 간의 관계 파악하기

> 문단을 요약하는 방법
> ❶ 덜 중요하거나 반복되는 내용을 지운다.
> ❷ 중심 문장을 선택한다.
> ❸ 구체적인 개념이나 세부 정보를 나타내는 단어들을 모두 포함하는 하나의 표현으로 바꾼다.
> ❹ 중심 문장이 뚜렷하게 나타나 있지 않다면 내용을 다시 구성하여 새 문장을 만든다.

1문단

가장 핵심이 되는 것은 제주도의 자연 환경이므로 <u>1문단의 핵심어는 '제주도의 자연 환경'</u>입니다. 야자수, 바다, 화산이 만든 제주의 독특한 지형에 대해 이야기하고 있으므로 덜 중요한 내용을 지우고 <u>1문단을 요약하면 '제주도의 독특한 자연 환경'</u>입니다.(문단 요약 ❶ 적용)

2문단

가장 중심이 되는 말은 제주도만의 주거 형태입니다. 따라서 <u>2문단의 핵심어는 '제주도만의 주거 형태'</u>입니다. 바람이 많이 불고 벼농사를 짓지 못하는 제주도의 특성을 고려한 제주도의 초가지붕에 대해 설명하고 있으므로, 이러한 내용을 압축해 정리하여 <u>2문단을 요약하면 '제주도의 독특한 주거 형태 ① : 초가지붕'</u>입니다.(문단 요약 ❸ 적용)

3문단

가장 중심이 되는 말인 3문단의 핵심어는 '제주의 초가집'입니다. 화산의 폭발로 만들어진 현무암이 많고, 바람이 많은 제주도의 특성을 고려하여 돌담을 쌓았다는 것이 3문단의 핵심 내용이므로 이러한 내용을 포함하는 말로 정리하여 <u>3문단을 요약하면 '제주도의 독특한 주거 형태 : ② 돌담'</u>입니다.(문단 요약 ❸ 적용)

★ **문단 관계** 2문단과 3문단에서는 제주도만의 자연 환경에 따른 제주도 초가집의 특성을 구체적으로 소개하고 있어요.

4문단

가장 핵심적인 말은 제주도의 초가집이므로 <u>4문단의 핵심어는 '제주도의 초가집'</u>입니다. 제주도의 초가집은 자연 환경을 고려하여 만들어졌으며, 이것에서 우리 조상들의 지혜를 엿볼 수 있다는 것이 4문단의 핵심 내용이므로 이러한 내용을 다시 구성하여 <u>4문단을 요약하면 '제주도의 초가집에 담긴 조상들의 지혜'</u>입니다.(문단 요약 ❹ 적용)

★ **문단 관계** 4문단에서는 2문단과 3문단에서 언급한 제주도 초가집에 대한 내용을 요약하고 정리하고 있습니다.

[문단 간의 관계 파악]

- **1문단** : 제주도의 독특한 자연 환경 — 화제 제시
- **2문단** : 제주도의 독특한 주거 형태
  　　① : 초가지붕
- **3문단** : 제주도의 독특한 주거 형태 ⎤ 보충 설명
  　　② : 돌담
- **4문단** : 제주도의 초가집에 담긴 조상들의 지혜 — 의의

★ 이 글에서는 제주도의 독특한 자연 환경을 고려한 제주도 초가집의 특징을 구체적으로 설명하고 있습니다. 따라서 이러한 내용을 모두 포함하고 있는 이 글 전체의 중심 문장은 <u>'이처럼 제주도의 초가집은 제주도의 자연적 환경을 고려하여 만들어졌음을 알 수 있다.'</u>입니다.

★ 각 문단을 요약한 것 중에서 핵심 내용을 뽑아 다시 요약하면 글 전체 내용을 요약한 것이 됩니다.

★ 1문단에서는 제주도의 독특한 자연 환경을, 2~3문단에서는 이로 인해 나타난 제주도의 독특한 주거 형태를 설명하고, 4문단에서는 2~3문단의 내용을 정리하며 제주도의 초가집에 담긴 조상들의 지혜를 언급하고 있으므로 이 글 전체를 요약하면 <u>'독특한 자연 환경을 반영한 제주도의 초가집'</u>입니다.

소금의 역사

사람이 살아갈 때 없어서는 안 되는 것 중 하나는 바로 소금이다. 사람의 혈액 중 0.9%가 염분으로 구성되어 있다는 사실만으로도 사람의 생존에 소금이 얼마나 중요한지를 알 수 있다. 그런데 만약 소금 섭취량이 부족하면 어떻게 될까? 일단 소화액의 분비가 감소하여 식욕이 떨어진다. 계속해서 우리 몸속 소금이 부족해지면 우리는 무력감과 피로감을 느끼게 되고, 심하면 정신적인 불안함을 느끼게 된다.

이렇게 중요한 소금은 동서양을 떠나 인류의 역사에서 아주 중요한 위치를 차지해 왔다. 인간에게 꼭 필요한 소금이 나는 곳은 한정적이었기 때문이다. 이미 선사 시대부터 소금을 얻을 수 있는 소금 호수, 소금 바위가 있는 장소는 교역의 중심지가 되었다. 산에서 사냥을 주로 하며 사는 사람들이나, 땅에서 농사를 지으며 사는 사람들은 그들이 잡은 짐승이나 농산물을 소금과 교환하기 위하여 소금이 나오는 곳에 모이게 되었다. 그 결과 소금을 얻기 위한 시장과 길이 발달하게 되었고, 그 근처의 지역에는 도시도 만들어졌다.

소금을 판매하면 돈을 벌어들이고, 사람들도 효과적으로 통제할 수 있었기 때문에 중국 진나라의 황제인 진시황은 소금을 국가에서만 판매하게 하였다. 진나라가 망한 후 들어선 한나라에서는 이를 폐지했지만, 흉노와 싸우면서 돈이 필요해지자 다시 소금을 국가에서만 판매하였다. 한편 유럽에서도 전쟁을 하기 전에는 꼭 소금부터 준비했다. 당시 식량의 대부분을 차지하던 생선을 보존하려면 소금에 절여서 보관해야 했고, 식량을 많이 보유하고 있어야 긴 전쟁에서 버틸 수 있었기 때문이다.

이렇게 중요한 소금은 습기를 머금으면 쉽게 뭉친다는 단점이 있었다. 조이 몰튼은 1911년에 탄산과 마그네슘을 이용해 습기에 쉽게 뭉치지 않는 소금을 고안했고, 소금의 대중화를 이끌었다. 그는 Morton Salt Company를 세웠으며, 현재는 미국인이 사용하는 소금의 대부분을 이 회사에서 생산하고 있다.

[문단 요약]

03 다음은 2문단의 내용을 요약한 것이다. 빈칸에 공통적으로 들어가기에 적절한 말을 쓰시오.

> 인간에게 꼭 필요한 (　　　)이/가 나는 곳은 한정적이었기 때문에 (　　　)을/를 얻을 수 있는 장소는 역사적으로 교역의 중심지가 되었다.

---

1 문단
요약 : 사람의 생존에 필수적인 요소인 □□

2 문단
요약 : 인류사에서 중요한 위치를 차지한 소금

3 문단
요약 : 과거 국가에서 소금을 중요시한 사례

4 문단
요약 : 소금의 □□□

염분 : 바닷물 따위에 함유되어 있는 소금기

소화액 : 섭취한 음식물의 소화를 돕기 위하여 샘세포에서 위창자관 내로 분비되는 액체. 침, 위액 등

무력감 : 스스로 힘이 없음을 알았을 때 드는 허탈하고 맥 빠진 듯한 느낌

한정적 : 수량이나 범위 따위를 제한하여 정하는 것

교역 : 주로 나라와 나라 사이에서 물건을 사고팔고 하여 서로 바꿈.

[문단 간의 관계]

04 각 문단에 대한 설명으로 적절하지 <u>않은</u> 것은?

① 1문단에서는 중심 대상인 소금을 소개하고, 2문단에서는 역사적으로 소금이 중요했음을 설명하고 있다.
② 3문단에서는 2문단에서 언급한 내용에 대해 추가적인 사례를 들고 있다.
③ 4문단에서는 전쟁을 승리로 이끈 기술의 발전 과정을 설명하고 있다.

05 윗글에 언급된 내용으로 적절하지 <u>않은</u> 것은?

① 소금의 대중화를 이끈 사람
② 소금 생산에 유리한 자연 기후
③ 사람의 혈액 중 염분이 차지하는 비율
④ 유럽에서 전쟁을 하기 전에 소금을 준비하는 이유
⑤ 중국의 진시황이 소금을 국가에서만 판매하게 한 이유

05

1문단에서는 사람의 생존에 소금이 필요하다는 사실을, 2문단과 3문단에서는 역사적으로 소금이 어떠한 역할을 했는지 이야기하고 있어요. 4문단에서는 소금의 대중화를 설명하고 있어요. 선택지의 내용 중 지문에서 찾을 수 없는 것을 골라 보세요.

06 윗글에 대한 설명으로 가장 적절한 것은?

① 소금의 장점과 단점을 비교하고 있다.
② 소금의 특성을 다른 대상에 빗대어 설명하고 있다.
③ 소금의 중요성을 다양한 사례를 통해 설명하고 있다.
④ 소금의 발전 과정을 시간의 순서에 따라 언급하고 있다.
⑤ 소금에 대한 사람들의 상반되는 의견을 소개하고, 절충안을 도출하고 있다.

06

이 지문에서는 역사적으로 소금이 중요한 위치를 차지했다는 것을 설명하기 위해 여러 가지 구체적인 예시를 들고 있어요.

07 윗글을 읽고 난 후의 반응으로 적절하지 <u>않은</u> 것은?

① 탄산과 마그네슘을 넣은 소금은 습기에 강하겠군.
② 국가에서 소금을 관리한 나라의 국민들은 국가를 믿고 따랐군.
③ 과거에는 전쟁을 할 때 소금을 충분히 확보하는 것이 중요했겠군.
④ 우리의 몸에 소금이 부족하면 무력감과 피로감을 쉽게 느끼게 되겠군.
⑤ 역사적으로 소금이 나는 곳에 사람이 몰려 시장과 도시가 발전한 것이군.

07

2문단과 3문단에서 소금이 인류의 역사에서 얼마나 중요했는지를 구체적으로 설명하고 있어요. 특히 3문단에서는 중국 진시황이 사람들을 통제하기 위해 소금을 국가에서 관리했다는 예를 들고 있네요.

대중화 : 대중 사이에 널리 퍼져 친숙해짐. 또는 그렇게 되게 함.
상반되다 : 서로 반대되거나 어긋나게 되다.
절충안 : 두 가지 이상의 안을 서로 보충하여 알맞게 조절한 안
도출하다 : 판단이나 결론 따위를 이끌어 내다.
확보하다 : 확실히 보증하거나 가지고 있다.

★ 정답은 [해설편 표지] 안쪽에 있습니다.

＊ **[01~04]** 〈보기〉에 제시된 초성과 뜻풀이를 참고하여 다음 문장의 빈칸에 들어가기에 알맞은 단어를 쓰시오.

〈보기〉
• ㅈㅎ : 땅의 생긴 모양이나 형세
• ㅇㅂ : 바닷물 따위에 함유되어 있는 소금기
• ㅈㅊㅇ : 두 가지 이상의 안을 서로 보충하여 알맞게 조절한 안
• ㄷㅈㅎ : 대중 사이에 널리 퍼져 친숙해짐. 또는 그렇게 되게 함.

01 '사해'라는 호수는 (　　　)의 농도가 아주 높아서 웬만한 생물은 그곳에서 살 수 없다.

02 이곳은 (　　　)이/가 아주 험하니 여행을 할 때 조심해야 한다.

03 한복, 국악, 도자기 등 우리 전통 문화의 (　　　)을/를 위해 노력하는 사람들이 많다.

04 회의가 길어지자 반대파와 찬성파는 (　　　)을/를 찾아보기로 했다.

＊ **[05~07]** 〈보기〉의 글자를 조합하여 다음 뜻풀이에 해당하는 단어를 쓰시오.

05 판단이나 결론 따위를 이끌어 내다. (　　　)하다

06 주로 나라와 나라 사이에서 물건을 사고팔고 하여 서로 바꿈. (　　　)

07 수량이나 범위 따위를 제한하여 정하는 것 (　　　)

＊ **[08~11]** 다음 단어와 그 뜻풀이를 바르게 연결하시오.

08 소화액 •　　• ㉠ 일반적이고 보편적인 것과 다른 성질

09 최적 •　　• ㉡ 섭취한 음식물의 소화를 돕기 위하여 샘세포에서 위창자관 내로 분비되는 액체. 침, 위액 등

10 고안하다 •　　• ㉢ 연구하여 새로운 안을 생각해 내다.

11 특수성 •　　• ㉣ 가장 알맞음.

＊ **[12~14]** 문맥을 고려하여 밑줄 친 단어의 뜻과 가장 가까운 것을 고르시오.

12
오랜 시간을 매달려 완성한 작품이 사람들에게 좋지 않은 평가를 받자 그는 <u>무력감</u>을 느꼈다.

① 개운함　　② 분노　　③ 허탈감

13
너와 나의 의견이 이렇게나 <u>상반되니</u> 더 이상 의논을 할 수가 없겠다.

① 반대되다　　② 가깝다　　③ 비슷하다

14
새로운 사업을 시작할 때에는 무엇보다 사업에 투자할 사람들을 <u>확보하는</u> 것이 중요하다.

① 확대하다　　② 얻다　　③ 보충하다

✳ 화산섬 제주도

▲ 한라산 백록담

제주도는 우리나라 가장 남쪽에 있는 화산섬이에요. 화산섬이란 섬 전체 또는 대부분이 화산 활동의 결과로 만들어진 섬을 가리키는데, 제주도는 '화산 박물관'이라고 불릴 만큼 각종 화산 활동의 흔적이 많이 남아있어요.

가장 대표적인 제주도의 화산 지형으로는 '백록담'을 꼽을 수 있어요. 백록담은 한라산 정상에 있는 분화구에 만들어진 호수입니다. 과거에 한라산이 화산 활동을 했을 당시에는 용암과 가스 등이 나오는 분화구였는데, 화산 활동이 멈춘 이후 그곳에 물이 고여 호수가 되었어요. 타원형의 큰 호수에는 맑은 물이 넘실거리고, 구름이 자욱하게 끼어 있어 백록담의 경치는 아주 아름답기로 유명합니다.

제주도를 다니다보면 곳곳에서 볼 수 있는 '오름' 역시 화산 활동의 흔적이에요. 오름은 화산 분출물로 인해 만들어진 작은 화산, 즉 기생화산입니다. 제주도는 세계에서 가장 많은 오름을 가지고 있는 화산섬이라고 하는데, 무려 360여 개의 오름을 가지고 있다고 해요.

이러한 제주도의 자연 환경은 그 아름다움과 가치를 인정받아 2007년에 우리나라 최초로 유네스코 세계자연유산에 등재되기도 했어요. 유네스코 세계자연유산에 등재된 곳은 한라산 천연 보호 구역과 거문 오름 일대 등으로, 제주도 전체 면적의 약 10%에 해당하는 큰 범위입니다. 제주도의 자연 환경 역시 우리가 소중히 지켜나가야 할 자랑스러운 유산인 것이죠!

▲ 오름

시어에는 뭔가 특별한 것이 있다

누구나 한 번쯤 시를 읽을 때 한글로 쓰여 있는데도 정확히 무엇을 이야기하고 있는지 이해하기 어려웠던 경험이나, 한글로 쓰여 있지만 무엇을 의미하는지 파악하기 어려웠던 경험이 있을 것이다. 왜 우리는 이런 경험을 한 것일까? 시어에는 무엇인가 특별한 것이 있는 것일까?

그 이유는 바로 시에 쓰이는 언어, 즉 '시어'가 우리가 일상생활에서 쓰는 말과는 다소 다르기 때문이다. 시어가 일상생활 속 언어와 다른 첫 번째 특성은 함축성이다. 함축성이란 말이나 글이 많은 뜻을 담고 있는 성질을 의미하는데, 하나의 시어는 하나의 의미만 가지고 있는 것이 아니라, 다양한 의미를 가지고 있다.

한용운의 〈님의 침묵〉을 같이 살펴보자.

> 님은 갔습니다.
> 아아, 사랑하는 나의 님은 갔습니다.

'님'이라는 시어는 일반적으로 사랑하는 사람을 의미한다. 하지만 작가인 한용운이 승려였다는 점을 고려하면 '님'은 '절대자, 부처, 진리'를 상징한다고 볼 수 있다. 또한 시가 쓰인 시기가 일제 강점기라는 것을 생각하면 '님'은 '잃어버린 조국', '국권'을 의미한다고 볼 수도 있다. '님'이라는 하나의 시어가 여러 의미로 파악될 수 있는 것도 바로 시어가 가진 함축성 때문이다.

시어의 또 다른 특성으로는 음악성을 들 수 있다. 시어의 음악성이란, 시어의 배열 속에서 느껴지는 리듬을 가리킨다. 시를 줄글로 쓰지 않고 행과 연을 구분하여 쓰는 것도 모두 리듬을 살리기 위한 것이다.

고려 가요인 〈청산별곡〉을 같이 살펴보자. 〈청산별곡〉에서는 '얄리얄리 얄랑셩 얄라리 얄라'라는 후렴구가 반복된다. 이 후렴구에서는 'ㄹ'과 'ㅇ' 소리가 반복되는데, 이를 통해 리듬감을 느낄 수 있다.

지금까지 살펴본 것처럼 시어는 일상 언어와는 다르게 함축성과 음악성이라는 특성을 가지고 있다. 이제부터 시를 읽을 때 이러한 시어의 특성을 고려하며 읽는다면, 시의 아름다움을 더 잘 느낄 수 있을 것이다.

[문단 요약]

01 다음은 6문단의 내용을 요약한 것이다. 빈칸에 들어가기에 적절한 말을 쓰시오.

> 일상 언어와 다른 (   )의 특성을 고려하여 시를 읽으면 시의 아름다움을 더 잘 느낄 수 있다.

---

1 문단
요약 : 시어를 해석하기 어려웠던 경험

2 문단
요약 : 시어의 특성 ① : □□□

3 문단
요약 : 시어의 함축성이 드러난 예

4 문단
요약 : 시어의 특성 ② : □□□

5 문단
요약 : 시어의 음악성이 드러난 예

6 문단
요약 : 시어의 특성을 고려하여 읽기를 제안

다소 : 어느 정도로
절대자 : 스스로 존재하면서 그 자신만으로 완전한 것. 신, 실체, 절대정신 따위를 이른다.
조국 : 조상 때부터 대대로 살던 나라
국권 : 국가가 행사하는 권력. 주권과 통치권을 이른다.
배열 : 일정한 차례나 간격에 따라 벌여 놓음.

▶ 정답과 해설 p. 42

[문단 간의 관계]

02 윗글에 대한 설명으로 적절하지 <u>않은</u> 것은?

① 1문단에서는 사례를 들어 화제를 제시하고 있다.

② 2, 4문단에서는 개념을 설명하고, 3, 5문단에서는 사례를 들어 개념에 대한 이해를 돕고 있다.

③ 6문단에서는 서로 다른 대상을 비교하며 글을 마무리하고 있다.

03 윗글을 읽고 빈칸에 들어가기에 적절한 말을 쓰시오.

> 하나의 시어는 하나의 의미만 가지고 있는 것이 아니라, 다양한 의미를 가지고 있는데 이를 시어의 (   )(이)라고 한다. 또, 시어는 배열 속에서 느껴지는 리듬을 갖추고 있는데, 이를 시어의 (   )(이)라고 한다.

03
이 지문에서는 일상 언어와는 다른 시어의 특성을 설명하고 있어요. 2문단과 4문단에서 설명하고 있는 시어의 특성을 살펴봅시다.

04 윗글의 내용으로 적절하지 <u>않은</u> 것은?

① 특정 소리가 반복되면 리듬감이 형성된다.

② 하나의 시어는 여러 가지 의미를 가지고 있다.

③ 시를 줄글로 쓰지 않는 이유는 리듬을 살리기 위해서이다.

④ 시어는 우리가 일상생활 속에서 사용하는 말과는 차이가 있다.

⑤ 한국인이라면 한글로 쓰여 있는 시는 모두 쉽게 이해할 수 있다.

04
지문의 곳곳에서 언급하고 있는 내용을 정확히 파악해야 해결할 수 있는 문제입니다. 선택지의 내용이 지문의 어느 부분에서 설명하고 있는 것인지를 먼저 확인해 보세요.

05 윗글을 읽고 〈보기〉를 감상한 것으로 적절하지 <u>않은</u> 것은?

〈보기〉

> 돌담에 속삭이는 햇발같이
> 풀 아래 웃음짓는 샘물같이
> 내 마음 고요히 고운 봄길 위에
> 오늘 하루 하늘을 우러르고 싶다
>   – 김영랑, 〈돌담에 속삭이는 햇발같이〉

① '−같이'라는 시어가 반복되는 것에서도 리듬감이 느껴지는군.

② '봄길'이라는 시어는 '봄날의 길'이라는 한 가지 의미만 갖고 있군.

③ '돌담'은 우리가 일상에서 쓰는 돌담과는 다른 의미를 가질 수도 있겠군.

④ '햇발', '샘물', '봄길'에 'ㄹ'이 반복됨으로써 시어의 음악성이 드러나는군.

⑤ 작가에 대한 정보가 더 주어진다면 '하늘'이 무엇을 상징하는지 알 수도 있겠군.

05
〈보기〉는 시어가 가진 함축성과 음악성이 잘 드러난 시입니다. 함축성이란 시어가 다양한 의미를 가지고 있다는 의미이며, 음악성이란 시어의 배열 속에서 느껴지는 리듬이라고 하였지요? 시어의 특성을 고려하여 〈보기〉를 읽어 보세요!

형성되다 : 어떤 형상이 이루어지다.

애니메이션은 어떻게 만들어질까?

애니메이션이란 만화나 인형을 이용하여 그것이 마치 살아 있는 것처럼 생동감 있게 촬영한 영화, 혹은 이러한 영화를 만드는 기술을 의미한다. 애니메이션은 어떤 과정을 거쳐서 만들어질까?

애니메이션을 만들 때 가장 먼저 해야 하는 것은 시나리오를 쓰는 일이다. 표현하고자 하는 작품의 주제를 정하고 등장인물들의 성격을 결정한 후, 전체적으로 어떻게 내용을 전개해 나갈 것인지를 정해야 한다. 시나리오가 재미있어야 완성된 애니메이션도 여러 사람들의 흥미를 끌 수 있으므로, 시나리오를 작성하는 과정은 애니메이션 제작의 출발이자 핵심 단계라고 할 수 있다.

시나리오가 완성되면 등장인물들의 캐릭터를 디자인한다. 캐릭터를 디자인한다는 것은 등장인물의 키나 얼굴 생김새 등은 어떻게 그릴지, 어떤 동작을 하고 어떤 표정을 짓게 할지를 상세하게 결정하는 것을 말한다.

캐릭터가 완성이 되었다면, 본격적으로 그림을 그려야 한다. 그림을 구체적으로 그리기 전에 애니메이션 속 장면의 초안을 그린 문서, 즉 전체적인 이야기 내용을 쉽게 이해할 수 있도록 주요 장면을 그림으로 정리한 계획표인 스토리보드를 작성한다. 스토리보드에는 주요 장면뿐만 아니라, 주제와 화면의 제목, 그 화면에 대한 설명, 어떤 장면과 연결되는지 등이 기록된다. 스토리보드가 완성된 후에는 이를 바탕으로 등장인물의 동작이 자연스럽게 이어질 수 있도록 1초에 12장 정도의 그림을 그린다.

그림이 모두 완성되면, 등장인물들의 목소리를 입혀야 한다. 성우들은 상황에 맞게 등장인물들의 목소리를 연기한다. 등장인물들이 실제로 말하는 것처럼 표현하려면 그림 속 입 모양과 성우의 목소리가 일치해야 한다. 성우들이 등장인물들의 목소리를 녹음한 후에는 상황과 분위기에 어울리는 다양한 배경 음악을 삽입하기도 한다.

___________ ㉠ ___________, 한 편의 완성된 애니메이션 속에는 수많은 사람들의 노력이 들어 있다. 애니메이션 속에 들어 있는 여러 사람들의 수많은 노력을 생각하며 애니메이션을 관람한다면, 그 의미가 색다르게 다가오지 않을까?

---

1 문단
요약 : 애니메이션의 의미

2 문단
요약 : 애니메이션을 만드는 과정
① : ☐☐☐☐☐ 작성

3 문단
요약 : 애니메이션을 만드는 과정
② : 캐릭터 디자인

4 문단
요약 : 애니메이션을 만드는 과정
③, ④ : ☐☐☐☐☐ 작성, 그림 그리기

5 문단
요약 : 애니메이션을 만드는 과정
⑤, ⑥ : 목소리 녹음, 배경 음악 삽입

6 문단
요약 : 많은 사람의 노력이 들어가는 애니메이션 제작

생동감 : 생기 있게 살아 움직이는 듯한 느낌
상세하다 : 낱낱이 자세하다.
초안 : 맨 처음 대강 하여 안을 잡음. 혹은 그 차례
삽입하다 : 글 따위에 다른 내용을 끼워 넣다.
관람하다 : 연극, 영화, 운동 경기, 미술품 따위를 구경하다.

[문단 요약]

06 다음은 2문단의 내용을 요약한 것이다. 빈칸에 들어가기에 적절한 말을 쓰시오.

> 작품의 주제를 정하고 전체적인 내용의 전개 등을 정하는 (   ) 작성 단계는 애니메이션 제작의 핵심 단계이다.

▶ 정답과 해설 p. 44

[문단 간의 관계]

07 윗글에 대한 설명으로 적절하지 <u>않은</u> 것은?

① 1문단에서는 애니메이션의 개념을 소개하고, 2문단에서는 시나리오를 쓰는 일에 대해 설명하고 있다.
② 3문단에서는 애니메이션의 역사를 소개하고 있다.
③ 6문단에서는 2~5문단에서 제시한 애니메이션 제작 과정을 정리하고 있다.

08 애니메이션 제작 과정에 대한 설명한 것으로 가장 적절한 것은?

① 배경 음악은 보통 가장 마지막 단계에서 삽입된다.
② 캐릭터를 디자인할 때 표정은 크게 고려하지 않는다.
③ 시나리오는 애니메이션을 만들 때 가장 나중에 작성한다.
④ 성우들의 음성을 녹음한 후에, 애니메이션을 위한 그림을 그린다.
⑤ 스토리보드를 작성할 때에는 1초에 약 12장의 그림도 같이 그려야 한다.

08
이 지문에서는 애니메이션 제작 과정을 순서대로 설명하고 있어요. 2문단에서는 시나리오 작성을, 3문단에서는 캐릭터 디자인을, 4문단에서는 스토리보드 작성과 그림 그리기를, 5문단에서는 성우들의 녹음과 배경 음악 삽입에 대해서 이야기하고 있네요.

09 윗글에 언급된 내용으로 적절하지 <u>않은</u> 것은?

① 스토리보드의 개념
② 시나리오 작성 단계가 중요한 이유
③ 상황에 어울리는 배경음악을 고르는 법칙
④ 캐릭터를 디자인할 때 결정해야 하는 것들
⑤ 등장인물들의 목소리를 실감나게 표현하는 방법

09
5문단에서 등장인물들의 목소리를 녹음하고, 배경 음악을 삽입하는 과정에 대해 설명하고 있어요. 여기에서 이야기하지 않은 내용이 무엇인지를 살펴볼까요?

10 ㉠에 들어가기에 가장 적절한 접속어는?

① 하지만　　② 이처럼　　③ 그리고
④ 또는　　⑤ 한편

10
이 지문에서는 애니메이션 제작 과정을 순서대로 설명하고 있어요. 6문단에서는 글 전체의 내용을 요약하고 있네요. 전체적인 내용을 요약할 때 주로 사용하는 표현을 찾아보세요.

제작 : 재료를 가지고 기능과 내용을 가진 새로운 물건이나 예술 작품을 만듦.
고려하다 : 생각하고 헤아려 보다.
작성하다 : 서류, 원고 따위를 만들다.
법칙 : 반드시 지켜야만 하는 규범
실감 : 실제로 체험하는 느낌

★ 정답은 [해설편 표지] 안쪽에 있습니다.

＊ [01~04] 사다리 타기에 따라, 빈칸에 들어갈 단어의 뜻을 〈보기〉에서 골라 번호를 쓰시오.

〈보기〉
① 스스로 존재하면서 그 자신만으로 완전한 것. 신, 실체, 절대정신 따위를 이른다.
② 맨 처음 대강 하여 안을 잡음. 혹은 그 차례
③ 생각하고 헤아려 보다.
④ 조상 때부터 대대로 살던 나라

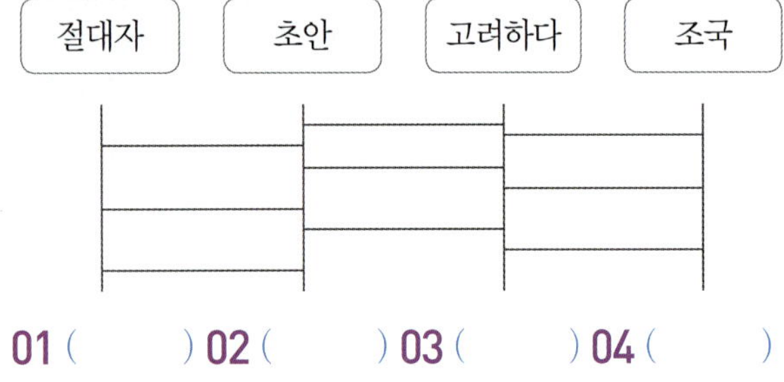

01 (　　) 02 (　　) 03 (　　) 04 (　　)

＊ [05~07] 문맥을 고려하여 다음 문장의 빈칸에 들어가기에 알맞은 단어를 고르시오.

05
그림 속의 풍경에서 마치 진짜인 듯한 (　　　) 이/가 느껴졌다.

① 생산력　　② 생활　　③ 생동감

06
일제 강점기에는 (　　　)을/를 회복하기 위한 다양한 운동이 국내외에서 진행되었다.

① 국민　　② 국권　　③ 국외

07
누가 청소를 했는지 책장 속 책들의 (　　　)이/가 아주 가지런하구나.

① 상황　　② 배열　　③ 차이

＊ [08~11] 다음 단어와 그 뜻풀이를 바르게 연결하시오.

08 상세하다 •　　• ㉠ 글 따위에 다른 내용을 끼워 넣다.

09 실감 •　　• ㉡ 실제로 체험하는 느낌

10 삽입하다 •　　• ㉢ 어떤 형상이 이루어지다.

11 형성되다 •　　• ㉣ 낱낱이 자세하다.

＊ [12~16] 문맥을 고려하여 밑줄 친 단어의 뜻과 가장 가까운 것을 고르시오.

12
나의 이야기를 들은 수찬이는 <u>다소</u> 흥분한 것처럼 보였다.

① 대충　　② 많이　　③ 어느 정도

13
난생 처음으로 극장에 가서 영화를 <u>관람했던</u> 일을 잊지 못한다.

① 보다　　② 연습하다　　③ 관찰하다

14
재료가 모자라서 이번 주에는 물건 <u>제작</u>이 어려울 것으로 예상된다.

① 팔기　　② 만들기　　③ 고치기

15
우리 반에는 친구를 괴롭히거나 따돌리지 말아야 한다는 <u>법칙</u>이 있다.

① 법률　　② 반칙　　③ 규칙

16
수정이는 방학 기간을 알차게 보내기 위해 생활 계획표를 <u>작성하기로</u> 했다.

① 쓰다　　② 보다　　③ 전하다

✳ 시는 문법을 지키지 않아도 되나요?

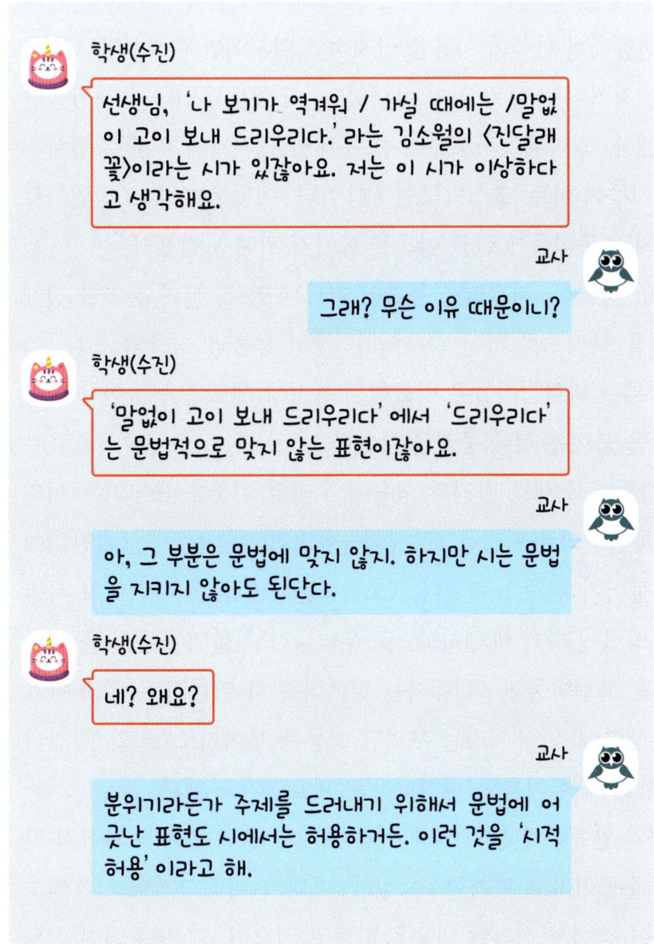

시는 시인 또는 시적 화자의 감정, 정서 등을 표현하여 읽는 사람에게 감동을 주는 문학 갈래이죠! 시인은 맞춤법이나 띄어쓰기에 어긋나는 표현을 일부러 사용하여 자신이 전달하고자 하는 바를 표현하고 리듬감을 형성하기도 하는데, 이러한 표현 방법을 '시적 허용'이라고 해요.

위 대화에서 수진이가 말한 〈진달래꽃〉의 경우에는, '드리우리다'라는 문법적으로 맞지 않는 표현을 사용함으로써 화자의 부드러운 어투를 부각하고, 이를 통해 사랑하는 사람을 사실은 보내고 싶지 않은 마음을 반어적으로 강조하고 있는 것이에요. 시적 허용은 김소월의 〈진달래꽃〉뿐만 아니라 많은 시에서 찾아볼 수 있답니다.

우리의 동식물에는 우리말 이름을!

일제 강점기에 일본은 우리나라를 사회·경제적으로 수탈하려고 했을 뿐만 아니라, 아예 우리 민족을 말살하고자 했다. 그 방법으로 일본은 1911년에 '조선교육령'을 발표하여 일본어를 보급하고, 1930년대에는 학교에서의 한국어 교육과 한국어 사용을 금지하였다. 1937년부터는 일상생활에서 한국어 사용을 금지하고 일본어만 사용하게 했다.

이러한 상황에서 우리말을 지키기는 쉬운 일이 아니었다. 하지만 우리나라 사람들은 우리말을 지키기 위해 노력했다. 과학계에서도 순수한 우리말을 지키기 위해 치열하게 싸웠던 사람들이 있었는데, 이들이 바로 '조선박물연구회'이다. 이들은 순수 조선인들로 구성되었으며, 우리 땅에서 자란 동식물에 한글 이름을 붙이기 위해 노력했다.

박물학이란 동물학, 식물학, 광물학, 지질학을 통틀어 이르는 말로, 본디 천연물 전체에 걸친 지식을 기록하는 것을 목적으로 하는 학문이다. 특히 동물과 식물의 표본, 특성, 분포 등을 통합적으로 다루는 박물학자들은 박물학의 특성상 새로운 동물이나 식물을 발견했을 때, 그것에 이름을 붙이는 것에 중점을 두었다.

우리말 탄압이 심해지는 상황에서 새로 발견된 생물에 우리말 이름을 붙이기는 어려운 일이었다. 하지만 조선박물연구회 사람들은 〈조선식물향명집〉이라는 책을 발간하여 우리말로 된 동식물 이름을 붙이기 위해 노력했다. 〈조선식물향명집〉은 우리나라 사람의 손으로 식물을 과학적인 방법에 따라 배열하고, 또 우리나라 식물의 표준명을 정한 최초의 일이라는 의의가 있다. 조선박물연구회에서는 일본식 한자 이름인 '야인과(野人瓜)'라는 이름으로 불렸던 야생화에 '멀꿀'이라는 우리말 이름을 붙이기도 했고, '갈참나무'라고 일본인이 잘못 이름붙인 나무 이름도 '굴참나무'로 바로잡기도 했다.

이와 같은 조선박물연구회의 활동은 일본의 거센 탄압에 맞서 우리 민족의 과학적 자주성을 되찾고자 했던 저항 운동이라고 평가할 수 있다. 게다가 아직까지도 사용되고 있는 많은 식물의 이름들은 이 책에서 정리된 내용을 따르고 있으니, 그 영향력이 실로 대단하다.

---

1 문단
요약 : 일제 강점기의 시대적 상황

2 문단
요약 : 조선박물연구회 소개

3 문단
요약 : ☐☐☐의 개념

4 문단
요약 : 조선박물연구회의 〈☐☐☐☐☐☐〉 편찬

5 문단
요약 : 조선박물연구회 활동의 의의

[문단 요약]

01 다음은 4문단의 내용을 요약한 것이다. 빈칸에 들어가기에 적절한 말을 쓰시오.

> 일제 강점기에 (　　　　　　　)은/는 동식물에 우리말 이름을 붙이기 위해 노력하며 〈조선식물향명집〉이라는 책을 발간하였다.

말살하다 : 있는 사물을 뭉개어 아주 없애 버리다.

치열하다 : 기세나 세력 따위가 불길같이 맹렬하다.

천연물 : 사람의 힘을 가하지 아니한 천연 그대로의 물건

표본 : 생물의 몸 전체나 그 일부에 적당한 처리를 가하여 보존할 수 있게 한 것

탄압 : 권력이나 무력 따위로 억지로 눌러 꼼짝 못 하게 함.

자주성 : 남의 보호나 간섭을 받지 아니하고 자기 일을 스스로 처리하는 성질

▶ 정답과 해설 **p. 46**

[문단 간의 관계]

02 윗글에 대한 설명으로 적절하지 <u>않은</u> 것은?

① 1문단에는 2문단의 '조선박물연구회'가 설립된 배경이 드러나 있다.

② 2문단에서는 조선박물연구회를, 3문단에서는 박물학을 소개하고 있다.

③ 4문단에서는 조선박물연구회의 구체적인 활동 내용을 언급하고 있고, 5문단에서는 이러한 활동이 준 부정적인 영향에 대해 설명하고 있다.

03 윗글을 읽고 빈칸에 들어가기에 적절한 말을 쓰시오.

> (   )은/는 우리나라 사람의 손으로 식물을 과학적인 방법에 따라 배열하고, 우리나라 식물의 표준명을 정해 기록한 최초의 책이다.

03
조선박물연구회의 활동에 대해 설명하고 있는 4문단에 주목하세요.

04 윗글에 대한 설명으로 적절하지 <u>않은</u> 것은?

① 박물학의 개념을 설명하고 있다.

② 조선박물연구회의 활동과 그 의의를 밝히고 있다.

③ 조선박물연구회가 설립된 시대적인 배경을 드러내고 있다.

④ 조선박물연구회의 연구가 가지고 있는 한계를 언급하고 있다.

⑤ 조선박물연구회가 일본식 한자 이름을 가진 식물의 이름을 한글 이름으로 바꾼 구체적 사례를 들고 있다.

04
1문단에서는 조선박물연구회가 탄생할 당시의 시대적 배경을 언급하고 있어요. 2문단에서는 조선박물연구회를, 3문단에서는 박물학을 소개하고, 4문단에서는 조선박물연구회의 구체적인 활동을 제시하고 있네요. 5문단에서는 조선박물연구회 활동의 역사적 의의를 드러내고 있어요.

05 '조선박물연구회'에 대한 설명으로 가장 적절한 것은?

① 조선인과 일본인으로 구성되었다.

② 우리 땅에서 자란 동식물에 우리말 이름을 붙였다.

③ 박물학의 특성을 고려하지 않은 연구만 진행하고자 했다.

④ 지역마다 다르게 불리는 우리나라 식물의 이름을 모두 인정했다.

⑤ 우리 땅에서 자란 식물뿐만 아니라, 세계 여러 나라의 식물에 관심을 가졌다.

05
주로 2~4문단에서 조선박물연구회와 그들의 활동을 제시하고 있어요. 조선박물연구회에 대한 설명을 바탕으로 선택지의 내용이 적절한지 생각해 봅시다.

발간하다 : 책, 신문, 잡지 따위를 만들어 내다.

설립되다 : 기관이나 조직체 따위가 만들어져 일으켜지다.

성공적인 지역 축제

우리나라 곳곳에서는 각 계절마다, 각 지방의 특산물과 관련된 다양한 축제가 열린다. 1년 동안 각 지역에서 열리는 축제는 2400여 개나 된다고 한다. 이처럼 각 지방에서 많이 열리는 축제들의 긍정적인 측면과 부정적인 측면은 무엇일까?

지역 축제의 긍정적인 측면은 지역 축제가 지역을 활성화시킨다는 점이다. 매년 봄, 진해에서는 벚꽃 축제의 하나인 군항제가 열린다. 사람들은 봄만 되면 벚꽃을 보고자 진해까지 달려간다. 사람들은 진해에 가서 꽃만 보고 오는 것이 아니라, 식사를 하기도 하고 하루 머물면서 진해시를 관광하기도 한다. 이처럼 진해 군항제와 같은 지역 축제는 낙후된 지역을 변화시키는 원동력이 된다. 사람들이 많이 찾음으로써 지역의 특산물, 지역의 문화, 문화재, 자연 환경 등이 자연스럽게 홍보되고, 이는 경제의 활성화로 이어진다. 대부분의 지역 축제의 목표가 많은 관광객들이 그 지역을 방문하게 하여 이를 통해 경제와 지역을 활성화시키려는 것임을 고려하면, 진해 군항제는 이와 같은 목표에 잘 부합하는 축제라고 볼 수 있다.

그러나 모든 지역 축제가 성공적으로 운영되는 것은 아니다. 너무 많은 지역 축제가 열리다보니 기획이 부실한 경우도 있고, 이 때문에 축제를 운영할 때 모든 부분을 신경 쓰지 못하여 예기치 못한 사고가 일어나기도 한다. 게다가 지나치게 환경 오염을 유발한다는 지적도 있다. 축제를 찾은 관광객들이 버리고 가는 쓰레기를 비롯해 축제를 하는 동안 사용된 현수막, 폭죽 등을 처리하는 것은 쉬운 일이 아니다. 게다가 많은 사람들이 방문함에 따라 발생하는 교통 체증, 소음 등도 그 지역에는 부정적인 영향을 준다.

그렇다면 성공적으로 지역 축제를 운영하려면 어떻게 해야 할까? 관광객을 유치하려고만 노력할 것이 아니라, 지역 축제를 하는 이유를 생각해 보고, 기획 단계에서부터 꼼꼼하게 이를 살펴야 한다. 지역 축제는 그 지역의 문화와 자연 환경 등을 사람들에게 알리는 자리이다. 따라서 지역 축제를 기획할 때에는 사람들이 그 지역의 이름을 듣고 떠올릴 수 있는 문화적·예술적 가치와 그 지역의 전통 문화를 고려해야 한다. 이때 각종 환경 오염이 발생하지 않도록 유의해야 하며, 안전사고가 일어나지 않도록 각종 안전장치를 마련함으로써 지역 축제의 질과 운영의 완성도를 높여야 한다.

[문단 요약]

06 다음은 2문단의 내용을 요약한 것이다. 빈칸에 들어가기에 적절한 말을 쓰시오.

> 지역 축제의 (   )인 측면으로는 경제와 지역의 활성화를 유발한다는 점을 들 수 있다.

---

1 문단

요약 : 다양하게 열리고 있는 ☐☐☐에 대한 의문

2 문단

요약 : 지역 축제의 긍정적인 측면

3 문단

요약 : 지역 축제의 부정적인 측면

4 문단

요약 : 성공적으로 지역 축제를 ☐☐하는 방법

활성화하다 : 사회나 조직 등의 기능이 활발하다. 또는 그러한 기능을 활발하게 하다.

낙후되다 : 기술이나 문화, 생활 따위의 수준이 일정한 기준에 미치지 못하고 뒤떨어지게 되다.

원동력 : 어떤 움직임의 근본이 되는 힘

유발하다 : 어떤 것이 다른 일을 일어나게 하다.

부합하다 : 사물이나 현상이 서로 꼭 들어맞다.

부실하다 : 내용이 실속이 없고 충분하지 못하다.

유치하다 : 행사나 사업 따위를 이끌어 들이다.

[문단 간의 관계]

07 각 문단에 대한 설명으로 적절하지 <u>않은</u> 것은?

① 1문단에서 지역 축제 현황을 제시하고, 2문단에서는 성공적인 지역 축제를 위한 국가의 노력을 언급하고 있다.
② 2문단에서는 지역 축제의 긍정적 측면을, 3문단에서는 부정적 측면을 설명하고 있다.
③ 4문단에서는 지역 축제를 성공적으로 이끌기 위한 방안을 제시하고 있다.

08 윗글에 대한 설명으로 가장 적절한 것은?

① 지역 축제와 세계 축제를 비교하고 있다.
② 지역 축제의 변천 과정을 설명하고 있다.
③ 지역 축제가 가지고 있는 한계만 지적하고 있다.
④ 전문가의 의견을 인용하여 신뢰성을 높이고 있다.
⑤ 지역 축제의 긍정적인 측면과 부정적인 측면을 소개하고 있다.

08
이 지문에서는 지역 축제의 긍정적 측면과 부정적 측면을 소개하고 있어요. 또 지역 축제를 성공적으로 운영하는 방안을 제시하면서 글을 마무리하고 있어요.

09 지역 축제에 대한 설명으로 적절하지 <u>않은</u> 것은?

① 지역 축제는 쓰레기 문제, 교통 문제, 소음 문제 등을 발생시킬 수도 있다.
② 지역 축제를 잘 기획하면 지역 문화를 발전시키고, 지역 경제를 활성화할 수 있다.
③ 지역 축제를 통해 그 지역의 특산물을 홍보하는 것은 지역 경제의 활성화에 기여하는 일이다.
④ 지역 축제를 성공적으로 개최하기 위해서는 먼저 그 지역의 문화적·예술적 가치를 생각해 보아야 한다.
⑤ 지역 축제를 하는 이유는 다른 지역의 사람들보다 해당 지역의 주민들이 더 많이 참여하게 하기 위해서이다.

09
2문단에서는 지역 축제의 긍정적인 영향을, 3문단에서는 지역 축제의 부정적인 영향을 설명하고 있어요. 또 4문단에서는 지역 축제를 성공적으로 운영하는 방안을 제시하고 있어요. 이를 바탕으로 선택지의 내용이 적절한지 판단해 보세요.

10 글쓴이가 윗글을 통해 궁극적으로 말하고자 하는 바로 가장 적절한 것은?

① 지금보다 더 다양한 지역 축제가 개최되어야 한다.
② 지역 축제를 통해 그 지역의 특산물을 더 적극적으로 홍보해야 한다.
③ 지역 축제에 더 많은 사람들이 참여할 수 있도록 교통 문화가 개선되어야 한다.
④ 지역 축제가 일으키는 환경 오염 문제를 해결하기 위해 정부가 적극적으로 노력해야 한다.
⑤ 지역 축제를 성공적으로 운영하여 긍정적인 측면을 확대하려면 지역 축제의 질과 운영의 완성도를 높여야 한다.

10
1문단에서는 지역 축제에 대해 소개하고 2문단에서는 지역 축제의 긍정적인 측면을, 3문단에서는 부정적 측면을 설명하고 있어요. 4문단에서는 지역 축제의 단점을 개선하고 장점을 더욱 살리기 위한 구체적 방법을 제시하고 있네요.

변천 : 세월의 흐름에 따라 바뀌고 변함.
인용하다 : 남의 말이나 글을 자신의 말이나 글 속에 끌어 쓰다.
기여하다 : 도움이 되도록 이바지하다.
개최하다 : 모임이나 회의 따위를 주최하여 열다.
개선하다 : 잘못된 것이나 부족한 것, 나쁜 것 따위를 고쳐 더 좋게 만들다.

★ 정답은 [해설편 표지] 안쪽에 있습니다.

✱ **[01~04]** 제시된 글자들을 조합하여 다음 뜻풀이에 해당하는 단어를 쓰시오.

탄	동	력	변
활	원	성	히
압	개	화	천

01 사회나 조직 등의 기능이 활발하다. 또는 그러한 기능을 활발하게 하다. (   )하다

02 권력이나 무력 따위로 억지로 눌러 꼼짝 못 하게 함.
(   )

03 어떤 움직임의 근본이 되는 힘 (   )

04 세월의 흐름에 따라 바뀌고 변함. (   )

✱ **[05~07]** 문맥을 고려하여 밑줄 친 단어의 뜻과 가장 가까운 것을 고르시오.

05
> 내 제안이 너의 이익에도 <u>부합하는</u> 것이길 바란다.

① 들어맞다　　② 부정하다　　③ 더하다

06
> 오랜 시간 동안 이어진 전쟁은 이 땅에 존재하던 생명력을 완전히 <u>말살하였다</u>.

① 살인하다　　② 말하다　　③ 없애다

07
> 그는 세계 평화에 크게 <u>기여한</u> 공로로 노벨 평화상을 수상하였다.

① 기부하다　　② 이바지하다　　③ 발전하다

✱ **[08~11]** 〈보기〉에 제시된 초성과 뜻풀이를 참고하여 다음 문장의 빈칸에 들어가기에 알맞은 단어를 쓰시오.

〈보기〉
- ㅇㅂ하다 : 어떤 것이 다른 일을 일어나게 하다.
- ㄴㅎ되다 : 기술이나 문화, 생활 따위의 수준이 일정한 기준에 미치지 못하고 뒤떨어지게 되다.
- ㅍㅂ : 생물의 몸 전체나 그 일부에 적당한 처리를 가하여 보존할 수 있게 한 것
- ㅊㅇ하다 : 기세나 세력 따위가 불길같이 맹렬하다.

08 생물에 대해 연구하는 일을 하는 엄마는 종종 작은 동물들의 (   )을/를 만들었다.

09 이번 경기에서는 반드시 1등을 하겠다는 생각으로 그는 끝까지 (   )하게 달렸다.

10 이 공장은 아주 오래 전에 지어졌기 때문에 건물과 시설이 모두 (   )되었다.

11 선생님의 이야기는 아이들의 흥미를 (   )하였다.

✱ **[12~15]** 다음 단어와 그 뜻풀이를 바르게 연결하시오.

12 부실하다 ・ 　・㉠ 내용이 실속이 없고 충분하지 못하다.

13 인용하다 ・ 　・㉡ 모임이나 회의 따위를 주최하여 열다.

14 개최하다 ・ 　・㉢ 남의 말이나 글을 자신의 말이나 글 속에 끌어 쓰다.

15 개선하다 ・ 　・㉣ 잘못된 것이나 부족한 것, 나쁜 것 따위를 고쳐 더 좋게 만들다.

✱ 스페인의 토마토 축제, 라 토마티나!

　라 토마티나(La Tomatina)라고도 불리는 스페인의 토마토 축제는 스페인 발렌시아 주의 도시 부뇰에서 매년 8월 마지막 수요일에 열립니다. 축제 기간 동안에는 전 세계에서 도시 인구의 반 이상의 사람들이 모여 서로 잘 익은 토마토를 던진다고 하니, 그 규모가 정말 대단하겠죠?

　그렇다면 이 축제는 언제부터 시작되었을까요? 스페인의 토마토 축제는 1945년 몇몇 소년들이 '거인과 큰 머리 민속 축제(Giants and Big-Head figures parade)'에 참여하기 위해 마을 광장에 갔을 때 시작되었어요. 그 소년들은 음악가와 함께 퍼레이드를 하기로 결정했죠. 그러던 중, 소년들이 노점에 있던 채소를 던지며 서로 싸움을 벌였고 모여 있던 군중들도 그 싸움에 합류했어요. 사람들은 토마토를 던지며 싸웠고, 그 싸움은 경찰이 제지할 때까지 끝나지 않았다고 해요. 그 다음 해에도 사람들의 토마토 싸움은 계속되었고, 그것이 오늘날까지 이어져 스페인의 대표적인 축제로 발전하였다고 하네요.

　라 토마티나 축제는 안전 문제로 50년대 초 금지되었지만, 사람들의 열광적인 반응으로 인해 곧 다시 시작되었어요. 그 이후로 축제의 참가자는 축제에 대한 기대와 열광과 함께 매년 증가하였습니다. 축제의 성공을 인정받아 2002년에는 스페인 관광부로부터 국제 관광객 관심 축제로 선정되기도 했죠. 2013년부터는 안전에 대한 우려로 인해 참가비(10유로)를 받고 참가자의 수에도 제한을 두었기 때문에 축제를 즐기려면 미리 예약을 해야 한답니다.

바랜다고 되겠냐? 바라야지!

일상생활을 하면서 생각대로 어떤 일이 이루어지기를 기대한다는 의미를 표현할 때 '바라'와 '바래' 중 어떤 표현을 써야 할지 헷갈려 하는 사람들이 많다. '너의 꿈이 이루어지기를 바라.'와 '너의 꿈이 이루어지기를 바래.' 중 무엇이 적절한 표현일까?

표준국어대사전에 따르면 '생각이나 바람대로 어떤 일이나 상태가 이루어지거나 그렇게 되었으면 하고 생각하다.'를 의미하는 단어는 ㉠'바라다'이다. 반면 ㉡'바래다'는 '볕이나 습기를 받아 색이 변하다.', '볕에 쬐거나 약물을 써서 빛깔을 희게 하다.'를 의미하는 단어이다. 즉, '바라다'와 '바래다'는 서로 비슷하게 생겼고, 그래서 많은 사람들이 쓰임을 헷갈려 하지만 엄연히 다른 의미를 가진 별개의 단어인 것이다. 따라서 각 단어의 의미를 고려하면, 위와 같은 상황에서는 '너의 꿈이 이루어지기를 바라.'라고 써야 한다.

또한 우리나라 어문 규정 중 '표준어 규정' 제11항에서는 "다음 단어에서는 모음의 발음 변화를 인정하여, 발음이 바뀌어 굳어진 형태를 표준어로 삼는다."라고 명시되어 있고, '바라다'를 표준으로 삼고, '바래다'를 버린다고 예를 들고 있다. 게다가 "근래 '바라다'에서 파생된 명사 '바람'을 '바램'으로 쓰는 경향이 있다. '바람(風)'과의 혼동을 피하려는 심리 때문인 듯하다. 그러나 동사가 '바라다'인 이상 그로부터 파생된 명사가 '바램'이 될 수는 없어, 이를 명기하였다."라는 해설도 함께 제시되어 있다.

이와 같은 표준어 규정에 따라 정리하면, 어떤 일이 이루어지기를 기대한다는 의미를 표현할 때는 '바래'가 아닌 '바라'를, '바램'이 아닌 '바람'을 사용해야 한다. 일상생활을 할 때뿐만 아니라, 노래 제목이나 가사에서도 이런 오용 사례들이 자주 발견된다. 앞으로는 '바라'와 '바람'이 올바른 표현이라는 것을 기억하고, 어문 규정에 따라 명확하게 의사소통을 하는 것이 적절하지 않을까?

---

1 문단

요약 : '바라'와 '☐☐'의 올바른 쓰임에 대한 의문

2 문단

요약 : ☐☐☐☐☐ ☐☐에 따라 맞는 표현인 '바라'

3 문단

요약 : 표준어 규정에 제시된 '바라다'에 대한 해설

4 문단

요약 : 어문 규정에 따른 명확한 의사소통의 필요성

어문 : 말과 글을 아울러 이르는 말
명시되다 : 분명하게 드러나 보이다.
파생되다 : 실질 형태소에 접사가 결합되어 하나의 단어가 만들어지다.
혼동 : 구별하지 못하고 뒤섞어서 생각함.
명기하다 : 분명히 밝히어 적다.
오용 : 잘못 사용함.

[문단 요약]

01 다음은 1문단의 내용을 요약한 것이다. 빈칸에 들어가기에 적절한 말을 쓰시오.

> 많은 사람들이 어떤 일이 이루어지기를 기대한다는 의미를 표현할 때 '(   )'와/과 '바래' 중 어떤 표현이 맞는지 헷갈려 한다.

[문단 간의 관계]

02 각 문단에 대한 설명으로 적절하지 <u>않은</u> 것은?

① 1문단에서는 질문을 던지고, 이에 대한 답을 2문단에서 제시하고 있다.
② 3문단에서는 신뢰할 수 있는 자료를 근거로 제시하고 있다.
③ 4문단에서는 1~3문단의 내용을 반박하며 새로운 가능성을 제시하고 있다.

▶ 정답과 해설 p. 50

03 윗글의 내용으로 적절하지 <u>않은</u> 것은?

① '바라다'와 '바래다'는 사전적으로 다른 의미이다.
② '바래다'는 대상의 색이 변화하는 것과 관련된 단어이다.
③ 어문 규정은 실생활에서의 단어의 쓰임을 반영하지 못한다.
④ 표준어 규정 제11항에서는 '바라다'와 '바래다'를 예로 들고 있다.
⑤ 사람들은 '바람(風)'과 헷갈리지 않기 위해 '바라다'의 파생어인 '바람'을 '바램'으로 쓰는 경향이 있다.

03
선택지에서 지문에는 언급되지 않은 내용을 다루고 있지는 않은지 확인해 보세요. 특히 어문 규정에 대해 설명하고 있는 3문단에 주목하세요.

04 윗글을 쓴 글쓴이의 의견으로 가장 적절한 것은?

① 규정에 얽매이기보다는 의미가 잘 통하는 것이 더 중요하다.
② 표준어 규정은 참고 사항일 뿐 반드시 지키지는 않아도 된다.
③ 노래 가사를 지을 때는 반드시 표준어 규정을 따르지 않아도 된다.
④ 정확한 의사소통을 위해 '바라다'와 '바래다'를 구분해서 써야 한다.
⑤ 어문 규정에 어긋나는 표현을 많은 사람들이 사용하면 규정을 바꾸어야 한다.

04
지문에 담겨 있는 글쓴이의 생각을 파악하는 문제입니다. 글쓴이가 말하고자 하는 바는 보통 글의 마지막 부분에서 나타나는데, 이 지문에서도 마찬가지입니다. 4문단의 핵심어와 중심 내용을 떠올려 보세요.

05 ㉠과 ㉡의 사용으로 적절하지 <u>않은</u> 것은?

① 나도 네가 이기기를 <u>바라볼게</u>.
② 그의 <u>바람</u>은 단번에 날아가 버렸다.
③ 성적이 잘 나오기를 <u>바라기는</u> 하니?
④ 종이가 <u>바래져</u> 글씨를 읽을 수 없다.
⑤ 나는 그가 돌아 올 것이라는 <u>바램</u>을 갖고 있다.

05
'바라다'와 '바래다'가 적절하게 사용되었는지를 묻는 문제입니다. 2문단과 3문단의 내용을 정확히 이해하고, 이를 바탕으로 두 단어가 잘못 사용된 경우를 찾아보세요.

규정 : 규칙으로 정함. 또는 그 정하여 놓은 것
파생어 : 실질 형태소에 접사가 결합하여 하나의 단어가 된 말. 명사 '부채'에 접미사 '-질'이 붙은 '부채질', 동사 어간 '덮-'에 접미사 '-개'가 붙은 '덮개', 명사 '버선' 앞에 접두사 '덧-'이 붙은 '덧버선' 따위가 있다.
경향 : 현상이나 사상, 행동 따위가 어떤 방향으로 기울어짐.
참고 : 살펴서 도움이 될 만한 재료로 삼음.

화폐는 어떤 일을 할까?

초기의 거래는 필요한 물품을 가진 사람끼리 직접 만나 교환하는 식으로 이루어졌다. 만일 빵을 가진 사람과 설탕을 가진 사람이 서로의 물건이 필요하다면 직접 얼굴을 마주 보고 만나야만 필요한 물건을 가질 수 있었다. 만일 그러기 힘든 상황이라면 둘은 서로 만나기 위해 많은 시간과 노력을 들여야만 했다. 이러한 교환의 어려움을 줄이고자 생겨난 것이 화폐이다. 그렇다면 화폐는 거래에서 어떤 기능을 갖고 있었을까?

화폐가 생겨나면서 서로 필요한 물품을 가진 사람들이 반드시 만나지 않더라도 돈을 내고 필요한 물품을 구입할 수 있게 되었다. 내가 설탕이 필요 없더라도 언제든지 빵을 팔고 설탕 대신 빵의 가치에 해당하는 돈을 받을 수 있었기 때문이다. 손에 든 빵은 사라졌지만 빵의 가치를 여전히 돈이라는 형태로 보유할 수 있게 되면서 그 보유한 가치로 다른 물품을 살 수 있게 된 것이다.

또한 빵이 필요한 사람을 만나지 못해 교환하지 못하면 어떻게 되었을까? 그냥 먹을 수 있으면 그나마 다행인데, 그러지도 못할 경우 빵은 상하고 썩어 그 가치가 없어질 수밖에 없었다. 하지만 돈을 받고 빵을 팔면 그 돈은 여전히 빵의 가치를 지닐 수 있었다. 돈이 물건의 가치를 유지할 수 있게 한 것이다. 뿐만 아니라, 창고에 모아 두면 썩는 빵과 달리 돈은 사용하지 않고 모음으로써 가치를 축적할 수도 있었다.

현대의 화폐는 과거의 지폐, 동전뿐만 아니라 수표, 신용 카드 등 그 형태도 다양해지고 사용되는 범위도 넓어졌다. 다만 과거에는 상상할 수 없었던 경제 발전 속에서도 화폐는 여전히 보유, 유지, 축적의 기능을 지닌다. 이는 과거의 화폐가 지녔던 기능이 오늘날 경제 활동의 목적과 여전히 맞아떨어지기 때문일 것이다.

[문단 요약]

06 다음은 4문단의 내용을 요약한 것이다. 빈칸에 들어가기에 적절한 말을 쓰시오.

> 과거와 현재에 모두 (   )은/는 보유, 유지, 축적의 기능을 지니고 있다.

[문단 간의 관계]

07 각 문단에 대한 설명으로 가장 적절한 것은?

① 1문단에서는 질문을 던지며 앞으로 다룰 내용을 제시하고 있다.
② 2문단에서는 1문단에서 제시한 경험을 통해 얻은 깨달음을 드러내고 있다.
③ 3문단에서는 용어의 정의를 밝혀 읽는 사람의 이해를 돕고 있다.
④ 4문단에서는 3문단에서 제기한 문제의 해결책을 제시하고 있다.

---

1 문단
요약 : 화폐가 생겨난 배경

2 문단
요약 : 화폐의 기능 ① : 보유

3 문단
요약 : 화폐의 기능 ②, ③ : 유지, □□

4 문단
요약 : 현대에도 여전히 보유, 유지, 축적의 기능을 지니는 □□

거래 : 주고받음. 또는 사고팖.
교환 : 서로 바꿈.
가치 : 사물이 가지고 있는 쓸모
보유하다 : 가지고 있거나 간직하고 있다.
유지하다 : 어떤 상태나 상황을 그대로 보존하거나 변함없이 계속하여 지탱하다.
축적하다 : 지식, 경험, 자금 따위를 모아서 쌓다.
정의 : 어떤 말이나 사물의 뜻을 명백히 밝혀 규정함. 또는 그 뜻

▶ 정답과 해설 p. 52

08 윗글의 내용으로 적절하지 <u>않은</u> 것은?

① 초기의 거래는 물물 교환의 형태로 이루어졌다.
② 화폐를 사용하면서 가치를 축적할 수 있게 되었다.
③ 과거에는 판매되지 않은 물품의 가치를 유지하는 일이 어려웠다.
④ 화폐를 사용한 거래에서 물품의 주인은 물품의 가치에 해당하는 돈을 받았다.
⑤ 오늘날 화폐의 형태가 다양해진 것은 과거의 화폐가 한계를 가졌기 때문이다.

08
선택지의 내용이 지문의 어느 부분에 제시되어 있는지 살펴보세요. 특히 2~3문단에서 설명하고 있는 화폐의 기능에 주목하세요.

09 윗글에 대한 설명으로 가장 적절한 것은?

① 구체적인 상황을 예로 들어 설명하고 있다.
② 통계를 바탕으로 경제 상황을 드러내고 있다.
③ 일반적인 주장에 대한 반론을 제기하고 있다.
④ 실험을 통해 대상이 지닌 특성을 증명하고 있다.
⑤ 하나의 대상이 지닌 장단점을 비교하여 설명하고 있다.

09
글쓴이가 자신의 생각을 전달하기 위해 어떤 방식을 사용하고 있는지 묻는 문제입니다. 이 지문의 글쓴이는 '화폐의 기능'을 우리에게 쉽게 설명하기 위해 어떤 방식을 사용하고 있을까요?

10 윗글을 읽고 답할 수 있는 질문으로 적절하지 <u>않은</u> 것은?

① 초기 경제 활동의 장점은 무엇인가?
② 화폐를 사용하게 된 이유는 무엇인가?
③ 현대의 화폐는 어떤 형태로 사용되고 있는가?
④ 물건 대신 돈을 모으는 것의 장점은 무엇인가?
⑤ 지금까지 화폐가 여전히 제 기능을 다할 수 있었던 이유는 무엇인가?

10
1문단에서는 화폐가 생겨난 배경을, 2~3문단에서는 화폐의 기능을 제시하고, 4문단에서는 그 기능이 현대에도 여전히 유지되고 있음을 설명하고 있어요. 각 문단의 내용을 참고하여 답할 수 없는 질문을 찾아보세요.

물물 교환 : 돈으로 매매하지 않고 직접 물건과 물건을 바꾸는 일
통계 : 어떤 현상을 종합적으로 한눈에 알아보기 쉽게 일정한 체계에 따라 숫자로 나타냄. 또는 그런 것
반론 : 남의 논설이나 비난, 논평 따위에 대하여 반박함. 또는 그런 논설
제기하다 : 의견이나 문제를 내어놓다.
증명하다 : 어떤 사항이나 판단 따위에 대하여 그것이 진실인지 아닌지 증거를 들어서 밝히다.

* **[01~04]** 문맥을 고려하여 다음 문장의 빈칸에 들어가기에 알맞은 단어를 고르시오.

01

전세 계약을 할 때는 이사 날짜를 계약서에 (　　　)해야 한다.

① 명석　　　② 명기　　　③ 명심

02

세종대왕이 만든 훈민정음에는 한글을 만든 목적이 (　　　)되어 있다.

① 명시　　　② 사기　　　③ 유지

03

그는 범접할 수 없는 세계 기록을 (　　　)하고 있는 선수이다.

① 보완　　　② 보유　　　③ 보류

04

건강한 신체를 (　　　)하기 위해서는 규칙적인 운동을 해야 한다.

① 해지　　　② 견지　　　③ 유지

* **[05~06]** 제시된 글자들을 조합하여 다음 뜻풀이에 해당하는 단어를 쓰시오.

05 현상이나 사상, 행동 따위가 어떤 방향으로 기울어짐. (　　　)

06 구별하지 않고 뒤섞어서 생각함. (　　　)

* **[07~09]** 문맥을 고려하여 다음 문장의 빈칸에 들어가기에 알맞은 단어를 〈보기〉에서 찾아 쓰시오.

〈보기〉
규정　참고　반론

07 대회 (　　　)에 따라 금지 약물을 복용한 선수가 탈락하였다.

08 환경 보호를 위해 공장을 없애자는 주장에 대해 많은 사람들이 (　　　)을/를 제기했다.

09 그의 도움 덕분에 (　　　) 문헌에서 내가 원하는 정보를 찾았다.

* **[10~11]** 문맥을 고려하여 밑줄 친 단어의 뜻과 가장 가까운 것을 고르시오.

10

우리 연구소에서는 인삼의 효능을 과학적으로 증명하였다.

① 보충하다　　② 위험하다　　③ 밝히다

11

위급한 상황에 대비하여 재산을 충분히 축적해 두어야 한다.

① 저축하다　　② 소비하다　　③ 투자하다

* **[12~14]** 문맥을 고려하여 다음 문장의 빈칸에 들어가기에 알맞은 단어를 고르시오.

12 네가 가진 색연필과 내가 가진 볼펜을 (교환 / 고정)을 하면 어떻겠니?

13 얼마 전 경주에서 발견된 그 무덤은 역사적으로 (가격 / 가치)이/가 매우 크다.

14 이번 시간에는 우리 말과 관련된 (어문 / 어업) 규정에 대해 공부해 보도록 합시다.

✳ '화폐'는 물건의 가치를 평가하는 기준이 된다?

화폐의 또 다른 기능 중 한 가지는 '가치 척도'입니다. 여기서 '척도'는 평가하거나 측정할 때의 기준이라는 뜻으로, 가치 척도란 가치를 평가하는 기준이 된다는 의미입니다. 그럼 화폐는 어떻게 가치를 측정하는 기준이 될 수 있을까요?

만일 쌀과 과자를 놓고 쌀과 과자의 가치가 얼마나 차이가 나는지를 정하라고 하면 쉽지 않은 일이 되겠죠? 하지만 두 물품의 가격을 놓고, 그것이 몇 배의 차이가 나는지를 살펴보면 쉽게 답을 내릴 수 있어요.

예를 들어 쌀 5kg이 30,000원이라고 하고, 과자 1 봉지가 10,000원이라고 해 봅시다.

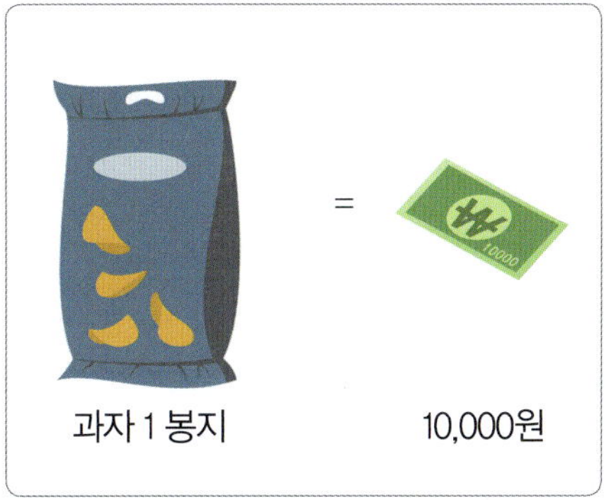

위 그림처럼, 쌀 5kg의 가격은 과자 한 봉지의 가격보다 세 배 높으므로, 쌀 5kg은 과자 3 봉지만큼의 가치가 있다고 할 수 있어요. 이처럼 화폐가 가치 척도의 기능을 가지기 때문에 우리는 가격을 통해 서로 다른 물품들의 가치를 평가할 수 있는 것이지요. 또한 이를 바탕으로 국내, 나아가 국제 단위로 이루어지는 거래도 할 수 있답니다.

종이는 어떻게 만들어질까?

중국 후한의 채륜이 발명하였다고 전해지는 종이는 학교에서 보는 교과서부터, 편의점에서 물건을 구매하고 받는 영수증에 이르기까지 일상생활에서 많이 사용되는 것 중 하나이다. 우리의 생활에서 빼놓을 수 없는 종이는 도대체 어떠한 물질이고 어떻게 만들어질까?

보통 매끄럽고 평평하다고 느껴지는 종이는 사실 얇고 작은 섬유로 구성되어 있어서 현미경 등으로 관찰하면 사실은 울퉁불퉁하다는 것을 알 수 있다. 우리가 종이가 울퉁불퉁하다는 것을 느끼지 못하는 이유는 촉각이 느끼는 범위를 벗어날 정도로 종이가 매우 작은 규모로 가공되었기 때문이다.

그렇다면 종이는 무엇으로 만들어질까? 많은 사람들이 알고 있는 것처럼 종이의 재료는 나무인데, 특히 나무 속의 섬유 셀룰로오스가 바로 종이의 주된 성분이다. 셀룰로오스는 거의 모든 식물이 공기 중에서 광합성으로 얻는 세 가지 요소 즉 탄소, 산소, 수소로 구성되어 있는데, 대단히 단단하고 복원력이 좋다. 셀룰로오스는 리그닌이라는 물질에 의해 서로 단단히 붙어 있는데, 이들을 분리하는 것은 머리카락에 엉겨 붙은 껌을 떼어 내는 것처럼 매우 힘들다.

일단 종이를 만들기 위해서는 큰 냄비 같은 통에 나무를 작은 조각으로 잘라 넣은 후, 높은 온도와 압력을 더하면서 화학 약품을 넣어 끓여야 한다. 이 과정에서 리그닌에 의해 결합되어 있던 셀룰로오스 섬유가 풀리고, 나무 펄프라고 하는 엉킨 섬유가 남게 된다. 이 섬유를 평평한 곳에 놓고 건조하면 드디어 종이가 만들어진다.

위의 과정을 거친 종이는 거칠고 갈색빛을 띠는데, 우리가 자주 쓰는 하얗고 빛나는 종이로 만들기 위해서는 종이를 하얗게 만드는 다른 과정을 또 거쳐야 한다. 즉, 화학 약품을 첨가하여 종이를 희게 만든 후, 탄산칼슘과 같은 흰 가루를 섞어야 한다. 또한 매끄럽게 하기 위해서는 코팅 작업도 해야 한다.

우리가 자주 사용하는 한 장의 종이를 만들기 위해서는 이처럼 많은 과정을 거쳐야 한다. 종이를 마구잡이로 낭비하기 전에 이러한 과정을 한 번 생각해 보는 것은 어떨까?

[문단 요약]

01 다음은 3문단의 내용을 요약한 것이다. 빈칸에 들어가기에 적절한 말을 쓰시오.

> 종이의 주 성분은 나무 속에 있는 (　　　　　　)(이)라는 섬유이다.

---

1 문단
요약 : ▢▢에 대한 의문 제시

2 문단
요약 : 종이의 구성 : 얇고 작은 섬유로 구성되어 울퉁불퉁한 종이

3 문단
요약 : 종이의 구성 성분 : ▢▢▢▢▢

4 문단
요약 : 종이를 만드는 과정 ① : 높은 온도와 압력, 화학 약품을 통해 만들어지는 종이

5 문단
요약 : 종이를 만드는 과정 ②, ③ : 표백과 코팅 작업을 거치는 종이

6 문단
요약 : 복잡한 과정을 거쳐 만들어지는 종이

후한 : 중국에서, 25년에 유수(광무제)에 의해 세워진 왕조
가공되다 : 원자재나 반제품이 인공적으로 처리되어 새로운 제품이 되거나 제품의 질이 높아지다.
복원력 : 물체가 변형되었을 때, 그 물체를 본디의 상태로 되돌리려고 하는 힘
결합되다 : 둘 이상의 사물이나 사람이 서로 관계를 맺어 하나가 되다.
건조하다 : 물기나 습기를 말려서 없애다.
첨가하다 : 이미 있는 것에 덧붙이거나 보태다.

[문단 간의 관계]

02 각 문단에 대한 설명으로 적절하지 <u>않은</u> 것은?

① 1문단에서는 중심 대상을 제시하고 있다.

② 2문단에서는 3문단에서 제시한 현상의 원인을 다루고 있다.

③ 2~5문단에서는 1문단에서 던진 질문에 대한 답을 제시하고 있다.

03 윗글의 내용으로 적절하지 <u>않은</u> 것은?

① 종이의 역사는 중국에서부터 시작되었다고 전해진다.

② 종이의 실제 구조는 사람의 촉각으로는 느끼기 힘들다.

③ 하얀 종이를 만들기 위해서는 화학 처리를 거쳐야 한다.

④ 종이를 더 쉽게 만드는 기술을 개발하기 위한 연구가 진행되고 있다.

⑤ 거칠고 갈색인 종이는 흰 종이에 비해 자연 상태에 더 가깝다고 할 수 있다.

03
선택지에서 언급하고 있는 표현들이 지문의 어느 부분에서 나오는지를 살펴보세요. 예를 들면, '중국'은 1문단에서, '촉각'은 2문단에서 언급되고 있지요.

04 윗글에 언급된 내용으로 가장 적절한 것은?

① 역사에 따른 종이의 변화

② 셀룰로오스가 만들어지는 과정

③ 우리나라 종이들의 역사와 종류

④ 종이에 쓴 글씨가 오래 보존되는 이유

⑤ 종이의 주요 성분과 종이를 만드는 방법

04
지문에 나타난 정보를 확인하는 문제로, 선택지의 내용이 지문에 나타나는지를 확인해야 합니다. 1문단에서 '종이는 도대체 어떠한 물질이고 어떻게 만들어질까?'라고 질문을 던지고, 이에 대해 2~5문단에서 답을 하고 있어요.

05 윗글을 읽고 난 후의 반응으로 적절하지 <u>않은</u> 것은?

① 일상생활에서 종이가 없으면 아주 불편하겠군.

② 대부분의 식물은 광합성을 통해 산소, 수소, 탄소를 얻는군.

③ 종이를 만드는 화학 과정에서는 높은 온도와 압력도 필요하군.

④ 흰 종이를 다시 갈색으로 되돌리려면 탄산칼슘으로 화학 처리를 하면 되겠군.

⑤ 종이를 현미경으로 관찰하면 우리가 알고 있는 것과 다른 종이의 모습을 볼 수 있겠군.

05
지문의 내용을 바르게 이해해야 적절한 반응을 할 수 있겠죠? 따라서 반응의 적절성을 판단하는 이와 같은 문제 역시, 가장 먼저는 선택지의 내용이 지문의 내용과 일치하는지를 살펴봐야 합니다.

구조 : 부분이나 요소가 어떤 전체를 짜 이룸. 또는 그렇게 이루어진 얼개

처리 : 일정한 결과를 얻기 위하여 화학적 또는 물리적 작용을 일으킴.

보존되다 : 잘 보호되고 간수되어 남겨지다.

압력 : 두 물체가 접촉면을 경계로 하여 서로 그 면에 수직으로 누르는 단위 면적에서의 힘의 단위

계획된 농업 도시, 화성

경기도 수원에 있는 화성은 조선의 제22대 왕인 정조가 건설한 계획도시이다. 매우 과학적인 방법으로 지어진 화성은 뛰어난 근대 건축물의 모범으로 평가된다. 그러나 화성은 단순히 조선 시대의 과학 기술 수준을 보여 주는 건축물이라는 의미만 있는 것은 아니다. 화성은 농업의 발전을 통해 백성들의 삶을 풍요롭게 하고자 했던 정조의 정치 철학을 보여 주는 정신적 산물이기 때문이다.

화성이 지어지기 이전까지 그 일대의 땅은 아무것도 없는 거친 황무지였다. 그래서 백성들이 농사를 짓고 살기에는 적합하지 않았다. 화성을 건설하던 중 큰 가뭄이 들은 일이 있었다. 정조는 이를 해결하고자 장마철에 자주 흘러넘치던 하천을 막고 둑을 쌓아 수문을 설치하여 큰 저수지를 만들었고, 그 이름을 '만석거'라고 하였다.

또 만석거의 근처에 ㉠'대유둔'이라는 대규모의 농장을 만들고 만석거의 물을 끌어다 농사에 쓸 수 있도록 했다. 대유둔은 평소에는 농사를 짓는 사람이 때에 따라 군사가 되는 '병농일치'의 군사 제도를 운영하는 데에 적합한 형태의 농장으로, 정조는 농장의 2/3는 병사들에게 나누어 농사를 짓게 하고 나머지 1/3은 가난한 백성들에게 나누어 주었다. 병사들은 평소에는 대유둔의 땅을 경작하여 농사를 지어 군수와 군량을 공급하고 유사시에는 전투에 동원되었다.

정조는 대유둔의 땅을 경작하는 백성들에게는 농사에 필요한 소뿐만 아니라, 모든 농기구도 제공해 주었다. 그 대신 농사를 지은 쌀의 반을 땅값으로 받아 화성을 유지하고, 관리하는 비용으로 사용하였다. 정조는 이러한 정책을 실시함으로써 이전의 황무지 같았던 화성 주변의 토지를 비옥한 농토로 탈바꿈시키는 한편, 화성의 백성들이 자립하면서 굶주리지 않고 풍족한 삶을 누리게 하고자 했다.

[문단 요약]

06 다음은 2문단의 내용을 요약한 것이다. 빈칸에 들어가기에 적절한 말을 쓰시오.

> 정조는 화성에 든 가뭄을 해결하기 위해 큰 저수지인 (　　　　)을/를 만들었다.

[문단 간의 관계]

07 각 문단에 대한 설명으로 가장 적절한 것은?

① 1문단에서는 화성의 경제적 의미를 소개하고 있다.
② 2문단에서는 화성의 군사적 위치를 설명하고 있다.
③ 3~4문단에서는 정조가 펼친 정책의 한계를 보여 주고 있다.
④ 4문단에서는 3문단의 내용을 보충하며 정조의 이상이 무엇인지 설명하고 있다.

---

1 문단
요약 : 정조의 정치 철학을 보여 주는 산물인 ☐☐

2 문단
요약 : 화성 건설 중에 만들어진 저수지 '만석거'

3 문단
요약 : 만석거의 물을 활용한 대규모 농장 '☐☐☐'

4 문단
요약 : 화성의 농업 정책에 담긴 정조의 정치 철학

산물 : 어떤 것에 의하여 생겨나는 사물이나 현상을 비유적으로 이르는 말
황무지 : 손을 대어 거두지 않고 내버려 두어 거친 땅
수문 : 물의 흐름을 막거나 유량을 조절하기 위하여 설치한 문
저수지 : 물을 모아 두기 위하여 하천이나 골짜기를 막아 만든 큰 못
군수 : 군사상 필요한 것
군량 : 군대의 양식
유사시 : 급하거나 예사롭지 않은 일이 일어날 때
동원되다 : 어떤 목적이 달성되도록 사람이 모아지거나 물건, 수단, 방법 따위가 집중되다.
탈바꿈하다 : 원래의 모양이나 형태를 바꾸다.
자립하다 : 남에게 예속되거나 의지하지 아니하고 스스로 서다.

08 윗글의 내용으로 적절하지 <u>않은</u> 것은?

① 정조는 화성을 어떤 도시로 만들고 싶다는 계획이 있었다.
② 화성은 원래 대형 농장을 만들기에 적합하지 않은 땅이었다.
③ 부유하지 않은 백성들도 대유둔에서 농사를 지을 수 있었다.
④ 병농일치를 통해 조선이 농업에 비해 군사 제도를 소홀히 여겼음을 알 수 있다.
⑤ 화성은 백성들이 풍족하게 살기를 바랐던 정조의 이상이 담긴 도시라고 할 수 있다.

08
지문의 내용을 제대로 이해했는지 묻는 문제입니다. 선택지의 표현 중에서 '화성'과 '대유둔', '병농일치'에 집중하여, 지문에서 이들에 대해 뭐라고 설명했는지를 살펴보세요.

09 윗글에 대한 설명으로 가장 적절한 것은?

① 구체적인 근거를 들어 화성의 문제점을 비판하고 있다.
② 역사적 자료를 통해 화성이 쇠퇴한 원인을 밝히고 있다.
③ 전문가의 말을 인용하여 화성의 다양한 역할을 설명하고 있다.
④ 만석거와 대유둔을 통해 농업 도시로서의 화성의 특징을 밝히고 있다.
⑤ 다른 대상과의 비교를 통해 화성 건축의 역사적 의의를 설명하고 있다.

09
'~을 통해', '~하여'라는 표현이 선택지에 나오면, 그 앞뒤의 내용이 모두 적절한지를 잘 살펴봐야 해요. 예를 들어, ①에서는 '구체적인 근거'와 '화성의 문제점을 비판'하는 내용이 지문에 모두 나타났는지를 꼼꼼히 확인해야 해요.

10 ㉠에 대한 설명으로 가장 적절한 것은?

① ㉠이 잘 운영되기 위해서는 만석거가 필요했다.
② ㉠은 정조 이후에도 조선 전역에서 널리 만들어졌다.
③ ㉠은 만석거와 달리 만드는 과정에서 많은 반발이 있었다.
④ ㉠의 실패로 정조의 개혁의 속도는 늦춰질 수밖에 없었다.
⑤ ㉠은 군인들만 이용할 수 있어 군사력을 높이는 데 도움이 되었다.

10
'대유둔'에 대해 묻는 문제이니, 3문단과 4문단의 내용을 잘 살펴보면 되겠죠? 지문에서 언급하지 않은 내용을 자신의 생각만으로 맞다고 착각하는 실수를 하지 않도록 주의하세요!

적합하다 : 일이나 조건 따위에 꼭 알맞다.
소홀히 : 대수롭지 아니하고 예사롭게. 또는 탐탁하지 아니하고 데면데면하게
쇠퇴하다 : 기세나 상태가 쇠하여 전보다 못하여 가다.
인용하다 : 남의 말이나 글을 자신의 말이나 글 속에 끌어 쓰다.
의의 : 어떤 사실이나 행위 따위가 갖는 중요성이나 가치
전역 : 어느 지역의 전체

★ 정답은 [해설편 표지] 안쪽에 있습니다.

★ **[01~04] 문맥을 고려하여 다음 문장의 빈칸에 들어가기에 알맞은 단어를 고르시오.**

01
오늘은 날씨가 좋아서 세탁물을 (　　　)하기에 아주 좋은 날이다.

① 건조　　　② 발견　　　③ 도전

02
바다 생물의 수가 감소하여 그 지역의 어업이 (　　　)하였다.

① 쇠퇴　　　② 조퇴　　　③ 탈락

03
이 부분은 그의 글에서 몇 구절만을 (　　　)한 것이다.

① 착용　　　② 신청　　　③ 인용

04
그를 설득하기 위해 갖가지 방법이 (　　　)되었다.

① 동요　　　② 동작　　　③ 동원

★ **[05~07] 문맥을 고려하여 밑줄 친 단어의 뜻과 반대되는 것을 고르시오.**

05
이 상품에는 방부제를 <u>첨가했으니</u> 먹지 않도록 주의하시길 바랍니다.

① 삭제하다　　② 부가하다　　③ 포함하다

06
올해부터는 경제적으로 <u>자립할</u> 것이다.

① 신뢰하다　　② 의존하다　　③ 발전하다

07
두 원소가 <u>결합되면</u> 엄청난 힘이 발생할 수도 있다.

① 갈라지다　　② 맺어지다　　③ 이뤄지다

★ **[08~13] 문맥을 고려하여 밑줄 친 단어의 뜻풀이로 적절한 것을 〈보기〉에서 찾아 번호를 쓰시오.**

〈보기〉
① 잘 보호되고 간수되어 남겨지다.
② 어느 지역의 전체
③ 급하거나 예사롭지 않은 일이 일어날 때
④ 일이나 조건 따위에 꼭 알맞다.
⑤ 어떤 사실이나 행위 따위가 갖는 중요성이나 가치
⑥ 원래의 모양이나 형태를 바꾸다.

08 수도권 <u>전역</u>에 비가 온다. (　　　)

09 이 지역은 땅이 거칠어 농사짓기에 <u>적합하지</u> 않다.
(　　　)

10 경기 결과에 너무 신경 쓰지 말고, 우리가 최선을 다했다는 사실에 <u>의의</u>를 두자. (　　　)

11 기술의 발달은 우리의 생활을 <u>탈바꿈하는</u> 데 많은 영향을 주었다. (　　　)

12 소방관들은 <u>유사시</u>에 대비하여 24시간 출동 준비를 하고 있었다. (　　　)

13 범행 현장은 수사관들이 도착할 때까지 잘 <u>보존되어</u> 있었다. (　　　)

★ **[14~16] 문맥을 고려하여 다음 문장의 빈칸에 들어가기에 알맞은 단어를 〈보기〉에서 찾아 쓰시오.**

〈보기〉
황무지　　　군량　　　저수지

14 오랜 전쟁으로 수많은 마을이 폐허가 되고 농토는 (　　　)(으)로 변하였다.

15 겨울 동안 비가 내리지 않아 (　　　)의 수위가 눈에 띄게 낮아졌다.

16 많은 군사들과 함께 성벽 안에서 버티는 기간이 길어지자 (　　　)이/가 거의 바닥을 보이고 있었다.

✳ 우리 역사상 최초의 계획도시, 화성

김돌석1794

★ 31,930명이 공감합니다.

새로 만든 화성이라는 곳에 놀러 옴. 높은 성곽이 있어서 전쟁이 나도 안전할 것 같고, 큰 길도 새로 만들어서 전국의 모든 상품들이 들어올 수 있을 것 같음! 만석거에는 농사에 쓸 물이 넘실거리고 있고, 대유둔에서 농사짓는 풍경도 보기 좋음. 가난한 백성들한테는 소랑 농기구도 빌려 준다고 하던데 나도 화성으로 이사 올까?
#새로 만든 도시#깨끗깨끗#가난해도 농사 가능#이사 강추

   정조에 의해 건설된 수원 화성은 과학적, 농업적인 측면에서도 뛰어난 도시였지만, 그에 못지않게 상업적으로도 주목할 만한 도시였어요.

   화성에 만들어진 큰 길로 전국의 상인들이 모여서 자연스럽게 상업이 발달하였고, 이는 도시의 경제적 발전으로 이어졌습니다. 또 이러한 경제적 발전으로 인해 백성들의 삶이 좀 더 안정될 수 있었어요.

   이것이 가능했던 이유는 화성이 정조의 이상이 반영된 계획도시였기 때문이에요. 화성은 정조가 아버지 사도세자의 묘를 이장하면서 그곳에서 살 수 없게 된 백성들을 위해 새롭게 만든 도시입니다. 새 터에 도시를 만들면서 정조는 자신의 이상을 담을 수 있는 다양한 기술과 정책을 고민하였고, 이를 이루기 위해 많은 노력을 기울였던 것이지요. 즉, 수원 화성은 우리 역사상 최초의 계획도시라고 볼 수 있어요.

금지의 심리학

금지란 법이나 규칙, 명령 따위로 어떤 행위를 하지 못하도록 하는 것을 의미한다. 우리는 바닥에 시멘트를 새로 깔아 넘어가지 말라고 표시된 땅에 발자국이 찍혀 있거나, 쓰레기를 버리지 말라는 푯말 밑에 오히려 쓰레기가 산처럼 쌓여 있는 경우를 많이 보게 된다. 왜 인간은 금지하는 행동을 굳이 더 하는 것일까?

한 심리학자가 어린아이를 대상으로 한 연구에서 사람들이 금지하는 행동을 오히려 더 많이 하는 이유를 찾아볼 수 있다. 이 심리학자는 아이와 어머니를 선반과 바닥에 장난감이 놓여 있는 실험실로 데리고 와, 어머니가 아이에게 방바닥의 장난감을 치우고 선반에 있는 장난감을 만지지 말라는 지시를 내리게 하였다. 어머니가 강압적으로 명령을 내린 경우에는 아이가 금지 사항을 어기고 지시에 따르지 않았지만, 지시를 지켜야 하는 이유를 설명해 준 경우에는 아이가 어머니의 말을 잘 들었다. 이를 통해 외부에서 강압적인 억압이 주어졌을 때 인간은 오히려 반발한다는 결과를 얻게 되었다.

인간은 자신과 주변을 스스로 통제하려는 욕구를 가지고 있다. 외부의 강압은 자신이 하고 싶어 하는 행동을 막는 것이며, 스스로를 통제하지 못하게 만든다. 이러한 상황은 인간에게 불만족스러운 상황이 되고, 인간은 그 상황에 반발하면서 금지된 행동을 오히려 더 하게 된다. 그래서 쓰레기를 버리지 말라고 하면, 쓰레기를 버리지 않을 사람까지 쓰레기를 버리게 되기도 하는 것이다.

그렇다면 무언가를 금지해야 할 상황이 온다면 어떻게 해야 할까? 금지를 금지해야 한다. 강압적으로 하지 말라고 하면 오히려 더 하고 싶어지는 심리가 생기므로 무조건 하지 말라고 하기 보다는 왜 그렇게 해야 하는지를 알려 주고 설득해야 한다. '화장실을 더럽게 사용하지 맙시다.' 대신 '아름다운 사람은 머문 자리도 아름답습니다.'라고 표현하는 것처럼 상대방을 이해시키고 설득할 수 있다면 반발 없이 자연스럽게 그 규칙은 지켜질 것이다.

---

01 [문단 요약]
다음은 1문단의 내용을 요약한 것이다. 빈칸에 공통적으로 들어가기에 적절한 말을 쓰시오.

> (   )란 법이나 규칙, 명령 등을 통해 어떤 행위를 하지 못하도록 하는 것인데, 인간은 (   )하는 행동을 굳이 더 하는 경향이 있다.

02 [문단 간의 관계]
각 문단에 대한 설명으로 적절하지 <u>않은</u> 것은?

① 1문단에서는 예시를 통해 중심 화제를 제시하고 있다.
② 2문단에서는 1문단의 내용과 관련된 실험 결과를 소개하고 있다.
③ 3문단에서는 2문단에서 언급한 문제에 대한 해결 방안을 제시하고 있다.

---

1 문단
요약 : 인간이 금지된 행동을 굳이 더 하려고 하는 것에 대한 의문 제기

2 문단
요약 : 외부의 힘이 자신을 억압하면 오히려 반발하는 인간의 특성

3 문단
요약 : 자신과 주변을 스스로 ☐☐하려는 인간의 욕구

4 문단
요약 : 인간의 특정한 행위를 효과적으로 ☐☐하기 위한 방법

푯말 : 무엇을 표시하기 위하여 세우거나 박은 말뚝
지시 : 일러서 시킴.
강압적 : 강제로 누르는 방식으로 하는 것
억압 : 자기의 뜻대로 자유로이 행동하지 못하도록 억지로 억누름.
반발하다 : 어떤 상태나 행동 따위에 대하여 거스르고 반항하다.
통제하다 : 일정한 방침이나 목적에 따라 행위를 제한하거나 제약하다.
욕구 : 무엇을 얻거나 무슨 일을 하고자 바라는 일

▶ 정답과 해설 p. 58

03 윗글의 내용으로 적절하지 <u>않은</u> 것은?

① 쓰레기를 버리지 말라는 푯말은 금지에 해당한다.
② 인간은 스스로 주변을 통제하려는 욕구를 가진다.
③ 금지를 금지하면 사회적 규칙이 제대로 지켜지지 않게 된다.
④ 인간은 스스로를 통제하지 못하게 되면 불만족스러움을 느낀다.
⑤ 한 심리학자의 실험을 통해 인간은 억압당할 때 오히려 반발한다는 것이 증명되었다.

03
1∼3문단에서는 금지와 관련된 인간의 특징을, 4문단에서는 규칙이 효과적으로 지켜지게 하는 방법을 설명하고 있어요. 이러한 내용을 중심으로 지문의 내용과 일치하지 않는 선택지를 찾아보세요.

04 윗글에 언급된 내용으로 가장 적절한 것은?

① 강압적인 금지가 필요한 상황
② 욕구 충족을 위한 금지의 필요성
③ 금지에 대한 심리학 이론의 변화
④ 금지 대신 설득을 하는 것의 한계
⑤ 외부의 강압이 인간 욕구에 미치는 영향

04
선택지의 내용이 지문의 어느 부분에 제시되어 있는지 확인하면서 문제를 푸는 것이 좋아요. 특히 1∼3문단의 중심 내용이 무엇인지를 떠올려 보세요.

05 윗글을 읽고 〈보기〉에 대해 반응한 것으로 적절하지 <u>않은</u> 것은?

〈보기〉

국내의 한 인기 여행지에서는 그곳을 찾는 관광객들이 담벼락에 낙서를 하는 일이 생겨 문제가 되고 있다. 해당 지역의 지방 자치 단체에서는 이 문제를 해결하기 위해 골머리를 앓고 있다.

① 강압적인 금지 문구를 쓴다면 이런 일이 더 생길 수 있겠군.
② 이 문제를 법적으로 강력하게 처벌할 것임을 적어 놓아야겠군.
③ 이런 행동을 왜 하면 안 되는지를 설명하는 문구를 적어 놓으면 좋겠군.
④ 벽에 낙서하고 싶어 하는 사람들의 욕구가 표현되어 이런 문제가 생겼겠군.
⑤ 그림을 그리고 '아름다운 벽화를 지켜주세요.'라는 푯말을 세워 놓으면 문제가 해결되겠군.

05
〈보기〉의 상황이 보여 주는 의미를 파악해야 합니다. 지문의 내용을 참고하여, 사람들이 낙서를 하는 문제를 효과적으로 해결할 수 있는 방법이 무엇일지 생각해 보세요.

증명되다 : 어떤 사항이나 판단 따위에 대하여 그것이 진실인지 아닌지 증거가 들어져서 밝혀지다.
충족 : 일정한 분량을 채워 모자람이 없게 함.
골머리(를) 앓다 : 어떻게 하여야 할지 몰라서 머리가 아플 정도로 생각에 몰두하다.
처벌하다 : 형벌에 처하다.

발효 식품의 전통

우리 음식 문화의 특징 중 하나로 발효 문화가 발달하였다는 말을 종종 듣는다. 이를 반영하듯, 우리가 식탁에서 흔히 볼 수 있는 고추장이나 된장과 같은 각종 장류와 김치, 젓갈도 모두 발효 식품이다. 우리의 밥상을 풍요롭게 해 주는 발효 식품을 우리는 언제부터 어떻게 먹게 된 것일까?

대부분의 발효 식품은 소금에 절인 형태에서 시작되었다. 지금처럼 냉장고가 존재하지 않던 시절에는 채소나 콩, 수산물과 같은 음식을 오래 보관하려면 말리거나 소금에 절여야 했다. 소금에 절인 음식도 결국 언젠가는 부패하였는데, 이것이 아까웠던 누군가는 그것을 먹게 되었다. 상했다고 생각했던 음식이 독특한 맛과 향이 나는 맛있는 음식으로 바뀌었다는 것을 알게 되자, 다른 사람들도 이것을 먹기 시작했고 이것이 바로 우리가 발효 식품을 먹게 된 계기이다.

우리 역사와 관련하여 발효 식품이 처음으로 언급된 것은 언제일까?《삼국지 위지 동이전》에 따르면 '고구려 사람들은 장을 잘 담근다.'라는 기록이 남아 있다. 또《삼국사기》중 신라본기 신문왕조를 보면 신문왕 3년(683년)에 왕비를 맞이하는데 왕비에게 보낼 예물로 장과 젓갈을 보냈다는 기록이 있다. 이것들을 고려하면 적어도 지금으로부터 1300년 전부터 우리 민족은 장과 같은 발효 식품을 만들고 먹었음을 알 수 있다.

이처럼 우리와 오랜 시간동안 함께한 발효 식품의 장점은 무엇일까? 발효 식품에는 특유의 감칠맛과 향이 있다. 곰팡이, 효모, 세균 등의 미생물이 음식물을 분해하고 새로운 성분인 아미노산을 만들어 내면서 특유의 감칠맛을 내는 것이다. 이러한 발효 식품은 건강에 매우 도움이 된다. 여러 연구 결과에 따르면 된장에는 항암 효과와 콜레스테롤 저하 효과가 있고, 김치에는 항암 효과, 고혈압 등의 성인병을 예방하는 효과가 있다고 한다.

요즘에는 단순히 맛을 추구하기 위해 발효 식품을 먹는 것이 아니라, 그 효과를 얻기 위해 발효 식품에 포함된 좋은 성분을 의약품으로 가공하기도 한다. 지금까지 우리가 발효 식품과 함께한 것처럼, 앞으로도 다양한 분야에서 발효 식품을 활용하게 될 것으로 보인다.

---

1 문단

요약 : ☐☐ 식품을 언제부터 먹게 된 것인지에 대한 의문

2 문단

요약 : 발효 식품을 먹게 된 계기

3 문단

요약 : 발효 식품에 관한 역사적 기록

4 문단

요약 : 발효 식품의 ☐☐

5 문단

요약 : 발효 식품의 다양한 활용 가능성

절이다 : 푸성귀나 생선 따위를 소금기나 식초, 설탕 따위에 담가 간이 배어들게 하다.

부패하다 : 단백질이나 지방 따위의 유기물이 미생물의 작용에 의하여 분해되다.

담그다 : 김치·술·장·젓갈 따위를 만드는 재료를 버무리거나 물을 부어서, 익거나 삭도록 그릇에 넣어 두다.

감칠맛 : 음식물이 입에 당기는 맛

효모 : 자낭균류에 속하는 균류

분해하다 : 여러 부분이 결합되어 이루어진 것을 그 낱낱으로 나누다.

항암 : 암세포의 증식을 억제하거나 암세포를 죽임.

[문단 요약]

06 다음은 4문단의 내용을 요약한 것이다. 빈칸에 들어가기에 적절한 말을 쓰시오.

> (   )은/는 특유의 감칠맛을 낼 뿐만 아니라 건강에도 도움이 된다.

[문단 간의 관계]

07 각 문단에 대한 설명으로 적절하지 <u>않은</u> 것은?

① 1문단에서 질문을 던지고, 2문단에서는 이에 답하고 있다.

② 4문단에서는 중심 대상의 장점을 설명하고, 5문단에서는 이를 반박하며 중심 대상의 단점을 부각하고 있다.

08 각 문단의 중심 내용으로 적절하지 <u>않은</u> 것은?

① 1문단 : 발효 문화가 발달한 우리의 음식 문화
② 2문단 : 발효 식품을 맛있게 먹는 방법
③ 3문단 : 발효 식품에 관한 역사적 기록
④ 4문단 : 발효 식품의 장점
⑤ 5문단 : 발효 식품의 활용과 앞으로의 전망

08
각 문단의 핵심어와, 각 문단을 요약한 내용을 떠올리며 문제를 풀어 보세요.

09 윗글의 내용으로 가장 적절한 것은?

① 발효 식품은 요리하지 않고 먹는 것이 가장 좋다.
② 우리나라 사람들은 중국의 영향으로 발효 식품을 먹게 되었다.
③ 기록을 통해 우리가 발효 식품을 외국으로 수출하였음을 알 수 있다.
④ 발효에 영향을 주는 미생물의 종류에 따라 발효 식품의 맛이 달라진다.
⑤ 발효 식품은 냉장고가 존재하지 않던 시절에 우연한 계기로 발견되었다.

09
선택지의 내용이 지문의 어느 부분에 나오는지를 확인하며 문제를 풀어야 해요. 사람들이 발효 식품을 먹게 된 계기를 설명한 2문단과, 우리나라 발효 식품의 역사를 설명한 3문단에 주목하세요.

15 DAY

10 윗글을 읽고 〈보기〉에 대해 반응한 것으로 가장 적절한 것은?

〈보기〉

올해 ○○제약에서 판매하기 시작한 '△△케어'는 유산균국화차에서 추출한 발효 물질을 사용하여 수면 장애를 완화시키는 데 도움이 됩니다. 또한 화학 성분이 아닌 천연 발효 물질을 사용하여서 위장 장애를 일으키지도 않습니다.
― ○○제약 판매 사원 인터뷰

① 발효 식품은 현대인의 건강에 도움이 되지 않는군.
② 발표 식품이 과거와는 다른 용도로도 활용되고 있군.
③ 옛날 사람들도 발효 식품의 의학적 효능을 정확하게 알았군.
④ 약을 만드는 데에 발효 식품을 활용하기에는 아직 너무 이르군.
⑤ 발효 물질은 몸에 좋은 것이므로 모든 음식을 발효시켜 먹어야겠군.

10
〈보기〉의 내용이 '발효 식품'과 어떠한 연관이 있는지를 생각해 보세요. 특히 요즘에 발효 식품이 어떻게 활용되는지를 설명하고 있는 5문단의 내용을 참고하세요!

전망 : 앞날을 헤아려 내다봄. 또는 내다보이는 장래의 상황
미생물 : 눈으로는 볼 수 없는 아주 작은 생물
계기 : 어떤 일이 일어나거나 변화하도록 만드는 결정적인 원인이나 기회
추출하다 : 고체 또는 액체의 혼합물에서 그 속의 어떤 물질을 뽑아내다.
완화하다 : 병의 증상을 줄어들게 하거나 누그러지게 하다.
용도 : 쓰이는 길. 또는 쓰이는 곳
효능 : 효험을 나타내는 능력

Review 어휘

★ 정답은 [해설편 표지] 안쪽에 있습니다.

★ **[01~06]** 다음 단어의 뜻풀이로 적절한 것을 〈보기〉에서 찾아 번호를 쓰시오.

〈보기〉

① 일러서 시킴. 또는 그 내용
② 푸성귀나 생선 따위를 소금기나 식초, 설탕 따위에 담가 간이 배어들게 하다.
③ 쓰이는 길. 또는 쓰이는 곳
④ 무엇을 표시하기 위하여 세우거나 박은 말뚝
⑤ 어떤 사항이나 판단 따위에 대하여 그것이 진실인지 아닌지 증거가 들어서 밝혀지다.
⑥ 음식물이 입에 당기는 맛

01 푯말 (　　　)　　**02** 지시 (　　　)

03 증명되다 (　　　)　　**04** 감칠맛 (　　　)

05 절이다 (　　　)　　**06** 용도 (　　　)

★ **[07~10]** 문맥을 고려하여 다음 문장의 빈칸에 들어가기에 알맞은 단어를 고르시오.

07

기술의 발달로 DNA에서 유전자 정보를 (　　　) 할 수 있게 되었다.

① 추정　　② 추천　　③ 추출

08

더운 여름에 음식물은 빨리 (　　　)한다.

① 실패　　② 부패　　③ 부정

09

교통량을 (　　　)하면 에너지를 아낄 수 있다.

① 강압　　② 금지　　③ 통제

10

진통제는 통증을 (　　　)하는 데 도움을 준다.

① 완화　　② 진압　　③ 삭제

★ **[11~14]** 다음 단어와 그 뜻풀이를 바르게 연결하시오.

11 강압적 •

• ㉠ 눈으로 볼 수 없는 아주 작은 생물

12 미생물 •

• ㉡ 어떤 상태나 행동 따위에 대하여 거스르고 반항하다.

13 반발하다 •

• ㉢ 김치·술·장·젓갈 따위를 만드는 재료를 버무리거나 물을 부어서, 익거나 삭도록 그릇에 넣어 두다.

14 담그다 •

• ㉣ 강제로 누르는 방식으로 하는 것

★ **[15~19]** 제시된 초성과 뜻풀이를 바탕으로 빈칸에 들어가기에 알맞은 단어를 쓰시오.

15 ㅇㅇ : 자기의 뜻대로 자유로이 행동하지 못하도록 억지로 억누름.
예 심한 (　　　)을/를 경험한 사람은 우울함을 느낄 수 있다.

16 ㄱㄱ : 어떤 일이 일어나거나 변화하도록 만드는 결정적인 원인이나 기회
예 체험 학습을 (　　　)(으)로 나의 꿈을 결정하게 되었다.

17 ㅎㄴ : 효험을 나타내는 능력
예 그 약이 정말 (　　　)이/가 있니?

18 ㅎㅇ : 암세포의 증식을 억제하거나 암세포를 죽임.
예 암에 걸린 많은 사람들이 (　　　) 치료를 받는다.

19 ㅇㄱ : 무엇을 얻거나 무슨 일을 하고자 바라는 일
예 그는 성공하고자 하는 (　　　)이/가 강한 사람이었다.

✱ 발효와 부패

▲ 발효된 김치

▲ 부패된 과일

똑같은 우유를 오래 놔두었을 때 어떤 경우에는 악취가 나지만 어떤 경우에는 새콤한 냄새가 나기도 해요. 이 두 경우 모두 우유 속에 어떤 균이 증식했을 때 나타나는 현상이라는 공통점이 있지만, 전자는 이 현상을 통해 악취나 유해한 성분이 만들어지므로 '부패'라고 하고, 후자는 우리에게 유용한 물질이 만들어지므로 '발효'라고 합니다.

부패를 일으키는 부패균과 달리, 발효를 일으키는 발효균은 온도나 습도 등과 같이 특정한 조건과 환경을 갖추었을 때에만 생겨요. 예를 들어, 배추를 냉장고가 아닌 바깥에 오랫동안 그냥 놓아두면 부패해서 못 먹게 되지만, 똑같은 배추를 소금에 절여 적당한 온도를 맞춰 저장해 두면 발효균이 생겨 발효가 되는 것이지요.

발효에는 크게 알코올 발효와 젖산 발효가 있어요. 알코올 발효란 포도당에 효모를 넣었을 때 효모가 포도당을 완전히 분해하지 못하고 에탄올을 만드는 것으로, 막걸리나 맥주, 와인 같은 술이 이러한 알코올 발효를 통해 만들어져요. 그리고 젖산 발효란 무산소 상태에서 젖산균이 포도당과 반응하는 것으로 김치, 치즈, 요구르트 등이 젖산 발효에 의해 만들어진답니다.

냉동 인간을 만들 수 있을까?

2016년, 영국의 한 소녀는 냉동 인간이 되었다. 현재 이 소녀의 몸은 영하 196℃ 액체 질소에 보관되어 있다. 소녀는 왜 이런 선택을 했을까? 당시 암에 걸려 곧 죽을 상황이었던 소녀는 현대의 의학 기술로는 살 수 있는 방법이 없었다. 소녀는 미래에 의학 기술이 더 발전하면 자신의 병을 치료할 수 있을 것이라고 생각했고, 그래서 그때까지 냉동 인간이 되기로 결정한 것이다. 과연 이 소녀는 미래에 다시 살아날 수 있을까?

현재의 기술로는 이 소녀가 다시 살아나는 것은 불가능하다. 전 세계적으로 한 생명체를 통째로 장기간 얼렸다가 살려 낸 사례는 아직까지 없기 때문이다. 냉동 인간을 만드는 일이 어려운 이유는 무엇일까? 냉동 인간을 만드는 기본 원리는 신체를 영하 196℃로 얼려 세포의 활동을 멈추었다가, 다시 해동해서 깨어나게 하는 것이다. 그런데 우리 몸의 세포는 대부분 액체로 구성되어 있기 때문에 세포를 얼리면 부피가 늘어나고 얼음 결정이 생긴다. 바로 이 과정에서 세포가 손상될 위험이 크기 때문에 냉동 인간을 만들기가 어렵다.

이러한 문제를 해결하기 위해 과학자들은 예전부터 끊임없이 연구를 진행해 오고 있다. 1946년, 프랑스의 한 생물학자는 '글리세롤'이라는 물질을 이용하여 개구리의 세포를 손상 없이 얼리는 데 성공하기도 했다. 그러나 이를 사람의 몸 전체를 얼리는 데에 적용할 수는 없었다. 사람의 몸은 개구리보다 크기도 크고 구조도 훨씬 복잡하기 때문이다. 게다가 사람의 몸을 냉동할 때는 내부의 혈액을 모두 인공 혈액과 보호제를 섞어 만든 액체로 바꿔야 하는데, 이 보호제가 독성이 강한 것도 문제가 되었다.

그렇지만 냉동 인간의 실현이 완전히 불가능하다고 섣불리 단정 지을 수는 없다. 냉동 인간을 만드는 연구가 꾸준히 진행되고 있고, 이에 따라 기술도 발달하고 있기 때문이다. 세포를 냉동하는 기술은 이미 상당히 발달하여 정자와 난자를 냉동 보관하였다가 다시 사용하는 것이 가능해졌고, 빠른 시일 내에 장기를 냉동하였다가 다시 사용하는 것도 가능할 것이라고 전망된다. 이와 같은 기술의 발달을 고려한다면 영국의 소녀 역시 곧 되살아날 수 있지 않을까?

---

1 문단

요약 : 냉동 인간이 되기로 선택한 영국의 소녀

2 문단

요약 : ☐☐☐☐의 실현이 어려운 이유

3 문단

요약 : 냉동 인간을 실현하기 위한 연구와 그 한계

4 문단

요약 : 냉동 인간의 실현을 가능하게 할 ☐☐의 발달

액체 질소 : 압력을 가하여 질소를 액체로 만든 것. 무색의 액체로 독성이 없다.

장기간 : 긴 기간

결정 : 원자, 이온, 분자 따위가 규칙적으로 일정한 법칙에 따라 배열되고, 겉모양도 대칭 형태의 평면으로 둘러싸여 규칙 바른 형체를 이룸. 또는 그런 물질

손상되다 : 병이 들거나 다치다.

독성 : 독이 있는 성분

단정 : 딱 잘라서 판단하고 결정함.

전망되다 : 앞날이 헤아려져 내다보이다.

[문단 요약]

01 다음은 2문단의 내용을 요약한 것이다. 빈칸에 들어가기에 적절한 말을 쓰시오.

> (　　　　　　　)을/를 만들기가 어려운 이유는 세포를 얼리면 부피가 늘어나고 얼음 결정이 생겨 세포가 손상될 위험이 크기 때문이다.

▶ 정답과 해설 p. 62

02 각 문단에 대한 설명으로 가장 적절한 것은?

① 2문단에서는 1문단의 질문에 대해 답하고 있다.
② 3문단에서는 2문단의 내용을 반박하며 새로운 가능성을 제시하고 있다.
③ 4문단에서는 구체적인 근거를 들어 2~3문단의 주장을 뒷받침하고 있다.

03 윗글의 내용으로 적절하지 않은 것은?

① 사람의 세포는 대부분 액체로 구성되어 있다.
② 사람의 몸을 얼리면 몸속의 세포가 손상될 수 있다.
③ 사람의 몸은 개구리의 몸보다 복잡한 구조를 갖고 있다.
④ 사람이나 동물의 세포를 손상 없이 얼리는 것은 불가능하다.
⑤ 사람의 몸을 냉동할 때에는 몸속에 다른 액체를 넣어야 한다.

03
2문단과 3문단에서 냉동 인간을 만드는 기술에 대해 설명하고 있는 내용과 선택지의 내용이 일치하는지를 살펴보세요.

04 윗글에 언급된 내용으로 가장 적절한 것은?

① 냉동 인간의 윤리적 문제
② 냉동 인간에 대한 인식 변화
③ 냉동 인간을 위한 법 제정의 필요성
④ 냉동 인간을 해동할 때 필요한 도구
⑤ 현재의 냉동 인간 기술과 앞으로의 전망

04
각 문단의 핵심어와 중심 내용을 떠올리면서 문제를 풀어 보세요.

05 윗글에 대한 설명으로 가장 적절한 것은?

① 용어의 정의를 밝혀 주제를 명확히 드러내고 있다.
② 개인의 경험을 통해 문제가 심각함을 드러내고 있다.
③ 비슷한 대상을 서로 비교하여 공통점을 나열하고 있다.
④ 과학적인 설명을 통해 중심 대상의 한계를 설명하고 있다.
⑤ 성공 사례를 들어 문제의 구체적인 해결 방안을 제시하고 있다.

05
이 지문에서는 '냉동 인간을 만드는 것이 왜 어려운지'에 대해 설명하고 있어요. 이를 어떤 방식으로 설명하고 있는지 살펴보세요.

제정 : 제도나 법률 따위를 만들어서 정함.
해동하다 : 얼었던 것이 녹아서 풀리다. 또는 그렇게 하게 하다.
정의 : 어떤 말이나 사물의 뜻을 명백히 밝혀 규정함. 또는 그 뜻
나열하다 : 죽 벌여 놓다.

철의 과거와 현재, 그리고 미래

인류에게 있어 철의 발견은 아주 획기적인 사건이었다. 철은 이전까지 사용하던 청동에 비해 훨씬 단단했고 날카롭게 만들 수 있었기 때문에, 생활용품은 물론이고 농기구와 무기를 만들기에도 아주 적합한 재료였다. 이에 따라 철은 농업과 전쟁, 즉 생존과 가장 밀접한 분야에서 큰 역할을 하는 강력한 자원으로 자리매김하게 되었다. 철제 농기구를 사용하면서 농업 생산량이 크게 높아졌고, 철제 무기는 군사력을 크게 높여 주었기 때문에 철은 나라의 발전과 문화의 발달에 있어서 중요한 역할을 하였다.

그렇다면 우리나라 역사상 철기 문화가 발달했던 시기는 언제였을까? 여러 기록에 따르면 철기 문화가 가장 활발하게 발달했던 시기는 고대 국가 때였다. 고대 국가 시기에 존재했던 나라인 가야에서는 철이 많이 생산되었고 생산된 철의 질 또한 좋았기 때문에 수많은 철제 도구와 무기들이 만들어졌다. 또 규격화된 쇳덩이를 화폐처럼 이용하기도 하는 등 가야는 철을 바탕으로 문화의 기반을 잡고 철기 문화를 더욱 발전시켰다.

기록에 따르면 비슷한 시기에 백제와 신라에서도 다양한 철기를 만들어 사용했다고 한다. 특히 백제는 철기를 다루는 기술을 일본에 전하기도 했다. 일본의 국보인 '칠지도'는 당시 백제에서 일본으로 보낸 철제 유물 중 하나로, 당대 한반도의 뛰어났던 철 가공 기술을 증명한다.

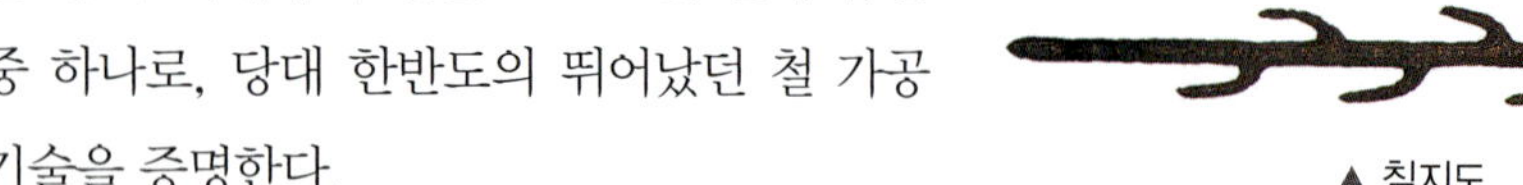

▲ 칠지도

근대에도 철은 중요한 역할을 하였다. 유럽의 산업 혁명기를 주도한 철은 1970년대 이후 우리나라에서도 경제 발전을 이루는 데에 큰 역할을 하였다. 그 이후 현재 우리나라의 철 생산 기술과 그 생산량은 세계적으로 손꼽히는 상황이다.

최근에는 철의 여러 가지 장점 가운데, 환경친화적인 면도 주목을 받고 있다. 철은 녹이면 얼마든지 재활용이 가능하며, 재활용을 하는 과정에서 화학 처리를 하지 않아도 되기 때문에 오염 물질을 배출할 염려가 없다. 또한 인체에 유해한 영향을 끼치는 다른 금속들과 달리 인체에 해를 입히지 않는다. 게다가 매장량도 풍부하여 훗날까지 꾸준히 활용할 수 있는 자원이다. 이처럼 철은 기술의 발전에 맞물려 따라오는 환경 오염과 자원 고갈의 문제에서 우리를 자유롭게 해 주고, ㉠ 인류의 미래에 기여할 자원으로 그 가치가 매우 높다.

---

1 문단
요약 : 인류의 발전에 철의 발견이 미친 영향

2 문단
요약 : 우리나라의 철기 문화 – ☐☐의 철기 문화

3 문단
요약 : 우리나라의 철기 문화 – 일본에 전파된 백제의 철기 문화

4 문단
요약 : 우리나라 근대 경제 발전을 이끈 제철 기술

5 문단
요약 : 철이 가진 여러 가지 ☐☐

획기적 : 어떤 과정이나 분야에서 전혀 새로운 시기를 열어 놓을 만큼 뚜렷이 구분되는 것
자리매김하다 : 사회나 사람들의 인식 따위에 어느 정도의 고정된 위치를 차지하다.
규격화되다 : 공업 제품 따위의 품질, 모양, 크기, 성능 따위가 일정한 표준이나 격식에 맞게 되다.
기반 : 기초가 되는 바탕. 또는 사물의 토대
배출하다 : 안에서 밖으로 밀어 내보내다.
유해하다 : 해로움이 있다.
고갈 : 어떤 일의 바탕이 되는 돈이나 물자, 소재, 인력 따위가 다하여 없어짐.
기여하다 : 도움이 되도록 이바지하다.

[문단 요약]

06 다음은 1문단의 내용을 요약한 것이다. 빈칸에 들어가기에 적절한 말을 쓰시오.

> (   )은/는 인류의 생존과 가장 밀접한 분야에서 사용된 중요하고 유용한 자원이다.

[문단 간의 관계]

07 각 문단에 대한 설명으로 가장 적절한 것은?

① 2문단에서는 1문단에 제시된 현상의 원인을 설명하고 있다.

② 4문단에서는 3문단에서 다룬 내용을 반박하고 있다.

③ 5문단에서는 중심 대상의 가치를 긍정적으로 평가하고 있다.

08 윗글에 대한 설명으로 적절하지 <u>않은</u> 것은?

① 철을 자연물에 빗대어 설명하고 있다.

② 철의 특징을 다른 금속과 비교하고 있다.

③ 철의 가치를 미래와 관련지어 설명하고 있다.

④ 철의 발견이 인류에게 미친 영향을 살펴보고 있다.

⑤ 역사에 따라 철이 어떻게 사용되었는지 밝히고 있다.

08
각 문단에서 철의 다양한 측면을 어떤 방법으로 설명하고 있는지를 살펴보세요.

09 철에 대한 설명으로 적절하지 <u>않은</u> 것은?

① 철이 널리 사용된 것은 재료로서의 장점 때문이다.

② 일본은 백제로부터 철을 다루는 기술을 전해 받았다.

③ 철은 다루기가 힘들어 생활용품으로는 사용되지 않았다.

④ 백제에서는 철을 이용하여 칠지도와 같은 유물을 만들었다.

⑤ 가야에서 철기 문화가 발전한 이유는 매장된 철의 우수성 때문이다.

09
시대마다 철이 어떻게 사용되었는지 설명하고 있는 1~3문단의 내용에 주목하여 문제를 풀어 보세요.

10 ㉠의 의미로 적절하지 <u>않은</u> 것은?

① 매장량이 많아 풍족하게 쓸 수 있는 자원이다.

② 그 속에서 새로운 물질을 추출할 수 있는 자원이다.

③ 오래 사용해도 건강에 악영향을 주지 않는 자원이다.

④ 이미 한 번 사용했어도 녹여서 다시 사용할 수 있는 자원이다.

⑤ 재활용을 하는 과정에서 화학 처리를 하지 않아도 되는 자원이다.

10
5문단에서 설명하고 있는 철의 장점인 '환경친화적인 면'에 주목하세요.

빗대다 : 곧바로 말하지 아니하고 빙 둘러서 말하다.

유물 : 선대의 인류가 후대에 남긴 물건

매장되다 : 지하자원 따위가 땅속에 묻히다.

추출하다 : 고체 또는 액체의 혼합물에서 어떤 물질을 뽑아내다.

★ 정답은 [해설편 표지] 안쪽에 있습니다.

＊ [01~04] 다음 단어와 그 뜻풀이를 바르게 연결하시오.

01 획기적 •

• ㉠ 공업 제품 따위의 품질, 모양, 크기, 성능 따위가 일정한 표준이나 격식에 맞게 되다.

02 유물 •

• ㉡ 어떤 과정이나 분야에서 전혀 새로운 시기를 열어 놓을 만큼 뚜렷이 구분되는 것

03 규격화되다 •

• ㉢ 어떤 일의 바탕이 되는 돈이나 물자, 소재, 인력 따위가 다하여 없어짐.

04 고갈 •

• ㉣ 선대의 인류가 후대에 남긴 물건

＊ [05~07] 문맥을 고려하여 밑줄 친 단어의 뜻과 가장 가까운 것을 고르시오.

05 냉동 식품을 요리하기 위해서는 가장 먼저 냉동 식품을 <u>녹여야</u> 한다.

① 해동하다　② 해지하다　③ 해결하다

06 글을 주제별로 <u>벌여 놓아</u> 보자.

① 합치다　② 나열하다　③ 창작하다

07 이 일을 성공적으로 마치는 데 그가 <u>이바지한</u> 바가 크다.

① 참견하다　② 대비하다　③ 기여하다

＊ [08~11] 문맥을 고려하여 다음 문장의 빈칸에 들어가기에 알맞은 단어를 고르시오.

08 새로운 법률의 (　　　)은 제안, 의결, 공포의 절차를 밟아서 이루어진다.

① 제정　② 제품　③ 발달

09 판소리는 전해 내려오는 설화에 (　　　)을 두고 형성되었다.

① 기반　② 만반　③ 상반

10 그 웃음은 하나의 뜻으로 (　　　) 지을 수 있는 것이 아니었다.

① 단절　② 단정　③ 단축

11 단어의 정확한 (　　　)는 사전에서 찾아보는 것이 바람직하다.

① 상의　② 정의　③ 예의

＊ [12~15] 제시된 글자들을 조합하여 다음 뜻풀이에 해당하는 단어를 쓰시오.

12 해로움이 있다. (　　　)하다

13 앞날이 헤아려져 내다보이다. (　　　)하다

14 병이 들거나 다치다. (　　　)되다

15 지하자원 따위가 땅속에 묻히다. (　　　)되다

✻ 원시 시대의 철기

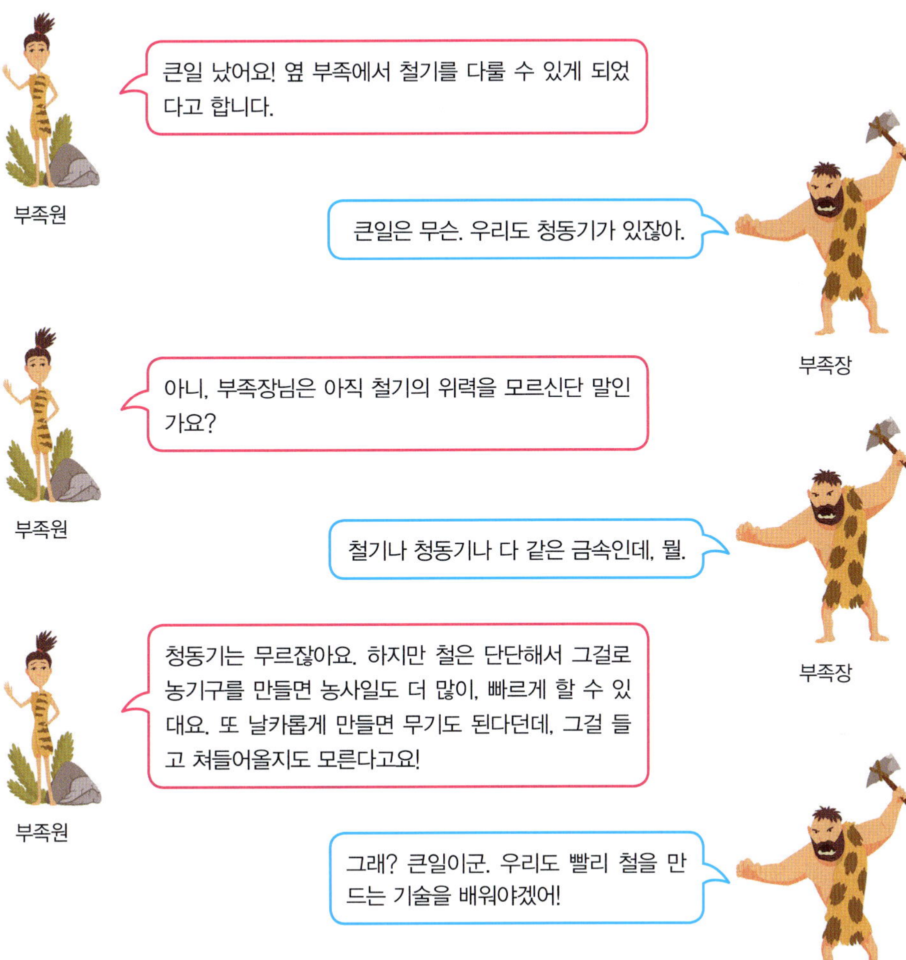

철기의 사용은 인류의 삶을 크게 바꾸어 놓았어요. 물론 그 전에도 청동이라는 금속을 사용하기는 했지만, 청동기는 무르고 약해서 무기로 쓰는 것은 힘들었기 때문에 장신구나 종교적인 상징물 정도를 만드는 것이 고작이었어요. 또한 철에 비해 구하기 어려워 일상생활에서 쓰는 물건을 다양하게 만들지 못했습니다.

이에 비해 철은 단단해서 날카롭게 만드는 것도 가능했고, 매장량이 풍부해서 더 다양한 물건을 만들 수 있었답니다. 이러한 장점 때문에 철기를 다룰 수 있는 부족은 군사적 측면에서도, 농업 생산의 측면에서도 철기가 없는 부족보다 우위에 설 수 있었어요.

STEP Ⅲ
글의 구조 파악하기, 주제 찾기

★ 글의 구조 파악이란?

문단 간의 관계를 바탕으로 전체 글의 짜임을 살펴보는 것입니다.

● 글의 구조를 파악하는 이유

긴 글의 내용을 한꺼번에 머릿속에 넣고 이해하는 것은 쉽지 않습니다. 그래서 글의 구조를 파악하면 머릿속에서 긴 글의 내용을 체계적으로 정리할 수 있어서 글의 내용을 이해하는 데 도움이 됩니다.

● 글의 구조를 파악하는 방법

각 문단의 내용을 요약한 후, 문단 간의 관계를 파악하면 글의 구조도 파악할 수 있어요. 이때 글의 구조도를 그리면 글의 내용을 한눈에 파악하는 데 도움이 됩니다.

★ 주제란?

글쓴이가 한 편의 글을 통해 전달하고자 하는 바를 가리킵니다.

● 주제를 찾는 방법

– 핵심어 파악하기
– 문단 요약한 것을 바탕으로 핵심어에 대해 무엇을 이야기하고 있는지 정리하기

Tip 제목과 주제의 관계

• 글쓴이는 자신의 글을 통해 사람들에게 자신이 이야기하고자 하는 바를 전달합니다. 그러므로 글쓴이는 사람들이 자신의 글을 읽게 하기 위해 글의 제목을 지을 때에도 신경을 많이 씁니다. 글을 읽기 전에 제목을 확인해 보세요. 보통 제목에 나타난 소재가 그 글에서 주로 이야기하고 있는 '핵심어'일 가능성이 높아요!

• 만약 제목이 없는 글이라면, 내가 글쓴이라고 생각하며 글의 제목을 무엇이라고 붙일지를 고민해 보세요!

식물도 감각을 느낄까?

식물에게는 눈과 코와 같은 동물들이 가지고 있는 감각 기관이 없다. 그래서 사람들은 식물은 동물들이 느끼는 감각을 느끼지 못한다고 생각한다. 과연 그럴까? 답은 '아니다'이다. 우선 식물은 눈이 없지만 빛에 반응한다. 어두운 곳에 넣어 둔 식물의 가지가 조금이라도 빛이 있는 쪽으로 뻗어서 자라거나, 서로 가까이에 서식하는 나무가 자신이 빛을 더 많이 보기 위해 경쟁하듯이 빨리 자라는 현상은 식물이 빛을 감지하기 때문에 일어난다.

식물은 촉각과 미각도 가지고 있다. 파리지옥은 특정한 냄새를 뿌려 파리를 잎에 앉게 만든다. 잎에 앉은 파리가 잎 표면의 자극털 3개 중 2개 이상을 건드리거나, 자극털을 2회 이상 건드리면 잎을 닫는다. 이것은 파리지옥에게 촉각이 있기 때문에 가능한 일이다. 또한 잎을 닫았더라도 그것이 먹지 못하는 것이면 다시 잎을 열어 그것을 제거한다. 이것은 파리지옥에게 미각이 있기 때문에 일어나는 일이다.

동물은 특정한 감각 기관을 통해 시각, 후각, 촉각 등의 감각을 느끼지만, 식물은 그렇지 않다. 즉, 식물은 특정한 감각 기관이 없이 전신에서 감각을 느낀다. 게다가 식물은 인간이 잘 느끼지 못하는 다른 것들을 느끼기도 한다. 식물은 자라나는 데 필요한 물질이나 해로운 물질을 몇 미터 떨어진 곳에서도 정확히 알아내어 뿌리를 그쪽으로 내어 필요한 물질을 흡수하거나, 해로운 물질을 피해 뿌리를 뻗는다. 게다가 땅속 습도도 파악하여 물이 있는 쪽으로 뿌리를 뻗는다. 그리고 식물은 중력을 감지하여 뿌리는 중력 방향으로, 줄기와 가지는 중력과 반대되는 방향으로 자라게 한다.

식물이 눈과 코, 귀, 혀 등이 없다고 해서 오감을 느끼지 못한다고 생각하는 것은 인간 중심의 사고이다. 따라서 식물을 대할 때에는 식물 그 자체의 기준으로 바라보고 이해하는 자세를 가져야 한다.

[글의 구조 파악]

01 다음은 윗글의 내용을 정리한 것이다. 빈칸에 들어가기에 적절한 말을 쓰시오.

> 1문단에서는 '식물도 ☐☐을/를 느낄 수 있다.'라는 것을 설명하며, 그 근거로 식물이 빛을 감지하는 현상을 들고 있다. 또한 2문단과 3문단에서는 추가적인 근거를 들고, 4문단에서는 식물을 그 자체의 ☐☐(으)로 바라봐야 한다고 주장하고 있다.

[주제 찾기]

02 다음은 윗글에 대한 설명이다. 빈칸에 들어가기에 적절한 말을 쓰시오.

> 윗글에서는 식물도 감각을 느낄 수 있다는 사실과, 그러므로 식물을 그 자체의 기준으로 바라봐야 함을 설명하고 있다. 이 글 전체의 핵심어는 '식물'이고, 식물이 감각을 느낀다는 것과 식물을 대하는 태도에 대해 이야기하고 있으므로 이 글의 주제는 '＿＿＿＿＿＿＿＿＿＿＿＿＿＿＿＿＿'이다.

STEP Ⅲ 글의 구조 파악, 주제 찾기

STEP Ⅰ과 STEP Ⅱ에서 공부한 내용을 바탕으로 각 문단을 요약하고 문단 간의 관계를 파악하면 전체 글의 구조와 글쓴이가 전달하고자 하는 바, 즉 글의 주제도 파악할 수 있어요.

1문단

식물은 감각 기관을 가지고 있지 않아서 감각을 느끼지 못할 것이라고 생각하는 사람들의 일반적인 인식을 소개하고 그렇지 않다고 설명하고 있어요. 따라서 1문단을 요약하면 '식물도 감각을 느낄 수 있느냐에 대한 문제 제기'입니다.

2문단

파리지옥을 예로 들어 식물이 촉각과 미각을 가지고 있음을 설명하고 있어요. 따라서 2문단을 요약하면 '식물도 촉각과 미각을 가지고 있음을 드러내는 사례 – 파리지옥'입니다.

3문단

식물은 감각 기관이 없는 대신 전신에서 감각을 느끼며, 인간은 느끼지 못하는 감각까지도 느낄 수 있다고 하였어요. 이러한 3문단을 요약하면 '사람이 느끼지 못하는 감각까지도 느낄 수 있는 식물'입니다.

4문단

식물이 감각 기관이 없어 감각을 느끼지 못한다고 생각하는 것은 인간 중심의 사고라면서, 식물을 그 자체로 바라볼 것을 권하고 있어요. 이 내용을 정리하여 4문단을 요약하면 '식물을 대하는 바람직한 자세'입니다.

[문단 간의 관계 파악]

✽ 2문단과 3문단에서는 구체적인 근거를 들어 1문단에서 제시한 중심 화제, 즉 식물이 감각을 느낀다는 것에 대해 설명하고 있어요.

✽ 4문단에서는 전체 내용을 요약하며, 식물을 대하는 바람직한 자세에 대해 언급하고 있어요.

[글의 구조도]

문단 간의 관계를 생각하며 글의 구조도를 그려 볼까요?

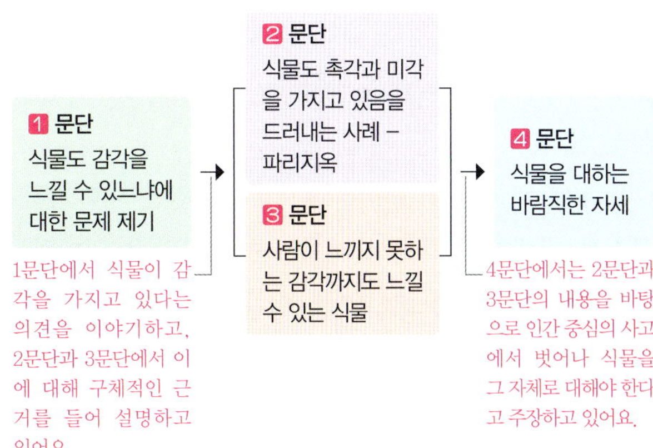

[주제 찾기]

✽ 글쓴이가 이 글을 통해 전달하고자 하는 바를 '주제'라고 합니다. 각 문단의 내용을 요약한 것과 글의 구조도를 고려하면 글쓴이가 이 글을 왜 썼는지에 대해 구체적으로 알 수 있어요.

✽ 주제는 글 전체의 핵심어와 관련이 있습니다. 문단 요약한 것을 바탕으로 핵심어에 대해 무엇을 이야기하고 있는지를 정리하면 글 전체의 주제가 됩니다.

✽ 이 글의 핵심어는 '식물'입니다. 1문단에서는 식물의 감각에 대해 의문을 제기하고, 2~3문단에서는 식물도 감각을 가지고 있음을 설명하고, 4문단에서는 식물을 대하는 바람직한 자세를 이야기하고 있으므로 이 글의 주제는 '식물이 가진 감각과 식물을 대하는 바람직한 자세'입니다.

▲ 촉각과 미각을 가진 파리지옥

이야기를 좋아하는 호모 나랜스

'블로그, 유튜브, 인스타그램'의 공통점은 무엇일까? 가장 대표적인 공통점은 현대인들이 자신의 이야기를 하는 인터넷 공간이라는 것이다. 자신의 관심사부터 자신이 사용한 물건, 점심으로 먹은 음식, 여행을 가서 보고 들은 것 등 사람들은 자신과 관련된 다양한 이야기를 그 속에서 쏟아 낸다. 왜 우리는 이렇게 자신과 주변에 대해 이야기하고 싶어 할까?

1999년 미국의 영문학자 존 닐은 '인간은 이야기하려는 본능이 있고 이야기를 통해 사회를 이해한다.'라면서 '이야기하는 사람'을 의미하는 '호모 나랜스(Homo Narrans)'라는 말로 인류를 표현하였다. 인간은 직접적인 경험만으로는 우리가 사는 세계를 모두 이해할 수 없기 때문에 간접 경험을 통해 세상을 이해해 왔다. 인간이 간접 경험을 할 수 있게 하는 가장 주된 수단이 바로 이야기이다. 여기에서의 이야기는 정보만을 가리키는 것이 아니라, 감정적으로 사람들의 공감을 끌어낼 수 있는 이야기를 의미한다.

이야기는 단순한 공감을 넘어서 개인의 선택을 바꾸기도 한다. 요즘 사람들이 물건을 살 때 주로 참고하는 것은 그 물건의 성능 테스트 결과서도, 설명서도, 기업의 홍보 자료도 아니다. 그 물건을 실제로 써 본 사람들이 인터넷 매체에 올린 물건에 대한 후기를 참고한다. 기업들도 사람들의 이러한 호모 나랜스적 특징을 고려하여, 신상품을 홍보할 때에는 인기 있는 블로거나 유튜버를 대상으로 홍보회를 열거나 체험용 샘플을 배부한다. 물건에 대한 그들의 이야기를 읽은 사람들이 곧 그 물건의 소비자가 되기 때문이다.

또 이야기는 사회를 바꾸는 힘이 되기도 한다. '다른 사람을 차별해서는 안 된다.'라는 뻔한 문구보다는 인종 차별을 다룬 영화 한 편이 흥행에 성공함으로써 그 문제에 대한 다양한 사회 운동을 촉발하는 경우를 우리 주변에서 확인할 수 있다. 이 역시 인간이 이야기를 좋아하고 이야기에 많은 영향을 받는 호모 나랜스이기 때문에 일어나는 현상이다.

호모 나랜스인 우리는 단순히 이야기를 하고, 듣고 즐기는 것도 중요하지만, 이야기가 우리에게 어떤 영향을 미치고 우리에게 무엇을 요구하고 있는지 바르게 판단할 수 있어야 한다. 즉, 이야기 속에 담긴 의도를 파악할 수 있는 능력을 키워야 한다.

＊ 글 전체의 중심 문단을 찾고 요약하시오.

● 중심 문단 : ▢ 문단

● ▢ 문단 요약 :

[글의 구조 파악]

03 다음은 윗글의 내용을 정리한 것이다. 빈칸에 들어가기에 적절한 말을 쓰시오.

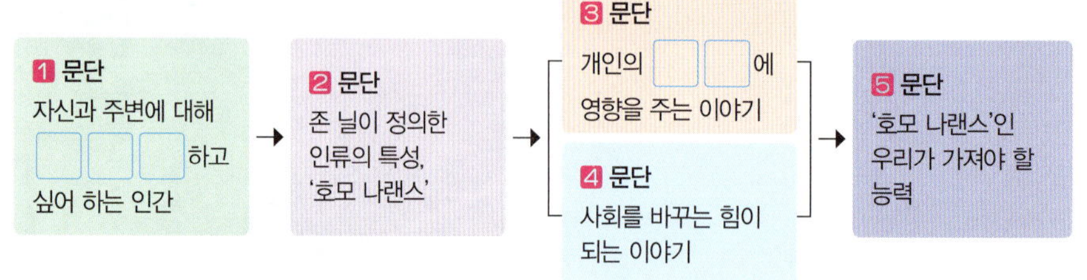

간접 경험 : 실제로 사물을 대하는 직접 경험과 달리 언어나 문자 등을 매개로 하는 경험
수단 : 어떤 목적을 이루기 위한 방법. 또는 그 도구
공감 : 남의 감정, 의견, 주장 따위에 대하여 자기도 그렇다고 느낌. 또는 그렇게 느끼는 기분
흥행 : 공연 상영 따위가 상업적으로 큰 수익을 거둠.
촉발하다 : 어떤 일을 당하여 감정, 충동 따위가 일어나다.

[주제 찾기]

04 다음은 윗글에 대한 설명이다. 빈칸에 들어가기에 적절한 말을 쓰시오.

> 1문단과 2문단에서는 '호모 나랜스'인 인간의 특성을, 3문단과 4문단에서는 이야기의 힘을 설명하고 있다. 또 5문단에서는 호모 나랜스인 인간에게 요구되는 능력을 설명하고 있다. 따라서 이 글에서는 호모 나랜스인 인간의 특성과, 이러한 인간에게 요구되는 능력에 대해 이야기하고 있으므로 주제는 '________________'이다.

05 윗글을 읽고 답할 수 있는 질문으로 적절하지 <u>않은</u> 것은?

① 이야기는 어떤 힘을 가지고 있는가?
② 이야기를 들을 때는 무엇을 파악해야 하는가?
③ '호모 나랜스'는 인간의 어떤 특징을 나타내는 용어인가?
④ 직접 경험보다 간접 경험이 더 중요한 이유는 무엇인가?
⑤ 현대인들은 인터넷상의 공간에서 어떤 이야기들을 하는가?

05
'간접 경험'과 '직접 경험'은 인간이 세계를 이해하는 서로 다른 방법입니다. 이 지문에서는 이 두 가지에 대해 어떻게 설명하고 있는지 주목하세요.

06 윗글에 대한 설명으로 적절하지 <u>않은</u> 것은?

① 질문을 던지며 독자의 관심을 이끌어 내고 있다.
② 전문가의 말을 인용하여 인간의 특징을 설명하고 있다.
③ 서로 다른 두 사례를 비교하여 이야기의 특성을 설명하고 있다.
④ 상반되는 주장을 통해 호모 나랜스가 지닌 한계를 설명하고 있다.
⑤ 구체적인 예시를 들어 호모 나랜스적 특징을 지닌 우리의 모습을 소개하고 있다.

06
이 지문에서 '호모 나랜스'와 '이야기'에 대해 어떤 방식으로 설명하고 있는지 파악해 봅시다.

17 DAY

07 윗글을 읽고 〈보기〉에 대해 반응한 것으로 적절하지 <u>않은</u> 것은?

〈보기〉

> 민서는 테레사 수녀의 일대기를 담은 영화를 보았다. 테레사 수녀는 한평생을 가난한 사람들을 위해 봉사하며 병든 사람과 고아를 보살폈고, 그들의 목소리를 대변하기 위해 노력한 인물이었다. 이 영화를 보고 난 후 민서는 자신도 힘없는 사람들을 도와야겠다고 마음먹었고, 이를 계기로 자신의 꿈을 사회 복지사로 정하게 되었다.

① 민서는 영화를 통해 테레사 수녀의 삶을 간접 경험한 것이군.
② 민서는 영화를 보며 테레사 수녀의 삶에 공감했다고 볼 수 있군.
③ 민서가 이 영화를 선택한 것을 보니 이 영화는 분명히 흥행했겠군.
④ 민서는 테레사 수녀의 이야기에 영향을 받아 꿈을 사회 복지사로 정한 것이군.
⑤ 영화를 보고 민서와 같이 느낀 사람이 많다면 영화가 사회를 바꾸는 힘이 되었다고 볼 수 있겠군.

07
〈보기〉는 이야기가 가지고 있는 힘을 보여 주는 사례입니다. 〈보기〉와 4문단의 내용을 연관 지어 문제를 풀어 보세요.

직접 경험 : 사물이나 현상에 직접 부딪쳐서 얻는 경험
상반되다 : 서로 반대되거나 어긋나게 되다.
일대기 : 어느 한 사람의 일생에 관한 내용을 적은 기록
대변하다 : 어떤 사람이나 단체를 대신하여 그의 의견이나 태도를 표하다.

★ 정답은 [해설편 표지] 안쪽에 있습니다.

✳ **[01~04]** 제시된 글자를 조합하여 다음 뜻풀이에 해당하는 단어를 쓰시오.

도	공	력	재
중	습	감	오

01 남의 감정, 의견, 주장 따위에 대하여 자기도 그렇다고 느낌. 또는 그렇게 느끼는 기분 (　　　　)

02 공기 가운데 수증기가 들어 있는 정도 (　　　　)

03 지구 위의 물체가 지구로부터 받는 힘 (　　　　)

04 시각, 청각, 후각, 미각, 촉각의 다섯 가지 감각
(　　　　)

✳ **[05~08]** 문맥을 고려하여 밑줄 친 단어의 뜻과 가장 가까운 것을 고르시오.

05
> 세리는 무서운 이야기를 참 잘해서 세리의 이야기를 들을 때마다 <u>전신</u>에 소름이 돋았다.

① 상체　　　　② 다리　　　　③ 몸 전체

06
> 유리컵에 얼음물을 가득 담아 놓으면 컵의 <u>표면</u>에 물이 맺힌다.

① 바깥쪽　　　② 안쪽　　　③ 양쪽

07
> 승환이는 슬지가 자신의 등을 찌르는 느낌을 <u>감지하였지만</u>, 일부러 뒤돌아보지 않았다.

① 감독하다　　② 느끼다　　③ 관찰하다

08
> 물이 아주 맑은 냇가에는 흔히 보지 못하는 생물들이 <u>서식하기도</u> 한다.

① 먹다　　　　② 살다　　　③ 장식하다

✳ **[09~12]** 사다리 타기에 따라, 빈칸에 들어갈 단어의 뜻을 〈보기〉에서 골라 번호를 쓰시오.

〈보기〉
① 어떤 사람이나 단체를 대신하여 그의 의견이나 태도를 표하다.
② 자극에 대응하여 어떤 현상이 일어나다.
③ 어느 한 사람의 일생에 관한 내용을 적은 기록
④ 해가 되는 점이 있다.

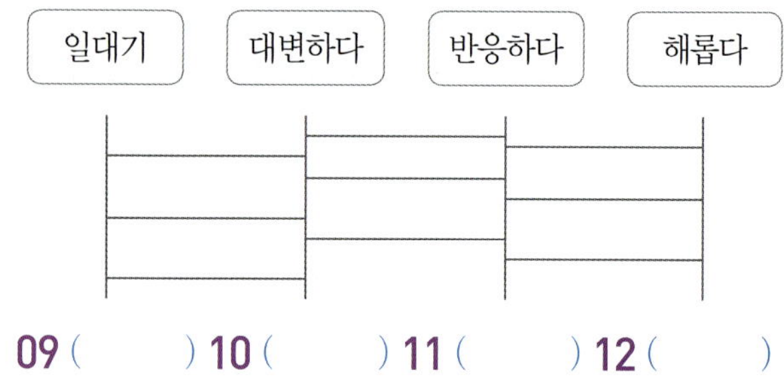

09 (　　　) **10** (　　　) **11** (　　　) **12** (　　　)

✳ **[13~17]** 문맥을 고려하여 다음 문장의 빈칸에 들어가기에 알맞은 단어를 고르시오.

13 그는 온갖 (수단 / 수정)을 다 동원해 사장님을 설득했다.

14 책을 통해 얻는 (간접 경험 / 직접 경험)은 아이들에게 좋은 영향을 미칠 수 있다.

15 그 정치인의 부정행위는 전 국민이 참여하는 대규모 시위를 (촉발 / 출발)하는 결과를 낳았다.

16 신인 감독이 만든 액션 영화가 모두의 예상을 뒤엎고 (유행 / 흥행)에 성공하였다.

17 그 문제를 왜 틀렸는지 모르겠으면, 문제를 풀었던 너의 (사고 / 충고) 과정을 되짚어 보아라.

✳ 사회를 바꾼 이야기의 힘

약 20년 전 벨기에에서는 〈로제타〉라는 아동 노동에 관한 이야기를 다룬 영화를 계기로 '로제타 플랜'이라는 청년 실업 대책이 만들어졌어요. 이처럼 한 편의 이야기는 사회의 인식과 제도를 바꿔 놓을 정도로 큰 힘을 가질 수 있답니다. 우리나라에는 이러한 예가 없었을까요?

약 10년 전 우리나라에도 이러한 사례가 있었어요. 바로 영화 〈도가니〉의 경우입니다. 〈도가니〉는 2009년에 발표된 장편 소설을 원작으로 하며, 실제 장애인 성범죄 사건을 다룬 영화예요. '광주 인화학교 사건'이라고 불리는 이 사건은 광주에 있는 장애인 학교에서 교장과 교직원들이 청각 장애인 학생들을 지속적으로 학대하고 성폭행했던 일을 가리킵니다. 약 5년간 6명의 가해자에게 9명의 학생들이 피해를 입었지만, 가해자들은 전부 가벼운 처벌을 받는 것에 그쳤습니다.

출처 : 영화 도가니, 2011/제작–삼거리픽쳐스, (주)판타지오픽쳐스, 배급–CJ 엔터테인먼트

영화 〈도가니〉는 전 국민적으로 관심을 받았고, 이에 따라 '광주 인화학교 사건'도 다시 주목받게 되었어요. 또 이를 계기로 장애인 아동을 대상으로 한 성폭력 범죄의 처벌을 강화해야 한다는 사회적 목소리가 높아지자, 결국 국회에서는 이러한 내용을 다룬 '성폭력 범죄 등에 관한 특례법' 개정안을 통과시켰어요. 이처럼 이야기는 단순히 개인에게 감동을 주는 차원을 넘어서 사회 전반에 긍정적인 영향을 미치기도 한답니다.

신드롬이란 무엇일까?

지나는 영화 '○○'을 보고 그 영화의 팬이 되었다. 영화와 관련된 작은 소품들을 하나씩 사던 지나는 어느새 용돈을 '○○' 영화 관련 상품들을 사는 데에만 쓰게 되었다. 전국적으로 영화 '○○'이 인기를 얻자, 영화와 관련된 한정판 상품들이 속속 출시되었고, 지나는 이것을 사기 위해 3시간이나 줄을 서기도 했다.

위의 이야기는 신드롬의 한 예라고 할 수 있다. 신드롬이란 어떤 것을 좋아하는 현상이 전염병과 같이 전체를 휩쓸게 되는 현상을 의미한다. 원래 의학 용어로 어떤 것을 너무 좋아해서 병적으로 그것에 집착하거나 정상적이지 않은 반응을 보일 때 사용하는 말이었다. 위의 예뿐만 아니라, 유명 요리사가 나온 프로그램을 보고 그 사람의 식당을 너도나도 찾아가 2~3시간씩 기다리거나, 한류 드라마의 인기로 외국인 관광객들이 그 드라마의 배경이 된 장소를 찾아가 그곳이 유명 관광지가 된 것도 신드롬의 일종이라고 볼 수 있다.

신드롬은 우리에게 어떤 영향을 끼칠까? 앞서 제시한 일화의 지나의 경우처럼 개인에게 불필요한 과소비를 조장하거나, 특정 질병이 발생하였을 때 이것이 전염되지 않는데도 너무 과한 대응을 하여 사회적으로 불안을 조성하는 것은 신드롬의 부정적인 영향이라고 볼 수 있다. 한편 신드롬이 긍정적인 영향을 줄 때도 있다. 어려운 상황을 이겨 내고 경기에서 우승한 A 선수가 있다고 하자. A 선수의 활약이 국민들에게 희망을 주어 어려움을 이겨 내는 원동력이 된다면 A 선수의 신드롬은 긍정적이라고 평가할 수 있다.

신드롬은 사회 전체로 퍼져 유행하기 때문에 우리 사회에 큰 영향을 미친다. 따라서 사회적으로 유행하는 것이 있다면 그것이 나의 가치관과 상황에 부합하는지, 유행이기 때문에 내가 무조건 좇아가는 것은 아닌지를 먼저 생각해야 한다. 또한 증세의 정도가 심하고 반복적으로 신체와 심리, 사회 활동에 지장을 준다면 의학적 도움도 고려해 보아야 한다.

＊ 글 전체의 중심 문단을 찾고 요약하시오.

● 중심 문단 : ☐ 문단

● ☐ 문단 요약 :

[글의 구조 파악]

01 다음은 윗글의 내용을 정리한 것이다. 빈칸에 들어가기에 적절한 말을 쓰시오.

> 1문단과 2문단에서는 예시를 통해 ☐☐☐에 대해 설명하고 있다. 3문단에서는 신드롬이 우리에게 미치는 ☐☐을/를 설명한 후, 4문단에서는 신드롬에 대처하는 바람직한 자세를 알려 주고 있다.

[주제 찾기]

02 다음은 윗글에 대한 설명이다. 빈칸에 들어가기에 적절한 말을 쓰시오.

> 윗글에서는 다양한 예시를 통해 신드롬에 대해 설명하고 있다. 이 글 전체의 핵심어는 '신드롬'이고, 신드롬에 대처하는 바람직한 자세를 강조하고 있으므로 이 글의 주제는 '☐☐☐☐☐☐☐☐☐☐☐☐☐☐☐☐☐☐'이다.

한정판 : 생산량을 제한하여 판매하는 상품
출시되다 : 상품이 시중에 나오다.
용어 : 일정한 분야에서 주로 사용하는 말
병적 : 정상을 벗어나 불건전하고 지나친 것
집착하다 : 어떤 것에 늘 마음이 쏠려 잊지 못하고 매달리다.
과소비 : 돈이나 물품 따위를 지나치게 많이 써서 없애는 일
조장하다 : 바람직하지 않은 일을 더 심해지도록 부추기다.
원동력 : 어떤 움직임의 근본이 되는 힘
부합하다 : 사물이나 현상이 서로 꼭 들어맞다.
지장 : 일하는 데 거치적거리거나 방해가 되는 장애

STEP Ⅲ 글의 구조 파악, 주제 찾기

1문단

지나가 한 영화의 팬이 된 이후 그 영화와 관련된 상품을 사기 위해 오랜 시간 줄을 서는 등의 사례를 들고 있어요. 따라서 1문단을 요약하면 '○○ 영화의 팬이 된 지나의 사례'입니다.

2문단

1문단에서 제시한 지나의 일화가 신드롬의 예라고 하면서 신드롬이 무엇인지에 대해 밝히고, 추가로 다른 예를 들고 있어요. 그래서 2문단을 요약하면 '신드롬의 정의와 또 다른 사례'입니다.

3문단

신드롬은 과소비를 조장하거나 사회적으로 불안을 조성하는 등 부정적인 영향을 줄 수 있지만, 다른 사람에게 희망이 될 수 있으므로 긍정적인 영향도 줄 수 있다고 하였어요. 이러한 3문단을 요약하면 '신드롬이 미치는 부정적 영향과 긍정적 영향'입니다.

4문단

신드롬이 사회 전체에 영향을 미친다면서 신드롬의 영향력에 대해서 충분히 인식하고 사회적으로 유행하는 것에 대해 주체적인 태도를 갖자고 하였어요. 증세가 심하면 의학적 도움도 고려해 보아야 한다고 이야기하고 있어요. 이러한 내용을 정리하여 4문단을 요약하면 '신드롬에 대처하는 바람직한 자세'입니다.

[문단 간의 관계 파악]

* 1문단에서 구체적인 사례를 소개하고, 2문단에서는 그 사례가 신드롬에 해당한다고 설명하고 있어요.
* 3문단에서 신드롬의 긍정적인 측면과 부정적인 측면을 소개하고, 4문단에서는 신드롬에 대처하는 바람직한 자세에 대해 설명하고 있어요.

[글의 구조도]

문단 간의 관계를 생각하며 글의 구조도를 그려 볼까요?

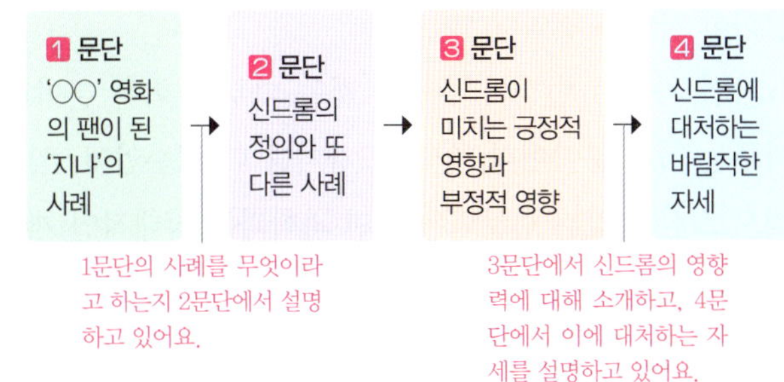

[주제 찾기]

* 글쓴이가 이 글을 통해 전달하고자 하는 바를 '주제'라고 합니다. 각 문단의 내용을 요약한 것과 글의 구조도를 고려하면 글쓴이가 이 글을 왜 썼는지에 대해 구체적으로 알 수 있어요.

* 주제는 글 전체의 핵심어와 관련이 있습니다. 문단 요약한 것을 바탕으로 핵심어에 대해 무엇을 이야기하고 있는지를 정리하면 글 전체의 주제가 됩니다.

* 이 글의 핵심어는 '신드롬'입니다. 1문단에서는 신드롬에 해당하는 지나의 사례를, 2문단에서는 신드롬의 정의와 또 다른 사례를 제시하고 있습니다. 또 3문단에서는 신드롬의 긍정적, 부정적 영향을 설명하고 4문단에서는 신드롬에 대처하는 자세에 대해 설명하고 있으므로 이 글의 주제는 '신드롬의 개념과 신드롬에 대처하는 바람직한 자세'입니다.

인문학이 주목받는 이유

근 몇 년간 여러 강연회에서 '인문학'에 대해 많이 다루었다. 인문학의 위기와 관련된 내용부터 미래 사회를 위해서는 인문학을 알아야 한다는 내용까지 그 주제와 내용 또한 천차만별이다. 여러 강연에서 종합적으로 도출할 수 있는 주제는 바로 우리가 인문학을 알아야 한다는 것이다.

자연 과학이 인간의 주변의 것을 다루는 학문 분야라면 인문학은 바로 인간 자체를 다루는 학문 분야이다. 인간의 가치를 다루는 언어, 역사, 문학, 철학 따위를 연구의 영역으로 삼고 있는 인문학은 자연 과학과는 상대적인 개념이라고 할 수 있다.

인문학의 역사는 고대 그리스 시대까지 거슬러 올라간다. 그리스에는 사회를 짊어지고 나갈 젊은이들을 교육하기 위한 다양한 교육 프로그램들이 존재했는데, 그중에는 교양 있는 시민을 기르기 위한 일반 교육도 있었다. 이 일반 교육이 바로 인문학의 시작이다. 중세에 이르러 인문학은 인간의 정신을 고귀하고 완전하게 하는 학문으로 여겨졌고, 현대에는 실증적이고 객관적인 것을 추구하는 학문이 아니라 인간다움이란 무엇인가를 찾는 학문으로 인식되었다.

그렇다면 왜 사람들이 다시 인문학을 이야기하는 것일까? 지금 이 순간에도 과학과 기술의 발전으로 인해 우리가 살아가는 하루하루의 삶이 달라지고 있다. 자연 과학, 기술의 시대라고 부르던 근대, 현대를 거치며 우리는 발전과 성장에 치중하여 자신을 돌아보는 것을 잊었고, 우리 삶의 편리함을 위해 주변을 돌아보지 않았다. 환경을 생각하지 못한 발전, 생명의 존엄을 무시하는 성장이 마구잡이식으로 이루어졌고, 우리 사회는 제대로 나아가고 있는지조차 알 수 없는 상황이다.

과학과 기술의 발전이 벽돌 탑을 쌓는 것이라면, 이제는 그 벽돌 탑의 방향을 정해 주고 무너지지 않게 잡아 주는 역할이 필요하다. 그 역할을 담당하는 것이 바로 인문학이다. 우리 사회가 나아갈 방향, 즉 발전의 방향을 잡아 주고 속도를 조절해 주는 학문으로서 인문학이 필요한 것이다.

[글의 구조 파악]

03 다음은 윗글에 대한 설명이다. 빈칸에 들어가기에 적절한 말을 쓰시오.

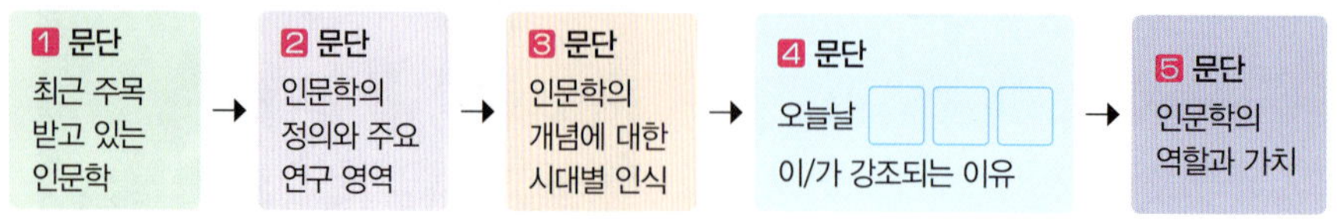

★ 글 전체의 중심 문단을 찾고 요약하시오.

● 중심 문단 : ☐ 문단

● ☐ 문단 요약 :

천차만별 : 여러 가지 사물이 모두 차이가 있고 구별이 있음.
도출하다 : 판단이나 결론 따위를 이끌어 내다.
상대적 : 서로 맞서거나 비교되는 관계에 있는 것
고귀하다 : 훌륭하고 귀중하다.
실증적 : 경험적 사실의 관찰과 실험에 따라 적극적으로 증명하는. 또는 그런 것
치중하다 : 어떠한 것에 특히 중점을 두다.
존엄 : 인물이나 지위 따위가 감히 범할 수 없을 정도로 높고 엄숙함.
마구잡이 : 이것저것 생각하지 아니하고 닥치는 대로 마구 하는 짓

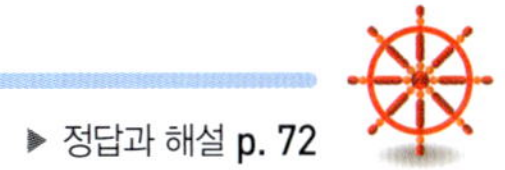

[주제 찾기]

04 다음은 윗글에 대한 설명이다. 빈칸에 들어가기에 적절한 말을 쓰시오.

> 1문단에서는 최근 인문학이 주목받고 있음을 언급하고, 2문단에서는 인문학의 정의와 주요 연구 영역을 소개하고 있다. 3문단에서는 인문학의 개념에 대한 인식이 어떻게 변화해 왔는지를, 4문단과 5문단에서는 오늘날 인문학이 강조되는 이유와 인문학의 역할, 가치를 설명하고 있다. 따라서 이 글에서는 오늘날 주목받고 있는 인문학에 대해 이야기하고 있으므로 주제는 '＿＿＿＿＿＿＿＿＿＿＿'이다.

05 윗글을 읽고 답할 수 있는 질문으로 적절하지 <u>않은</u> 것은?

① 자연 과학과 인문학의 차이는 무엇인가?
② 오늘날 인문학이 필요한 이유는 무엇인가?
③ 인문학의 연구 영역에는 어떤 학문들이 있는가?
④ 중세와 달리 현대의 인문학이 갖고 있는 문제는 무엇인가?
⑤ 근대와 현대의 발전을 거치며 인간이 놓치고 있는 점은 무엇인가?

05
질문의 답을 지문에서 직접 찾아봅시다. '인문학'과 관련된 각 질문의 키워드가 어느 문단에서 나오는지 살펴보세요.

06 윗글에 대한 설명으로 가장 적절한 것은?

① 전문가의 말을 인용하여 신뢰성을 높이고 있다.
② 비유적 표현을 사용하여 중심 내용을 정리하고 있다.
③ 과학적 원리를 통해 문제 현상의 원인을 분석하고 있다.
④ 구체적인 예를 들어 두 대상 간의 공통점을 설명하고 있다.
⑤ 사람들이 가진 편견을 비판하며 새로운 관점을 제시하고 있다.

06
이 지문에서 '우리 사회에서 인문학이 가지는 역할'에 대해 설명하기 위해 어떤 방법을 사용하고 있는지 생각해 봅시다.

07 윗글을 쓴 글쓴이의 의견으로 적절하지 <u>않은</u> 것은?

① 과학과 기술이 발전할수록 인문학의 필요성은 높아진다.
② 인문학은 앞으로 우리 사회가 나아가야 할 방향을 보여 준다.
③ 과학과 기술은 사회가 발전하기 위해 필요한 요소 중 하나이다.
④ 환경 파괴 등의 문제를 해결하는 데에 인문학이 중요한 역할을 할 수 있다.
⑤ 인문학의 가장 중요한 역할은 사회의 발전이 끝난 후에 이를 객관적으로 평가하는 것이다.

07
5문단에서 설명하고 있는 '인문학'에 대한 글쓴이의 핵심적인 생각에 주목하세요.

인용하다 : 남의 말이나 글을 자신의 말이나 글 속에 끌어 쓰다.
비유적 : 어떤 현상이나 사물을 직접 설명하지 아니하고 다른 비슷한 현상이나 사물에 빗대어서 설명하는
편견 : 공정하지 못하고 한쪽으로 치우친 생각
객관적 : 자기와의 관계에서 벗어나 제삼자의 입장에서 사물을 보거나 생각하는 것

★ 정답은 [해설편 표지] 안쪽에 있습니다.

✻ [01~05] 다음 단어와 그 뜻풀이를 바르게 연결하시오.

01 한정판 •
02 용어 •
03 조장하다 •
04 지장 •
05 과소비 •

• ㉠ 바람직하지 않은 일을 더 심해지도록 부추기다.
• ㉡ 일정한 분야에서 주로 사용하는 말
• ㉢ 생산량을 제한하여 판매하는 상품
• ㉣ 돈이나 물품 따위를 지나치게 많이 써서 없애는 일
• ㉤ 일하는 데 거치적거리거나 방해가 되는 장애

✻ [06~08] 문맥을 고려하여 밑줄 친 단어의 뜻과 가장 가까운 것을 고르시오.

06
돈에 너무 <u>집착하면</u> 정신적인 가치를 놓칠 수도 있다는 것을 명심하렴.

① 포함하다   ② 매달리다   ③ 싫어하다

07
네 의견이 나의 생각과 <u>부합하여</u> 너무 기쁘구나!

① 들어맞다   ② 부족하다   ③ 집합하다

08
인간은 모두 <u>고귀한</u> 존재이니 다른 사람을 존중하고 양보하는 태도를 가지자.

① 고약하다   ② 귀중하다   ③ 귀찮다

✻ [09~12] 〈보기〉에 제시된 초성과 뜻풀이를 참고하여 다음 문장의 빈칸에 들어가기에 알맞은 단어를 쓰시오.

〈보기〉
• ㅊㅅ되다 : 상품이 시중에 나오다.
• ㅇㄷㄹ : 어떤 움직임의 근본이 되는 힘
• ㅂㅈ : 정상을 벗어나 불건전 하고 지나친 것
• ㅊㅊㅁㅂ : 여러 가지 사물이 모두 차이가 있고 구별이 있음.

09 기다리던 신형 스마트폰이 (   )되었다.

10 그 학생은 (   )(으)로 성적에 집착했다.

11 요즘 나오는 옷들은 색이나 모양이 아주 (   )(이)라 무엇을 사야 할지 늘 고민된다.

12 부모님은 내 삶의 (   )이다.

✻ [13~16] 제시된 글자들을 조합하여 다음 뜻풀이에 해당하는 단어를 쓰시오.

13 판단이나 결론 따위를 이끌어 내다. (   )하다

14 이것저것 생각하지 아니하고 닥치는 대로 마구 하는 짓 (   )

15 자기와의 관계에서 벗어나 제삼자의 입장에서 사물을 보거나 생각하는 것 (   )

16 공정하지 못하고 한쪽으로 치우친 생각 (   )

✱ '신드롬'의 또 다른 의미

이 이야기는 1979년 스웨덴 스톡홀름의 한 은행에서 일어났던 실제 이야기입니다. 4일 동안 강도에게 인질로 잡혀 있었던 은행 직원들은 인질범을 미워하기는커녕 인질범에게 긍정적인 감정을 느끼는 등 비합리적인 심리적 증세를 보였는데, 이를 '스톡홀름 신드롬'이라고 해요.

이와 같이 '신드롬'은 어떤 신체적·정신적 병적 징후를 나타내는 말로도 쓰여요. 이 경우에는 다른 말로 '증후군'이라고도 하며, 병이 나타나는 증세는 일관성이 있지만 그 증세가 나타나는 인과관계가 확실하지 않아 특정한 병의 명칭을 붙이기가 곤란할 때 사용되는 말이에요.

우리가 흔히 겪을 수 있는 신드롬(증후군)의 예로는 긴장이나 스트레스로 인해 내장 기관의 장애를 보이는 '과민성대장증후군'이 있어요. 또한 심리적인 증세와 관련한 신드롬으로는 스톡홀름 신드롬 외에도 성인이 되어도 어른의 사회적 역할에 적응하지 못하고 어린아이와 같은 행동을 하는 '피터팬 신드롬', 인터넷을 사용하지 않으면 불안감을 느끼는 '인터넷 신드롬' 등이 있답니다.

애견테라피스트(Dog Therapist)

한 연구소의 보고서에 의하면 애견과 같은 반려동물을 키우는 가구는 우리나라 전체 가구의 25.1%로 그와 관련된 시장은 매년 10% 이상씩 성장하고 있다고 한다. 사람들의 개에 대한 애정과 관심이 커지고 관련된 시장이 확대되면서 애견과 관련된 진로를 희망하는 학생들의 수 또한 점차 늘어나고 있다. 우리나라에서는 아직 생소한 직업이지만, 외국에서는 애견과 관련된 직업으로 많은 사람들이 선택하고 있는 직업이 있다. 바로 애견테라피스트(Dog Therapist)이다.

원래 개는 집안이 아니라 자연 속에서 자유롭게 생활하던 동물이었다. 하지만 아파트에 거주하는 사람들이 늘어남에 따라, 집안에서 개를 키우는 경우가 늘어났다. 밖에 돌아다니고 싶은 본성을 억누르고 집안에서만 지내는  개들이 받는 스트레스 역시 늘어났고, 스트레스가 쌓인 개들에게는 정신적·신체적 문제가 발생하기도 했다. 그래서 이를 해결해 주기 위해 만들어진 직업이 애견테라피스트이다.

애견테라피스트는 개들이 갖고 있는 습성과 자연 치유력을 이용하여 개들의 심신을 안정시키고 건강하게 지낼 수 있도록 돕는 사람들을 말한다. 이들은 개들에게 아로마향 등을 이용해 향기 치료를 하기도 하고, 손으로 개들의 몸에 부드럽게 자극을 주어 심리적인 균형을 맞추는 마사지 치료, 놀이 치료 등을 하기도 한다.

애견테라피스트가 되기 위해서는 기본적으로 개를 사랑하는 마음이 있어야 한다. 거기에 전문적인 지식을 쌓고 훈련을 받아야 애견테라피스트로 거듭날 수 있다. 즉, 개의 자연 치유력을 높이기 위한 각종 치료 방법을 익히고, 개의 행동 습성을 파악하며, 마사지를 하기 위해 해부학 등 전문적이고 다양한 교육을 받아야 한다.

아직 국내에는 애견테라피스트와 관련된 자격증이 없지만 한국직업능력개발원이 발간한 '미래의 직업 세계(해외직업편)'에서는 유망한 직업으로 애견테라피스트를 소개하고 있다. ㉠머지않아 우리나라에서도 애견테라피스트라는 직업을 가진 사람이 많이 늘어나지 않을까?

[글의 구조 파악]

01 다음은 윗글의 내용을 정리한 것이다. 빈칸에 들어가기에 적절한 말을 쓰시오.

> 1문단에서는 중심 대상인 '☐☐☐☐☐☐☐'을/를 소개하고, 2~4문단에서는 이에 대해 자세히 설명하고 있다. 그리고 5문단에서는 애견테라피스트와 관련하여 국내의 현황과 ☐☐을/를 제시하고 있다.

＊글 전체의 중심 문단을 찾고 요약하시오.

● 중심 문단 : ☐문단

● ☐문단 요약 :

습성 : 같은 동물종 내에서 공통되는 생활 양식이나 행동 양식
자연 치유력 : 치료나 약을 투약하지 않고 몸의 면역력으로 자연적으로 병을 낫는 능력
해부학 : 생물체 내부의 구조와 기구를 연구하는 학문
발간하다 : 책, 신문, 잡지 따위를 만들어 내다.

02 다음은 윗글에 대한 설명이다. 빈칸에 들어가기에 적절한 말을 쓰시오.

> 윗글에서는 애견테라피스트라는 직업과 그 전망에 대해 설명하고 있다. 이 글 전체의 핵심어는 '애견테라피스트'이고, 애견테라피스트가 어떤 직업인지 소개하면서 이 직업이 머지않아 우리나라에서도 흔한 직업이 될 것이라고 하였으므로 이 글의 주제는 '____'이다.

03 윗글의 내용으로 적절하지 <u>않은</u> 것은?

① 아파트는 개의 본성을 충족시키는 데 적합하지 않다.
② 우리나라 사람들의 개에 대한 애정과 관심이 커지고 있다.
③ 애견테라피스트는 기본적으로 개들의 습성과 자연 치유력을 이용한다.
④ 애견테라피스트가 되기 위해서는 전문적인 지식을 쌓고 훈련을 받아야 한다.
⑤ 반려동물 관련 시장이 성장하는 추세에 비해 이에 대한 국가적 지원이 부족하다.

03
1문단에서는 반려동물 관련 시장에 대해 언급하고, 2~4문단에서는 애견테라피스트를 개의 특성과 관련지어 설명하고 있어요. 지문에서 언급하지 않은 내용을 찾아보세요.

04 글쓴이가 윗글을 통해 궁극적으로 말하고자 하는 바로 가장 적절한 것은?

① 개가 아프면 자연적인 방법으로 치료해야 한다.
② 우리나라의 애견 시장은 경제적으로 가치가 높다.
③ 개가 좋아하는 향기에 대해 더 많이 연구해야 한다.
④ 우리나라와 다른 나라의 직업의 종류는 차이가 많다.
⑤ 애견테라피스트가 머지않아 우리나라에서도 흔한 직업이 될 것이다.

04
글쓴이의 주된 의견은 보통 마지막 문단에 나오는 경우가 많습니다. 5문단에 주목하세요!

05 ㉠의 상황을 나타내는 말로 가장 적절한 것은?

① 동문서답　　　　② 일편단심
③ 전도유망　　　　④ 자수성가
⑤ 작심삼일

05
㉠의 의미는 애견테라피스트의 전망이 밝다는 것입니다. 이에 해당하는 한자 성어를 골라 보세요.

적합하다 : 일이나 조건 따위에 꼭 알맞다.
추세 : 어떤 현상이 일정한 방향으로 나아가는 경향
궁극적 : 더할 나위 없는 지경에 도달하는 것
머지않다 : 시간적으로 멀지 않다.

문명의 상징, 수레

인류가 만들어 낸 수많은 발명품 중에는 인류 전체의 삶을 바꿔 놓을 만큼 큰 영향을 준 것들도 많다. 그중 하나인 수레는 인류 문명의 상징이라고 불릴 정도로 우리의 삶에 큰 영향을 주었다. 수레는 어떻게 만들어졌으며, 왜 인류 문명의 상징이라고 불리는 것일까?

수레를 만드는 가장 핵심적인 기술은 바로 바퀴이다. 원래 수레가 처음 만들어졌을 때의 바퀴는 원반 모양으로 둥그렇게 자른 통나무를 끼운 것이었다. 그러나 바퀴의 재료로 쓸 큰 통나무가 많지 않았고, 시간이 지나면서 바퀴가 나뭇결을 따라 부서지는 일도 많아졌다. 이에 대한 보완책으로 나온 것이 쪼개진 나무 조각을 못으로 이어 붙여 원판으로 만든 바퀴인데, 원판으로 만든 바퀴는 무겁고 움직이기 힘들었다. 그러다 기원전 2000년경 지금의 자전거 바퀴처럼 테두리에 바큇살을 박아 만든 바퀴가 만들어졌고, 이 바퀴로 만들어진 수레는 무게가 가벼워 많은 짐을 싣고도 빠르고 쉽게 움직일 수 있었다.

이렇게 발전해 온 수레는 인류의 삶에 어떤 영향을 끼쳤을까? 첫 번째로 수레는 인간이 시간과 공간의 한계를 크게 뛰어넘게 해 주었다. 동물이 끄는 수레를 사용하기 시작하면서 인간은 많은 양의 짐을 싣고 먼 거리를 빠르게 이동할 수 있게 되었다. 이로 인해 예전보다 시간이 남으면서 더 많은 일을 할 수 있게 되었고, 더 먼 곳의 장소를 경험할 수 있게 되었다.

두 번째로 수레는 도시 건설의 밑거름이 되었다. 수레가 다니려면 반드시 필요한 것이 길이다. 수레가 다닐 길을 만들고, 그 길로 더 많은 수레들이 다니면서 그 근처에는 교통의 요지이자 상업의 중심지가 생겨나게 되었다. 이 지역은 나중에 도시로 발전했다. 세 번째로 수레는 다른 '빠른 탈것'을 만들어 내는 원동력이 되었다. 수레를 사용하게 된 인류는 좀 더 빠르고, 많은 짐을 실을 수 있는 탈것을 만들기 위해 끊임없이 노력했다. 이에 따라 자동차, 비행기 등을 만들어 냈다.

이처럼 수레 덕분에 인류는 시간과 공간의 장애를 극복하고 문명을 더욱 발전시킬 수 있게 되었다. 이러한 점을 고려하면 수레는 인류 문명의 상징이라고 부를 수 있을 것이다.

*** 글 전체의 중심 문단을 찾고 요약하시오.**

● 중심 문단 : [　] 문단

● [　] 문단 요약 :

문명 : 인류가 이룩한 물질적, 기술적, 사회 구조적인 발전

보완책 : 부족한 것을 보충하여 온전하게 하려는 방책

바큇살 : 바퀴통에서 테를 향하여 부챗살 모양으로 뻗친 가느다란 나무오리나 쇠막대

밑거름 : 어떤 일을 이루는 데 기초가 되는 요인

요지 : 정치, 문화, 교통, 군사 따위의 핵심이 되는 곳

원동력 : 어떤 움직임의 근본이 되는 힘

[글의 구조 파악]

06 다음은 윗글의 내용을 정리한 것이다. 빈칸에 들어가기에 적절한 말을 쓰시오.

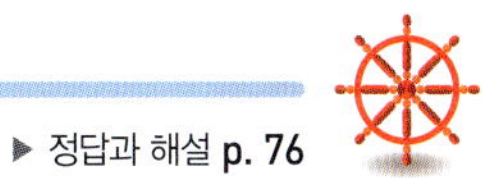

[주제 찾기]

07 다음은 윗글에 대한 설명이다. 빈칸에 들어가기에 적절한 말을 쓰시오.

> 1문단에서는 인류 문명의 상징인 수레를, 2문단에서는 수레의 바퀴가 발전해 온 과정을 소개하고 있다. 3문단과 4문단에서는 수레가 인류에 미친 영향을 설명하고, 5문단에서는 수레의 의의를 언급하고 있다. 따라서 이 글에서는 인류 문명의 상징인 수레에 대해 이야기하고 있으므로 주제는 '＿＿＿＿＿＿＿＿＿＿＿＿＿＿＿＿＿＿＿＿＿＿＿＿＿＿＿＿＿＿＿＿'이다.

08 윗글의 내용으로 적절하지 <u>않은</u> 것은?

① 수레는 인류의 문명에 있어 탈 것 이상의 의미를 가진다.
② 수레를 소유했는지의 여부에 따라 빈부의 격차가 생겨났다.
③ 수레를 사용함으로써 하루 동안 갈 수 있는 거리가 늘어났다.
④ 수레의 바퀴를 지금과 같은 모습으로 만들기 위해 많은 과정을 거쳤다.
⑤ 수레를 사용한 후 인류는 기술적으로 더 발전한 탈것을 만들기 위해 노력했다.

08
2~4문단에서 수레의 어떠한 측면에 대해 설명하고 있는지를 파악해 보세요.

09 윗글에 대한 설명으로 가장 적절한 것은?

① 구체적인 통계 자료를 근거로 제시하고 있다.
② 중심 대상의 가치를 여러 가지 측면에서 살펴보고 있다.
③ 비유적인 표현을 통해 독자를 효과적으로 설득하고 있다.
④ 개인적인 경험을 통해 중심 대상의 역사를 소개하고 있다.
⑤ 서로 다른 두 사례를 비교하여 문제 상황을 비판하고 있다.

09
이 지문에서 수레가 인류의 문명에 미친 영향을 어떻게 설명하고 있는지 살펴보세요. 이 글의 핵심어, 즉 중심 대상은 '수레'라는 것을 기억하세요!

10 윗글을 읽고 난 후의 반응으로 적절하지 <u>않은</u> 것은?

① 수레들이 많이 다니던 길 주변에는 도시가 발달했군.
② 동물이 끄는 수레에는 많은 양의 짐을 실을 수 있었군.
③ 수레가 발명되기 이전에 인류는 공간과 시간의 제약이 꽤 컸겠군.
④ 처음 만들어졌던 바퀴는 아주 튼튼해서 오랜 시간 동안 쓸 수 있었군.
⑤ 쪼개진 나무 조각을 못으로 이어 붙인 원판을 수레의 바퀴로 사용하기도 했군.

10
'윗글을 읽고 난 후의 반응' 역시 지문의 내용과 일치해야 한다는 사실을 꼭 기억합시다.

빈부 : 가난함과 부유함을 아울러 이르는 말
격차 : 빈부, 임금, 기술 수준 따위가 서로 벌어져 다른 정도
통계 자료 : 통계를 내는 데 바탕이 되는 자료. 또는 통계에 반영된 자료
제약 : 조건을 붙여 내용을 제한함. 또는 그 조건

DAY 19 Review 어휘

★ 정답은 [해설편 표지] 안쪽에 있습니다.

★ **[01~04]** 문맥을 고려하여 다음 문장의 빈칸에 들어가기에 알맞은 말을 고르시오.

01 도시로 이동하는 인구가 해마다 늘어 가는 (추세 / 추측)(이)다.

02 경쟁 관계에 있던 두 사람 사이의 (격언 / 격차)이/가 크게 벌어졌다.

03 이집트는 뛰어난 기술을 바탕으로 엄청난 (문명 / 문맹)을 이루었다.

04 내가 살던 천안은 교통의 (요지 / 궁지)로 잘 알려져 있다.

★ **[05~09]** 제시된 글자들을 조합하여 다음 뜻풀이에 해당하는 단어를 쓰시오.

습	학	바	발	큇
해	책	팔	완	새
간	성	부	보	살

05 같은 동물 종 내에서 공통되는 생활 양식이나 행동 양식 (　　　)

06 부족한 것을 보충하여 온전하게 하려는 방책 (　　　)

07 책, 신문 잡지 따위를 만들어 내다. (　　　)하다

08 생물체 내부의 구조와 기구를 연구하는 학문 (　　　)

09 바퀴통에서 테를 향하여 부챗살 모양으로 뻗친 가느다란 나무오리나 쇠막대 (　　　)

★ **[10~13]** 〈보기〉에 제시된 초성과 뜻풀이를 참고하여 다음 문장의 빈칸에 들어가기에 알맞은 단어를 쓰시오.

〈보기〉
- ㅌㄱ ㅈㄹ : 통계를 내는 데 바탕이 되는 자료. 또는 통계에 반영된 자료
- ㅈㅎ하다 : 일이나 조건 따위에 꼭 알맞다.
- ㅈㅇ : 조건을 붙여 내용을 제한함. 또는 그 조건
- ㅇㄷㄹ : 어떤 움직임의 근본이 되는 힘

10 이 지역은 땅이 거칠어서 농사짓기에 (　　　)하지 않다.

11 단체 생활에는 여러 가지 (　　　)이/가 있기 마련이다.

12 발표나 강연에서 (　　　)을/를 잘 활용하면 듣는 사람의 집중력을 높일 수 있다.

13 그녀는 자신이 돌보아야 할 동생들을 삶의 (　　　)(으)로 삼아서 하루하루 열심히 공부했다.

★ **[14~16]** 문맥을 고려하여 밑줄 친 단어의 뜻과 가장 가까운 것을 고르시오.

14
> 지금까지의 경험을 <u>밑거름</u>으로 삼는다면 너는 앞으로 더욱 성장할 것이다.

① 밑그림　　② 실패　　③ 기초

15
> 오랜 시간을 기다린 끝에, 나는 <u>머지않아</u> 그녀를 만날 수 있을 것이라고 확신했다.

① 곧　　② 나중에　　③ 언젠가

16
> 내가 공부를 하는 <u>궁극적</u>인 목적은 시험을 잘 보기 위한 것이 아니라 더 많은 지식을 쌓기 위함이다.

① 비유적　　② 최종적　　③ 적극적

✳ 수레의 역사

전 세계의 역사에서 바퀴 달린 수레가 처음 등장한 것은 메소포타미아의 오래된 서판에서입니다. 이 서판이 기원전 4000년에 만들어졌다고 밝혀진 것을 고려하면, 수레의 역사가 이와 비슷하거나 혹은 이 이상으로 오래되었음을 알 수 있어요.

또한 메소포타미아의 서판이 만들어진 때와 비슷한 시기에 만들어진 것으로 추측되는 독일 키일 근처의 고분에서도 바퀴 자국이 발견되었고, 폴란드에서 출토된 컵에서는 수레 모양 상형 문자가 발견되었습니다. 이러한 유물들을 통해 그 당시에 유럽과 메소포타미아 지역에서 이미 수레가 사용되고 있었다는 것이 드러난 것이죠.

이러한 수레는 근대와 현대에 이르러 기차와 자동차, 비행기 등이 발명되면서 운송수단으로서는 그 역할이 쇠퇴하게 되었어요. 하지만 여전히 수레가 활발히 사용되는 곳이 있는데, 바로 우리가 자주 가는 마트입니다. 대형 마트에 가면 항상 '쇼핑 카트(Cart)'를 볼 수 있는데, 이는 미국 오클라호마의 사업가인 실반 골드맨이 발명한 쇼핑용 수레예요. 쇼핑 카드의 등장은 혁신적이었고, 이로 인해 사람들이 좋은 제품을 더 많이 살 수 있게 되었고 기업 입장에서는 수익을 크게 높일 수 있었어요. 그 후 쇼핑 카트는 전 세계로 퍼지게 되어 수레가 우리의 생활 속에서 밀접한 관계를 맺게 되었답니다.

인류에게 문명을 가져다준 불

불은 인류를 다른 동물들과 구별되는 존재로 만들었다고 평가받는 것 중 하나이다. 인류가 처음 불을 사용했을 때는 번개나 화산 폭발 등 자연적으로 발생한 불을 사용했지만, 그렇게 만들어진 불을 계속 보존할 수는 없었다. 신석기 시대에 이르러서야 석기를 다듬기 위해 돌끼리 부딪히면서 불꽃이 일어나는 것을 본 인류는 이 원리를 이용하여 부싯돌을 만들었고, 이후에는 필요할 때에 불을 만들 수 있게 되었다.

불은 인간의 삶의 시간적, 공간적 영역을 확대시켜 주었다. 불을 피움으로써 예전에는 추워서 살기 힘들었던 곳에서 살 수 있게 되었고, 밤에도 활동을 할 수 있게 되었다. 또한 불을 이용한 음식을 먹게 되면서 인간의 지적 능력도 발달했다. 익히지 않은 음식물은 인간이 소화해서 영양분을 흡수하는 데 시간이 많이 걸린다. 그러나 불에 익힌 음식물은 인간이 더 빨리 소화할 수 있고, 영양분의 흡수율도 더 높다. 인간이 이전보다 더 쉽고 빠르게 음식을 소화하고, 영양분도 더 많이 흡수하게 됨에 따라 음식을 먹으면 에너지가 남게 되었다. 이때 이 남은 에너지를 바로 뇌가 사용하면서 인간의 지적 능력이 비약적으로 발전한 것이다.

또 불을 사용하게 됨에 따라 새로운 재료로 만든 도구도 사용할 수 있게 되었다. 신석기 시대에는 흙을 빚어 불에 구움으로써 그릇을 만들어 다양한 것들을 보관할 수 있었다. 그 후 청동기 시대에는 청동기를 불로 녹여 만든 제기 등의 물건을 통해 종교적, 정치적 입지를 다지는 사람들이 생겨났고, 철기 시대에는 철기로 다양한 철제 농기구와 무기를 만듦으로써 농업의 생산력을 높이고 정복 전쟁도 펼치게 되었다.

이처럼 인류의 역사가 크게 변할 때, 불은 늘 인류의 곁에 있었다. 이러한 점에서 볼 때 불은 단순한 수단이 아니라, 인류 문명을 만든 원동력이자 인류에게 문명이라는 선물을 전해 준 고마운 존재라고 볼 수 있다.

[글의 구조 파악]

01 다음은 윗글의 내용을 정리한 것이다. 빈칸에 들어가기에 적절한 말을 쓰시오.

> 1문단에서는 중심 대상인 '☐'을/를 소개하고, 2문단과 3문단에서는 불이 인류의 삶에 미친 영향을 설명하고 있다. 그리고 4문단에서는 1~3문단의 내용을 정리하며 마무리하고 있다.

[주제 찾기]

02 다음은 윗글에 대한 설명이다. 빈칸에 들어가기에 적절한 말을 쓰시오.

> 윗글에서는 인류 역사에서의 불의 역할에 대해 설명하고 있다. 이 글 전체의 핵심어는 '불'이고, 불이 인류 문명을 일으킨 원동력이 되었다고 이야기하고 있으므로 이 글의 주제는 '____'이다.

03 윗글의 내용으로 가장 적절한 것은?

① 인간은 처음에 자연 현상으로 인해 발생한 불을 사용했다.
② 불의 편리함에 익숙해진 인간은 점차 지적 능력이 떨어졌다.
③ 불을 사용함으로써 인간이 만들 수 있는 도구의 종류가 적어졌다.
④ 부싯돌을 사용하는 방법으로는 인간이 원할 때 불을 만들기 어려웠다.
⑤ 청동기 시대에 종교가 발전하면서 불을 사용하는 것이 신성하게 여겨졌다.

03
인류가 처음 불을 사용했던 때에 대해 설명하고 있는 1문단에 주목하세요.

04 윗글에 대한 설명으로 가장 적절한 것은?

① 비슷한 현상에 빗대어 불의 단점을 설명하고 있다.
② 다른 동물들과의 차이를 통해 인간을 비판하고 있다.
③ 인간과 불의 특성을 비교하여 인간의 이기심을 드러내고 있다.
④ 불에 대한 질문을 던지면서 독자의 호기심을 이끌어 내고 있다.
⑤ 시대의 흐름에 따라 인간이 불을 사용했던 모습을 제시하고 있다.

04
2~3문단에서 인류의 삶과 불을 어떻게 관련지어 설명했는지 살펴보세요.

05 윗글의 중심 내용으로 가장 적절한 것은?

① 인류의 불에 대한 인식 변화
② 불이 인류의 삶에 미친 영향
③ 불로 인해 생길 수 있는 위험
④ 불과 음식의 영양분과의 관계
⑤ 인류가 불을 함부로 사용하지 않았던 이유

05
이 지문에서 불에 대해 설명한 내용 중, 어떤 내용을 가장 중심적으로 설명했는지 생각해 보세요. 특히 글 전체의 중심 문단인 5문단에 주목하세요.

신성하다 : 함부로 가까이할 수 없을 만큼 고결하고 거룩하다.
비판하다 : 현상이나 사물의 옳고 그름을 판단하여 밝히거나 잘못된 점을 지적하다.
이기심 : 자기 자신의 이익만을 꾀하는 마음
영양분 : 영양이 되는 성분

비를 만들어라!

　계절을 가리지 않고 한반도에서 미세먼지가 기승을 부리고 있다. 우리나라에 미세먼지가 심한 날이 늘어나면서 이와 관련된 질환을 앓는 사람의 수도 점차 증가하고 있다. 이러한 미세먼지로 인한 문제를 해결하기 위한 방법 중 하나가 바로 인공 비를 내리는 것이다.

　인공 비의 원리를 이해하려면 먼저 자연적인 비가 내리는 원리를 알아야 한다. 구름 속에는 아주 작은 물방울들, 즉 구름 입자들이 모여 있는데, 구름 입자들이 모여 무거워져서 땅 위로 떨어지는 것이 바로 비이다. 일반적으로 구름 속 습도가 400% 이상이 되어야 비가 내리지만 습도가 100%여도 비가 내리는 경우가 있다. 이는 구름 입자들이 뭉치는 데 도움을 주는 먼지, 연기 등이 구름 속에 들어 있는 경우이다. 이때의 먼지, 연기 등을 응결핵이라고 한다.

　인공 비를 내리려면 우선 구름에 응결핵의 역할을 하는 구름씨를 뿌려야 한다. 구름씨로 사용되는 물질은 구름의 고도에 따라 다르다. 높은 구름에는 아이오딘화은이나 드라이아이스를, 낮은 구름에는 염화나트륨이나 염화칼륨 등을 구름씨로 사용한다. 이 물질들은 수분을 흡수하는 성질, 즉 흡습성을 가지고 있어서 구름 속 물방울을 끌어들인다. 다만 구름에 구름씨만 뿌린다고 비가 내리는 것이 아니라, 그 밖의 조건들이 모두 맞을 때만 비가 내린다.

　인공 비를 내리게 하면 부작용은 없는 걸까? 먼저 일부 전문가들은 구름씨로 사용하는 아이오딘화은이나 드라이아이스가 환경 오염에 영향을 미칠지 모른다고 주장한다. 게다가 또 다른 전문가들의 말에 의하면 중국에서 인공 비를 내리게 하면 공기 속 수증기가 부족해져 한반도에 사막화가 일어날 수도 있다고 한다.

　현재는 이런 문제를 해결하면서도 인공 비를 내리게 하기 위해 많은 연구가 진행 중이다. 공기 속의 입자들을 전기장으로 교란시켜 수증기를 끌어 모으는 방법으로 구름이 없는 곳에서도 비를 내리게 하는 방법 등이 그것이다. 이러한 연구들이 계속된다면 언젠가 비를 마음대로 내리게 하는 세상이 올지도 모른다.

[글의 구조 파악]

06 다음은 윗글의 내용을 정리한 것이다. 빈칸에 들어가기에 적절한 말을 쓰시오.

| **1 문단** 미세먼지 문제를 해결할 □□ 비 | → | **2 문단** 자연적인 비의 원리와 응결핵 / **3 문단** 인공 비를 내리는 방법 | → | **4 문단** 인공 비의 □□□ | → | **5 문단** 인공 비 기술의 전망 |

[주제 찾기]

07 다음은 윗글에 대한 설명이다. 빈칸에 들어가기에 적절한 말을 쓰시오.

> 　1문단에서는 중심 대상인 인공 비를 소개하고, 2~3문단에서는 인공 비의 원리, 4문단에서는 인공 비의 부작용, 5문단에서는 인공 비 기술의 전망을 설명하고 있다. 따라서 주제는 '________________________________'이다.

＊글 전체의 중심 문단을 찾고 요약하시오.

● 중심 문단 : □문단

● □문단 요약 :

기승 : 기운이나 힘 따위가 성해서 좀처럼 누그러들지 않음. 또는 그 기운이나 힘

입자 : 물질을 구성하는 미세한 크기의 물체

고도 : 평균 해수면 따위를 0으로 하여 측정한 대상 물체의 높이

부작용 : 어떤 일에 부수적으로 일어나는 바람직하지 못한 일

전기장 : 전기를 띤 물체 주위에 전기 작용이 존재하는 공간

교란하다 : 마음이나 상황 따위를 뒤흔들어서 어지럽고 혼란하게 하다.

▶ 정답과 해설 p. 80

08 윗글의 내용으로 적절하지 <u>않은</u> 것은?

① 우리나라에서 미세먼지 관련 문제가 점차 심각해지고 있다.
② 인공 비의 원리는 자연적으로 비가 내리는 원리와 관련이 있다.
③ 전기장을 이용하여 인공 비를 내리게 하는 방법에 대한 연구가 진행되고 있다.
④ 인공 비를 내리게 하는 것은 미세먼지 문제를 해결할 수 있는 방법 중 하나이다.
⑤ 인공 비를 내리게 하는 것은 친환경적인 일이므로 부작용을 걱정하지 않아도 된다.

> **08**
> 인공 비의 부작용에 관해 설명하고 있는 4문단에 주목하여 문제를 보세요.

09 윗글에 대한 설명으로 가장 적절한 것은?

① 질문을 던지고 그에 답하며 인공 비의 장점을 설명하고 있다.
② 시간 순서에 따라 인공 비 연구의 발전 과정을 설명하고 있다.
③ 전문가의 의견을 인용하여 인공 비가 우리 몸에 미치는 영향을 설명하고 있다.
④ 자연적인 비가 내리는 원리를 통해 인공 비를 내리게 하는 방법을 설명하고 있다.
⑤ 인공 비와 자연적인 비를 비교하여 자연적으로 내리는 비의 한계를 밝히고 있다.

> **09**
> 이 지문은 인공 비를 내리는 방법, 인공 비의 부작용 등에 대해 설명하는 글입니다. 특히 2~3문단에서 인공 비의 원리를 어떻게 설명하고 있는지 살펴보세요.

10 〈보기〉는 인공 비를 내리는 과정을 그림으로 나타낸 것이다. ㉠~㉢에 대한 설명으로 적절하지 <u>않은</u> 것은?

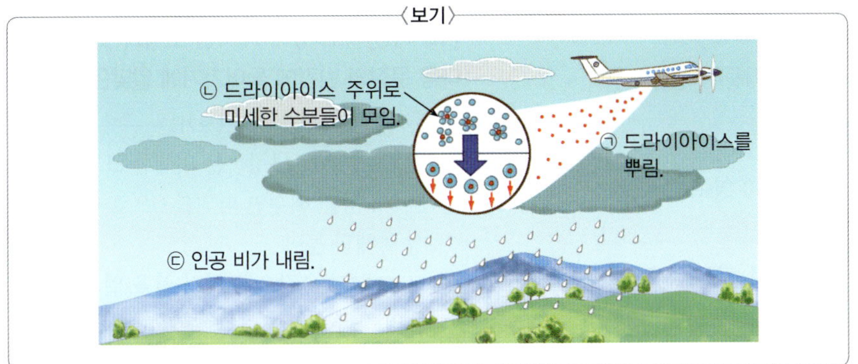

① ㉠에서 구름에 뿌려진 드라이아이스가 응결핵의 역할을 한다.
② ㉠에서 구름씨를 뿌릴 때는 구름의 고도에 따라 다른 물질을 사용한다.
③ ㉡에서 드라이아이스가 끌어들인 물로 인해 구름의 무게가 점점 무거워진다.
④ ㉡에서 드라이아이스 주위에 수분이 모이는 것은 드라이아이스의 흡습성 때문이다.
⑤ ㉢과 같이 비가 내리는 데에는 특별한 조건이 필요하지 않다.

> **10**
> 자연적인 비가 내리는 원리와 인공 비를 내리는 방법에 대해 설명하고 있는 2~3문단을 통해 〈보기〉를 이해해야 해요.

20 DAY

친환경적 : 자연환경을 오염하지 않고 자연 그대로의 환경과 잘 어울리는 것
인용하다 : 남의 말이나 글을 자신의 말이나 글 속에 끌어 쓰다.

✱ **[01~06]** 다음 단어의 뜻풀이로 적절한 것을 〈보기〉에서 찾아 번호를 쓰시오.

〈보기〉
① 마음이나 상황 따위를 뒤흔들어서 어지럽고 혼란하게 하다.
② 인간이 경제 활동을 하기 위하여 선택하는 장소
③ 지위나 수준 따위가 갑자기 빠른 속도로 높아지거나 향상되는 것
④ 함부로 가까이할 수 없을 만큼 고결하고 거룩하다.
⑤ 자연환경을 오염하지 않고 자연 그대로의 환경과 잘 어울리는 것
⑥ 잘 보호하고 간수하여 남기다.

01 신성하다 (　　　)　　**02** 입지 (　　　)

03 보존하다 (　　　)　　**04** 비약적 (　　　)

05 교란하다 (　　　)　　**06** 친환경적 (　　　)

✱ **[07~09]** 문맥을 고려하여 다음 문장의 빈칸에 들어가기에 알맞은 단어를 고르시오.

07
(　　　)이 충분히 공급되어야 식물이 잘 자랄 수 있다.

① 영양분　　② 영향력　　③ 영수증

08
나는 좋은 것은 다 자신이 가지려 하는 친구의 (　　　)에 화가 났다.

① 이익률　　② 이기심　　③ 이상향

09
어렸을 때 책을 읽는 것은 (　　　) 능력을 높이는 데 도움이 된다.

① 지적　　② 자책　　③ 자연

✱ **[10~13]** 사다리 타기에 따라, 빈칸에 들어갈 단어의 뜻을 〈보기〉에서 골라 번호를 쓰시오.

〈보기〉
① 남의 말이나 글을 자신의 말이나 글 속에 끌어 쓰다.
② 어떤 일에 부수적으로 일어나는 바람직하지 못한 일
③ 기운이나 힘 따위가 성해서 좀처럼 누그러들지 않음.
④ 현상이나 사물의 옳고 그름을 판단하여 밝히거나 잘못된 점을 지적하다.

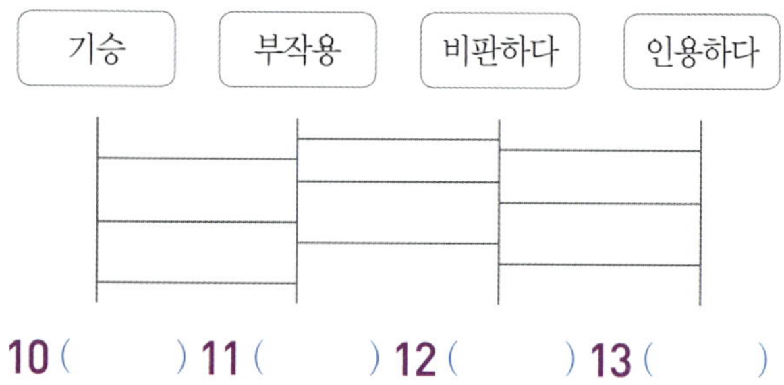

10 (　　　)　**11** (　　　)　**12** (　　　)　**13** (　　　)

✱ **[14~16]** 〈보기〉에 제시된 초성과 뜻풀이를 참고하여 다음 문장의 빈칸에 들어가기에 알맞은 단어를 쓰시오

〈보기〉
• ㅇㅈ : 물질을 구성하는 미세한 크기의 물체
• ㄱㄷ : 평균 해수면 따위를 0으로 하여 측정한 대상 물체의 높이
• ㅂㅅㄷ : 쇳조각으로 쳐서 불을 일으키는 데 쓰는 돌의 하나

14 나는 (　　　)이/가 고운 모래로 장난치는 것이 재미있다.

15 원시인들이 (　　　)을/를 사용해서 불을 피운 것은 엄청난 일이었다.

16 비행기를 타고 (　　　)이/가 높아질수록 귀가 먹먹해진다.

✳ 인공 비의 역사

　아주 오래 전, 사람들이 비가 필요할 때 비를 내리게 하는 방법은 오직 신에게 기원하는 것뿐이었어요. 당시 사람들은 비가 내리는 원리를 과학적으로 알아낸다든지, 사람의 힘으로 비를 내리게 할 수 있다든지 하는 생각은 전혀 하지 못했지요. 그러다 보니 연기를 많이 내거나 큰 북을 울려서 비가 내리게 하는 시늉을 한 뒤에 돈을 챙기는 사기꾼들이 종종 등장하기도 했어요.

　인류가 처음으로 과학적인 수단을 이용하여 비를 내리려고 시도했던 것은 19세기 후반부터였어요. 그 당시의 과학자들은 로켓이나 벌룬(풍선)을 이용해 폭발물을 구름 높이까지 올려 보낸 후, 전기 스파크를 일으켜 폭발을 일으키는 방법으로 비를 내리자고 제안했어요. 그러다가 1891년에는 어떤 과학자가 공기를 충분히 냉각시키기 위해 액화 탄산 가스를 공중에 뿌리는 방법을 시도하였고, 드디어 1930년에 이르러 현대의 인공 비 기술과 가장 유사하게 드라이아이스를 공중에 뿌려 비를 내리게 하는 실험이 시도되었어요.

　하지만 이러한 시도들은 모두 성공하지 못했어요. 당시에는 특정 물질을 구름 높이까지 온전하게 이동시키고, 그것을 넓은 범위의 구름에 뿌릴 수 있는 기술이 부족했기 때문이에요. 그래서 인공 비 실험은 항공기의 발달과 더불어 이루어져 왔답니다. 인공 비 실험이 성공하게 된 일이나, 이러한 성공으로 인해 인공 비가 기상학의 한 분야로 인정받게 된 일은 모두 세계 과학사에 있어서 비교적 최근에야 이루어진 일들인 것이지요.

세균 잡는 바이러스

대부분의 사람들이 병을 일으키는 원인이라고 생각하는 '바이러스'는 완전한 생명체라고 볼 수 없다. 생명체로 인정받기 위한 세 가지 조건을 갖추지 못했기 때문이다. 생명체로 인정받기 위해서는 스스로 번식하여 자손을 퍼뜨릴 수 있어야 하며, 양분을 흡수하여 생명을 유지해야 하고, 환경에 적응하고 진화할 수 있어야 한다. 그런데 바이러스는 스스로 자손을 퍼뜨리는 능력을 갖추지 못해서 생명체로 인정받지 못한다.

그렇다면 스스로 자손을 퍼트리지 못하는 바이러스는 어떻게 번식하여 병을 일으키는 것일까? 바로 다른 생명체의 세포를 이용한다. 먼저 인간과 같은 숙주의 몸속에 들어온 바이러스는 세포에 기생한다. 보통 대부분의 바이러스는 인간 몸속의 많은 세포 가운데 자신이 좋아하는 세포가 있어서 그 속으로 자신의 유전 물질을 집어넣는다. 유전 물질에 의해 세포 속에는 바이러스의 수가 무수히 늘어나게 되고, 어느 정도 이상으로 늘어나게 되면 바이러스는 세포를 뚫고 밖으로 나온다. 그 과정에서 바이러스는 자신이 기생하고 있던 숙주의 세포를 파괴하고, 이에 따라 바이러스에 감염된 숙주는 피해를 입게 된다.

그러나 모든 바이러스가 숙주에게 피해를 주는 것은 아니다. '박테리오파지'라는 특이한 바이러스는 살아있는 생명체에 기생하는 것은 다른 바이러스와 같지만, 숙주에게 해를 끼치는 세균에 기생한다. 그래서 세균의 세포를 파괴하기 때문에 숙주에게 유익하다. '박테리오파지'라는 이름도 세균을 뜻하는 그리스어인 '박테리오'와 먹는다는 의미의 그리스어인 '파지'를 결합하여 만들어진 것으로, '세균을 먹는다.'라는 의미이다.

이러한 박테리오파지를 이용한 자연치료 요법이 주목을 받으면서 박테리오파지와 관련된 연구는 최근 활발하게 진행되고 있다. 세균 잡는 바이러스가 인류의 건강에 기여하는 시대가 찾아온 것이다.

[글의 구조 파악]

01 다음은 윗글의 내용을 정리한 것이다. 빈칸에 들어가기에 적절한 말을 쓰시오.

> 1문단에서는 중심 대상인 '☐☐☐☐'을/를 소개하고, 2문단에서는 바이러스의 번식 방법을 통해 바이러스가 숙주에게 해로운 이유를 설명하고 있다. 한편 3문단에서는 숙주에게 유익한 바이러스인 '☐☐☐☐☐☐'을/를 소개하고, 4문단에서는 이에 대한 현황을 제시하며 글을 마무리하고 있다.

▶ 정답과 해설 p. 82

[주제 찾기]

02 다음은 윗글에 대한 설명이다. 빈칸에 들어가기에 적절한 말을 쓰시오.

윗글에서는 바이러스와 박테리오파지에 대해 설명하고 있다. 이 글 전체의 핵심어는 '바이러스'이고, 바이러스는 보통 번식 과정에서 숙주에게 해를 끼치지만 숙주에게 유익한 바이러스인 박테리오파지도 있음을 이야기하고 있으므로 이 글의 주제는 '________________________________'이다.

03 윗글을 읽고 알 수 없는 내용은?

① 바이러스가 번식하는 방법
② 생명체로 인정받기 위한 조건
③ 바이러스가 숙주에게 피해를 주는 방식
④ 최근 박테리오파지 연구가 활발하게 진행되는 이유
⑤ 박테리오파지를 이용한 자연치료 요법의 경제적 효과

03
이 지문에서 '바이러스'와 '박테리오파지'에 대해 설명하지 않은 내용이 무엇인지 파악해 보세요.

04 윗글에 대한 설명으로 가장 적절한 것은?

① 일반적인 인식을 반박하여 독자를 설득하고 있다.
② 이름의 어원을 밝혀 대상의 의미를 설명하고 있다.
③ 대상에 대한 찬성과 반대의 입장을 소개하고 있다.
④ 구체적인 사례를 들어 대상의 한계를 제시하고 있다.
⑤ 다양한 측면에서 문제가 되는 현상의 원인을 밝히고 있다.

04
이 지문에서 박테리오파지에 대해 설명하기 위해 어떤 방법을 사용하고 있는지 살펴보세요. 특히 박테리오파지에 대해 설명하고 있는 3문단에 주목하세요.

05 다음은 윗글을 읽고 그 내용을 정리한 것이다. 적절하지 않은 것은?

일반적인 바이러스의 특징
• 생명체로 인정받지 못함. ·· ①
• 스스로 번식하지 못하므로 자손을 퍼뜨리지 못함. ······················ ②
• 숙주의 몸속에서 자신이 좋아하는 세포에 기생함. ······················· ③
• 숙주의 세포를 파괴함.

박테리오파지의 특징
• 숙주에게 해를 끼치는 세균에 기생함. ····································· ④
• 박테리오파지를 이용해 치료가 가능함. ···································· ⑤

05
〈보기〉는 바이러스와 박테리오파지의 특징을 정리한 내용이에요. 1~3문단의 내용을 통해 적절하지 않은 선택지를 찾아보세요.

일반적 : 일부에 한정되지 아니하고 전체에 걸치는 것
어원 : 어떤 단어의 근원적인 형태. 또는 어떤 말이 생겨난 근원

쓰레기로 만든 작품

과자 봉지를 붙인 그림, 다 쓴 휴지의 심을 모아서 만든 조형물. 이런 것들도 예술 작품이라고 볼 수 있을까? 정답은 '그렇다.'이다. 초등학교 때 해 보았을 재활용품을 이용한 만들기 숙제처럼 느껴지는 이러한 작품들은 모두 정크 아트(junk art)라고 불리는 미술의 한 영역에 속한다. 이름부터 생소한 정크 아트란 과연 무엇일까?

정크 아트의 정크는 '쓸모없는 물건, 폐물, 쓰레기'를 뜻하는 영어 단어 'junk'에서 유래했다. 즉, 정크 아트란 생활 속의 잡동사니나 망가진 기계 부품 따위를 이용하여 만드는 미술의 한 영역으로, 1950년대에 유럽과 미국에서 시작되었다.

산업 혁명 이후 인류가 만들어 낸 쓰레기의 양은 폭발적으로 늘었고 이로 인한 환경 오염도 점차 심각해지고 있다. 인간이 쓰레기를 만들어 내고, 자연을 파괴하는 현실을 비판하며 쓰레기로 예술 작품을 만들기 시작한 것이 바로 정크 아트이다. 그래서 정크 아트 작품들은 단순히 쓰레기를 재활용한다는 의미를 뛰어넘어 그 속에 ㉠작가가 전달하고자 하는 메시지를 담고 있다.

정크 아트 작가들은 지구의 자원을 활용하여 굳이 필요 없는 물건을 만들고 이를 너무나 쉽게 소비하는 사람들을 비판한다. 그들은 더 이상 사용할 수 없는 쓰레기를 작품에 사용함으로써 작품을 만들기 위해 사용하는 자원을 줄인다. 이와 더불어 관객들에게 자신들이 버리는 쓰레기도 어디에선가 재창조될 수 있을지도 모른다는 생각을 심어 준다.

결국 정크 아트 작가들은 현대인들이 물질 만능주의에 빠져 과도한 소비를 하는 것을 비판하고, 녹색 환경을 만들어야 함을 강조하는 것이다. 이처럼 정크 아트 작품들은 미적 아름다움을 추구하던 예술의 영역을 인간의 깨달음과 반성의 영역으로까지 확장시켰다.

＊ 글 전체의 중심 문단을 찾고 요약하시오.

● 중심 문단 : ☐ 문단

● ☐ 문단 요약 :

조형물 : 여러 가지 재료를 이용하여 구체적인 형태나 형상으로 만든 물체

생소하다 : 어떤 대상이 친숙하지 못하고 낯이 설다.

폐물 : 못 쓰게 된 물건

잡동사니 : 잡다한 것이 한데 뒤섞인 것. 또는 그런 물건

재창조되다 : 이미 있는 것이 고쳐지거나 새로운 방식을 통해 다시 만들어지다.

물질 만능주의 : 경제적이고 물질적인 가치를 중시하는 사고방식이나 태도

[글의 구조 파악]

06 다음은 윗글의 내용을 정리한 것이다. 빈칸에 들어가기에 적절한 말을 쓰시오.

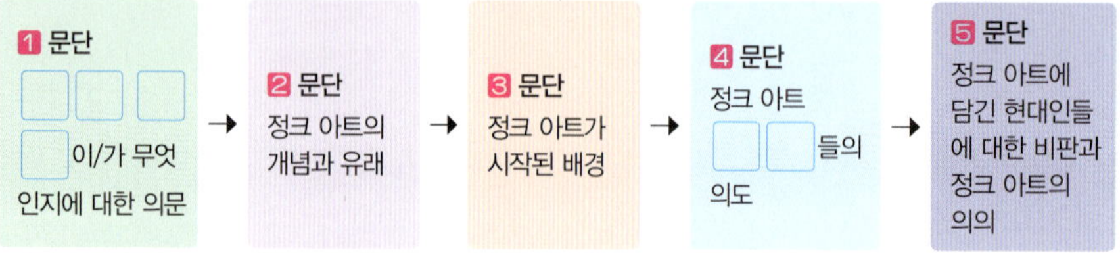

▶ 정답과 해설 p. 84

[주제 찾기]

07 다음은 윗글에 대한 설명이다. 빈칸에 들어가기에 적절한 말을 쓰시오.

> 1문단에서는 정크 아트란 무엇인지 의문을 제기하고, 2~3문단에서 이에 답하며 정크 아트의 개념과 유래, 시작 배경을 설명하고 있다. 또 4문단에서는 정크 아트에 담긴 작가들의 의도를, 5문단에서는 정크 아트의 의의를 언급하고 있다. 따라서 이 글에서는 정크 아트에 대해 이야기하고 있으므로 주제는 '____'이다.

08 윗글의 내용으로 가장 적절한 것은?

① 정크 아트를 만들 수 있는 재료는 재활용품으로만 제한된다.
② 정크 아트는 쓰레기를 효과적으로 재활용하는 방법을 말한다.
③ 정크 아트 작품은 관객들에게 예술적 즐거움을 주기 위해 만들어졌다.
④ 정크 아트에는 인간이 자연과 공존해야 한다는 동양적 세계관이 담겨 있다.
⑤ 정크 아트는 쓰레기로 인해 환경 오염이 심각해지는 현실을 비판하는 것에서 시작되었다.

08
2문단과 3문단에서 설명하고 있는 정크 아트의 개념과 정크 아트가 시작된 배경을 잘 이해해야 해요.

09 윗글에 대한 설명으로 적절하지 <u>않은</u> 것은?

① 단어의 뜻을 정의하여 정크 아트의 개념을 설명하고 있다.
② 질문을 던지며 정크 아트에 대한 흥미를 이끌어 내고 있다.
③ 구체적인 시기를 언급하여 정크 아트가 시작된 때를 알려 주고 있다.
④ 정크 아트에 해당하는 구체적인 예시를 들어 독자의 이해를 돕고 있다.
⑤ 정크 아트에 반대하는 의견을 통해 정크 아트의 단점을 설명하고 있다.

09
이 지문에서 정크 아트에 대해 설명하기 위해 어떤 방법을 사용하고 있는지 살펴보세요.

10 ㉠의 내용으로 적절하지 <u>않은</u> 것은?

① 무분별한 소비로 인해 자연 환경이 파괴되고 있다.
② 인간과 자연이 함께 사는 녹색 환경을 만들어야 한다.
③ 사람들이 정크 아트의 뛰어난 예술성을 잘 모르고 있다.
④ 편리함을 위해 일회용품을 과도하게 사용해서는 안 된다.
⑤ 쓰레기를 무심코 버리기 전에 재활용이 가능한지 한 번 더 생각해야 한다.

10
㉠은 정크 아트에 담긴 작가들의 의도를 가리켜요. 정크 아트 작가들의 의도가 무엇인지를 4~5문단에서 설명하고 있네요.

제한되다 : 일정한 한도가 정하여지거나 그 한도가 초과되지 못하게 막히다.
공존하다 : 서로 도와서 함께 존재하다.
과도하다 : 정도에 지나치다.

DAY 21 **Review** 어휘

★ 정답은 [해설편 표지] 안쪽에 있습니다.

*** [01~05] 다음 단어와 그 뜻풀이를 바르게 연결하시오.**

01 기생하다 •
      • ㉠ 경제적이고 물질적인 가치를 중시하는 사고 방식이나 태도

02 숙주 •
      • ㉡ 기생 생물에게 영양을 공급하는 생물

03 어원 •
      • ㉢ 못 쓰게 된 물건

04 폐물 •
      • ㉣ 서로 다른 종류의 생물이 함께 생활하며, 한 쪽이 이익을 얻고 다른 쪽이 해를 입다.

05 물질 만능주의 •
      • ㉤ 어떤 단어의 근원적인 형태. 또는 어떤 말이 생겨난 근원

*** [06~08] 다음 초성과 뜻풀이를 참고하여 빈칸에 들어갈 단어를 쓰시오.**

〈보기〉
- ㄱㅈ하다 : 서로 도와서 함께 존재하다.
- ㅈㅎ되다 : 일정한 한도가 정하여지거나 그 한도가 초과되지 못하게 막다.
- ㅇㅂ : 영양이 되는 성분

06 인간은 서로 (   )하며 협력하는 존재이다.

07 땅 속에 묻혀 있는 석탄의 양은 (   )되어 있다.

08 식물은 (   )을/를 충분히 공급받지 못하면 더 이상 자라지 못한다.

*** [09~10] 제시된 초성을 참고하여 다음 설명에 해당하는 단어를 쓰시오.**

09 ㅇㅂㅈ → (   )

㉠ 일부에 한정되지 아니하고 전체에 걸치는 것
㉡ 전문(어떤 분야에 대한 상당한 지식과 경험을 가지는 것)에 속하지 아니하는 것
㉢ '보편적'과 비슷한 의미의 말

10 ㅈㄷㅅㄴ → (   )

㉠ 잡다한 것이 한데 뒤섞인 것. 또는 그런 물건
㉡ 그럴듯하게 반듯하지 못하고 자잘한 일. 또는 그런 사람을 비유적으로 이르는 말
㉢ '잔뜩 쌓아 놓은 ㅈㄷㅅㄴ 때문에 더욱 더러워 보였다.'와 같은 문장으로 사용될 수 있음.

*** [11~13] 문맥을 고려하여 밑줄 친 단어의 뜻과 가장 가까운 것을 고르시오.**

11 그렇게 <u>과도한</u> 요구를 하면 더 이상을 너의 말을 들어 줄 수가 없다.

① 심하다   ② 약하다   ③ 사소하다

12 전학 온 첫날, 새로운 학교의 모습이 수지에게는 너무 <u>생소하게</u> 다가왔다.

① 익숙하다   ② 낯설다   ③ 애매하다

13 지구의 자연 현상에 대한 공부를 할 때 이 영화를 보면 아주 <u>유익할</u> 것이다.

① 유치하다   ② 유사하다   ③ 이롭다

✱ 부정적인 의미에서 긍정적인 의미로, 정크(junk)

쓰레기라는 의미를 갖고 있는 '정크(junk)'는 대부분의 경우에 부정적인 대상을 가리키거나 우리 몸에 해로운 영향을 끼치는 것을 가리키는 용도로 사용되고 있어요. 예를 들어, '정크 푸드(junk food)'는 패스트푸드나 인스턴트 같이 열량은 높은데도 우리 몸에 꼭 필요한 필수 영양소가 부족한 음식들을 통틀어 이르는 말이지요. 또 '정크 메일(junk mail)'은 메일을 받는 사람이 원하지 않는데도 일방적으로 전달되는 광고성 메일을 가리키며, '정크 DNA'는 인간 유전체의 96%를 차지하고 있으나 유전 정보를 갖고 있지 않은 부분의 DNA를 가리키는 말이에요.

이처럼 거의 대부분의 경우에 부정적인 의미로만 사용되던 '정크'가 긍정적인 의미를 갖게 된 것은 '정크 아트'의 등장 덕분입니다. 정크는 환경을 오염시키는 쓰레기를 가리키는 말이지만, 정크 아트에서는 쓰레기를 재활용하여 작품으로 다시 사용하기 때문에 정크, 곧 쓰레기가 긍정적인 의미로 탈바꿈하게 된 것이지요. 이에 영향을 받아 최근에는 잡동사니, 폐품을 재활용하여 옷을 만들어 입는 스타일을 '정크 패션'이라고 부르기도 한답니다.

요즘은 친환경을 넘어 '필(必) 환경' 시대라고 해요. 환경에 대한 염려와 고민이 필수인 시대라는 의미이지요. 버려진 원단을 재활용하여 옷을 만드는 브랜드가 정식으로 생겨나고, 기존 제품을 재활용품으로 다시 디자인해서 판매하는 회사들이 생겨나는 현상 등은 모두 필 환경 시대에 발을 맞추는 움직임이에요. 이러한 움직임으로 인해 앞으로는 정크의 의미가 긍정적으로 사용되는 경우가 더욱 늘어나겠죠?

군인들이 발을 맞추어 걸으면 다리가 무너진다고?

1831년, 영국의 브로턴이라는 지역에서 훈련을 끝낸 74명의 군인들이 힘차게 행진하던 다리가 한순간 붕괴되는 일이 발생했다. 당시 과학자들은 이 다리가 붕괴된 원인이 군인들이 발을 맞추어 다리 위를 행군하면서 발생한 '공진' 때문이라고 주장했다. 이 때문에 이 사건 이후 사람들은 다리를 건널 때 발을 맞춰 걸으면 다리가 무너질 것이라고 믿기 시작했다. 군대에서는 모든 군인들에게 인원수와 상관없이 다리를 건널 때는 다리가 무너지지 않도록 발을 맞춰 걷지 말라는 명령이 내려지기도 했다.

공진이란, 서로 진동수가 같은 진동이 여러 번 겹쳐서 일어날 때 그 진동의 속도와 힘이 아주 커지는 현상을 가리킨다. 버스 손잡이를 손으로 쭉 밀면 손잡이는 좌우로 세차게 흔들리다가 점점 작은 폭으로 흔들리고, 어느 순간에는 멈추게 된다. 이처럼 어떤 물체에 일시적으로 힘을 가하면 그 물체는 특정한 진동수에 따라 진동을 하다가 서서히 멈춘다. 이때 이 특정한 진동수를 이 물체의 '고유 진동수'라고 하며, 모든 물체는 자신만의 '고유 진동수'를 갖는다.

영국 브로턴의 다리가 붕괴한 원인을 공진 때문이라고 보았던 과학자들은 바로 이 '고유 진동수'에 주목한 것이다. 군인들이 힘차게 발을 구르며 행진하면 그 발을 구르는 힘은 바닥을 울리게 되는데, 이때 다리의 고유 진동수와 다리의 바닥을 울리는 진동수가 똑같아 공진이 발생하였다는 것이다. 또한 과학자들은 공진이 발생하면 군인들이 발을 맞춰 걸으며 생긴 진동이 다리를 붕괴시킬 정도로 강력한 힘을 갖게 된다고 주장했다.

공진은 분명히 실재하는 과학적 현상이다. 그러나 브로턴 지역의 다리가 붕괴한 것은 공진 현상과는 관계가 없다. 이후에 기술자가 붕괴된 다리를 조사한 결과, 다리의 설계도에도 문제가 있었으며, 다리의 바닥에 고정된 커다란 받침대의 부품이 부러져 있었음이 밝혀졌다. 즉, 이 다리는 지어질 때부터 결함이 있어 언젠가는 무너질 수밖에 없었던 것이었다. 하지만 사람들 사이에서 한번 미신처럼 굳어진 믿음은 쉽게 사라지지 않았고, 아직도 많은 수의 군인들이 다리를 건널 때에는 발을 맞추지 않는다고 한다.

*** 글 전체의 중심 문단을 찾고 요약하시오.**

● 중심 문단 : ☐문단

● ☐문단 요약 :

붕괴되다 : 무너지고 깨어지게 되다.
행군하다 : 군대가 대열을 지어 먼 거리를 이동하다.
진동수 : 물체 따위가 흔들리는 것이 일정한 시간 내에 몇 번이나 반복되는가를 나타내는 양
일시적 : 짧은 한때의 것
실재하다 : 실제로 존재하다.
설계도 : 설계한 구조, 형상, 치수 따위를 일정한 규약에 따라서 그린 도면
결함 : 부족하거나 완전하지 못하여 흠이 되는 부분
미신 : 과학적·합리적 근거가 없는 것을 맹목적으로 믿음. 또는 그런 일

[글의 구조 파악]

01 다음은 윗글의 내용을 정리한 것이다. 빈칸에 들어가기에 적절한 말을 쓰시오.

> 1문단에서는 브로턴 지역의 다리가 무너진 원인으로 지목된 ☐☐을/를 소개하고, 2~3문단에서 이에 대한 과학자들의 주장을 공진과 ☐☐☐☐☐의 개념을 바탕으로 살펴보고 있다. 한편, 4문단에서는 다리가 무너진 진짜 이유를 제시하며 공진에 대한 잘못된 믿음이 지금까지 이어지고 있음을 언급하고 있다.

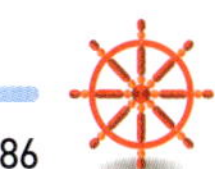

[주제 찾기]

02 다음은 윗글에 대한 설명이다. 빈칸에 들어가기에 적절한 말을 쓰시오.

> 윗글에서는 공진과 그에 대한 잘못된 믿음에 대해 설명하고 있다. 이 글 전체의 핵심어는 '공진'이고, 브로턴 지역의 다리가 붕괴된 것은 사실 공진과 관련이 없지만, 공진에 대한 잘못된 믿음이 아직까지 이어지고 있다고 하였으므로 이 글의 주제는 '______________________'이다.

03 윗글을 읽고 알 수 <u>없는</u> 내용은?

① 공진이 발생할 수 있는 조건
② 물체의 크기와 고유 진동수 사이의 관계
③ 영국 브로턴의 다리가 붕괴할 수밖에 없었던 이유
④ 영국 브로턴의 다리 붕괴 사건에 대한 과학자들의 주장
⑤ 다리를 건널 때 발을 맞춰 걸으면 안 된다는 잘못된 믿음이 생긴 계기

03
1문단에서 공진을 소개한 후, 2문단에서 공진과 고유 진동수의 개념을 설명하고 있어요. 이 지문에서 설명하고 있지 않은 내용이 무엇인지를 찾아 보세요.

04 윗글에 대한 설명으로 가장 적절한 것은?

① 실제 사건의 원인을 분석하고 있다.
② 사회 현상을 다양한 관점에서 비판하고 있다.
③ 문제 해결을 위한 여러 방안을 제안하고 있다.
④ 두 대상 사이의 공통점과 차이점을 설명하고 있다.
⑤ 통계 자료를 제시하여 글쓴이의 주장을 강조하고 있다.

04
1문단에서 1831년에 일어난 영국 브로턴 지역의 다리가 붕괴된 사건을 소개하며 글을 시작하고 있어요. 그리고 이후에는 그 붕괴의 원인이 무엇인지에 대한 내용이 이어지고 있습니다.

22 DAY

05 윗글에서 설명하고 있는 군인들의 행진과 다리가 붕괴된 것의 관계를 표현한 속담으로 가장 적절한 것은?

① 밑 빠진 독에 물 붓기
② 소 잃고 외양간 고친다.
③ 까마귀 날자 배 떨어진다.
④ 아니 땐 굴뚝에 연기 나랴.
⑤ 돌다리도 두들겨 보고 건너라.

05
4문단에서 군인들의 행진과 다리 붕괴 사이의 관계를 언급하고 있습니다. 선택지 가운데 이와 비슷한 상황을 나타내는 속담을 찾아보세요.

관점 : 사물이나 현상을 관찰할 때, 그 사람이 보고 생각하는 태도나 방향 또는 처지
방안 : 일을 처리하거나 해결하여 나갈 방법이나 계획
제안하다 : 안이나 의견으로 내놓다.
통계 : 어떤 현상을 종합적으로 한눈에 알아보기 쉽게 일정한 체계에 따라 숫자로 나타냄. 또는 그런 것

조선 시대의 의료 시스템

인문+과학

DAY 22

기대 수명이란 어떤 사회에서 인간이 태어났을 때 앞으로 생존할 것으로 기대되는 평균적인 생존 연수를 의미한다. 오늘날을 기준으로 볼 때, 우리나라 사람들의 기대 수명은 82.7세라고 한다. 이는 우리나라에 지금 태어나는 사람들은 평균적으로 82.7세까지 살 수 있을 것으로 기대된다는 것을 의미한다. 그렇다면 조선 시대 사람들의 평균 수명은 몇 살이었을까?

조선 시대의 출생과 사망에 관해 남아 있는 기록을 분석해 보면 조선 시대 사람들의 평균 수명은 35세 이하였을 것이라고 추측된다. 조선 시대의 평균 수명이 현재 기대 수명의 절반에도 미치지 못할 정도로 짧았던 이유에는 여러 가지가 있겠으나, 전염병과 같은 질병이 무시할 수 없을 정도로 큰 영향을 끼쳤을 것이다. 조선 시대에는 의학 기술이 지금과 같이 발달해 있지 않았기 때문이다.

조선 시대에는 한 번 전염병이 돌면 아무런 대응을 하지 못했을 것이라고 생각할 수도 있다. 하지만 이러한 생각과는 달리 조선에서는 전염병이 돌면 관청이 주도하여 구휼, 치료, 매장의 세 단계로 대응했다. 구휼이란 어려움을 겪는 백성들이 필요로 하는 물건을 직접 지원해 주는 것을, 치료는 백성들에게 의사와 약을 보내 병을 치료받을 수 있도록 도와주는 것을, 매장은 전염병에 걸려 죽은 시체를 따로 안전하게 묻어 더 이상 병이 퍼지지 않도록 예방하는 것을 의미한다. 조선은 이처럼 전염병을 관리하기 위한 체계적이고 과학적인 시스템을 갖추고 있었다. 게다가 여러 질병의 원인과 처방을 다룬 의학 서적을 펴내 백성들이 과학적 지식에 근거하여 질병에 대응할 수 있게 하기도 했다.

일부 기록에서 조선은 병을 치료하기 위해 귀신을 쫓는 굿을 하는 나라로 그려지기도 한다. 물론 일부 조선 시대 사람들은 전염병이 돌면 신의 노여움을 산 것으로 생각해서 실제로 굿을 하여 이를 풀고자 하기도 했다. 하지만 굿은 당시 풍습의 일부였을 뿐이다. 조선은 당시의 환경에서 과학적으로 체계 잡힌 의료 시스템을 갖추기 위해 최선의 노력을 다했다는 사실을 잊지 말아야 한다.

---

06 다음은 윗글의 내용을 정리한 것이다. 빈칸에 들어가기에 알맞은 말을 쓰시오.

1 문단 조선 시대 사람들의 평균 수명에 대한 의문 제시	→	3 문단 질병에 대응하는 나름의 체계를 가지고 있던 □□	→	4 문단 조선의 □□ □□□에 대한 올바른 이해의 필요성
2 문단 조선 시대 사람들의 평균 수명				

★ 글 전체의 중심 문단을 찾고 요약하시오.

● 중심 문단 : □ 문단

● □ 문단 요약 :

수명 : 생물이 살아 있는 연한

생존하다 : 살아 있거나 살아남다.

추측되다 : 미루어져 생각되어 헤아려지다.

주도하다 : 주동적인 처지가 되어 이끌다.

대응하다 : 어떤 일이나 사태에 맞추어 태도나 행동을 취하다.

노여움 : 분하고 섭섭하여 화가 치미는 감정

풍습 : 풍속과 습관을 아울러 이르는 말

07 다음은 윗글에 대한 설명이다. 빈칸에 들어가기에 적절한 말을 쓰시오.

> 1문단에서는 조선 시대 사람들의 평균 수명에 대해 의문을 제기하고, 2문단에서 이에 답하고 있다. 또 3문단에서는 조선의 의료 시스템을 소개하고, 4문단에서는 이에 대한 올바른 이해가 필요함을 설명하고 있다. 따라서 이 글에서는 조선의 체계적인 의료 시스템과 이에 대한 올바른 이해의 필요성을 이야기하고 있으므로 주제는 '________________________'이다.

08 윗글의 내용으로 적절하지 **않은** 것은?

① 조선 시대 사람들의 평균 수명은 현대인의 기대 수명보다 짧았다.
② 조선 시대에는 여러 질병의 원인과 처방을 다룬 책이 출간되기도 했다.
③ 조선 시대의 사람들은 전염병이 돌면 신의 노여움을 산 것으로 여기기도 했다.
④ 조선 시대에는 어려움을 겪는 백성들에게 국가가 직접 물건을 지원하기도 했다.
⑤ 조선 시대에는 전염병이 돌면 곧바로 해당 전염병에 대한 내용을 다룬 책을 펴냈다.

09 윗글을 쓴 글쓴이의 의견으로 가장 적절한 것은?

① 조선 시대의 의료 혜택은 일부 백성들만 누릴 수 있었다.
② 조선 시대의 의사들은 주로 굿을 하는 방식으로 병을 치료했다.
③ 조선 시대의 의료 시스템은 의학 서적을 내는 것에만 초점을 맞추고 있었다.
④ 조선 시대의 의료 시스템은 현대의 의료 시스템보다 기술적인 면에서 발달해 있었다.
⑤ 조선 시대의 의료 시스템은 전염병에 과학적으로 대응하기 위해 많은 노력을 기울였다.

10 윗글을 읽고 난 후의 반응으로 가장 적절한 것은?

① 조선 시대에는 지금보다 나이 많은 사람들이 많았겠구나.
② 조선 시대에는 관청에서 백성들의 건강을 관리하지는 않았겠구나.
③ 조선 시대에는 질병을 치료하기 위해 서양 문물의 도움을 받았겠구나.
④ 조선 시대에는 의학 서적을 출간할 만한 과학적 지식이 충분하지 않았겠구나.
⑤ 조선 시대 사람들의 평균 수명이 짧았던 이유 중 하나는 전염병으로 볼 수 있겠구나.

08
3문단과 4문단에서는 전염병이 돌면 조선에서 어떻게 대응했는지에 대해서 설명하고 있습니다. 이에 주목하여 문제를 풀어 보세요!

09
글쓴이의 의견을 파악하기 위해서는 글 전체의 내용을 이해해야 합니다. 이 지문에서 조선 시대의 의료 시스템을 어떻게 평가하고 있는지를 생각해 보세요.

22 DAY

10
1문단과 2문단에서는 조선 시대 사람들의 평균 수명에 대해 설명하고 있고, 3문단과 4문단에서는 조선의 의료 시스템을 소개하고 있어요. 각 선택지의 내용이 지문의 몇 문단과 관계가 있는지를 생각해 보세요.

문물 : 문화의 산물. 곧 정치, 경제, 종교, 예술, 법률 따위의 문화에 관한 모든 것을 통틀어 이르는 말이다.

★ 정답은 [해설편 표지] 안쪽에 있습니다.

＊ [01~05] 다음 단어와 그 뜻풀이를 바르게 연결하시오.

01 일시적 •

02 행군하다 •

03 수명 •

04 미신 •

05 설계도 •

• ㉠ 군대가 대열을 지어 먼 거리를 이동하다.

• ㉡ 생물이 살아 있는 연한

• ㉢ 짧은 한때의 것

• ㉣ 과학적·합리적 근거가 없는 것을 맹목적으로 믿음. 또는 그런 일

• ㉤ 설계한 구조, 형상, 치수 따위를 일정한 규약에 따라서 그린 도면

＊ [06~09] 사다리 타기에 따라, 빈칸에 들어갈 단어의 뜻을 〈보기〉에서 골라 번호를 쓰시오.

〈보기〉
① 부족하거나 완전하지 못하여 흠이 되는 부분
② 사물이나 현상을 관찰할 때, 그 사람이 보고 생각하는 태도나 방향 또는 처지
③ 문화의 산물. 곧 정치, 경제, 종교, 예술, 법률 따위의 문화에 관한 모든 것을 통틀어 이르는 말이다.
④ 분하고 섭섭하여 화가 치미는 감정

관점	문물	노여움	결함

06 (   ) 07 (   ) 08 (   ) 09 (   )

＊ [10~13] 문맥을 고려하여 다음 문장의 빈칸에 들어가기에 알맞은 단어를 고르시오.

10

내가 꿈꾸던 그 섬이 (   )한다는 사실에 가슴이 뛰었다.

① 실재   ② 행군   ③ 주도

11

우리 반의 쓰레기를 줄이는 방안을 의논한 회의에서 민철이가 (   )한 의견이 받아들여졌다.

① 제고   ② 제안   ③ 제한

12

우리 민족 고유의 전통과 (   )을/를 지켜나가야 한다.

① 방안   ② 풍경   ③ 풍습

13

민정이가 우리 반 친구들의 도서관 이용 현황을 설명하기 위해 제시한 (   ) 자료는 보기 좋게 정리되어 있었다.

① 통계   ② 통일   ③ 통증

＊ [14~15] 〈보기〉에 제시된 초성과 뜻풀이를 참고하여 다음 문장의 빈칸에 들어가기에 알맞은 단어를 쓰시오.

〈보기〉
• ㄷㅇ하다 : 어떤 일이나 사태에 맞추어 태도나 행동을 취하다.
• ㅊㅊ되다 : 미루어져 생각되어 헤아려지다.

14 재범이는 그와 같은 사건이 일어난 원인을 (   ) 해 보았다.

15 장군은 병사들을 이끌고 적군에 (   )하기 위해 노력했다.

✳ 우리의 삶을 편리하게 해 주는 공진

▲ 집

▲ 방송국

　공진은 과연 건물과 다리를 무너뜨리기만 하는 무시무시한 존재일까요? 일정한 조건이 맞는다면 공진 현상으로 인해 건물이나 다리가 무너지는 것도 불가능하지는 않을 거예요. 하지만 공진은 무시무시한 존재이기만 한 것이 아니라, 우리 삶을 편리하게 해주는 존재이기도 해요. 대표적으로 라디오를 듣거나 텔레비전을 볼 때 우리는 공진 현상을 이용합니다.

　라디오 방송이나 텔레비전 방송에 공진 현상이 어떻게 적용되고 있을까요? 우리가 라디오의 주파수나 텔레비전의 채널을 맞출 때, 라디오와 텔레비전 전파의 진동수를 방송국에서 내보내는 전파의 고유 진동수에 맞추게 됩니다. 방송국에서 내보내는 전파와, 라디오와 텔레비전의 전파 사이의 진동수가 일치하면 전파의 진동은 더 멀리, 빠르게 전달되지요. 이와 같은 공진의 원리로 전파에 담겨 있는 라디오의 소리나 텔레비전의 영상을 우리가 즐길 수 있게 된답니다.

거울 속의 나

영국의 유명한 어떤 축구팀의 전 감독은 'SNS는 인생의 낭비다.'라는 말을 남긴 것으로 유명하다. 그 말은 우리의 삶에 SNS가 주는 부정적인 영향이 막대하다는 의미로 볼 수 있다. 특히 청소년기에 과도하게 SNS를 사용하는 것은 자아 형성에도 영향을 줄 수 있기 때문에 문제의 심각성이 크다.

대부분의 사람들이 처음에는 관심사나 일상적인 내용, 어떤 문제에 대한 자신의 생각을 전달하기 위해서 SNS를 시작했지만, 시간이 지나면서 사람들의 조회 수, 댓글의 수를 의식하게 되고 이것에 영향을 받게 되는 일이 많아졌다. 이에 따라 조회 수와 댓글의 수를 늘리기 위해 다른 사람들이 원하는 글이나 사진을 게시하고, 남들이 바라는 모습으로 자신의 모습을 포장하는 사람들이 늘고 있다. 그 정도가 지나치면 결국 나중에는 자신의 진정한 모습을 잃어버리게 될 수 있다.

이러한 현상을 미국의 사회학자인 찰스 쿨리는 '거울 자아' 이론으로 설명했다. 거울 자아란 거울 속에 비친 자신의 모습처럼 다른 사람의 눈에 비친 자신의 모습, 혹은 사람들이 나에게 기대한다고 생각하는 모습을 말한다. 찰스 쿨리는 사람들이 거울 자아의 일부분을 흡수하여 자아를 형성해 나가고, 다른 사람들의 평가가 어떤지에 따라 수치심이나 굴욕감을 느끼거나 만족감을 느끼게 된다고 보았다. 즉, 사람은 사회적인 관계 속에서 다른 사람들과 상호 작용을 하면서 점차 남들이 보는 자신의 모습을 인식하게 되고, 만족감을 얻기 위해 자신의 본 모습이 아니라 다른 사람들이 긍정적으로 평가하는 모습에 맞춰 자신을 바꾸게 된다는 것이다.

청소년기는 자신을 탐색하고 그 속에서 자신이 어떤 존재인지를 깨닫는 시기이다. 하지만 이 과정이 생략된 채 남들이 바라는 자신의 모습으로만 살아가려고 한다면 그 순간에는 남들의 인정을 받아 기쁨을 느낄 수 있지만, 결국 자신이 살고 싶어 하는 삶이 무엇인지를 찾기가 힘들어질 수 있다. 그렇기 때문에 청소년기에는 지나치게 SNS를 사용하여 남들에게 휘둘리기보다는 자신의 모습을 먼저 찾고 튼튼하게 중심을 잡기 위해 노력해야 한다.

[글의 구조 파악]

01 다음은 윗글의 내용을 정리한 것이다. 빈칸에 들어가기에 적절한 말을 쓰시오.

> 1문단과 2문단에서 SNS의 부정적 영향을 설명하고, 3문단에서 이와 관련하여 '☐☐☐☐' 이론을 소개하고 있다. 그리고 4문단에서는 1~3문단에서 설명한 SNS의 부정적 영향을 한 번 더 강조하면서, 청소년기에 SNS를 지나치게 사용하는 것을 주의해야 한다고 당부하고 있다.

＊ 글 전체의 중심 문단을 찾고 요약하시오.

● 중심 문단 : ☐문단

● ☐문단 요약 :

SNS : 웹상에서 이용자들 사이의 관계망을 형성할 수 있게 해 주는 서비스

막대하다 : 더할 수 없을 만큼 많거나 크다.

게시하다 : 여러 사람에게 알리기 위하여 내붙이거나 내걸어 두루 보게 하다.

자아 : 자기 자신에 대한 의식이나 관념

굴욕감 : 굴욕을 당하여 느끼는 창피한 느낌

탐색하다 : 드러나지 않은 사물이나 현상 따위를 찾아내거나 밝히기 위하여 살피어 찾다.

[주제 찾기]

02 다음은 윗글에 대한 설명이다. 빈칸에 들어가기에 적절한 말을 쓰시오.

> 윗글에서는 '거울 자아' 이론을 통해 SNS의 부정적 영향을 설명하고 있다. 이 글 전체의 핵심어는 'SNS'이고, 청소년기에 SNS를 지나치게 사용하는 것을 주의해야 한다고 이야기하고 있으므로 이 글의 주제는 '＿＿＿＿＿＿＿＿＿＿＿＿＿＿＿＿＿＿＿＿＿＿＿＿＿＿＿＿'이다.

03 윗글의 내용으로 적절하지 <u>않은</u> 것은?

① 거울 자아는 남에게 보이는 자신의 모습을 가리킨다.
② 거울 자아는 타인과 상호 작용을 하는 과정에서 생겨난다.
③ 거울 자아가 긍정적일 경우 청소년의 발달에 도움이 된다.
④ 거울 자아의 모습은 나에 대한 타인의 기대에 따라 달라진다.
⑤ 거울 자아를 지나치게 많이 흡수하여 자아를 형성하면 문제가 된다.

03
'거울 자아'에 대해 설명하고 있는 3문단에 주목하여 문제를 풀어 보세요.

04 윗글에 대한 설명으로 가장 적절한 것은?

① 개인적인 경험을 사례로 들고 있다.
② 관련된 이론을 통해 설명을 보충하고 있다.
③ 중심 대상의 종류를 분류하여 설명하고 있다.
④ 질문을 통해 독자의 호기심을 이끌어 내고 있다.
⑤ 중심 대상과 다른 대상의 공통점을 제시하고 있다.

04
각 선택지에서 설명하고 있는 표현 방식이 지문에 나타나는지 확인해 보세요. 특히 '거울 자아' 이론을 소개하고 있는 3문단에 집중하세요.

23 DAY

05 윗글을 쓴 글쓴이의 의견으로 가장 적절한 것은?

① 청소년들이 SNS를 사용하지 못하게 해야 한다.
② 남들이 보는 자신의 모습은 삶에서 큰 의미가 있다.
③ 남들의 기대를 충족시킬 수 있는 사람이 되어야 한다.
④ 청소년기의 지나친 SNS 사용은 자아 형성에 방해가 된다.
⑤ SNS를 마구잡이로 사용하면 개인 정보가 유출될 수 있다.

05
글쓴이의 핵심 의견은 보통 마지막 문단에 제시되는 경우가 많아요. 이 지문에서도 SNS에 대한 글쓴이의 핵심적인 생각이 4문단에 제시되어 있네요.

상호 작용 : 생물체의 기능 사이나, 생물 사이에서 이루어지는 일정한 작용
충족 : 일정한 분량을 채워 모자람이 없게 함.
유출되다 : 귀중한 물품이나 정보 따위가 불법적으로 나라나 조직의 밖으로 나가 버리다.

블랙홀을 관측하다

공상 과학 영화에 단골로 등장하는 소재 중 하나는 바로 블랙홀이다. 블랙홀이란, 중력이 너무 커서 빛조차도 빠져나갈 수 없는 천체를 가리키는데, 인류에게는 이것을 찾아 나설 기술도, 관측할 기술도 없었기 때문에 긴 시간 동안 이론상으로만 존재해 왔다. 그러다가 아인슈타인이 상대성이론을 통해 블랙홀을 이론적으로 입증하였고, 최근 일부 국가에 있는 8개의 전파 망원경을 통해 실제 블랙홀의 모습을 관측하기에 이르렀다. 인류는 어떤 방법으로 블랙홀을 볼 수 있었을까?

우주에 존재하는 천체는 전파를 방출한다. 전파 망원경은 그 전파를 모아 주는 망원경이다. 렌즈를 통해 사람의 눈으로 감지할 수 있는 영역에서 천체를 관찰하는 기존의 광학 망원경과 달리 ㉠전파 망원경은 커다란 접시 모양의 안테나와 수신기로 전파를 모아 천체를 관측한다. 먼 천체에서부터 방출되는 전파를 전파 망원경을 통해 모아 분석하고, 거기에서 얻은 정보를 컴퓨터로 영상 처리를 하는 과정을 거쳐 우리는 눈으로 볼 수 없었던 천체의 크기, 위치, 구성 요소 등 다양한 모습을 관측하게 되는 것이다. 이러한 전파 망원경을 통해 블랙홀의 모습을 관측할 수 있다.

먼 우주로부터 오는 전파는 매우 약하기 때문에 이를 효과적으로 모으기 위해서는 전파 망원경의 접시 안테나의 크기가 매우 커야 하는데, 그 크기가 무한대로 커질 수는 없다. 그래서 여러 개의 전파 망원경에서 관측한 전파를 종합하여 그 결과를 관측하는 방법을 사용한다. 이를 테면, 거리가 200km 떨어진 두 지점에 전파 망원경을 설치하고 같은 시간대에 똑같은 천체를 관측한다. 이렇게 관측한 전파를 컴퓨터로 합성하여 영상 처리를 하면 지름이 200km인 전파 망원경으로 관측한 것과 똑같은 결과를 얻을 수 있다. 실제로 블랙홀의 모습을 관측할 때에도 이 방법을 사용하여 지구 크기의 전파 망원경으로 보는 것과 같은 결과를 얻는다고 한다.

인간은 늘 미지의 대상에 대해 호기심을 품었고, 그것을 해결하기 위해 많은 과학적, 기술적 발전을 거듭하고 있다. 블랙홀을 관찰하기 위해 전파 망원경을 이용한 것처럼 앞으로도 인간은 우주라는 미지의 세계를 탐구하기 위해 끊임없이 노력할 것이다.

[글의 구조 파악]

06 다음은 윗글의 내용을 정리한 것이다. 빈칸에 들어가기에 적절한 말을 쓰시오.

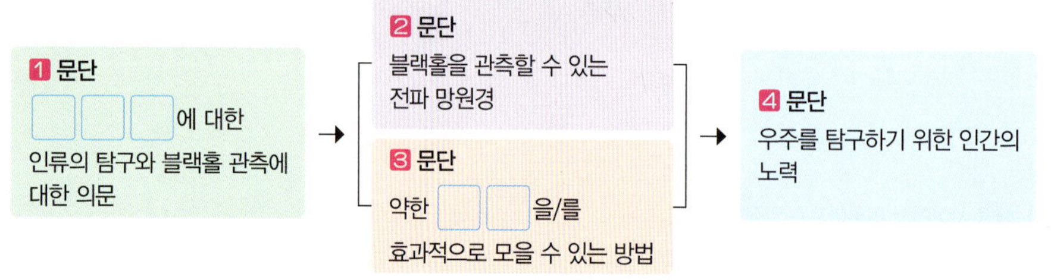

글 전체의 중심 문단을 찾고 요약하시오.

● 중심 문단 : □문단

● □문단 요약 :

천체 : 우주에 존재하는 모든 물체

관측하다 : 육안이나 기계로 자연 현상 특히 천체나 기상의 상태, 추이, 변화 따위를 관찰하여 측정하다.

방출하다 : 입자나 전자기파의 형태로 에너지를 내보내다.

무한대 : 한없이 큼.

합성하다 : 둘 이상의 것을 합쳐서 하나를 이루다.

미지 : 아직 알지 못함.

[주제 찾기]

07 다음은 윗글에 대한 설명이다. 빈칸에 들어가기에 적절한 말을 쓰시오.

> 1문단에서는 블랙홀에 대한 인류의 탐구 과정을 소개하고, 2~3문단에서는 블랙홀 관측을 가능하게 한 전파 망원경에 대해, 4문단에서는 우주를 탐구하기 위한 인간의 노력을 설명하고 있다. 따라서 이 글에서는 전파 망원경으로 블랙홀을 관측하는 것에 대해 이야기하고 있으므로 주제는 '＿＿＿＿＿＿＿＿＿＿＿＿＿＿＿＿＿＿＿＿＿＿＿＿＿＿＿'이다.

08 윗글을 읽고 알 수 <u>없는</u> 내용은?

① 전파 망원경이 광학 망원경과 다른 점
② 전파 망원경의 접시 안테나가 큰 이유
③ 전파 망원경으로 천체를 관측하는 원리
④ 전파 망원경을 사용할 때 주의해야 할 점
⑤ 여러 개의 전파 망원경으로 천체를 관측하는 방법

08
각 문단의 요약을 떠올려 선택지의 내용이 지문의 어느 부분에 제시되어 있는지 하나하나 확인해 봅시다.

09 ㉠에 대한 설명으로 적절하지 <u>않은</u> 것은?

① 전파를 모으는 기능을 가지고 있다.
② 접시 안테나와 수신기로 구성되어 있다.
③ 컴퓨터를 이용한 작업이 함께 이루어져야 한다.
④ 우주의 천체 중에서 블랙홀만을 관측할 수 있다.
⑤ 사람의 눈으로 볼 수 없는 우주의 모습도 관측할 수 있다.

09
전파 망원경의 특징에 대해 설명하고 있는 2~3문단을 주목하세요.

10 윗글을 읽고 난 후의 반응으로 가장 적절한 것은?

① 오로지 한 국가만 블랙홀을 관측할 수 있군.
② 블랙홀은 중력도 빛도 없는 천체를 가리키는군.
③ 아인슈타인은 죽기 전에 블랙홀을 직접 볼 수 있었겠군.
④ 미지의 영역에 대한 호기심이 과학적 발전을 이끌어 낸다고 볼 수 있군.
⑤ 우주에 전파 망원경을 설치하면 접시 안테나를 지구보다 더 크게 만들 수 있겠군.

10
'블랙홀'에 대해서는 1~3문단에서, '미지의 영역에 대한 호기심'에 대해서는 4문단에서 설명하고 있네요.

구성되다 : 몇 가지 부분이나 요소들이 모여 일정한 전체가 짜여 이루어지다.
설치하다 : 어떤 일을 하는 데 필요한 기관이나 설비 따위를 베풀어 두다.

Review 어휘

★ 정답은 [해설편 표지] 안쪽에 있습니다.

✱ **[01~03]** 문맥을 고려하여 다음 문장의 빈칸에 들어가기에 알맞은 단어를 고르시오.

01

이사 온 집에 인터넷 선을 새로 (　　　　)했다.

① 설치　　　② 설명　　　③ 채비

02

그 행사는 세 가지 테마로 (　　　　)되어 있다.

① 반성　　　② 구성　　　③ 지성

03

친구의 웃긴 모습이 찍힌 사진을 내 홈페이지에 (　　　　)했다.

① 고시　　　② 지시　　　③ 게시

✱ **[04~08]** 문맥을 고려하여 밑줄 친 단어의 뜻풀이로 가장 적절한 것을 〈보기〉에서 찾아 번호를 쓰시오.

〈보기〉
① 입자나 전자기파의 형태로 에너지를 내보내다.
② 일정한 분량을 채워 모자람이 없게 함.
③ 둘 이상의 것을 합쳐서 하나를 이루다.
④ 한없이 큼.
⑤ 귀중한 물품이나 정보 따위가 불법적으로 나라나 조직의 밖으로 나가 버리다.

04 그 사진은 전문가들이 <u>합성한</u> 것으로 밝혀졌다.
(　　　　)

05 어떤 사람은 꿈이 소망의 <u>충족</u>이라고 말한다.
(　　　　)

06 내 개인 정보가 <u>유출돼서</u> 광고 문자가 너무 많이 온다. (　　　　)

07 그에 대한 나의 사랑은 <u>무한대</u>이다. (　　　　)

08 컴퓨터는 전자파를 많이 <u>방출한다</u>. (　　　　)

✱ **[09~12]** 제시된 글자들을 조합하여 다음 뜻풀이에 해당하는 단어를 쓰시오.

지	자	미	색
아	체	탐	천

09 자기 자신에 대한 의식이나 관념 (　　　　)

10 우주에 존재하는 모든 물체 (　　　　)

11 아직 알지 못함. (　　　　)

12 드러나지 않은 사물이나 현상 따위를 찾아내거나 밝히기 위하여 살피어 찾다. (　　　　)하다

✱ **[13~15]** 문맥을 고려하여 다음 문장의 초성 부분에 공통적으로 들어가기에 알맞은 단어를 쓰시오.

13 (　　　　)

㉠ 어젯밤의 실수로 인해 피해가 (ㅁㄷ)하다.
㉡ 이번 사건이 우리 팀의 사기에 미치는 영향은 (ㅁㄷ)하다.
㉢ 그가 공부할 때 낭비하는 시간이 (ㅁㄷ)하다.

14 (　　　　)

㉠ 그는 건너편 숲을 쌍안경으로 (ㄱㅊ)했다.
㉡ 지난주에 쏘아 올린 인공위성이 우주에서 달의 표면을 (ㄱㅊ)하였다.
㉢ 지난여름에 나는 아버지와 옥상에 올라가서 별을 (ㄱㅊ)했다.

15 (　　　　)

㉠ 다른 사람에게 업신여김을 당할 때 느끼는 창피한 감정을 (ㄱㅇㄱ)(이)라고 한다.
㉡ 나를 이겼다고 빈정대는 라이벌의 말에 (ㄱㅇㄱ)을/를 느꼈다.
㉢ 많은 사람들 앞에서 망신을 당하니 (ㄱㅇㄱ)이/가 치밀었다.

✳ 거울 자아의 부작용, SNS 도용

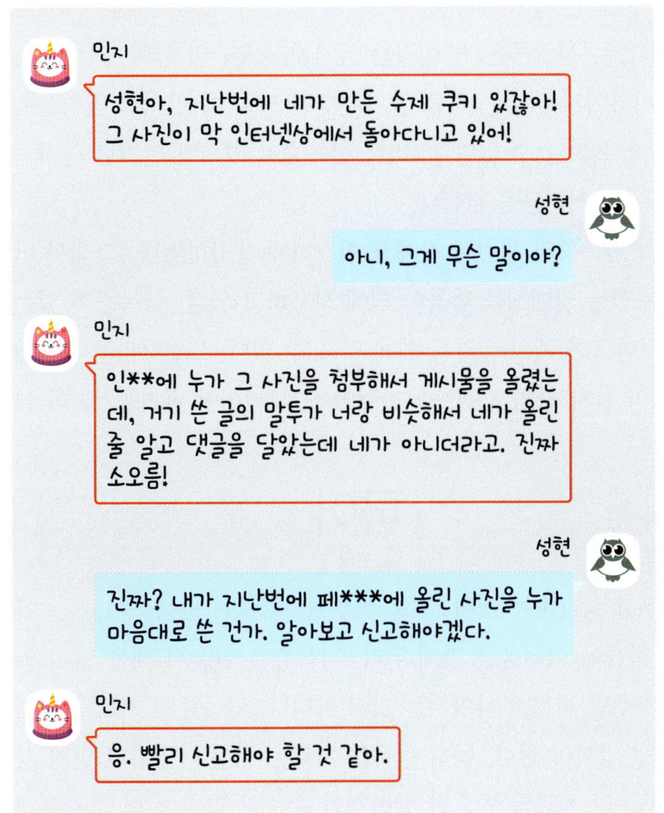

최근 한국형사정책연구원이 발간한 'SNS상 개인정보 무단 수집 · 보관 · 유포 및 타인 사칭에 대한 형사법 연구'에 따르면, SNS와 인터넷을 통해 개인 정보를 무단으로 수집해 문제가 되는 사례가 매년 늘고 있다고 해요. 사기를 치기 위한 수단으로 SNS 도용이 이루어지는 경우도 있지만, 상당수는 남들에게 자신을 과시하기 위한 목적으로 타인이 구매한 물품의 사진이나 여행지에서 찍은 사진 등을 허락 없이 가져와 올리는 사례라고 합니다. 남들이 바라는 자신의 모습, 즉 '거울 자아'를 추구하는 데 있어서 남의 경험을 훔쳐 자신을 포장하는 부작용이 생기고 있는 것이지요.

이 문제에 대해 한 전문가는 사람들이 처음에는 자신을 꾸미고 싶은 마음에 SNS 혹은 SNS의 게시물을 도용하는 일을 저지르지만, 이를 통해 타인의 관심과 반응을 얻게 되고, 그것에 집착하여 도용의 정도와 횟수가 심각하게 증가하게 되면 정신 질환 중 하나인 '공상 허언증(엉뚱한 상상을 현실이라고 믿으며 헛된 말을 하는 정신병 증상)'으로까지 이어질 수 있다고 봅니다. 현대인이 '거울 자아'를 지나치게 추구하는 현상과, 그것을 추구하는 방법에 대해 진지한 성찰이 필요해요.

읽기가 어려운 아이들

난독증은 지능, 시각, 청각이 모두 정상인데도 글자를 읽고 이해하는 데에 어려움이 있는 증세를 가리킨다. 난독증이 있는 사람들은 글을 정확하게 읽거나 글자를 정확하게 쓰는 것이 힘들다. 왜냐하면 이들은 어떤 글자를 보아도 뜻을 알 수 없는 낯선 기호처럼 보이기 때문이다. 난독증이 없는 사람들은 '별'이라는 글자를 보면, 이 글자가 'ㅂ, ㅕ, ㄹ'이라는 3개의 음운으로 이루어져 있다는 것을 알 수 있다. 또한 이 단어가 밤하늘에 반짝이는 별을 가리킨다는 사실을 알 수 있다. 그러나 난독증이 있으면 이처럼 글자를 읽고 단어의 의미를 파악하는 데 어려움을 겪는다.

외국에서는 이미 예전부터 난독증과 관련한 문제를 심각하게 생각하였다. 그래서 난독증인 사람이 쉽게 읽을 수 있는 글씨체를 만들어 책에 사용하고 있다. 난독증이 있는 사람은 일반적으로 명조체보다 고딕체의 글자를 쉽게 읽을 수 있다. 또한 한 글자 안에서 초성–중성–종성의 간격과 글자 간의 간격, 줄 간격이 모두 넓어야 글자를 좀 더 읽기 쉽다고 한다.

국어

▲ 명조체

국어

▲ 고딕체

일반적으로 학교에서 배우고 평가하는 것이 '글'로 이루어지다보니 난독증이 있는 아이들은 학년이 올라갈수록 학습에 어려움을 겪게 된다. 난독증은 단순히 책을 많이 읽어 주고 시간을 두고 기다려 주면 저절로 나아지는 것이 아니다. 난독증의 치료를 위해서는 전문적인 훈련과 치료를 받아야 한다. 특히 난독증 치료는 어린 나이부터 받기 시작할수록 효과가 좋아서, 꾸준히 치료를 받으면 일반적인 수준의 읽기 능력을 갖추게 되는 것도 가능하다고 한다.

통계 자료에 따르면 우리나라의 경우 전체 인구 중 10~15% 정도가 난독증을 겪고 있다고 알려져 있다. 난독인을 위한 글씨체의 개발, 전문적이고 체계적인 훈련과 함께 오디오북, 대화, 영상 등 다양한 매체를 통해 학습 내용을 이해할 수 있도록 사회적인 지원을 아끼지 말아야 할 때이다.

[글의 구조 파악]

01 다음은 윗글의 내용을 정리한 것이다. 빈칸에 들어가기에 적절한 말을 쓰시오.

> 1문단에서는 구체적인 예시를 들어 중심 대상인 '　　　'에 대해 설명하고 있다. 또 2문단에서는 난독증이 있는 사람들이 쉽게 읽을 수 있는 글자에 대해, 3문단에서는 난독증　　에 대해 설명하고 있다. 그리고 4문단에서는 우리나라에서도 난독인을 위한 지원을 더 해야 함을 주장하고 있다.

＊ 글 전체의 중심 문단을 찾고 요약하시오.

● 중심 문단 : ☐문단

● ☐문단 요약 :

음운 : 말의 뜻을 구별하여 주는 소리의 가장 작은 단위. '물'과 '불'이 다른 뜻의 말이 되게 하는 'ㅁ'과 'ㅂ' 등

일반적 : 일부에 한정되지 아니하고 전체에 걸치는 것

전문적 : 어떤 분야에 상당한 지식과 경험을 가지고 그 일을 잘하는 것

체계적 : 일정한 원리에 따라서 낱낱의 부분이 짜임새 있게 조직되어 통일된 전체를 이루는 것

매체 : 어떤 작용을 한쪽에서 다른 쪽으로 전달하는 물체. 또는 그런 수단

지원 : 지지하여 도움.

02 다음은 윗글에 대한 설명이다. 빈칸에 들어가기에 적절한 말을 쓰시오

> 윗글에서는 난독증과 이에 대한 사회적 지원에 대해 설명하고 있다. 이 글 전체의 핵심어는 '난독증'이고, 난독증 문제의 현황을 밝히며 난독인을 위한 사회적 지원을 아끼지 말아야 한다고 이야기하고 있으므로 이 글의 주제는 '______________________________'이다.

03 윗글의 내용으로 가장 적절한 것은?

① 외국에서는 난독증에 대해 관심이 없다.
② 난독증이 있으면 글자를 정확히 읽고 쓰기 어렵다.
③ 난독증은 시각과 청각에 이상이 생겨서 발생하는 질병이다.
④ 난독증이 있는 사람들은 명조체로 쓴 글자를 가장 쉽게 읽는다.
⑤ 난독증이 있으면 어떤 훈련을 받더라도 일반적인 수준의 읽기 능력을 갖추기 어렵다.

03
난독증에 대해 설명하고 있는 1~3문단의 내용을 통해 문제를 풀 수 있어요.

04 윗글에 대한 설명으로 가장 적절한 것은?

① 자신의 경험을 밝히고 있다.
② 전문가의 의견을 제시하고 있다.
③ 근거를 들어 다른 사람의 의견을 반박하고 있다.
④ 통계 자료를 근거로 들어 주장을 강화하고 있다.
⑤ 시작 부분에서 질문을 함으로써 읽는 사람의 흥미를 이끌어 내고 있다.

04
이 지문에서 난독증에 대해 효과적으로 설명하기 위해 어떤 방법을 사용하고 있을까요? 특히 지문에 글쓴이의 경험, 전문가의 의견, 통계 자료 등이 나오는지 잘 살펴보세요!

24 DAY

05 〈보기〉는 윗글을 읽고 그 내용을 정리한 것이다. 적절하지 <u>않은</u> 것은?

─〈보기〉─

난독증의 증상
• '달'이 'ㄷ, ㅏ, ㄹ'로 이루어진 것을 알기 힘들다. ························· ①
• '돌'과 '달'의 의미를 구분하는 데 어려움을 겪는다. ····················· ②

난독증을 앓고 있는 사람들을 위한 노력
• 읽기 쉬운 글씨체를 개발한다. ·· ③
• 글자 사이의 간격을 좁혀 쓴다. ··· ④
• 어린 나이에 글씨를 읽는 전문적이고 체계적인 훈련을 시작할 수 있도록 지원한다. ·· ⑤

발생하다 : 어떤 일이나 사물이 생겨나다.
개발하다 : 새로운 물건을 만들거나 새로운 생각을 내어놓다.

사람의 뇌를 가진 돼지?

장기 이식이란 다른 개체의 정상적인 장기나 조직을 떼어 내서 손상된 부분에 이식함으로써 기능을 회복시키는 일로, 주로 심장, 콩팥, 간 등을 이식하는 경우가 많다. 현재 대부분의 나라에서는 장기 이식을 기다리는 환자는 많은 반면, 이식용으로 쓸 수 있는 장기는 턱없이 부족한 실정이다. 이러한 문제를 해결하기 위해 과학계에서는 '키메라 연구'가 진행되고 있다.

'키메라'는 그리스 신화에 나오는 사자의 머리에 양의 몸통, 뱀의 꼬리를 가진 괴물의 이름이다. 이에 착안하여 이름 붙여진 '키메라 연구'란, 서로 다른 종의 유전자를 결합하여 새로운 종을 만들어 내는 기술을 연구하는 것을 의미한다. 과학자들은 이 키메라 연구를 통해 미래에는 돼지의 몸 안에서 사람의 장기를 키워 환자에게 이식하는 일도 가능할 것이라고 본다. 다른 포유동물에 비해 돼지는 장기의 형태나 크기가 사람과 특히 비슷하기 때문이다.

키메라 연구는 어떻게 진행이 될까? 혈액, 뼈, 피부, 간 등 우리 몸 안에 있는 모든 조직의 세포로 분화할 수 있는 능력을 가진 세포를 배아 줄기 세포라고 한다. 과학자들은 돼지의 수정란에서 특정 장기를 만들어 내는 유전자를 잘라 낸 후 인간의 배아 줄기 세포를 주입하면 돼지의 몸속에서 인간의 장기가 자라날 것이라고 생각한다. 미국의 한 연구팀은 실제로 인간의 배아 줄기 세포를 주입한 돼지의 수정란이 암컷의 자궁에 착상된 후 인체의 근육과 여러 장기 세포의 초기 형태를 띠게 된 것을 확인했다고 밝히기도 했다.

그러나 키메라 연구가 진행되어 돼지의 몸으로부터 인간의 장기가 만들어진다고 하더라도 이것을 바로 인간에게 이식할 수 있는 것은 아니다. 만들어진 장기의 세포는 인간의 것이지만, 장기와 연결된 혈관은 여전히 돼지의 것이기 때문이다. 돼지의 혈관이 연결된 장기를 인간에게 이식하면, 인간의 몸은 자신의 것이 아니기 때문에 면역 거부 반응을 일으켜 이식된 장기를 파괴하려 할 것이다. 또한 키메라 연구를 통해 돼지가 인간의 지능이나 정서를 갖게 된다면 어떻게 할 것인지에 대한 윤리적인 문제도 언급되고 있다. 이와 같은 문제점들로 인해 키메라 연구는 아직 갈 길이 먼 실정이다.

[글의 구조 파악]

06 다음은 윗글의 내용을 정리한 것이다. 빈칸에 들어가기에 적절한 말을 쓰시오.

1 문단	**2** 문단	**3** 문단	**4** 문단
이식용 ☐☐이/가 부족한 문제를 해결하기 위한 키메라 연구	키메라 연구의 개념	☐☐을/를 이용한 키메라 연구의 진행 과정	키메라 연구의 한계점과 윤리적 문제

▶ 정답과 해설 p. 96

[주제 찾기]

07 다음은 윗글에 대한 설명이다. 빈칸에 들어가기에 적절한 말을 쓰시오.

> 1문단에서는 키메라 연구에 대해 소개하고, 2문단과 3문단에서는 이것의 개념과 연구 진행 과정을 자세히 설명하고 있다. 또 4문단에서는 키메라 연구의 한계점과 윤리적 문제를 언급하고 있다. 따라서 이 글에서는 이식용 장기가 부족한 문제를 해결하기 위한 키메라 연구에 대해 이야기하고 있으므로 주제는 '______________________'이다.

08 키메라 연구에 대한 설명으로 적절하지 <u>않은</u> 것은?

① 윤리적 문제 때문에 아직 갈 길이 먼 실정이다.
② 인간의 배아 줄기 세포를 돼지의 수정란에 주입하기도 한다.
③ 사람의 장기를 동물에게서 키워 이를 사람에게 이식하고자 진행되는 연구이다.
④ 포유동물 중에서 장기의 형태나 크기가 사람과 비슷한 돼지를 이용해 진행된다.
⑤ 돼지들에게 유전되는 질병의 치료법과, 이를 사람에게 응용하는 방법을 알아내려는 연구이다.

08
돼지를 이용한 키메라 연구에 대해 설명하는 2~3문단을 잘 살펴보세요.

09 윗글에 대한 설명으로 적절하지 <u>않은</u> 것은?

① 키메라 연구의 문제점을 지적하고 있다.
② 키메라 연구가 시작된 배경을 밝히고 있다.
③ 키메라 연구가 진행되는 방법을 설명하고 있다.
④ 키메라 연구에 모든 국민이 관심을 가질 것을 요청하고 있다.
⑤ 키메라 연구가 키메라 연구라고 이름 붙여진 이유를 설명하고 있다.

09
이 지문에서는 키메라 연구의 개념과 연구 방법, 한계점, 키메라 연구가 시작된 배경에 대해 설명하고 있어요.

24 DAY

10 윗글을 읽고 난 후의 반응으로 적절하지 <u>않은</u> 것은?

① 장기 이식을 기다리는 환자가 생각보다 많군.
② 인간에게는 모든 장기의 조직 세포로 분화할 수 있는 특수한 세포가 있군.
③ 키메라 연구에 반드시 필요한 것은 돼지의 수정란과 인간의 배아 줄기 세포이군.
④ 장기를 이식받은 후에 몸에서 면역 거부 반응이 일어나면 이식받은 장기가 손상되겠군.
⑤ 키메라 연구가 성공적으로 진행된다면 장기 이식을 받아야 하는 환자들도 크게 줄어들겠군.

10
이 지문의 내용과 다르게 반응한 내용을 찾아야 합니다. 1~4문단 전체의 내용을 꼼꼼히 살펴보세요.

요청하다 : 필요한 어떤 일이나 행동을 청하다.
실정 : 실제의 사정이나 정세
주입하다 : 흘러 들어가도록 부어 넣다.
응용하다 : 어떤 이론이나 이미 얻은 지식을 구체적인 개개의 사례나 다른 분야의 일에 적용하여 이용하다.

★ 정답은 [해설편 표지] 안쪽에 있습니다.

★ [01~05] 제시된 글자들을 조합하여 다음 뜻풀이에 해당하는 단어를 쓰시오.

착	청	상	주
화	분	요	고
착	안	연	입

01 어떤 일을 주의하여 보다. 또는 어떤 문제를 해결하기 위한 실마리를 잡다. (   )하다

02 필요한 어떤 일이나 행동을 청하다. (   )하다

03 포유류의 수정란이 자궁벽에 붙어 어미의 몸의 영양을 흡수할 수 있는 상태가 되다. (   )되다

04 단순하거나 등질인 것에서 복잡하거나 이질인 것으로 변하다. (   )하다

05 흘러 들어가도록 부어 넣음. (   )하다

★ [06~08] 〈보기〉에 제시된 초성과 뜻풀이를 참고하여 다음 문장의 빈칸에 들어가기에 알맞은 단어를 쓰시오.

〈보기〉

• ㅁㅊ : 어떤 작용을 한쪽에서 다른 쪽으로 전달하는 물체. 또는 그런 수단
• ㅈㅇ : 지지하여 도움.
• ㅇㅅ하다 : 살아 있는 조직이나 장기를 생체로부터 떼어 내어, 같은 개체의 다른 부분 또는 다른 개체에 옮겨 붙이다.

06 우리 부모님은 나에게 (   )을/를 아끼지 않으신다.

07 기증받은 장기를 어머니께 (   )할 수 있게 되었다.

08 우리는 여러 가지 방송 (   )에서 연예인을 접한다.

★ [09~12] 〈보기〉의 문맥적 의미와 제시된 뜻풀이를 바탕으로 ㉠~㉣에 들어가기에 알맞은 단어를 쓰시오.

〈보기〉

지아 : 너 그 기사 봤니? 인공 지능이 의학이나 예술 분야의 (㉠)인 일도 할 수 있대.
수현 : 정말? 그러다 (㉡)인 문제가 발생하진 않을까?
지아 : 그럴 수도 있지. 그래서 나는 인공 지능을 잘 활용하기 위한 (㉢)인 정책이 만들어져야 한다고 생각해.
수현 : 맞아. 정부가 인공 지능과 관련된 (㉣)을/를 잘 파악해서 계획을 세웠으면 좋겠다.

09 ㉠ (   ) : 어떤 분야에 상당한 지식과 경험을 가지고 그 일을 잘하는 것

10 ㉡ (   ) : 윤리에 관련되거나 윤리를 따르는. 또는 그런 것

11 ㉢ (   ) : 일정한 원리에 따라서 낱낱의 부분이 짜임새 있게 조직되어 통일된 전체를 이루는 것

12 ㉣ (   ) : 실제의 사정이나 정세

★ [13~15] 문맥을 고려하여 밑줄 친 단어의 뜻과 가장 가까운 것을 고르시오.

13

> 결국 우려하던 일이 일어났다.

① 발생하다   ② 생산하다   ③ 공생하다

14

> 광고를 만들 때 심리학적 연구 결과를 가져다 쓰기도 한다.

① 응용하다   ② 응시하다   ③ 응답하다

15

> 필요한 도구를 그 어디에서도 팔지 않아서 내가 직접 만들었다.

① 작성하다   ② 개척하다   ③ 개발하다

✳ 난독증이 있는 사람은 지능에 문제가 있을까?

　흔히 난독증이 있는 아이들은 지능이 낮거나 학습 발달이 더딘 지진아로 여겨지는 경우가 많아요. 난독증이 정말 지능의 수준과 관계가 있는 것일까요? 정답은 '그렇지 않다.'입니다. 뛰어난 과학적 업적을 남겨 전 세계적으로 천재라고 칭송받는 아인슈타인도 난독증이 있었어요. 이는 난독증을 가진 사람이 지능에 문제가 있는 것이 아님을 보여 주는 아주 단적인 예라고 할 수 있지요.

　난독증은 흔히 '읽기 장애'라고 불리기도 해요. 즉, 난독증이 있는 아이들은 읽기에 어려움을 겪기 때문에 난독증이 없는 아이들보다 말을 늦게 배우거나 발음상의 문제가 있는 경우가 많아요. 난독증이 있는 아이들이 지능이 낮은 지진아라고 오해받는 이유가 바로 이것이지요. 더욱 안타까운 것은 이러한 오해로 인해 난독증을 가진 아이들이 적절한 치료 시기를 놓치는 경우가 많다는 사실이에요.

　특히 난독증은 발음이 복잡한 언어를 사용하는 국가에서 더 많이 발생해요. 예를 들어, 'a'의 발음이 경우에 따라 [아], [애] 등으로 발음되는 영어권 국민이 난독증을 가질 확률이 우리나라의 경우보다 훨씬 더 높아요.

　난독증은 지능의 문제가 아니기 때문에, 복잡한 언어의 구조를 분석해 보는 훈련, 낱개의 자음과 모음을 발음과 대응해 보는 훈련 등의 방법으로 충분히 치료가 가능해요. 따라서 난독증의 증상과 원인을 제대로 알고 난독증을 앓는 사람들이 최대한 빠른 시기에 적절한 방법으로 치료를 받을 수 있도록 도와야 합니다.

자이스토리 국어

비문학, 문학 시리즈

"기초 단계별 학습으로 빠르게 실력이 향상됩니다!!"

고등	비문학 독해 1, 2	문학 독해 1, 2

비문학 독해 1, 2

* 독해 STEP에 따른 단계별 독해 훈련

STEP ① 핵심어 찾기, 중심 문장 찾기
STEP ② 문단 요약하기, 문단 간의 관계 파악하기
STEP ③ 글의 구조 파악하기, 주제 찾기
STEP ④ 실력 확인 테스트
STEP ⑤ 최강 실력 모의고사

문학 독해 1, 2

* 갈래별 구성에 따른 독해 훈련

시
❶ 화자, 중심 대상 찾기
❷ 상황, 정서, 태도 파악하기
❸ 표현상 특징 파악하기

소설·극
❶ 중심인물, 배경 파악하기
❷ 중심 사건, 갈등 파악하기
❸ 서술상 특징 파악하기

중등	비문학 독해 1, 2 예비 고등	독해력 완성 1, 2, 3	문학 독해+문학 용어 1, 2, 3

비문학 독해 1, 2 예비 고등

* 독해 STEP에 따른 단계별 독해 훈련

STEP ① 핵심어 찾기, 중심 문장 찾기
STEP ② 문단 요약하기, 문단 간의 관계 파악하기
STEP ③ 글의 구조 파악하기, 주제 찾기
STEP ④ 실력 향상 TEST
· 문해력+어휘 체크 문제

독해력 완성 1, 2, 3

· 재미있게 독해력을 기를 수 있는 다양한 소재의 지문
· 독해 STEP에 따른 단계별 독해 훈련
· 지문과 문제 접근법을 알려 주는 지문 특강, 문제 특강
· 다양한 유형의 어휘 테스트와 배경지식
· 다시는 틀리지 않게 하는 꼼꼼한 입체 첨삭 해설

문학 독해+문학 용어 1, 2, 3

* 갈래별, 단계별 독해 훈련

STEP
시
❶ 화자, 중심 대상 찾기
❷ 상황, 정서, 태도 파악하기
❸ 표현상 특징 파악하기

STEP
소설·극
❶ 중심인물, 배경 파악하기
❷ 중심 사건, 갈등 파악하기
❸ 서술상 특징 파악하기

★강남구청 인터넷 수능방송 강의교재　　　★강남구청 인터넷 수능방송 강의교재

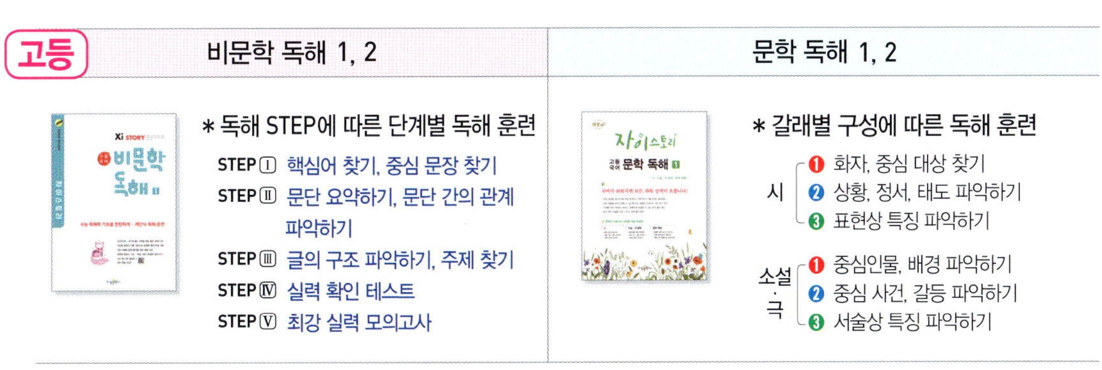

* **중학** 문해력을 키우는 어휘 1, 2 : 교과서 어휘를 예문을 통해 쉽게 익혀 문해력을 키운다.

Xi STORY 자이스토리

포인트 리딩

구문 중심 독해　　　수능 유형 독해

[Level ❶, Level ❷, Level ❸, Level ❹]

"중학교 영어 독해는 포인트 리딩으로 완성한다!"

[Level ❶, Level ❷]

- 32개 중등 필수 구문으로 중등 독해 기초 19일 완성!
- 구문과 독해 풀이 비법을 알려주는 나만의 과외 선생님 - Follow Me!
- 내신 대비 실력 향상 TEST + 구문, 어휘 Review
- DAY별로 3지문씩 공부하는 구문 중심 ACTUAL READING!

[Level ❸, Level ❹]

- 17개 수능 독해 유형 문제로 예비 고등 영어 독해 20일 완성
- 독해 문제의 풀이 비법을 알려주는 과외 선생님 - Follow Me!
- 내신대비 실력 향상 TEST + 어휘 Review
- 고1 학력평가 기출 지문으로 독해 유형을 익히고 DAY별로 4지문씩 공부하기!

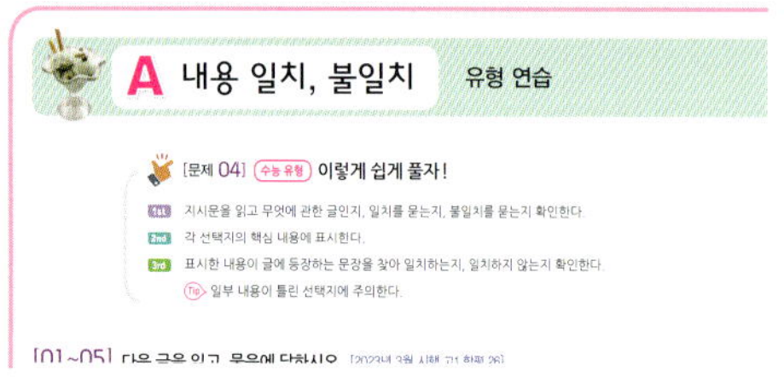

자이스토리

중학 국어 독해력 완성 ③

[비문학]

[해 설 편]

수경출판사

Review 어휘 정답

STEP Ⅰ

DAY 01
01 ㉤ 02 ㉢ 03 ㉠ 04 ② 05 ① 06 ③ 07 ② 08 정교 09 활약 10 침체 11 동질감 12 폐허 13 ① 14 ②

DAY 02
01 ③ 02 ① 03 ④ 04 ② 05 무의식 06 주입 07 호감 08 영향 09 국호 10 일대 11 입증 12 진출 13 ③ 14 ① 15 ③

DAY 03
01 ㉢ 02 ㉠ 03 ㉤ 04 ㉣ 05 ② 06 ① 07 ① 08 ② 09 개국 10 문물 11 서구 12 장착 13 ① 14 ② 15 ③

DAY 04
01 효율성 02 소모 03 협연 04 인지 05 재배 06 민속적 07 대열 08 타악기 09 돋우다 10 훼손 11 수송 12 함유 13 조성 14 의아 15 ㉢ 16 ㉠ 17 ㉤

DAY 05
01 ㉠ 02 ㉢ 03 ㉤ 04 ③ 05 ① 06 ② 07 ① 08 혐오 09 범위 10 명백 11 소외 12 ② 13 ② 14 ③

DAY 06
01 학술 02 모국어 03 유지 04 자발적 05 순화 06 외래어 07 쌍방향 08 제약 09 겨레 10 ④ 11 ② 12 ① 13 ③ 14 ② 15 ③ 16 ① 17 ③

DAY 07
01 금융 02 형태 03 착안 04 보유 05 분석 06 ③ 07 ② 08 ㉢ 09 ㉤ 10 ㉠ 11 이자 12 토시 13 습성 14 의의

DAY 08
01 ㉣ 02 ㉠ 03 ㉤ 04 ㉢ 05 터전 06 신화 07 분비 08 농도 09 절충안 10 혼수상태 11 초월적 12 범람 13 자부심 14 ② 15 ③

STEP Ⅱ

DAY 09
01 ㉤ 02 ㉣ 03 ㉠ 04 ㉢ 05 토착 06 흡수 07 계기 08 식용 09 사체 10 양식 11 청정 12 해양 13 섭취 14 검출 15 ② 16 ③ 17 ①

DAY 10
01 염분 02 지형 03 대중화 04 절충안 05 도출 06 교역 07 한정적 08 ㉤ 09 ㉣ 10 ㉢ 11 ㉠ 12 ③ 13 ① 14 ②

DAY 11
01 ② 02 ④ 03 ① 04 ③ 05 ③ 06 ② 07 ② 08 ㉣ 09 ㉤ 10 ㉠ 11 ㉢ 12 ③ 13 ① 14 ② 15 ③ 16 ①

DAY 12
01 활성화 02 탄압 03 원동력 04 변천 05 ① 06 ③ 07 ② 08 표본 09 치열 10 낙후 11 유발 12 ㉠ 13 ㉢ 14 ㉤ 15 ㉣

DAY 13
01 ② 02 ① 03 ② 04 ③ 05 경향 06 혼동 07 규정 08 반론 09 참고 10 ③ 11 ① 12 교환 13 가치 14 어문

DAY 14
01 ① 02 ① 03 ③ 04 ③ 05 ① 06 ② 07 ① 08 ② 09 ④ 10 ⑤ 11 ⑥ 12 ③ 13 ① 14 황무지 15 저수지 16 군량

DAY 15
01 ④ 02 ① 03 ⑤ 04 ⑥ 05 ② 06 ③ 07 ③ 08 ② 09 ③ 10 ① 11 ㉣ 12 ㉠ 13 ㉤ 14 ㉢ 15 억압 16 계기 17 효능 18 항암 19 욕구

DAY 16
01 ㉤ 02 ㉣ 03 ㉠ 04 ㉢ 05 ① 06 ② 07 ③ 08 ① 09 ① 10 ② 11 ② 12 유해 13 전망 14 손상 15 매장

STEP Ⅲ

DAY 17
01 공감 02 습도 03 중력 04 오감 05 ③ 06 ① 07 ② 08 ② 09 ① 10 ④ 11 ③ 12 ② 13 수단 14 간접 경험 15 촉발 16 흥행 17 사고

DAY 18
01 ㉢ 02 ㉤ 03 ㉠ 04 ㉣ 05 ㉣ 06 ② 07 ① 08 ② 09 출시 10 병적 11 천차만별 12 원동력 13 도출 14 마구잡이 15 객관적 16 편견

DAY 19
01 추세 02 격차 03 문명 04 요지 05 습성 06 보완책 07 발간 08 해부학 09 바큇살 10 적합 11 제약 12 통계 자료 13 원동력 14 ③ 15 ① 16 ②

DAY 20
01 ④ 02 ② 03 ⑥ 04 ③ 05 ① 06 ⑤ 07 ① 08 ② 09 ① 10 ② 11 ① 12 ③ 13 ④ 14 입자 15 부싯돌 16 고도

DAY 21
01 ㉣ 02 ㉤ 03 ㉣ 04 ㉢ 05 ㉠ 06 공존 07 제한 08 양분 09 일반적 10 잡동사니 11 ① 12 ② 13 ③

DAY 22
01 ㉢ 02 ㉠ 03 ㉤ 04 ㉣ 05 ㉣ 06 ③ 07 ① 08 ② 09 ④ 10 ① 11 ② 12 ③ 13 ① 14 추측 15 대응

DAY 23
01 ① 02 ② 03 ③ 04 ③ 05 ② 06 ⑤ 07 ④ 08 ① 09 자아 10 천체 11 미지 12 탐색 13 막대 14 관측 15 굴욕감

DAY 24
01 착안 02 요청 03 착상 04 분화 05 주입 06 지원 07 이식 08 매체 09 전문적 10 윤리적 11 체계적 12 실정 13 ① 14 ① 15 ③

차례

STEP I
핵심어 찾기,
중심 문장 찾기

STEP II
문단 요약하기,
문단 간의 관계 파악하기

STEP III
글의 구조 파악하기,
주제 찾기

★ 다시는 틀리지 않게 완벽히 이해시키는 입체 첨삭 해설

핵심어
지문을 독해하는 데 핵심이 되는 단어를 표시했습니다.

문단 요약
각 문단의 핵심 내용을 요약하여 전체적인 지문의 구조를 파악할 수 있습니다.

내용 풀이
중요 내용에 해설을 달아 어려운 내용도 쉽게 이해할 수 있습니다.

전체 중심 문단
글 전체에서 가장 중요한 문단을 알려줍니다.

전체 중심 문장
글 전체에서 가장 중요한 중심 문장을 표시했습니다.

지문 분석
지문의 내용과 주제, 문단 간의 관계를 스스로 공부할 수 있도록 정리했습니다.

문단 중심 문장
각 문단의 중심 문장을 모두 표시했습니다.

첨삭 해설
정답과 오답의 이유를 한눈에 확인할 수 있도록 키워드 중심으로 알려줍니다.

왜 정답?
정답이 되는 핵심 이유와 문제 풀이를 알기 쉽고 자세하게 수록했습니다.

왜 오답?
틀린 문제를 완벽히 이해할 수 있도록 자세히 설명했습니다.

보충 자료
지문과 관련 있는 다양한 자료를 수록하여 학습의 생각과 깊이를 더할 수 있습니다.

글의 구조도
글 전체의 내용을 한눈에 파악할 수 있게 했습니다.

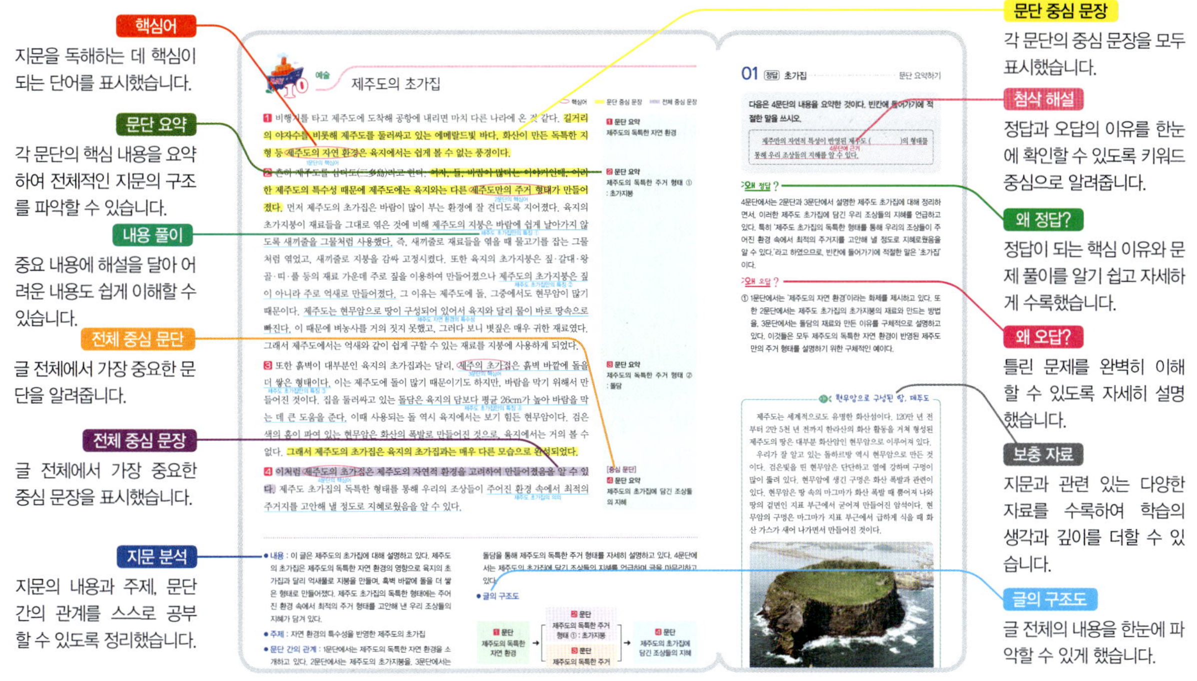

DAY 01 예술

슈퍼 히어로의 탄생

○ 핵심어 　■ 문단 중심 문장 　■ 전체 중심 문장

1 슈퍼맨, 배트맨 같은 미국 만화의 슈퍼 히어로는 언제, 무슨 이유 때문에 등장했을까? 1930년대 미국 사회는 오랜 경제 침체의 늪에 빠져 있었고, 미국 사람들은 힘든 현실을 벗어나게 해 줄 영웅을 원했다. 이러한 열망 때문인지 미국 사람들은 강한 남성 캐릭터가 위험을 무릅쓰고 사건을 해결해 나가는 내용의 만화를 즐겨 보기 시작했다.

2 미국의 슈퍼 히어로 1호는 '팬텀'이다. 팬텀은 1936년 한 신문에 연재되던 만화에 처음 등장했는데, 마스크로 얼굴을 가리고 악당을 물리치는 그의 모습에 사람들은 즐거워했다. 이후 미국의 신문에는 주로 역동적인 장면과 화려한 색채로 치장한 슈퍼 히어로 만화들이 실리기 시작했다.

3 1938년에는 〈액션 코믹스 1호〉를 통해 슈퍼맨이 처음 소개되었다. 사람들은 뛰어난 능력을 가진 슈퍼맨이 악당들을 물리치는 장면에서 쾌감을 느꼈고, 곧 슈퍼맨 시리즈는 인기를 끌게 되었다. 이러한 슈퍼맨의 인기는 화려한 의상에 초능력을 쓸 줄 아는 캐릭터라면 무엇이든 크게 인기를 끌 정도로 미국 만화 산업을 바꿔 놓았다. 이처럼 슈퍼 히어로가 끊임없이 등장했던 1930~40년대를 '골든 에이지'라고 부른다.

4 슈퍼맨이 큰 인기를 얻은 이유는 당시 1차 세계 대전 이후 폐허로 변해 버린 유럽을 떠나 미국에 정착했던 이민자들의 모습이 슈퍼맨 캐릭터에 반영되어 있었기 때문이다. 클립톤이라는 행성에서 온 외계인인 슈퍼맨은 떠나온 행성이 파괴되어 다시는 고향으로 돌아갈 수 없었다. 그래서 평소에는 기자로, 나쁜 일이 생겼을 때에는 슈퍼 히어로로 활약하며 지구의 평화를 지키며 지구에 정착하게 된다. 이러한 처지의 슈퍼맨은 당시 사람들에게 단순히 선망의 대상일 뿐만 아니라 동질감을 느끼는 대상이기도 하였다.

5 이처럼 슈퍼 히어로 만화는 단순히 멋지고 화려해서만이 아니라, 당시의 시대상을 반영함으로써 사람들이 그 캐릭터에 동질감을 느끼게 하기 때문에 인기를 얻을 수 있었다. 슈퍼 히어로를 그린 만화들은 오늘날에도 시대의 모습을 적극적으로 담아내면서 여전히 독자들의 사랑을 받고 있다.

문단 요약
1 문단 요약 — 슈퍼 히어로가 등장한 배경
2 문단 요약 — '팬텀'의 탄생
3 문단 요약 — '골든 에이지'를 이끈 슈퍼맨
4 문단 요약 — 슈퍼맨이 인기를 얻은 이유
[중심 문단] **5** 문단 요약 — 여전히 사랑받고 있는 슈퍼 히어로 만화

- **내용** : 이 글은 미국 최초의 슈퍼 히어로였던 '팬텀'과, '골든 에이지' 시대를 이끈 '슈퍼맨'을 예시로 들어 슈퍼 히어로 만화가 인기를 얻게 된 과정과 배경을 설명하고 있다.

- **주제** : 슈퍼 히어로 만화의 역사

- **문단 간의 관계** : 1문단에서는 슈퍼 히어로에 대한 화제를 제시하고 있다. 2문단에서는 슈퍼 히어로 1호인 '팬텀'에 대해, 3문단에서는 슈퍼맨에 대해 언급하고, 4문단에서는 슈퍼맨이 인기를 얻을 수 있었던 이유를 설명하고 있다. 5문단에서는 슈퍼 히어로 만화의 인기 요인을 밝히며 글을 마무리하고 있다.

- **글의 구조도**

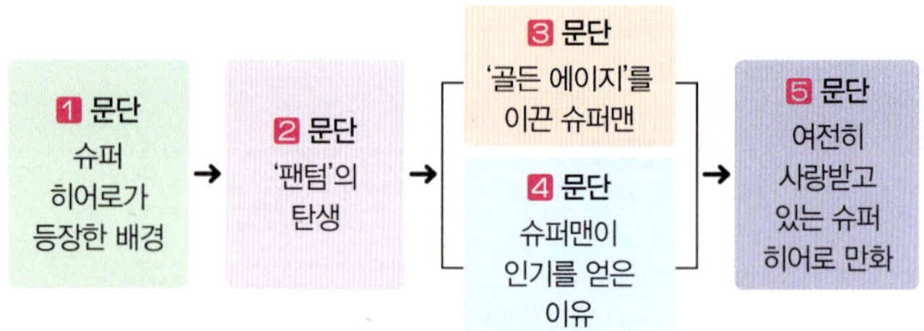

01 [정답] 슈퍼 히어로 ······ 핵심어 찾기

다음은 윗글의 핵심 내용을 정리한 것이다. 빈칸에 들어가기에
적절한 말을 쓰시오.

> 시대와 사람들의 열망을 잘 반영하고 있어서 (　　　　　)
> 만화는 꾸준히 독자들의 사랑을 받고 있다.

왜 정답?

이 지문에서는 슈퍼 히어로 만화가 인기를 얻게 된 과정과 배경을 설명하고 있다. 1문단에서는 미국 사람들이 슈퍼 히어로가 등장하는 만화를 즐겨 보게 된 이유가 '힘든 현실을 벗어나게 해 줄 영웅을 원했'던 당시 사람들의 열망 때문이라고 하였다.

그리고 5문단에서 '슈퍼 히어로를 그린 만화들은 오늘날에도 시대의 모습을 적극적으로 담아내면서 여전히 독자들의 사랑을 받고 있다.'라고 하면서 슈퍼 히어로 만화가 과거뿐만 아니라, 오늘날에도 꾸준히 독자들의 사랑을 받는 이유를 이야기하고 있다.

따라서 빈칸에 들어가기에 적절한 말은 '슈퍼 히어로'이다.

02 [정답] ② ······ 중심 문장 찾기

1문단의 중심 문장으로 가장 적절한 것은?

① 슈퍼맨, 배트맨 같은 미국 만화의 슈퍼 히어로는 언제, 무슨 이유 때문에 등장했을까?

② 이러한 열망 때문인지 미국 사람들은 강한 남성 캐릭터가 등장하여 위험을 무릅쓰고 모험을 통해 사건을 해결해 나가는 내용의 만화를 즐겨 보기 시작했다.

왜 정답?

② 1문단에서는 '미국 만화 산업의 슈퍼 히어로'가 등장하게 된 배경을 제시하고 있다. 특히 미국 사람들이 슈퍼 히어로가 등장하는 만화를 즐겨 보기 시작한 배경을 당시 미국의 사회적 분위기, 즉 '오랜 경제 침체의 늪에 빠져 있었고, 미국 사람들은 힘든 현실을 벗어나게 해 줄 영웅을 원'한 것과 연결하고 있다. 따라서 이러한 1문단의 핵심 내용을 포함하고 있는 중심 문장은 '이러한 열망 때문인지 미국 사람들은 강한 남성 캐릭터가 위험을 무릅쓰고 사건을 해결해 나가는 내용의 만화를 즐겨 보기 시작했다.'이다.

왜 오답?

① 이 문장은 질문을 통해 화제를 제시하고 있다. 이는 1문단의 중심 문장을 이끌어 내는 역할을 하는 문장이다.

🐟 미국 만화의 황금 시대, 골든 에이지

　　슈퍼맨 시리즈의 성공 이후 슈퍼 히어로 만화가 돈이 된다는 것을 깨달은 DC(당시 내셔널코믹스)는 1939년에서 1941년까지의 짧은 기간 동안 슈퍼맨의 흥행 공식을 그대로 따른 수많은 슈퍼 히어로들을 만들어 낸다. 배트맨, 원더우먼, 아쿠아맨 등이 '골든 에이지'라 불리는 이 시기에 태어난 DC의 영웅들이다.

　　그런데 훗날 DC의 경쟁사가 되는 타임리 코믹스(현재의 마블(Marvel)사)는 이와는 조금 다른 접근 방법을 택했다. 타임리 코믹스는 DC와의 차별화를 위해 슈퍼 히어로 만화가 아닌 미스터리·공포물·탐정극 등의 장르로 구성한 만화책을 펴냈다. 실제로 그들의 첫 슈퍼 히어로라 할 수 있는 휴먼토치(인간 횃불) 역시 원래는 인간의 광기가 낳은 공포의 존재였다.

하지만 결국에는 그들도 DC의 '영웅 만들기' 전략을 따라 미국인들의 애국심에 호소하는 캐릭터인 '캡틴 아메리카'를 만들어 냈고, 휴먼토치도 차츰 그 능력을 활용해 인간들을 돕는 슈퍼 히어로로 묘사되기 시작했다.

　　이러한 대표적인 두 출판사 외에도 수많은 출판사들이 수백 명의 슈퍼 히어로들을 만들어 내던 골든 에이지 시대에는 2차 대전이라는 역사적 배경이 있었다. '선이 악을 물리친다.'라는 믿음을 누구나 가지고 있던 시절이기도 했지만, 슈퍼 히어로 만화는 국민의 애국심을 이끌어 내기 위한 훌륭한 장치였기 때문이다. 이 시기는 또한 슈퍼 히어로 만화의 인기를 등에 업은 출판사들이 다양한 종류의 만화들을 선보일 수 있던 시대이기도 했다. 이러한 골든 에이지 시대를 통해 슈퍼 히어로 만화는 미국의 중심 문화로 나아갈 수 있었다.

로봇이 작곡하고 그림 그리는 세상

○ 핵심어   ▮ 문단 중심 문장   ▮ 전체 중심 문장

1 과학 기술의 발전으로 로봇은 인간의 노동력을 대체하는 주요한 자원으로 각종 산업 분야에서 활용되고 있다. 하지만 로봇이 아무리 발전해도 예술 분야에서는 인간을 넘어서기 어렵다고 여겨졌다. 대부분의 사람들은 인간만이 고유한 창작 능력과 예술성을 가진다고 생각했기 때문이다. 하지만 최근 정교하고 섬세한 영역까지 기술이 발달하면서 '로봇 아티스트'가 탄생하였고, 이러한 인식이 조금씩 변화하고 있다.

2 피아노를 연주하며 작곡을 하고, 그림을 그리고, 춤을 추고, 심지어 소설까지 창작하는 등 로봇은 더욱 다양한 예술 분야로 활동 범위를 넓혀 가고 있다. 특히 로봇이 놀라운 성취를 보여 주는 분야는 작곡과 연주이다.

3 세계적인 인터넷 서비스 기업 '구글'은 예술 작품을 창작하는 인공 지능 프로젝트를 진행하면서 그 첫 결과물로 로봇이 작곡한 80초 정도의 피아노 연주곡을 발표했다. 또한 미국 조지아공대 음악기술센터에서 개발한 로봇 '시몬'은 네 개의 팔을 사용해 환상적인 타악기 연주를 선보이기도 했다. 개발자에 따르면 시몬은 머신러닝(Machine Learning)* 프로그램을 이용해 다양한 음악 스타일로 연주할 수 있으며 너무 복잡해서 인간이 연주할 수 없는 화음까지도 연주할 수 있다고 한다.

4 미술 분야에서도 로봇의 역할은 확대되고 있다. 타이완대학이 개발한 '그림 그리는 로봇'은 붓을 사용해 캔버스에 아름다운 그림을 그린다. 또한 영국에서 개발한 '도자기 빚는 로봇'은 인터넷에서 꽃병의 이미지를 수집한 후 도자기의 기본 형태를 스스로 설정하고, 이를 기반으로 하여 새로운 디자인을 만들어서 아름다운 도자기 꽃병을 완성해 냈다.

5 이와 같은 로봇의 활약을 고려하면, 멀지 않은 미래에 우리는 예술가에게 찬사를 보내는 대신 로봇 아티스트에게 찬사를 보내는 것이 더 익숙해질 수 있다. 로봇 아티스트에 의해 창작된 그림이 경매에서 실제 화가의 작품 가격에 상응하는 가격으로 현재 거래되고 있기도 하다. 이러한 시점에서 우리는 과연 로봇 아티스트의 창작물을 진정한 예술 작품으로 볼 수 있을지, 한 번쯤 고민해 보아야 할 것이다.

* 머신러닝(Machine Learning) : '기계 학습'이라는 말로, 컴퓨터가 스스로 방대한 데이터를 분석하여 학습하고 이를 바탕으로 미래를 예측하는 기술이다.

---

1 문단 요약
로봇 아티스트의 등장

2 문단 요약
로봇 아티스트의 활동 분야

3 문단 요약
작곡과 연주 분야에서 활약하는 로봇

4 문단 요약
미술 분야에서 활약하는 로봇

[중심 문단]
5 문단 요약
로봇 아티스트와 창작물에 대한 깊이 있는 생각

● **내용** : 이 글은 로봇 아티스트의 등장과 활약상을 설명하고 있다.

● **주제** : 로봇아티스트의 등장과 성취

● **문단 간의 관계** : 1문단과 2문단에서는 로봇 아티스트에 대해 소개하고 있다. 3문단과 4문단에서는 각각 음악 분야와 미술 분야에서 로봇 아티스트가 활약하는 사례를 구체적으로 제시하고 있다. 5문단에서는 로봇 아티스트와 그들이 만든 창작물에 대해 생각해 볼 것을 권하고 있다.

● **글의 구조도**

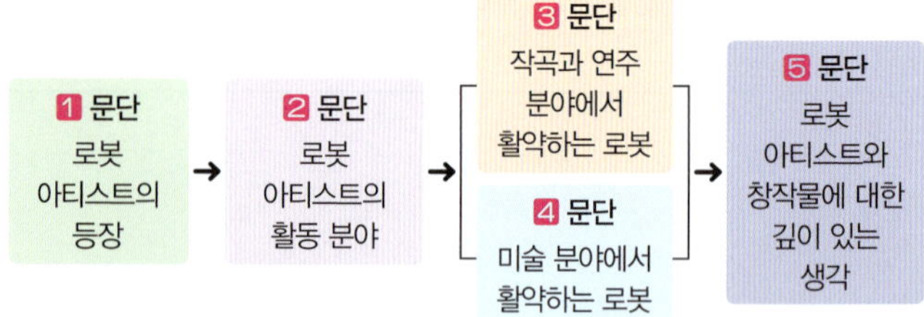

03 [정답] 로봇 아티스트 ·············· 핵심어 찾기

>왜 정답 ?

이 지문에서는 기술이 발달하면서 '로봇 아티스트'가 탄생하였고, 로봇
이 예술 분야에서 활약할 수 없을 것이라는 인식에 변화를 가져오게
되었다고 하였다. 따라서 빈칸에 들어가기에 적절한 말은 '로봇 아티
스트'이다.

04 [정답] ③ ·············· 중심 문장 찾기

>왜 정답 ?

③ 5문단에서는 2~4문단에서 이야기한 로봇 아티스트의 활약에 대해
요약·정리하고, 그들의 창작물에 대해 고민해 볼 시점이라는 글쓴
이의 의견을 드러내고 있다. 따라서 '이러한 시점에서 우리는 ~ 고
민해 보아야 할 것이다.'가 5문단의 중심 문장으로 가장 적절하다.

05 [정답] ③ ·············· 내용 파악하기

> 윗글의 내용으로 적절하지 <u>않은</u> 것은?
>
> ① 영국에서는 스스로 도자기를 빚는 로봇이 개발되었다.
> 4문단에 근거 → '영국에서 개발한 '도자기 빚는 로봇'
> ② 과거에는 로봇이 예술 분야에서 활동하기 어렵다고 여겼다.
> 로봇이 아무리 발전해도 예술 분야에서는 인간을 넘어서기 어렵다고 여겨짐.
> ③ 현재 로봇 아티스트들은 모든 영역에서 인간 예술가보다
> 지문에서 이야기하고 있지 않음.
> 능력이 뛰어나다.
> ④ 로봇 연주자인 '시몬'은 인간이 연주하기에 너무 복잡한
> 너무 복잡해서 인간이 연주할 수 없는 화음까지도 연주할 수 있음.
> 음악도 연주할 수 있다.
> ⑤ 음악 분야의 로봇은 특히 작곡과 연주 부분에서 뛰어난
> 2문단에 근거
> 성취를 보여 주고 있다.

>왜 정답 ?

③ 3문단에서 로봇 '시몬'이 '너무 복잡해서 인간이 연주할 수 없는 화
음까지도 연주할 수 있다'고 하였지만, 로봇 아티스트가 모든 영역
에서 인간 예술가보다 더욱 뛰어나다고 이야기하고 있지는 않다.

>왜 오답 ?

① 4문단에서 "도자기 빚는 로봇'은 ~ 완성해 냈다.'라고 하였다.
② 1문단에서 '로봇이 아무리 ~ 어렵다고 여겨졌다.'라고 하였다.
④ 3문단에서 '시몬'은 '너무 복잡해서 인간이 연주할 수 없는 화음까
지도 연주할 수 있다고 한다.'라고 하였다.
⑤ 2문단에서 '로봇이 놀라운 성취를 ~ 작곡과 연주이다.'라고 하였다.

06 [정답] ② ·············· 전개 방식 파악하기

> 윗글에 대한 설명으로 가장 적절한 것은?
>
> ① 로봇이 섬세하게 움직일 수 있는 과학적 원리를 설명하
> 지문에서 이야기하고 있지 않음.
> 고 있다.
> ② 로봇이 예술 분야에서 활약하는 구체적인 사례를 언급하
> 3, 4문단에 근거 → 예술 분야에서 활약하는 로봇의 사례
> 고 있다.
> ③ 로봇이 가진 예술적 능력의 한계점과 이에 대한 대안을
> 지문에서 이야기하고 있지 않음.
> 제시하고 있다.
> ④ 로봇이 예술 분야에서 활약하는 것에 대한 장점과 단점
> 지문에서 이야기하고 있지 않음.
> 을 언급하고 있다.
> ⑤ 로봇이 예술 분야에서 활동하는 것에 대한 찬성과 반대
> 지문에서 이야기하고 있지 않음.
> 의 상반된 의견을 제시하고 있다.

>왜 정답 ?

② 3문단과 4문단에서 음악 분야에서 활약하는 로봇과 미술 분야에서
활약하는 로봇을 구체적인 사례로 언급하고 있다.

>왜 오답 ?

①, ③, ④, ⑤ 이 지문에서 이야기하고 있지 않은 내용이다.

07 [정답] ⑤ ·············· 글쓴이의 의도 파악하기

> 글쓴이가 윗글을 통해 궁극적으로 말하고자 하는 바로 가장 적
> 절한 것은?
>
> ① 예술적인 아름다움은 오로지 인간만이 느낄 수 있다.
> 지문에서 이야기하고 있지 않음.
> ② 로봇은 감정이 없으므로 예술 분야로의 진출에 어려움이
> 3, 4문단에 근거 → 예술 분야에 진출한 로봇의 사례를 다루고 있음.
> 있다.
> ③ 로봇이 예술 분야에 진출하면서 사람들의 일자리를 빼앗
> 지문에서 이야기하고 있지 않음.
> 고 있다.
> ④ 현재의 로봇 기술은 한계가 있으므로 더 많은 연구가 이
> 지문에서 이야기하고 있지 않음.
> 루어져야 한다.
> ⑤ 로봇 아티스트의 등장에 대해 알고, 그들이 만드는 창작
> 5문단에 근거 → '로봇 아티스트의 ~ 고민해 보아야 할 것이다.'
> 물에 대해 한 번쯤 생각해 보아야 한다.

>왜 정답 ?

⑤ 이 지문에서는 로봇 아티스트를 소개하고, 그들의 활약을 제시하고
있다. 또한 5문단에서 '로봇 아티스트의 창작물을 진정한 예술 작
품으로 볼 수 있을지, 한 번쯤 고민해 보아야 할 것이다.'라고 하였
다. 따라서 글쓴이는 로봇 아티스트에 대해 알리고, 그들의 창작물
에 대해 한 번쯤 생각해 보아야 한다고 이야기하고 있음을 알 수
있다.

>왜 오답 ?

①, ③, ④ 이 지문에서 이야기하고 있지 않은 내용이다.
② 3문단과 4문단에서 예술 분야에서 성취를 이룬 로봇의 사례를 다
루고 있다.

백제는 어떻게 해양 강국이 될 수 있었을까?

○ 핵심어　▨ 문단 중심 문장　▨ 전체 중심 문장

1 백제의 역사는 우리나라 삼국 시대의 역사 중에서 가장 알려져 있지 않다. 고구려, 신라에 비해 백제의 유물과 기록이 많이 남아 있지 않기 때문이다. 하지만 근·현대에 이르러 중국과 일본의 역사서에서 백제와 관련된 기록들이 발견되면서 백제가 국제적으로 활발하게 교류했다는 것이 증명되었고, 이로써 백제의 위상이 새롭게 부각되었다.

2 특히 〈삼국사기〉에는 백제의 한 승려가 바닷길로 인도에 이르렀다는 기록이 있고, 일본의 역사서인 〈일본서기〉에는 백제가 동남아시아 지역과도 교류가 있었음이 기록되어 있다. 이처럼 백제는 중국과 일본, 동남아시아 일대를 활발히 누비는 해양 강국이었다. 중국의 역사서인 〈수서〉에는 백제라는 국호가 '많은 가문들이 바다를 다스린다.'라는 의미의 '백가제해(百家濟海)'라는 말의 줄임말이라고 기록되어 있다.

3 그렇다면 백제가 해양 강국이 될 수 있었던 이유는 무엇일까? 그 이유는 백제의 지리적 특성에서 찾을 수 있다. 백제는 현재의 서울과 서해안 일대에 자리 잡은 국가였다. 게다가 바로 위쪽에 있던 고구려에 막혀 대륙으로의 진출이 자유롭지 못했다. 이러한 지리적 특성으로 인해 백제는 배를 만드는 기술과 항해술을 발전시켜 서해의 바닷길을 점령하여 활발한 해양 활동을 펼칠 수 있었다.

4 백제인들은 기원전부터 노와 키, 돛이 달린 바닷길 전용의 배를 만들어 탔는데, 이는 당대의 중국 배와 비교하였을 때 훨씬 효율적이었다. 『중국의 배는 선원들이 노를 당기면 그 반동으로 물을 밀어내면서 나아갔기 때문에 배를 움직이기 위해서는 많은 사람과 큰 힘이 필요했다. 반면 백제의 배는 노의 끝을 회전시켜 물을 저어 가는 방식을 사용하였기 때문에 비교적 적은 힘이 들었다. 또한 백제의 배는 바다를 건너는 데 적합했지만, 중국의 배는 속도가 느리고 무거워 바다를 항해하는 용도로는 적합하지 않았다.』

5 이처럼 뛰어난 기술을 바탕으로 백제는 해양 강국으로 자리매김할 수 있었다. 또 바닷길을 이용한 활발한 교류를 통해 여러 나라에 백제의 기술과 유물을 전파하며 그 위상을 떨쳤다. 이제는 백제를 우리나라의 자랑스러운 해양 강국으로 기억해야 한다.

---

1 문단 요약
새롭게 부각된 백제의 위상

2 문단 요약
백제가 해양 강국이었음을 증명하는 역사적 기록

3 문단 요약
지리적 특성으로 해양 강국이 될 수 있었던 백제

4 문단 요약
배를 만드는 기술이 우수했던 백제

[중심 문단]
5 문단 요약
해양 강국인 백제의 위상

- **내용 :** 이 글은 백제가 당시 해양 강국이 될 수 있었던 원인을 분석하고 있다. 백제가 활발한 해양 활동을 펼칠 수 있었던 것은 바다와 인접한 지리적 특성으로 인해 배를 만드는 기술과 항해술이 발달했기 때문이었다.
- **주제 :** 해양 강국으로 활약한 백제의 위상
- **문단 간의 관계 :** 1문단에서는 해양 강국으로서 백제의 위상을, 2문단에서는 이를 증명하는 역사적 기록들을 소개하고 있다. 3문단과 4문단에서는 백제가 해양 강국으로 자리 잡을 수 있었던 배경을 설명하고 있다. 5문단에서는 해양 강국인 백제의 위상을 언급하며 글을 마무리하고 있다.

- **글의 구조도**

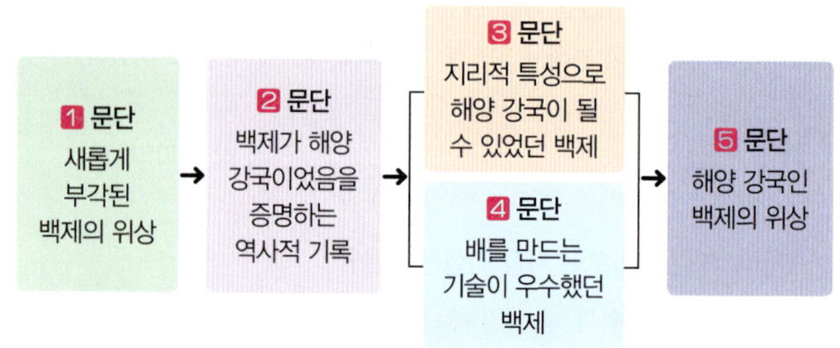

01 [정답] 백제 ·· 핵심어 찾기

다음은 윗글의 핵심 내용을 정리한 것이다. 빈칸에 들어가기에 적절한 말을 쓰시오.

> (　　　　　)은/는 배를 만드는 기술과 항해술을 가진 해양 강국이다.
> 3문단 5번째 문장에 근거

>왜 정답?

이 지문에서는 역사적인 기록을 통해 백제가 해양 강국이었다는 사실을 이야기하고 있다.

특히 3문단에서 '이러한 지리적 특성으로 인해 백제는 배를 만드는 기술과 항해술을 발전시켜 서해의 바닷길을 점령하여 활발한 해양 활동을 펼칠 수 있었다.'라고 하면서 백제가 배를 만드는 뛰어난 기술과 항해술 덕에 해양 강국이 될 수 있었음을 밝히고 있다.

따라서 빈칸에 들어가기에 적절한 말은 '백제'이다.

02 [정답] ① ·· 중심 문장 찾기

2문단의 중심 문장으로 가장 적절한 것은?

① 이처럼 백제는 중국과 일본, 동남아시아 일대를 활발히 누비는 해양 강국이었다.
　역사적 기록을 근거로 백제의 해양 강국으로서의 면모를 제시한 2문단의 중심 문장임.

② 중국의 역사서인 〈수서〉에는 백제라는 국호가 '많은 가문들이 바다를 다스린다.'라는 의미의 '백가제해(百家濟海)'라는 말의 줄임말이라고 기록되어 있다.
　중심 문장을 뒷받침하는 문장임.

>왜 정답?

① 2문단에서는 우리나라의 〈삼국사기〉와 일본의 〈일본서기〉, 중국의 〈수서〉의 기록을 통해 백제가 바닷길을 통해 여러 나라와 활발히 교류했다는 점을 이야기하고 있다. 이를 통해 백제가 해양 강국이었음을 강조하고 있는 것이다. 따라서 역사적 기록을 근거로 백제의 해양 강국으로서의 면모를 제시한 2문단의 중심 문장은 '이처럼 백제는 중국과 일본, 동남아시아 일대를 활발히 누비는 해양 강국이었다.'이다.

>왜 오답?

② 역사서의 기록을 제시한 이유는 백제가 해양 강국이었음을 증명하기 위해서이다. 따라서 이 문장은 중심 문장의 내용을 뒷받침하는 문장이다.

◆◀ 바다 건너 일본에 미친 백제의 영향력

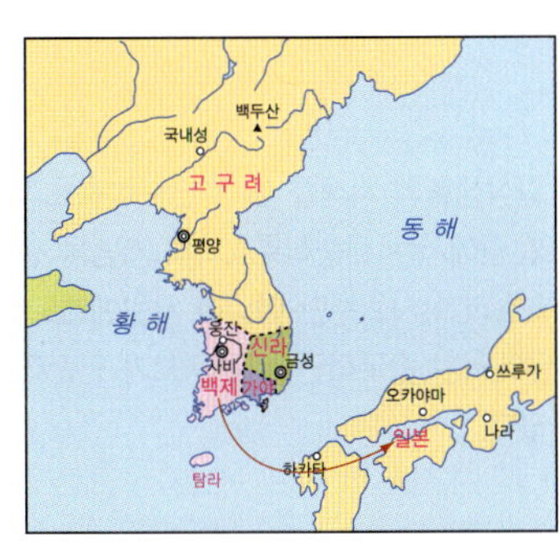

백제의 활발한 해외 교류 활동의 자취가 가장 많이 남아 있는 곳은 일본이다. 당시에 많은 수의 백제인들이 일본으로 건너가 살기도 했을 정도로 백제와 일본은 활발히 교류했다.

불교는 일본이 중앙 집권적인 통일 국가 체제를 형성하는 데 핵심적인 역할을 했는데, 이를 처음 일본에 전해 준 사람도 백제의 귀족 노리사치계였다. 노리사치계는 성왕의 명을 받아 불상과 경전을 가지고 일본에 가 불교를 전파하기 시작했다.

백제는 그 뒤 577년에 불상을 만드는 기술자와 절 건축자를 보냈고, 이어 금속 공예사와 기와를 굽는 기술자까지 보냈다. 이들은 일본에서 단순히 기술자 대접을 받은 것이 아니었다. 절 짓는 목수는 '사사'(寺師), 기와 굽는 사람은 '와(瓦)박사', 탑의 상륜부를 만드는 사람은 '노반(路盤)박사' 등으로 불렸다. 기술자들이 박사나 스승 등으로 높은 대접을 받았던 것이다.

한편 이보다 한참 전인 284년 무렵에도 백제의 학자 아직기와 왕인은 일본에 〈논어〉와 〈천자문〉을 전했다. 513년부터는 〈시경〉, 〈상서〉, 〈주역〉, 〈예기〉, 〈춘추〉 등 유학의 기본 경전인 오경에 밝은 학자들이 일본으로 건너가 유교 사상을 수십 년에 걸쳐 일본에 전파했다. 백제는 학문적인 전수 외에도 의학, 역학, 천문, 지리, 점술 등도 전파했다. 이러한 백제의 문화 전파는 일본의 고대 국가가 세워지고 자리 잡는 데에 중요한 역할을 했다.

단순접촉효과

○ 핵심어　▮ 문단 중심 문장　▮ 전체 중심 문장

1 어떤 사람이나 물건을 이유도 없이 좋아한다고 느낀 적이 있는가? 가령 빵집에 빵을 사러 갔다고 했을 때, 우리가 선택한 빵에 대해 그 이유를 물으면 "이 빵이 맛있을 것 같아서……."라든가, "좋아하니까!"라는 식으로 답할 것이다. 하지만 실제로는 '이 빵을 광고에서 자주 보았다.'라는 것이 진짜 이유였을 확률이 상당히 높다.

2 우리는 어떤 상품의 로고나 패키지, 상품명 등을 몇 번 보거나 들었을 때 무의식중에 호감을 갖게 된다. 이와 같이 특정한 대상에 반복적으로 노출될 때 우리는 그것에 대한 긍정적 인식을 갖게 되는데, 이를 '단순접촉효과'라고 한다. 이와 같은 효과가 일어나는 이유는 무엇일까? 그것은 바로 '주입' 때문이다. 반복적으로 본 것이 머릿속에 자연스럽게 주입되는 것이다. '자연스럽게 주입되는 느낌'이 우리에게는 '좋은 느낌'이기 때문에 우리는 그런 느낌이 드는 대상을 좋아한다고 생각하게 된다.

3 이런 느낌은 물건만이 아니라 사람에게서도 비슷하게 받게 된다. 한 번이라도 어딘가에서 마주친 사람인데, 그 사실을 알아채지 못한 채 '처음 만났다.'라고 느낀다고 가정을 해 보자. 우리가 깨닫지 못한다고 해도 단순접촉효과가 나타날 수 있으며, 우리는 무의식적으로 그 사람에 대한 좋은 느낌을 갖게 된다. 이러한 느낌은 '처음 보는데도 왠지 그리운 느낌이 드는 사람'과 같은 호감으로 이어진다.

4 단순접촉효과에 대해서는 이미 많은 실험에서 그 효과가 입증되고 있다. 신문이나 잡지에 상품 광고가 자주 실리는 것도, TV의 광고에서 상품을 반복해서 선전하는 것도 바로 이 효과를 노리는 것이라 할 수 있다.

---

1 문단 요약
어떤 것을 이유도 없이 좋아한다고 느끼는 이유

[중심 문단]
2 문단 요약
단순접촉효과의 개념

3 문단 요약
사람에게도 적용되는 단순접촉효과

4 문단 요약
단순접촉효과의 효과

● **내용** : 이 글은 심리학 용어인 '단순접촉효과'의 의미와 효과에 대해 설명하고 있다. 단순접촉효과란 특정한 대상에 반복적으로 노출될 경우 긍정적으로 인식하게 되는 것을 말한다. 이러한 효과는 사물과 사람 모두에게 나타나며, 반복적인 상품 광고는 이 효과를 노린 것이라 할 수 있다.

● **주제** : 단순접촉효과의 개념과 그 효과

● **문단 간의 관계** : 1문단에서는 일상생활의 사례를 들어 단순접촉효과에 대한 흥미를 유발하고 있으며, 2문단에서는 단순접촉효과의 개념을 설명하고 있다. 3문단에서는 단순접촉효과가 사물뿐만 아니라 사람에게도 적용된다고 언급하고 있으며, 4문단에서는 반복적인 상품 광고가 단순접촉효과를 노린 것이라고 설명하고 있다.

● **글의 구조도**

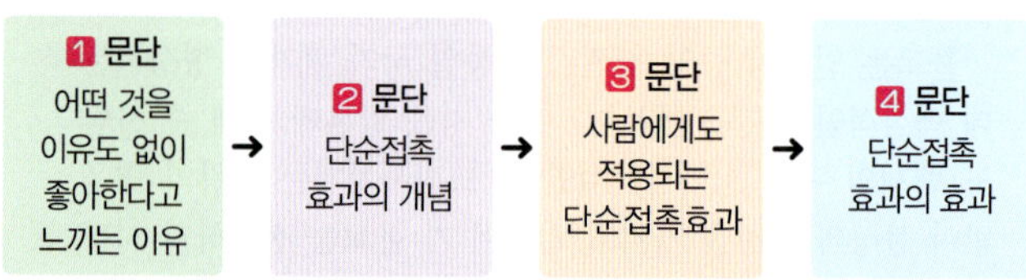

03　[정답]　단순접촉효과 ·································· 핵심어 찾기

›왜 정답?

이 지문에서는 구체적인 예를 들어 단순접촉효과에 대해 설명하고 있다. 특히 2문단에서 '특정한 대상에 반복적으로 노출될 때 우리는 그것에 대한 긍정적 인식을 갖게 되는데, 이를 '단순접촉효과'라고 한다.'라고 하였다. 따라서 빈칸에 들어가기에 적절한 말은 '단순접촉효과'이다.

04　[정답]　② ······································· 중심 문장 찾기

›왜 정답?

② 2문단에서는 단순접촉효과의 개념을 설명하고 있다. 따라서 '이와 같이 특정한 대상에 반복적으로 노출될 때 우리는 그것에 대한 긍정적 인식을 갖게 되는데, 이를 '단순접촉효과'라고 한다.'가 2문단의 중심 문장이다.

05　[정답]　③ ······································· 내용 파악하기

윗글에 대한 설명으로 적절하지 <u>않은</u> 것은?

① 본인이 깨닫지 못하더라도 단순접촉효과는 나타날 수 있다.
　　3문단에 근거
② 단순접촉효과는 이미 많은 실험을 통해 그 효과가 입증
　　　　　　　　　　　　　　4문단에 근거
　되고 있다.
③ 실제로 오늘 처음 만난 사람을 대상으로도 단순접촉효과
　　단순접촉효과는 특정한 대상에 반복적으로 노출될 때 생김.
　가 나타날 수 있다.
④ 반복적으로 봤던 것은 우리 머릿속에 자연스럽게 주입되
　　　　　　　　　　　　2문단에 근거
　어 단순접촉효과를 일으킨다.
⑤ 어떤 상품을 이유 없이 좋아한다면 단순접촉효과로 인해
　　　　　　　　　　　1문단에 근거
　무의식적으로 좋아하게 된 것일 확률이 높다.

›왜 정답?

③ 2문단에서 '특정한 대상에 반복적으로 노출될 때 우리는 그것에 대한 긍정적 인식을 갖게 되는데, 이를 '단순접촉효과'라고 한다.'라고 하였고, 3문단에서 '한 번이라도 어딘가에서 마주친 사람'일 때 '단순접촉효과가 나타날 수 있다'고 했다. 따라서 오늘 처음 만난 사람에게는 단순접촉효과가 나타날 수 없다.

›왜 오답?

① 3문단에서 '우리가 깨닫지 못한다고 해도 단순접촉효과가 나타날 수 있다'고 하였다.
② 4문단에서 '단순접촉효과에 대해서는 이미 많은 실험에서 그 효과가 입증되고 있다.'라고 하였다.
④ 2문단에서 단순접촉효과가 일어나는 이유는 '반복적으로 본 것이 머릿속에 자연스럽게 주입되'기 때문이라고 하였다.
⑤ 1문단에서 빵을 예로 들어 그냥 이유 없이 좋아한다고 생각했어도 실제로는 '광고에서 자주 보았다.'라는 것이 진짜 이유였을 확률이 상당히 높다고 하였다.

06　[정답]　② ······································· 내용 파악하기

윗글에 언급된 내용으로 가장 적절한 것은?

① 단순접촉효과의 장점과 단점
　　지문에서 이야기하고 있지 않음.
② 단순접촉효과의 개념과 영향
　　지문 전체의 중심 내용임.
③ 단순접촉효과의 영향에서 벗어나는 방법
　　　　지문에서 이야기하고 있지 않음.
④ 단순접촉효과를 증명해 낸 연구 방법과 그 결과
　　　　　　지문에서 이야기하고 있지 않음.
⑤ 단순접촉효과를 이용한 광고의 과거와 현재의 모습 비교
　　　　　지문에서 이야기하고 있지 않음.

›왜 정답?

② 이 지문에서는 단순접촉효과의 개념을 설명한 후에, 단순접촉효과가 일어난 물건이나 사람에게 우리가 '좋은 느낌을 갖게 된다.'라고 하였다. 따라서 이 지문에서는 단순접촉효과의 개념과 영향을 언급하고 있다.

›왜 오답?

①, ③, ④, ⑤ 이 지문에서 이야기하고 있지 않은 내용이다.

07　[정답]　⑤ ······································· 실제 사례에 적용하기

단순접촉효과를 활용한 광고 전략으로 가장 적절한 것은?

① 인기 많은 연예인을 섭외하여 제품과 함께 사진 찍기
　　단순접촉효과와 관련이 없음.
② SNS 스타에게 제품을 협찬하여 후기를 작성하게 하기
　　단순접촉효과와 관련이 없음.
③ 새로운 제품이 출시될 때 일정 기간 동안 가격을 낮춰서
　　　　　　　　　　　　　　단순접촉효과와 관련이 없음.
　판매하기
④ 멤버십 제도를 만들어 상품을 구매할 때마다 포인트를
　　단순접촉효과와 관련이 없음.
　적립해 주기
⑤ 같은 광고를 TV, 인터넷, 라디오 등 다양한 매체를 통해
　　　　　상품에 반복적으로 노출될 수 있도록 하는 전략
　반복하여 내보내기

›왜 정답?

⑤ 4문단에서 '신문이나 잡지에 ~ 상품을 반복해서 선전하는 것'은 모두 단순접촉효과를 노리는 것이라고 하였다. 따라서 같은 광고를 다양한 매체를 통해 반복적으로 내보내는 것은 단순접촉효과를 활용한 광고 전략이라고 볼 수 있다.

›왜 오답?

①, ② 유명인의 인기를 활용한 1회성 홍보이므로, '반복적으로 노출'하는 것과 관련된 단순접촉효과를 활용한 전략이라고 볼 수 없다.
③ 제품의 가격을 조정하는 전략이므로, '반복적으로 노출'하는 것과 관련된 단순접촉효과를 활용한 전략이라고 볼 수 없다.
④ 멤버십 제도는 고객이 상품을 재구매하도록 유도하는 전략일 뿐, 단순접촉효과를 활용한 전략이라고 볼 수 없다.

스마트폰 화면 크기의 비밀

○ 핵심어　▨ 문단 중심 문장　▨ 전체 중심 문장

1 우리나라에서 스마트폰이 상용화된 것은 2009년, 애플의 iPhone 3GS로 볼 수 있다. 이 스마트폰은 3.54인치의 디스플레이*를 장착하고 있었다. 2018년에 이르러 애플은 6.5인치 크기의 디스플레이를 장착한 iPhone XS Max를 내놓았다. <u>애플은 시간의 흐름에 따라 점차 화면 크기가 큰 스마트폰을 출시하고 있는 것이다.</u>

2 애플을 비롯한 많은 기업이 더 큰 화면을 가진 스마트폰을 출시하는 이유는 무엇일까? 이유는 간단하다. <u>더 많은 것을 담을 수 있기 때문이다.</u> 4.5인치의 디스플레이와 6인치의 디스플레이를 비교하면 그 차이는 명확해진다. 가로·세로 비율이 동일하다고 가정했을 때, 실제 화면은 6인치의 디스플레이를 가진 스마트폰이 약 77.8% 더 크다.

3 <u>몰입감의 차이 때문에 큰 화면의 스마트폰을 출시하기도 한다.</u> 화면이 커지면 몰입하는 정도도 달라진다. 동영상 등의 콘텐츠를 더욱 많이 소비하는 요즘, 소비자들은 콘텐츠에 더 몰입할 수 있게 해 주는 큰 화면을 추구하게 되었고, 스마트폰을 개발하는 기업들은 이러한 소비자들의 욕구를 고려하여 큰 화면을 가진 스마트폰을 내놓는 것이다.

4 <u>그러나 모든 소비자들이 화면이 큰 스마트폰을 환영하는 것은 아니다.</u> 특히 큰 스마트폰은 손이 작은 사람들의 신체적 특징을 고려하지 않은 것이라고 비판하는 사람들도 있다. 그들은 스마트폰들이 너무 커 손이 작은 사람이 쓰기에는 불편하다면서, 이는 손이 작은 사용자에 대한 배려를 하지 않은 것이라고 주장한다.

5 또한 기술적인 측면에서 화면이 커지면서 <u>스마트폰의 배터리의 소모량이 많아져 배터리가 전력을 유지하는 시간이 짧아졌다는 점도 비판 대상이다.</u> 스마트폰의 화면이 커지고 해상도가 높아질수록 같은 시간 동안 소비하는 전력이 커져서 배터리가 빨리 닳게 되는 것이다.

6 앞으로 스마트폰의 화면 크기는 어떻게 달라질까? <u>화면이 더욱 커질지, 다시 작아질지는 소비자들의 선호에 달려 있다.</u> 기업에서는 사람들이 원하는 크기의 스마트폰을 출시해야만 사람들이 그것을 구매하기 때문에 소비자들의 선호에 관심을 가질 수밖에 없다.

* 디스플레이(display) : 주로 전기적으로 전송되는 신호를 인간이 인식할 수 있는 형태로 나타내는 것. 또는 그 장치를 말한다. TV 브라운관, 휴대전화 액정 등이 일반적으로 사용되고 있다.

---

1 문단 요약
점차 화면 크기가 큰 스마트폰을 출시하는 애플사

2 문단 요약
스마트폰 화면 크기가 커지는 이유 ① : 더 많은 것을 담을 수 있음.

3 문단 요약
스마트폰 화면 크기가 커지는 이유 ② : 몰입감이 높아짐.

4 문단 요약
큰 스마트폰 화면에 대한 비판 ① : 손이 작은 사람들을 고려하지 않음.

5 문단 요약
큰 스마트폰 화면에 대한 비판 ② : 배터리가 전력을 유지하는 시간이 짧아짐.

[중심 문단]
6 문단 요약
스마트폰 화면 크기에 영향을 미치는 요인

● **내용 :** 이 글은 스마트폰 화면이 커지는 이유와 이에 대한 비판 의견을 소개하고 있다.

● **주제 :** 스마트폰 화면의 크기가 커진 이유와 이에 대한 비판

● **문단 간의 관계 :** 1문단에서는 스마트폰 화면의 크기가 커지고 있는 실태를, 2, 3문단에서는 스마트폰 화면 크기가 커지는 이유를 설명하고 있다. 4, 5문단에서는 큰 스마트폰 화면에 대한 비판 의견을 소개하고 있고, 6문단에서는 스마트폰 화면의 크기는 소비자들의 선호에 달려 있다고 언급하고 있다.

● **글의 구조도**

1 문단	→	**2~3 문단**	→	**4~5 문단**	→	**6 문단**
점차 화면 크기가 큰 스마트폰을 출시하는 애플사		스마트폰 화면 크기가 커지는 이유		큰 스마트폰 화면에 대한 비판		스마트폰 화면 크기에 영향을 미치는 요인

01 [정답] 스마트폰 ·········· 핵심어 찾기

>왜 정답?

6문단에서 '화면이 더욱 커질지, 다시 작아질지는 소비자들의 선호에 달려 있다.'라고 했으므로 빈칸에 들어가기에 적절한 말은 '스마트폰'이다.

02 [정답] ② ·········· 중심 문장 찾기

>왜 정답?

② 2문단에서는 기업이 더 큰 화면을 가진 스마트폰을 출시하는 이유는 더 많은 것을 담을 수 있기 때문이라고 하였다. 그러므로 '더 많은 것을 담을 수 있기 때문이다.'가 2문단의 중심 문장이다.

03 [정답] ③ ·········· 내용 파악하기

> **윗글의 내용으로 가장 적절한 것은?**
>
> ① 손이 작은 사람들은 스마트폰을 사용하는 것을 싫어한다.
> 　스마트폰 사용 자체를 싫다고 하지 않음.
> ② 모든 사람들이 스마트폰의 화면 크기가 큰 것을 좋아한다.
> 　지문에서 이야기하고 있지 않음.
> ③ 스마트폰 화면이 커지는 것에는 장점과 단점이 모두 존재한다.
> 　더 많은 것을 담을 수 있고 몰입감이 커지지만(장점), 손이 작은 사람들이 쓰기에 불편하고, 배터리 소모량이 많음(단점).
> ④ 스마트폰으로 이용할 수 있는 콘텐츠를 더 많이 개발해야 한다.
> 　지문에서 이야기하고 있지 않음.
> ⑤ 스마트폰 화면이 지나치게 커졌으므로 다시 작아질 필요가 있다.
> 　지문에서 이야기하고 있지 않음.

>왜 정답?

③ 2, 3문단에서 스마트폰 화면이 커지면 더 많은 것을 담을 수 있고, 몰입감이 커진다고 장점을 설명하였다. 또 4, 5문단에서 화면이 큰 스마트폰은 손이 작은 사람들이 사용하기에 불편하고, 배터리 소모량이 많다고 단점을 설명하였다.

>왜 오답?

① 4문단에서 손이 작은 사람들이 화면이 큰 스마트폰을 사용하기에 불편하다고는 하였으나, 스마트폰 사용 자체를 싫어한다고는 이야기하고 있지 않다.
② 6문단에서 스마트폰 '화면이 더욱 커질지, 다시 작아질지는 소비자들의 선호에 달려 있다.'라고 했다.
④, ⑤ 이 지문에서 이야기하고 있지 않은 내용이다.

04 [정답] ⑤ ·········· 내용 파악하기

> **윗글을 읽고 답할 수 있는 질문으로 적절하지 않은 것은?**
>
> ① 스마트폰 화면 크기는 어떻게 달라졌는가?
> 　점점 큰 화면의 스마트폰이 출시되고 있음.
> ② 스마트폰 화면 크기에 따른 몰입감은 차이가 있는가?
> 　화면이 커지면 콘텐츠에 더 몰입할 수 있음.

③ 스마트폰 화면이 커지는 것에 대한 소비자의 반응은 어떠한가?
　모든 소비자들이 화면이 큰 스마트폰을 환영하는 것은 아님.
④ 스마트폰 화면이 커지는 것과 배터리 소모 사이에는 무슨 관계가 있는가?
　화면이 커지면 배터리의 소모량이 많아짐.
⑤ 스마트폰 화면의 크기를 더욱 크게 만들기 위해 필요한 기술은 무엇인가?
　지문에서 이야기하고 있지 않음.

>왜 정답?

⑤ 이 지문에서는 스마트폰 화면을 크게 만들기 위해 필요한 구체적인 기술에 대해서는 이야기하고 있지 않다.

>왜 오답?

① 1문단에서는 애플의 iPhone이라는 구체적 사례를 들어 스마트폰 화면 크기가 점차 커지고 있다고 하였다.
② 3문단에서 '소비자들은 콘텐츠에 더 몰입할 수 있게 해 주는 큰 화면을 추구하게 되었'다고 했다.
③ 4문단에서 '모든 소비자들이 ~ 환영하는 것은 아니다.'라면서 스마트폰 화면이 커지는 것에 대한 소비자의 반응을 소개했다.
④ 5문단에서 '화면이 커지면서 배터리의 소모량이 많아'졌다고 했다.

05 [정답] ⑤ ·········· 내용 파악하기

> **윗글을 읽고 정리한 내용으로 적절하지 않은 것은?**
>
> **스마트폰 화면의 실태**
> • 점차 크기가 증가하는 추세를 보임.
>
> **스마트폰 화면이 커지는 이유**
> • 더 많은 것을 화면에 담을 수 있기 때문임. ·········· ①
> 　2문단에 근거
> • 몰입감이 높아지기 때문임. ·········· ②
> 　3문단에 근거
> • 스마트폰으로 이용하는 콘텐츠를 소비하는 사람들이 늘어났기 때문임. ·········· ③
> 　3문단에 근거
>
> **스마트폰 화면이 커짐에 따라 생기는 부작용**
> • 지나치게 큰 화면 때문에 손이 작은 사람은 사용하기 불편함. ④
> 　4문단에 근거
> • 배터리의 전력이 유지되는 시간이 길어짐. ·········· ⑤
> 　5문단에 근거 → 전력을 유지하는 시간이 짧아짐.

>왜 정답?

⑤ 5문단에서 화면이 커지면서 스마트폰의 배터리의 소모량이 많아져 배터리가 전력을 유지하는 시간이 짧아졌다'고 했다.

>왜 오답?

① 2문단에서 '더 큰 화면을 가진 스마트폰을 출시하는 이유는' '더 많은 것을 담을 수 있기 때문'이라고 했다.
② 3문단에서 '몰입감의 차이 때문에 ~ 출시하기도 한다.'라고 했다.
③ 3문단에서 사람들이 '동영상 등의 콘텐츠를 더욱 많이 소비하'여 '콘텐츠에 더 몰입할 수 있게 해 주는 큰 화면을 추구'한다고 하였다.
④ 4문단에서 '스마트폰들이 너무 커 ~ 쓰기에는 불편하다'고 했다.

홍영식은 왜 우체국을 세웠을까?

○ 핵심어　　▬ 문단 중심 문장　　▬ 전체 중심 문장

1 언제부터 우리나라에 우체국이 있었을까? 우리나라에 최초로 세워진 근대적 개념의 우체국은 1884년(고종 21년) 음력 10월 1일에 공식 개국한 '우정총국'이다. 우정총국은 갑신정변을 주도한 사람 중 한 명인 홍영식이 책임자로 임명된 후 설립되었다. 명문가 출신의 홍영식은 서구 문물에 눈을 뜬 개혁가로, 일찍부터 서양의 우편 제도 도입을 강하게 주장하였다.

2 홍영식은 대체 왜 우정총국을 세우자고 한 것일까? 홍영식이 근대 우편 제도를 접한 것은 그가 1881년에 일본을 방문했을 때였다. 고종은 당시 밀려들어오는 서구 문물에 대응하고, 나라를 개혁하고자 일본으로 시찰단을 보냈다. 이 시찰단에 포함되어 있던 홍영식은 일본에서 틈틈이 역체국(우체국)을 찾아다니며 운영 방식과 효과를 조사했다.

3 그때까지만 해도 조선의 우편 업무는 관청과 관련된 업무 중심이었기 때문에 민간의 우편배달 체계가 존재하지 않았다. 하지만 이미 일본에서는 민간의 우편배달 체계가 중요한 통신 수단으로 자리 잡고 있었다. 개인 심부름꾼을 통하는 것보다 우편배달을 통하면 훨씬 빠르게 의사를 전달할 수 있어서 정보 전달의 효율을 한층 높일 수 있었다. 또 우편배달을 통해 많은 사람들이 소식과 정보를 주고받음으로써 바깥세상이 어떻게 돌아가는지도 빠르게 알 수 있었다.

4 홍영식은 이 같은 일본에서의 경험과 조사 결과를 통해 근대적인 우편 제도의 편의성을 몸소 느낄 수 있었다. 그래서 그는 조선으로 돌아와서 조선에도 근대적인 우편 제도를 도입해야 한다고 주장한 것이다. 결국 홍영식은 고종에게 우정총국의 설립 허가를 받아 냈고, 우정총국의 책임자 자리에 올랐다.

5 1956년부터 '체신의 날'이 제정되어 우정총국의 개국을 기념하게 되었다. 이후 체신의 날은 '정보통신의 날'로 이름이 바뀌고, 기념일도 4월 22일로 바뀌었다. 그럼에도 여전히 우편 업무 종사자들은 이 날을 기념하고 있다. 이는 근대적 우편 제도가 도입됨에 따라 우리가 편리한 생활을 할 수 있고, 정보를 빠르게 습득할 수 있음을 기념하기 위한 것이라고 볼 수 있다.

---

1 문단 요약
우리나라 최초의 근대적 우체국 '우정총국'

2 문단 요약
근대적 우편 제도를 접한 홍영식

[중심 문단]
3 문단 요약
민간 우편배달 체계의 장점

4 문단 요약
조선에 근대적 우편 제도를 도입한 홍영식

5 문단 요약
우정총국의 개국을 기념하는 '체신의 날'

● **내용** : 이 글은 우리나라 최초의 근대적 우체국인 '우정총국'이 설립된 배경과 그 의의를 설명하고 있다. 개화기 때 홍영식은 일본에서 근대적인 민간 우편배달 체계의 장점을 보고 우리나라에도 근대 우편제도를 도입하고자 노력했다. 그 결과 '우정총국'이 설립되었고, 아직도 우리나라에서는 체신의 날(정보통신의 날)을 통해 근대적 우편 제도의 도입을 기념하고 있다.

● **주제** : 우정총국과 근대적 우편 제도 도입의 의의

● **문단 간의 관계** : 1문단에서는 '우정총국'의 설립에 대해, 2, 3문단에서는 근대적 우편 제도에 대해 소개하고, 4문단에서는

근대적 우편 제도가 우리나라에 도입되었음을 언급하고 있다. 5문단에서는 '체신의 날'을 설명하며 글을 마무리하고 있다.

● **글의 구조도**

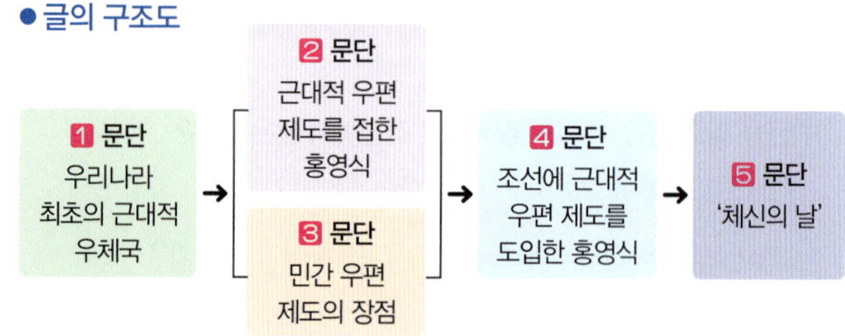

>왜 정답 ?

1문단에서 '우리나라에 최초로 세워진 근대적 개념의 ～ '우정총국'이다.'라고 했으므로 빈칸에 들어가기에 적절한 말은 '우정총국'이다.

07 정답 ① ································ 중심 문장 찾기

>왜 정답 ?

① 1문단에서는 우리나라 최초의 우체국인 우정총국에 대해 설명하고 있다. 따라서 1문단의 중심 문장은 '우리나라에 최초로 세워진 근대적 개념의 우체국은 ～ 공식 개국한 '우정총국'이다.'이다.

08 정답 ⑤ ································ 내용 파악하기

윗글의 내용으로 적절하지 않은 것은?

① 홍영식은 일본에서 근대 우편 제도를 경험했다.
2문단에 근거
② 고종은 개혁의 필요성을 느껴 일본으로 시찰단을 보냈다.
2문단에 근거
③ 우리나라 최초의 민간 우편배달은 우정총국에서 시작되었다.
3문단과 4문단에 근거
④ 체신의 날은 우정총국이 개국한 것을 기념하기 위해 제정되었다.
5문단에 근거
⑤ 우정총국이 설립되기 전까지 조선의 우편 제도는 민간 업무 중심이었다.
당시 조선의 우편 제도는 관청 업무 중심이었음.

>왜 정답 ?

⑤ 3문단에서 '조선의 우편 업무는 관청과 관련된 업무 중심이었기 때문에 민간의 우편배달 체계가 존재하지 않았다.'라고 하였다.

>왜 오답 ?

① 2문단에서 '홍영식이 근대 우편 제도를 접한 것은 그가 1881년에 일본을 방문했을 때였다.'라고 했다.
② 2문단에서 '고종은 당시 밀려들어오는 서구 문물에 대응하고, 나라를 개혁하고자 일본으로 시찰단을 보냈다.'라고 했다.
③ 3문단에서 '조선의 우편 업무는 관청과 관련된 업무 중심이었'는데 일본에는 이미 민간 우편배달 체계가 존재했다고 했다. 4문단에서 시찰단으로 일본에 다녀온 홍영식이 '조선에도 근대적인 우편 제도를 도입해야 한다고 주장'한 결과 우정총국이 설립되었다고 했다.
④ 5문단에서 '1956년부터 '체신의 날'이 ～ 기념하게 되었다.'라고 했다.

09 정답 ④ ································ 내용 파악하기

윗글을 읽고 답할 수 있는 질문으로 가장 적절한 것은?

① 편지가 배달되는 원리는 무엇인가요?
지문에서 이야기하고 있지 않음.
② 일본의 우편 제도는 어떻게 발전했나요?
지문에서 이야기하고 있지 않음.
③ 과거의 우편 제도와 현재의 우편 제도는 무엇이 다른가요?
지문에서 이야기하고 있지 않음.
④ 우리나라에 근대적 우편 제도가 도입된 배경은 무엇인가요?
홍영식이 일본에서 근대적 우편 제도를 접하고 조선에 도입을 주장함.
⑤ 서양의 우편 제도와 우리나라의 우편 제도의 차이점은 무엇인가요?
지문에서 이야기하고 있지 않음.

>왜 정답 ?

④ 3문단에서 근대적 우편 제도의 편리함에 대해 설명하였고, 4문단에서 이를 체험한 홍영식이 조선에 근대적 우편 제도를 도입할 것을 주장했다고 하였다.

>왜 오답 ?

①, ②, ③, ⑤ 이 지문에서 이야기하고 있지 않은 내용이다.

10 정답 ③ ···················· 반응의 적절성 평가하기

윗글을 읽고 난 후의 반응으로 적절하지 않은 것은?

① 우정총국의 설립으로 훨씬 효율적으로 정보를 전달할 수 있었겠군.
정보 전달의 효율을 높임.
② 홍영식은 조선의 기존 우편 업무가 변화할 필요성이 있다고 느꼈겠군.
관청과 관련된 업무 중심이었음.
③ 우편배달 체계가 아무리 발달해도 개인 심부름꾼을 이용하는 것만큼 효율적이지는 않았겠군.
개인 심부름꾼을 통하는 것보다 훨씬 빠르게 의사를 전달할 수 있어 효율적임.
④ 앞으로 '정보 통신의 날'에는 근대적 우편 제도로 인해 우리 생활이 더욱 편리해진 것을 기념해야겠군.
5문단에 근거
⑤ 홍영식이 일본에서 역체국을 찾아다니며 조사한 것이 조선에서 우정총국을 설립하고 운영할 때 큰 도움이 되었겠군.
운영 방식과 효과를 조사함.

>왜 정답 ?

③ 3문단에서 '개인 심부름꾼을 통하는 것보다 우편배달을 통하면 훨씬 빠르게 의사를 전달할 수 있'다고 하였다. 따라서 우편배달 체계가 발달하면 개인 심부름꾼을 통하는 것보다 효율적이다.

>왜 오답 ?

① 3문단에서 근대적 우편 제도를 활용하면 '정보 전달의 효율을 한층 높일 수 있'다고 했다.
② 3문단에서 '조선의 우편 업무는 관청과 관련된 업무 중심이었'는데, 일본은 민간의 우편배달 체계가 이미 자리잡고 있었다고 하였고, 4문단에서 '홍영식은 ～ 근대적인 우편 제도의 편의성을 몸소 느낄 수 있었다.'라고 했다. 이를 고려하면 이전까지 조선의 우편 제도는 관청 업무 중심이었기 때문에, 홍영식은 우편 제도 변화의 필요성을 느꼈을 것이라고 볼 수 있다.
④ 5문단에서 오늘날에도 체신의 날을 기념하는 이유를 '근대적 우편 제도가 ～ 습득할 수 있음을 기념하기 위한 것'이라고 했다.
⑤ 2문단에서 '홍영식은 일본에서 ～ 방식과 효과를 조사했다.'라고 했다.

아보카도, 과연 맛있기만 한 과일일까?

○ 핵심어　▬ 문단 중심 문장　▬ 전체 중심 문장

1 SNS에 '아보카도'를 검색하면 무수히 많은 게시물을 볼 수 있다. 지방과 단백질을 많이 가진 아보카도는 과일이라고는 도저히 믿을 수 없는 기름진 맛과 독특한 빛깔을 가지고 있으며, 국내에서 인기 높은 과일 중 하나이다. **그런데 언제부터인가 아보카도가 환경 파괴의 원인이라는 이야기도 들려온다.** 그 이유는 무엇일까?

1문단의 핵심어 / 중심 대상인 아보카도에 대한 소개 / 질문을 통해 화제를 제시함.

2 우선 아보카도가 우리의 식탁까지 올라오는 과정을 살펴볼 필요가 있다. 재배 조건이 까다로운 아보카도는 특정 지역, 즉 미국이나 멕시코, 뉴질랜드 등에서만 재배된다. 이 때문에 우리나라에서 판매되는 아보카도는 적게는 9,789km에서 1만 3,054km의 거리를 이동하여 식탁에 오르게 된다. **이러한 긴 수송 거리 때문에 아보카도를 수송하는 화물선에서는 기후 변화와 미세 먼지의 주범인 이산화 탄소와 질소 산화물이 다량으로 뿜어져 나오고, 이는 환경 오염으로 이어진다.**

2문단의 핵심어 / 아보카도가 환경 오염을 일으키는 이유 ①

3 **또한 아보카도를 재배하는 과정에서 숲도 많이 파괴된다.** 세계에서 아보카도를 가장 많이 수출하고 있는 멕시코에서는 아보카도를 심기 위해 지금도 숲의 나무를 베어 내고 있다. 멕시코에서 훼손되고 있는 숲의 규모는 한 해에 약 $6.9km^2$로, 이는 여의도 면적의 두 배도 넘는다.

3문단의 핵심어 / 아보카도가 환경 오염을 일으키는 이유 ② / 구체적인 수치를 제시하여 문제의 심각성을 부각함.

4 **소비하는 물도 어마어마하다.** $100m^2$ 규모의 아보카도 농장을 운영하려면 하루에 10만 리터 정도의 물이 소모된다. 이는 1,000명의 사람이 하루 동안 쓰는 물의 양과 맞먹는 양이다. 아보카도의 주요 생산지 중 하나인 칠레 페토르카 지역에서는 아보카도를 키우기 위해 물을 소모하다보니 지하수는 물론, 우물의 물까지 말라 버렸다고 한다.

아보카도가 환경 오염을 일으키는 이유 ③ / 4문단의 핵심어

5 우리가 무심코 먹는 아보카도 한 알이 환경 파괴의 주범이라는 사실은 굉장히 놀랍게 다가온다. **아보카도를 먹기 전에, 아보카도가 식탁에 오르기 전에 어떠한 일들이 벌어지는지를 고민해야 할 때이다.**

5문단의 핵심어

문단별 요약

1 문단 요약
환경 파괴의 원인이 되는 아보카도

2 문단 요약
아보카도가 환경 오염을 일으키는 원인 ① : 긴 수송 거리

3 문단 요약
아보카도가 환경 오염을 일으키는 원인 ② : 숲의 파괴

4 문단 요약
아보카도가 환경 오염을 일으키는 원인 ③ : 많은 양의 물 소비

[중심 문단]
5 문단 요약
환경 파괴로 이어질 수 있는 아보카도 소비에 대한 고민

- **내용 :** 이 글은 국내에서 인기 높은 과일 중 하나인 아보카도가 생산되고 수송되는 과정에서 환경 오염을 일으킨다는 것을 설명하고 있다. 우리도 모르는 사이에, 아보카도를 먹음으로써 환경을 파괴하고 있을지도 모른다는 사실에 대해서 고민해 보아야 한다.

- **주제 :** 환경 파괴의 원인이 되는 아보카도

- **문단 간의 관계 :** 1문단에서는 아보카도가 환경 파괴를 일으킨다는 화제를 제시하고 있다. 2문단, 3문단, 4문단에서는 아보카도가 환경 오염을 일으키는 구체적인 사례를 들고 있다. 5문단에서는 아보카도의 소비에 대해 생각해 볼 것을 권하며 글을 마무리하고 있다.

- **글의 구조도**

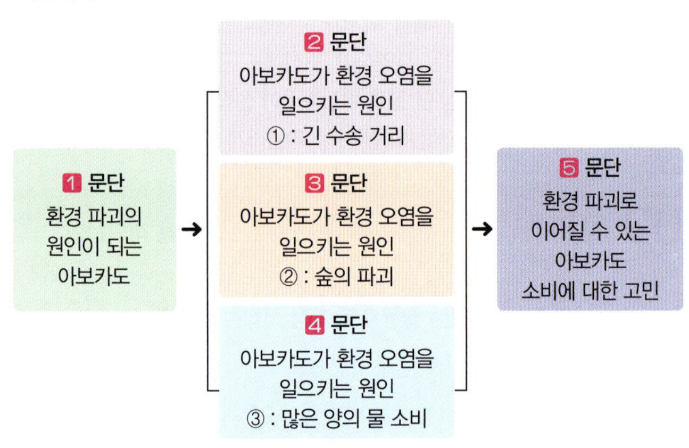

01 [정답] 아보카도 ·· 핵심어 찾기

〉왜 정답 ?

이 지문에서는 구체적인 근거를 들어 아보카도를 재배하는 과정에서 환경 오염이 발생한다는 사실을 제시하고 있다. 따라서 빈칸에 들어가기에 적절한 말은 '아보카도'이다.

02 [정답] ① ··· 중심 문장 찾기

〉왜 정답 ?

① 3문단에서는 멕시코의 사례를 들어 아보카도를 재배하는 과정에서 숲이 많이 파괴된다는 것을 설명하고 있다. 따라서 '또한 아보카도를 재배하는 과정에서 숲도 많이 파괴된다.'가 3문단의 중심 문장이다.

03 [정답] 숲, 물, 수송 거리 ································ 내용 파악하기

윗글을 읽고 빈칸에 들어가기에 적절한 말을 쓰시오.

아보카도를 재배하는 과정에서 (　　　　)이/가 많이 파괴
되고 어마어마한 양의 (　　　　)이/가 소모되며, 재배된 아보
카도가 우리 식탁에 올라오려면 긴 (　　　　)을/를 이동하여
야 한다.

（3문단에 근거 / 4문단에 근거 / 2문단에 근거）

〉왜 정답 ?

3문단에서는 '아보카도를 재배하는 과정에서 숲도 많이 파괴된다.'라고 하였고, 4문단에서는 아보카도를 재배하는 과정에서 '소비하는 물도 어마어마하다.'라고 했다. 그리고 2문단에서는 아보카도가 우리 식탁에 오르기까지 긴 수송 거리를 거치는데, '아보카도를 수송하는 화물선에서는 ~ 이산화 탄소와 질소 산화물이 다량으로 뿜어져 나오고, 이는 환경 오염으로 이어진다.'라고 했다. 이들을 고려하면 빈칸에는 차례대로 '숲', '물', '수송 거리'가 들어가야 한다.

04 [정답] ② ··· 내용 파악하기

아보카도에 대한 설명으로 적절하지 <u>않은</u> 것은?

① 아보카도를 가장 많이 수출하는 국가는 멕시코이다.
　　（3문단에 근거）
② 아보카도는 자라는 과정에서 질소 산화물을 많이 뿜어낸다.
　　（아보카도가 수송되는 과정에서 화물선이 질소 산화물을 뿜어냄.）
③ 아보카도는 다른 과일들보다 단백질을 많이 함유하고 있다.
　　（지방과 단백질을 많이 가짐.）
④ 아보카도는 재배 조건이 까다로워서 특정 국가에서만 재
　　배된다.（미국, 멕시코, 뉴질랜드 등에서만 재배됨.）
⑤ 아보카도의 주요 생산지인 칠레 페토르카에서는 아보카
　　도를 재배하기 위해 지하수까지 이용한다.
　　（칠레 페토르카 지역에서는 아보카도를 키우기 위해 지하수는 물론, 우물의 물까지 사용함.）

〉왜 정답 ?

② 2문단에서 '아보카도를 수송하는 화물선에서는 ~ 이산화 탄소와 질소 산화물이 다량으로 뿜어져 나'온다고 하였다. 이를 고려하면 아보카도가 자라는 과정에서 질소 산화물을 많이 뿜어내는 것이 아니라, 아보카도가 긴 수송 거리를 거쳐 우리의 식탁에 오는 동안 아보카도를 실은 화물선이 질소 산화물을 뿜어낸다.

〉왜 오답 ?

① 3문단에서 '세계에서 아보카도를 가장 많이 수출하고 있는 멕시코'라고 하였다.
③ 1문단에서 아보카도는 '지방과 단백질을 많이' 가졌다고 하였다.
④ 2문단에서 '재배 조건이 까다로운 아보카도는 특정 지역, 즉 미국이나 멕시코, 뉴질랜드 등에서만 재배된다.'라고 하였다.
⑤ 4문단에서 '칠레 페토르카 지역에서는 아보카도를 키우기 위해 ~ 지하수는 물론, 우물의 물까지 말라 버렸다고 한다.'라고 하였다.

05 [정답] ⑤ ·· 글쓴이의 의도 파악하기

글쓴이가 윗글을 통해 궁극적으로 말하고자 하는 바로 가장 적절한 것은?

① 물 부족 문제를 해결하기 위해 전 세계가 함께 노력해야
　　한다.（지문에서 이야기하고 있지 않음.）
② 우리나라에서도 아보카도를 재배하기에 적절한 환경을
　　조성해야 한다.（지문에서 이야기하고 있지 않음.）
③ 아보카도 생산의 효율성을 높이기 위해 더 나은 기술이
　　개발되어야 한다.（지문에서 이야기하고 있지 않음.）
④ 아보카도를 더 빠르게 수송하기 위해 지금보다 많은 수
　　송선이 있어야 한다.（지문에서 이야기하고 있지 않음.）
⑤ 우리가 아보카도를 소비하는 것이 환경을 파괴할 수도
　　있음을 인지해야 한다.
　　（5문단에 근거 → '아보카도를 먹기 전에, ~ 고민해야 할 때이다.'）

〉왜 정답 ?

⑤ 5문단에서 '아보카도를 먹기 전에, ~ 고민해야 할 때이다.'라고 하였다. 따라서 글쓴이는 우리가 무심코 먹는 아보카도가 재배 과정에서 환경 파괴의 주범이 된다는 점을 인식해야 한다고 알리기 위해 이 글을 썼음을 알 수 있다.

〉왜 오답 ?

① 이 지문에서 물 부족 문제에 대해서 이야기하고 있지는 않다.
② 이 지문에서 우리나라에서 아보카도를 재배하기 위한 환경을 조성해야 한다고 이야기하고 있지는 않다.
③ 이 지문에서 아보카도 생산의 효율성을 높이기 위해 더 나은 기술이 개발되어야 한다고 이야기하고 있지는 않다.
④ 이 지문에서 아보카도를 더 빠르게 수송하기 위해 지금보다 많은 수송선이 있어야 한다고 이야기하고 있지는 않다.

사물놀이의 시작

1 옛날부터 우리나라 사람들은 마을 잔치나 명절 때, 혹은 장이 서는 날 등 흥을 돋우어야 하는 날에 꽹과리, 징, 장구, 북 등을 치고 태평소 등을 불며 노래를 부르고 춤을 추었다. 이와 같은 것을 농악, 혹은 풍물놀이라고 하며 주로 농부들 사이에서 행해졌다.

2 사물놀이가 아니라 농악, 풍물놀이라고 하는 것에 의아해하는 사람들이 있을 것이다. 하지만 사물놀이는 풍물놀이와는 많이 다르다. 풍물놀이는 긴 대열을 이루어 진행된다. 대열에 맞춰 앞쪽은 '앞치배'라 하여 꽹과리, 소고, 장구, 북 등의 악기 연주자들이 서고, 뒤쪽은 '뒤치배'라 하여 양반이나 각설이 등의 복장을 하고 춤을 추는 사람들이 따라가며 흥을 돋우었다. 이 때문에 풍물놀이는 주로 야외에서 행해졌다. 1950년대까지만 하더라도 우리 주변에서 풍물놀이를 쉽게 찾아볼 수 있었지만, 산업화가 진행됨에 따라 1970년대에 이르러 점차 자취를 감추었다.

3 이러한 배경 속에서 탄생한 것이 바로 사물놀이다. 사물놀이는 네 사람이 각기 꽹과리, 징, 장구, 북을 가지고 어우러져 치는 놀이로, 1978년 2월 22일에 김덕수(장구), 김용배(꽹과리), 이종대(북), 최태현(징)이 서울 종로구에 있는 '공간 사랑'에서 이를 처음으로 선보였다. 주로 야외에서 행해지던 공연을 실내 공연장으로 옮겨 왔고, 다양한 악기 대신 꽹과리, 장구, 북, 징의 타악기만 사용해 리듬감을 살렸다. 이를 본 민속학자 심우성이 네 가지 악기를 쓰니 사물놀이라고 하면 어떻겠느냐고 제안해 '사물놀이'라고 이름 붙여진 것이다. 이때부터 사물놀이라는 명칭이 쓰이게 되었다.

4 사물놀이가 시작된 지는 40여 년밖에 흐르지 않았다. 하지만 지금 이 순간에도 사물놀이는 계속해서 변신하고 있다. 다양한 장르의 음악과 협연하여 다양한 퓨전 음악을 만들기도 하고, 난타와 같은 공연의 배경 음악이 되기도 한다. 앞으로 우리의 사물놀이가 어떻게 변할지는 시간을 두고 지켜볼 일이다.

---

1 문단 요약
풍물놀이의 개념과 역사

2 문단 요약
풍물놀이의 특징

[중심 문단]
3 문단 요약
사물놀이의 탄생과 특징

4 문단 요약
다양한 형태로 변신하는 사물놀이

● **내용 :** 이 글은 풍물놀이와 사물놀이를 비교하고, 사물놀이의 탄생에 대해 설명하고 있다. 사물놀이는 풍물놀이에서 사용되는 다양한 악기 중에서 꽹과리, 징, 장구, 북만을 가지고 연주하는 놀이를 의미하며, 현재까지 이어지면서 계속해서 변신하고 있다.

● **주제 :** 사물놀이의 개념과 탄생 배경

● **문단 간의 관계 :** 1문단에서는 풍물놀이가 무엇인지에 대해 설명하고 있으며, 2문단에서는 풍물놀이의 특징을 설명하고 있다. 3문단에서는 사물놀이의 개념과 그 탄생에 대해 소개하고 있고, 4문단에서는 현재까지 이어지면서 다양한 형태로 변신하는 사물놀이를 언급하며 글을 마무리하고 있다.

● **글의 구조도**

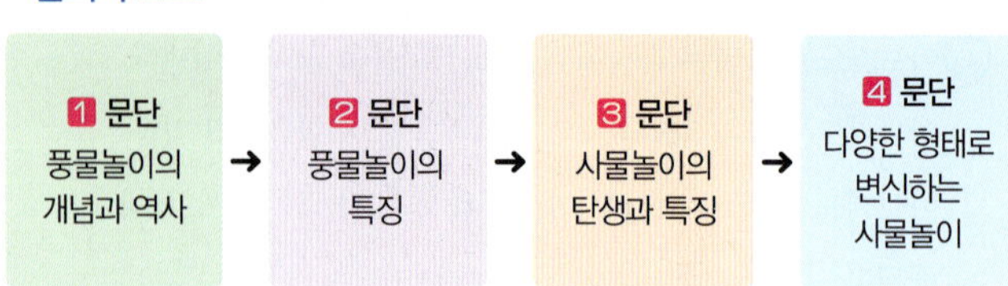

06 [정답] 사물놀이 ·· 핵심어 찾기

>왜 정답?

3문단에서 네 사람이 각기 '꽹과리, 징, 장구, 북을 가지고 어우러져 치는 놀이'가 사물놀이라고 하였다. 따라서 빈칸에 들어가기에 적절한 말은 '사물놀이'이다.

07 [정답] ① ·· 중심 문장 찾기

>왜 정답?

① 1문단에서는 풍물놀이에 대해 소개하고 있다. 따라서 '이와 같은 것을 농악, 혹은 풍물놀이라고 하며 주로 농부들 사이에서 행해졌다.'가 1문단의 중심 문장이다.

08 [정답] ④ ·· 내용 파악하기

윗글에 대한 설명으로 적절하지 <u>않은</u> 것은?

① 사물놀이의 역사는 풍물놀이의 역사에 비해 짧다.
　풍물놀이는 옛날부터 농부들 사이에서 행해짐.
② 풍물놀이와 사물놀이는 악기 구성이 일부 다르다.
　사물놀이는 풍물놀이에 사용되는 악기 중 네 가지만 사용함.
③ 풍물놀이의 앞치배에는 보통 악기 연주자들이 위치한다.
　풍물놀이의 앞치배에는 악기 연주자들이 위치함.
④ 풍물놀이와 사물놀이에는 모두 춤을 추는 무용수가 등장한다.
　사물놀이에는 무용수가 등장하지 않음.
⑤ 사물놀이는 난타 공연을 할 때 배경 음악으로 사용되기도 한다.
　사물놀이는 난타 공연의 배경 음악이 되기도 함.

>왜 정답?

④ 2문단에서 풍물놀이의 '뒤치배'에는 '양반이나 각설이 등의 복장을 하고 춤을 추는 사람들이 따라'갔다고 하였다. 그러나 3문단에서 사물놀이는 '네 사람이 각기 꽹과리, 징, 장구, 북을 가지고 어우러져 치는 놀이'라고 하였다. 따라서 사물놀이에는 춤을 추는 무용수가 등장하지 않는다.

>왜 오답?

① 4문단에서 '사물놀이가 시작된 지는 40여년밖에 흐르지 않았다.'라고 하였다. 반면 1문단에서 풍물놀이는 옛날부터 '주로 농부들 사이에서 행해졌다.'라고 하였다.
② 2문단에서 풍물놀이에는 '꽹과리, 소고, 장구, 북 등'의 악기가 연주된다고 한 반면, 3문단에서 사물놀이에는 '꽹과리, 징, 장구, 북'만 연주된다고 하였다. 따라서 풍물놀이와 사물놀이는 악기 구성이 일부 다르다.
③ 2문단에서 풍물놀이의 '앞치배'에는 '꽹과리, 소고, 장구, 북 등의 악기 연주자들'이 선다고 하였다.
⑤ 4문단에서 사물놀이는 '난타와 같은 공연의 배경 음악이 되기도 한다.'라고 하였다.

09 [정답] ⑤ ·· 내용 파악하기

윗글을 읽고 알 수 <u>없는</u> 내용은?

① 풍물놀이의 쇠퇴
　산업화가 진행됨에 따라 1970년대에 이르러 점차 자취를 감춤.
② 사물놀이의 현대적 변신
　퓨전 음악을 만들거나, 난타 공연의 배경 음악이 됨.
③ 풍물놀이를 이루는 구성
　앞치배와 뒤치배
④ 사물놀이의 이름이 가진 의미
　네 가지 악기를 쓴다는 의미로 '사물놀이'라고 이름 붙여짐.
⑤ 사물놀이의 민속적 연구 가치
　지문에서 이야기하고 있지 않음.

>왜 정답?

⑤ 이 지문에서는 풍물놀이와 사물놀이에 대해 비교하고 있을 뿐, 사물놀이의 민속적 연구 가치를 언급하고 있지는 않다.

>왜 오답?

① 2문단에서 풍물놀이는 '산업화가 진행됨에 따라 1970년대에 이르러 점차 자취를 감추었다.'라면서 풍물놀이의 쇠퇴를 언급하고 있다.
② 4문단에서 '다양한 장르의 음악과 협연하여 ~ 배경 음악이 되기도 한다.'라고 하며 사물놀이의 현대적 변신을 언급하고 있다.
③ 2문단에서 풍물놀이를 이루는 구성인 '앞치배'와 '뒤치배'에 대해 언급하고 있다.
④ 3문단에서 '심우성이 네 가지 악기를 쓰니 사물놀이라고 하면 어떻겠느냐고 제안해 '사물놀이'라고 이름 붙여진 것이다.'라고 하며 사물놀이의 이름이 가진 의미를 언급하고 있다.

10 [정답] ① ·· 내용 파악하기

사물놀이에 대한 설명으로 가장 적절한 것은?

① 사물놀이는 처음에 실내에서 공연되었다.
　사물놀이를 처음 선보이면서 실내 공연장으로 옮겨 옴.
② 사물놀이는 주로 농민들 사이에서 행해졌다.
　주로 농부들 사이에서 행해진 것은 풍물놀이임.
③ 사물놀이의 '사물'은 '네 명의 인물'을 의미한다.
　사물놀이의 '사물'은 '네 가지 악기'를 의미함.
④ 사물놀이는 다른 장르의 음악과 함께 연주할 수 없다.
　사물놀이는 다양한 장르의 음악과 협연할 수 있음.
⑤ 사물놀이는 꽹과리, 장구, 북, 태평소를 사용해 리듬감을 살렸다.
　사물놀이는 꽹과리, 징, 장구, 북을 사용함.

>왜 정답?

① 3문단에서 사물놀이는 처음 공연할 때 '주로 야외에서 행해지던 공연을 실내 공연장으로 옮겨 왔다'고 하였다.

>왜 오답?

② 1문단에서 풍물놀이가 '주로 농부들 사이에서 행해졌다.'라고 하였다.
③ 3문단에서 사물놀이의 이름은 '네 가지 악기'를 쓰는 것에서 유래되었다고 하였다.
④ 4문단에서 최근 사물놀이가 '다양한 장르의 음악과 협연'하고 있다고 하였다.
⑤ 3문단에서 사물놀이에는 '꽹과리, 징, 장구, 북'이 사용된다고 했다.

식물인간과 대화할 수 있을까?

○ 핵심어   문단 중심 문장   전체 중심 문장

1 사고 등으로 인해 뇌가 손상되어 의식이 없고 움직일 수 없지만, 호흡 등의 생명 유지 활동을 하는 환자를 우리는 식물인간이라고 한다. 하지만 진짜 식물인간에게는 의식이 없을까? 몸을 움직일 수 없기 때문에 의사소통이 되지 않는 것이 아닐까?
〔식물인간의 개념〕 〔1문단의 핵심어〕 〔질문을 통해 중심 화제를 제시함.〕

2 식물인간 가운데에는 의식이 있지만 자신의 의사를 외부로 알릴 수 없는 경우도 간혹 존재한다. 이처럼 의식은 있지만, 운동 기능이 마비되어 있어 자신의 의사를 타인에게 전달하지 못하는 상태를 '감금 증후군' 혹은 '락트-인 증후군'이라고 한다.
〔2문단의 핵심어〕

3 뇌공학자들은 감금 증후군인 사람들과 의사소통을 하기 위해 컴퓨터와 뇌를 연결하여 뇌의 반응을 컴퓨터상에 나타내기 위해 노력했다. 그 결과, 2000년 독일 튀빙겐대학의 닐스 비어바우머 교수 연구팀은 의식이 있는 식물인간 환자가 컴퓨터 마우스를 생각만으로 조작하게 하는 것을 성공하였다. 또 2013년 캐나다의 웨스턴온타리오대학 연구팀은 뇌 스캔을 통해 감금 증후군 환자와 의사소통을 하는 것에 성공하였다. 실험을 진행한 로리나 박사는 "감금 증후군 환자들에게 질문을 하자 환자들은 '예', '아니오'라고 정확히 답변을 하였다. 이러한 결과는 뇌 스캔을 통해 파악할 수 있었다."라고 밝히기도 했다.
〔3문단의 핵심어〕 〔구체적인 연구 결과를 언급함으로써 글에 대한 신뢰성을 높임.〕

4 이와 같은 뇌 과학 기술은 빠르면 10년 이내에 상용되어 의식이 있는 식물인간 환자나 감금 증후군 환자들의 의사소통을 도울 수 있을 것으로 전망된다. 또 이러한 기술은 혼수상태에 빠진 환자들이 의식이 있는지를 판별하는 데 큰 역할을 할 것으로 보인다.
〔4문단의 핵심어〕 〔미래에 대한 전망〕

---

1 문단 요약
식물인간과의 의사소통에 대한 의문

2 문단 요약
감금 증후군, 락트-인 증후군의 의미

3 문단 요약
감금 증후군인 환자와 의사소통하기 위한 뇌공학자들의 연구

[중심 문단]
4 문단 요약
뇌 과학 기술의 전망

- **내용**: 이 글은 뇌 과학 기술을 이용하여 식물인간과 대화할 수 있는 가능성에 대해 설명하고 있다. 식물인간 중에서도 의식은 있지만 신체 활동이 불가능하여 의사소통을 하기 어려운 경우를 '감금 증후군' 혹은 '락트-인 증후군'이라고 한다. 뇌공학자들은 뇌 과학 기술을 이용하여 이들과 의사소통하기 위한 연구를 진행하였고, 이러한 기술은 가까운 미래에 상용될 것으로 전망된다.

- **주제**: 뇌 과학 기술을 이용한 식물인간과의 대화

- **문단 간의 관계**: 1문단에서는 식물인간의 의미에 대해서 설명하고 있으며, 2문단에서는 '감금 증후군', '락트-인 증후군'에 대하여 설명하고 있다. 3문단에서는 최근 뇌 과학 기술을 이용하여 이러한 식물인간과 대화하기 위해 진행한 연구를 구체적으로 제시하고 있고, 4문단에서는 뇌 과학 기술이 빠른 시일 내에 상용될 것이라고 전망하고 있다.

- **글의 구조도**

1 문단	**2 문단**	**3 문단**	**4 문단**
식물인간과의 의사소통에 대한 의문	감금 증후군, 락트-인 증후군의 의미	감금 증후군인 환자들과 의사소통하기 위한 뇌공학자들의 연구	뇌 과학 기술의 전망

01 [정답] 뇌공학자 ·················· 핵심어 찾기

> **왜 정답?**

이 지문에서는 뇌공학자들이 의식이 있는 식물인간, 즉 감금 증후군 환자와 의사소통을 하기 위해 뇌 과학 기술을 이용하여 진행한 연구들을 소개하고 있다. 따라서 빈칸에 들어가기에 적절한 말은 '뇌공학자'이다.

02 [정답] ①, ② ·················· 중심 문장 찾기

> **왜 정답?**

①, ② 2문단에서는 '감금 증후군'과 '락트-인 증후군'의 개념을 설명하고 있다. 따라서 '의식은 있지만, 운동 기능이 마비되어 있어 자신의 의사를 타인에게 전달하지 못하는 상태를 '감금 증후군' 혹은 '락트-인 증후군'이라고 한다.'가 2문단의 중심 문장이다. 또 1문단에서는 '하지만 진짜 식물인간에게는 의식이 ~ 되지 않는 것이 아닐까?'가 중심 문장이라고 할 수 있다.

03 [정답] ④ ·················· 내용 파악하기

윗글의 내용으로 적절하지 <u>않은</u> 것은?

① 모든 식물인간은 몸을 자유롭게 움직이지 못한다.
식물인간은 뇌가 손상되어 의식이 없고 움직일 수 없음.
② 식물인간이 된 사람 중에는 의식이 있는 사람도 있다.
식물인간 가운데에서는 의식이 있는 사람이 간혹 존재함.
③ 뇌 과학 기술은 혼수상태에 빠진 환자들에게도 적용할 수 있다.
혼수상태에 빠진 환자들이 의식이 있는지를 판별하는 역할을 할 것임.
④ 뇌 과학 기술은 이미 상용되어 병원과 일상생활에서 쓰이고 있다.
뇌 과학 기술은 빠르면 10년 이내에 상용될 것임.
⑤ 뇌 스캔 기술을 이용하면 감금 증후군인 사람과도 의사소통을 할 수 있다.
뇌 스캔 기술을 통해 감금 증후군인 환자와 의사소통하는 것에 성공함.

> **왜 정답?**

④ 4문단에서 의식이 있는 식물인간들과 대화할 수 있는 '뇌 과학 기술은 빠르면 10년 이내에 상용'될 것이라고 하였다. 따라서 뇌 과학 기술이 이미 상용되었다고 할 수 없다.

> **왜 오답?**

① 1문단에서 식물인간은 '사고 등으로 인해 뇌가 손상되어 의식이 없고 움직일 수 없'다고 하였다.
② 2문단에서 '식물인간 가운데에는 의식이 있지만 자신의 의사를 외부로 알릴 수 없는 경우도 간혹 존재한다.'라고 하였다.
③ 4문단에서 뇌 과학 기술이 '혼수상태에 빠진 환자들이 의식이 있는지를 판별하는 데 큰 역할을 할 것으로 보인다.'라고 하였다.
⑤ 3문단에서 '캐나다의 웨스턴온타리오대학 연구팀은 뇌 스캔을 통해 감금 증후군 환자와 의사소통을 하는 것에 성공하였다.'라고 하였다.

04 [정답] ⑤ ·················· 내용 파악하기

윗글에 언급된 내용으로 가장 적절한 것은?

① 식물인간을 깨어나게 하는 방법
지문에서 이야기하고 있지 않음.
② 식물인간으로 변하게 되는 신체적 원리
지문에서 이야기하고 있지 않음.
③ 뇌 과학 기술을 활용한 새로운 치료법 개발
지문에서 이야기하고 있지 않음.
④ 의식이 있는 식물인간과 의식이 없는 식물인간의 뇌 구조 차이
지문에서 이야기하고 있지 않음.
⑤ 뇌 과학 기술을 활용하여 식물인간과 의사소통할 수 있는 가능성
뇌 과학 기술이 상용되면 의식이 있는 식물인간과 의사소통이 가능할 것이라고 언급함.

> **왜 정답?**

⑤ 4문단에서 '뇌 과학 기술은 빠르면 10년 이내에 상용되어 의식이 있는 식물인간 환자나 감금 증후군 환자들의 의사소통을 도울 수 있을 것으로 전망된다.'라고 하였다.

> **왜 오답?**

①, ②, ③, ④ 이 지문에서 이야기하고 있지 않은 내용이다.

05 [정답] ④ ·················· 전개 방식 파악하기

윗글에 대한 설명으로 적절하지 <u>않은</u> 것은?

① 질문을 던지며 독자의 흥미를 이끌어 내고 있다.
1문단에 근거 → 질문을 던지며 독자의 흥미를 이끌어 내고 있음.
② 대상의 개념을 제시하며 독자의 이해를 돕고 있다.
1문단에 근거 → 식물인간의 개념을 제시하고 있음.
③ 구체적인 연구 기관을 언급하며 신뢰성을 높이고 있다.
3문단에 근거 → '독일 튀빙겐대학', '캐나다의 웨스턴온타리오대학'의 연구팀
④ 대상의 한계점을 언급하며 이에 대한 해결책을 제시하고 있다.
지문에서 이야기하고 있지 않음.
⑤ 구체적인 사례를 제시하며 대상의 전망을 긍정적으로 평가하고 있다.
3, 4문단에 근거 → 실제 연구 결과를 제시하며 뇌 과학 기술에 관한 전망을 긍정적으로 평가하고 있음.

> **왜 정답?**

④ 이 지문에서는 의식이 있는 식물인간 등과 대화할 수 있는 가능성을 열어 준 뇌 공학 기술에 대해 이야기하고 있을 뿐, 뇌 과학 기술의 한계점도, 이에 대한 해결책도 제시하고 있지 않다.

> **왜 오답?**

① 1문단의 '하지만 진짜 ~ 없을까? 몸을 ~ 아닐까?'에서 질문의 형식으로 중심 화제에 관한 독자의 흥미를 유발하고 있다.
② 1문단에서 '사고 등으로 인해 뇌가 손상되어 ~ 식물인간이라고 한다.'라면서 식물인간의 개념을 제시하고 있다.
③ 3문단에서 '독일 튀빙겐대학의 ~ 교수 연구팀'과 '캐나다의 웨스턴온타리오대학 연구팀'을 언급하여 글의 신뢰성을 높이고 있다.
⑤ 3문단에서 두 연구팀의 실험 결과를 구체적으로 제시하고, 4문단에서 뇌 과학 기술이 '10년 이내에 상용되어 ~ 있을 것으로 전망된다.'라면서 뇌 과학 기술의 발전 과정을 긍정적으로 전망하고 있다.

마음을 베는 칼, 혐오 표현

○ 핵심어 　▬ 문단 중심 문장 　▬ 전체 중심 문장

1 혐오란 매우 싫어하고 미워한다는 의미이다. 원래 '혐오 시설', '혐오 식품' 등 꺼리는 감정을 표현할 때 주로 쓰였는데, 최근에는 더 넓은 범위의 대상과 함께 쓰이고 있다. 특히 '아주 많이 혐오한다.'는 의미로 젊은 세대에서 자주 사용되고 있는 '극혐'이라는 말은 개인의 취향을 타는 모든 대상과 함께 쓰이고 있는 상황이다. 이처럼 혐오라는 말은 더 이상 일상적 의미로만 머무르지 않고, 사회적으로 확대되고 있다.

2 혐오 표현에서의 혐오는 어떤 집단에 속하는 사람들의 고유한 정체성을 부정하거나 차별, 배제하는 것을 의미한다. 단순하게 싫어하는 감정, 그 이상의 의미인 것이다. 그렇다면 어떤 표현을 명확하게 혐오 표현으로 볼 수 있을까?

3 단발머리를 한 친구를 보고 "난 단발머리가 싫다."라고 말하는 것은 혐오 표현일까? 정답은 '아니다.'이다. 「단발머리가 싫다.'라는 것은 단순히 개인의 취향 문제이고, 이 말을 함으로써 친구가 단발머리를 한 것 자체를 부정하거나 배제하려는 것이 아니기 때문이다. 또한 '단발머리'가 그 친구의 고유한 정체성이라고 볼 수도 없다.」

4 하지만 만약 무슬림 여성의 복장인 차도르를 쓴 친구를 보고 "난 차도르가 싫어."라고 말한다면 어떻게 될까? 차도르를 쓴 친구가 무슬림인 것은 그녀가 가진 고유한 종교적 정체성이다. 사회적으로 무슬림이 소수 집단인 것을 고려하면 이 말은 무슬림 집단을 부정하거나 차별하는 효과를 낳을 수 있다. 따라서 "난 차도르가 싫어."라는 것은 명백한 혐오 표현이다.

5 혐오 표현을 경험한 피해자들은 스트레스를 받는 등 정신적으로 고통을 받고, 불안감이 커지고 자존감이 낮아져 일상생활에 어려움을 겪기도 한다. 그러므로 소수자에 대한 혐오 표현은 단순히 나의 취향을 표현하는 말이 아니라 날카로운 칼이 되어 듣는 사람의 마음에 상처를 낼 수 있다는 점을 명심하고, 이와 같은 표현을 사용하지 말아야 한다.

---

1 **문단 요약**
혐오 표현의 사회적 확대

2 **문단 요약**
혐오의 의미와 혐오 표현에 대한 의문

3 **문단 요약**
혐오 표현으로 볼 수 없는 사례

4 **문단 요약**
혐오 표현으로 볼 수 있는 사례

[중심 문단]
5 **문단 요약**
혐오 표현을 사용하면 안 되는 이유

● **내용 :** 이 글은 최근 사회적으로 많이 쓰이는 혐오 표현의 의미를 언급하고, 혐오 표현을 사용하면 안 되는 이유에 대해 설명하고 있다. 소수자의 고유한 정체성을 부정하거나 차별하는 혐오 표현은 사람들에게 상처를 줄 수 있기 때문에 사용하지 말아야 한다.

● **주제 :** 혐오 표현의 의미와 부정적 영향

● **문단 간의 관계 :** 1문단에서는 '혐오'라는 화제를 제시하고, 2문단에서는 혐오의 의미를 설명하고 있다. 3문단과 4문단에서는 혐오 표현인 것과 그렇지 않은 것을 구분하고 있으며, 5문단에서는 혐오 표현의 부정적 영향을 설명하며 혐오 표현을 사용하지 말 것을 당부하고 있다.

● **글의 구조도**

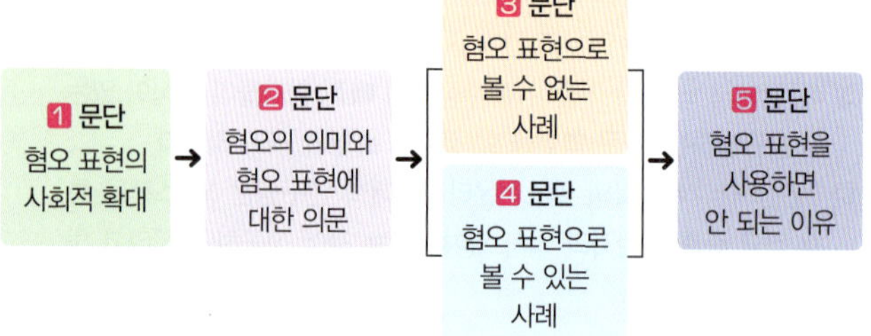

06 정답 혐오 표현 ······················· 핵심어 찾기

왜 정답?

2문단에서 '혐오 표현에서의 혐오는 어떤 집단에 속하는 사람들의 고유한 정체성을 부정하거나 차별, 배제하는 것을 의미한다.'라면서 혐오 표현의 의미를 설명하고 있다. 따라서 빈칸에 들어가기에 적절한 말은 '혐오 표현'이다.

07 정답 ③ ······················· 중심 문장 찾기

왜 정답?

③ 1문단에서는 '혐오'의 의미를 제시하고, 혐오라는 단어가 어떻게 쓰여 왔는지를 설명하고 있다. 따라서 이와 같은 내용을 모두 포함하고 있는 '이처럼 혐오라는 말은 더 이상 일상적 의미로만 머무르지 않고, 사회적으로 확대되고 있다.'가 1문단의 중심 문장이다.

08 정답 혐오 ······················· 내용 파악하기

윗글을 읽고 빈칸에 들어가기에 적절한 말을 쓰시오.

> 혐오 표현에서의 (　　　　　)은/는 어떤 집단에 속하는 사람들의 고유한 정체성을 부정하거나 차별, 배제하는 것을 의미한다.
> 2문단 1번째 문장에 근거

왜 정답?

2문단에서 '혐오 표현에서의 혐오는 어떤 집단에 속하는 사람들의 고유한 정체성을 부정하거나 차별, 배제하는 것을 의미한다.'라고 하였다. 따라서 빈칸에 들어가기에 적절한 말은 '혐오'이다.

09 정답 ③ ······················· 내용 파악하기

윗글을 읽고 알 수 없는 내용은?

① '혐오'라는 말이 쓰이는 범위의 변화
　일상적 의미에서 사회적으로 확대됨.
② 혐오 표현을 사용하면 안 되는 이유
　피해자들이 정신적으로 고통을 받고 일상생활에 어려움을 겪기도 하기 때문임.
③ 다른 나라에서 발생한 혐오 표현의 사례
　지문에서 이야기하고 있지 않음.
④ 피해자가 느끼는 혐오 표현의 부정적 측면
　정신적으로 고통을 받고 일상생활에 어려움을 겪음.
⑤ 혐오 표현인 것과 혐오 표현이 아닌 것을 구분하는 기준
　고유한 정체성을 부정하거나, 차별, 배제하는지 여부

왜 정답?

③ 이 지문에서는 혐오 표현의 의미에 대해 설명하고 있다. 그러나 다른 나라에서 발생한 혐오 표현의 사례를 언급하고 있지는 않다.

왜 오답?

① 1문단에서 '혐오라는 말은 일상적 의미로만 머무르지 않고, 사회적으로 확대되고 있다.'라고 하면서 '혐오'라는 말이 쓰이는 범위의 변화를 설명하고 있다.

②, ④ 5문단에서 '혐오 표현을 경험한 피해자들은 스트레스를 받는 등 정신적으로 고통을 받고, 불안감이 커지고 자존감이 낮아져 일상생활에 어려움을 겪기도 한다.'라면서 혐오 표현의 부정적 측면을 언급하고 있다. 또한 이러한 부정적 영향을 이유로 들어 혐오 표현을 사용하지 말아야 한다고 설명하고 있다.

⑤ 2문단에서 '혐오 표현에서의 혐오는 어떤 집단에 속하는 사람들의 고유한 정체성을 부정하거나 차별, 배제하는 것을 의미한다.'라고 하였다. 혐오 표현인 것과 아닌 것을 구분하는 기준은 고유한 정체성 자체를 부정하거나 차별, 배제하려는지 여부라고 볼 수 있다.

10 정답 ④ ······················· 내용 파악하기

혐오 표현에 대한 설명으로 가장 적절한 것은?

① 혐오 표현은 사회적으로 소외된 소수자 집단만이 사용할
　지문에서 이야기하고 있지 않음.
　수 있다.
② 혐오 표현은 최근 시설이나 식품 등의 사물과 관련해서
　최근에는 더 넓은 범위의 대상과 함께 쓰이고 있음.
　만 쓰이고 있다.
③ 혐오 표현은 개인의 취향과 관련해 특정한 행동을 싫어
　혐오 표현은 개인의 고유한 정체성을 부정하는 것임.
　함을 나타내는 표현이다.
④ 혐오 표현의 피해자는 불안감이 커지고 자존감이 낮아져
　혐오 표현의 피해자는 불안감이 커지고 자존감이 낮아져
　일상생활이 힘들 수도 있다.　일상생활에 어려움을 겪기도 함.
⑤ 혐오 표현을 사용하는 사람이 듣는 사람에게 상처를 줄
　4문단 근거 → 사용하는 사람의 의도와 상관없이 듣는 사람을 배려해야 함.
　의도가 없다면 이는 문제가 되지 않는다.

왜 정답?

④ 5문단에서 '혐오 표현을 경험한 피해자들은 스트레스를 받는 등 정신적으로 고통을 받고, 불안감이 커지고 자존감이 낮아져 일상생활에 어려움을 겪기도 한다.'라고 하였다.

왜 오답?

① 5문단에서 '이와 같은 표현을 사용하지 말아야 한다.'라면서 혐오 표현을 사용하지 말자고 하였을 뿐, 소외받는 소수자 집단만이 혐오 표현을 사용할 수 있다고 이야기하고 있지는 않다.

② 1문단에서 '혐오'가 최근에는 '더 넓은 범위의 대상과 함께 쓰이고 있다.'라고 하였다.

③ 2문단에서 '혐오 표현에서의 혐오는 어떤 집단에 속하는 사람들의 고유한 정체성을 부정하거나 차별, 배제하는 것을 의미한다.'라고 하였다. 따라서 개인의 취향과 관련해 특정한 행동을 싫어함을 나타내는 표현은 혐오 표현이라고 볼 수 없다.

⑤ 5문단에서 혐오 표현이 '듣는 사람의 마음에 상처를 낼 수 있다는 점을 명심하고, 이와 같은 표현을 사용하지 말아야 한다.'라고 하였다. 따라서 혐오 표현은 사용하는 사람의 의도와는 상관없이 듣는 사람을 배려해서 사용하지 말아야 하는 것이다.

SNS가 바꾸어 놓은 우리의 삶

○ 핵심어　　▮ 문단 중심 문장　　▮ 전체 중심 문장

1 타임지는 1981년 올해의 인물로 사람이 아닌 '컴퓨터'를 선정하여 표지에 실었고, 2006년에는 올해의 인물로 'You'를 선정하였다. 여기에서의 You는 인터넷에 접속하여 홈페이지를 만들고, 블로그를 운영하며, UCC*를 제작하는 등 다양한 활동을 실현하는 '당신'을 의미한다. 또한 2010년에는 페이스북의 창업자 마크 주커버그를 올해의 인물로 선정하기도 했다.

2 타임지에서 컴퓨터와 You, 마크 주커버그를 올해의 인물로 선정한 이유는 무엇일까? 이것은 우리 삶에서 Social Network Service, 즉 SNS의 영향력이 점점 커지고 있음과 관련이 있다. 온라인 플랫폼인 SNS는 사용자 간의 자유로운 의사소통과 정보 공유, 그리고 인맥 확대 등을 통해 사회적 관계를 생성하고 강화할 수 있게 해 준다. 이를 통해 이전까지는 사람과 사람이 직접 만나야만 가능했던 관계의 생성과 유지, 강화, 확장이 눈에 보이지 않는 인터넷 통신을 이용해 시간과 공간의 제약 없이 가능하게 되었다. SNS는 정보가 더욱 다양하게 공유되고 유통될수록 그 의미가 커진다.

3 SNS의 특성으로는 참여, 개방, 대화, 연결을 들 수 있다. '참여'는 특정 주제에 관심이 있는 사람들이 자발적으로 지식과 의견, 그리고 피드백을 공유하는 것이다. 그리고 '개방'은 사용자들이 피드백과 참여에 매우 개방되어 있어 자유롭게 정보를 공유하고, 댓글, 투표 등의 기능을 이용하는 것이다. '대화'는 말 그대로 쌍방향 대화와 커뮤니케이션*을 지향하는 것을 의미하며, '연결'은 인터넷상에서 링크와 여러 종류의 미디어 결합을 통해 상호 관계를 구축하는 것을 가리킨다.

4 SNS는 어느덧 우리의 삶에 깊숙이 파고들어 큰 역할을 하고 있으며, 누구든지 원하면 언제 어디서든 자신이 원하는 정보를 습득하고 타인과 공유할 수 있는 세상을 열어 주었다. SNS의 등장으로 인해 이미 한 차례 삶의 모습이 크게 변화한 만큼, 앞으로 SNS가 우리 생활에 어떠한 영향을 더 미칠지 궁금해진다.

* UCC : User Created Contents, 사용자가 직접 제작한 콘텐츠

* 커뮤니케이션 : 사람들끼리 서로 생각, 느낌 따위의 정보를 주고받는 일. 말이나 글, 그 밖의 소리, 표정, 몸짓 따위로 이루어진다.

---

1 문단 요약
타임지가 선정한 올해의 인물들

[중심 문단]
2 문단 요약
SNS의 역할

3 문단 요약
SNS의 특성 : 참여, 개방, 대화, 연결

4 문단 요약
우리의 삶을 변화시킨 SNS

● **내용 :** 이 글은 SNS의 개념과 특성을 소개하고 SNS가 우리 삶에 어떤 변화를 이끌었는지를 설명하고 있다. 온라인 플랫폼인 SNS를 통해 사용자들은 자유롭게 의사소통하고 정보를 공유하며, 사회적 관계를 생성하고 강화할 수 있다. 이러한 SNS의 특성으로는 참여, 개방, 대화, 연결을 들 수 있으며, 앞으로도 SNS가 우리의 생활에 많은 영향을 미칠 것이다.

● **주제 :** SNS의 특성과 우리 삶에 미친 영향

● **문단 간의 관계 :** 1문단에서는 타임지가 선정한 올해의 인물들을 소개하며 독자의 흥미를 이끌고, 2문단에서는 SNS의 역할에 대해 설명하고 있다. 3문단에서는 SNS의 특성에 대해 설명하고, 4문단에서는 SNS가 우리의 삶을 어떻게 변화시켰는지를 이야기하며 글을 마무리하고 있다.

● **글의 구조도**

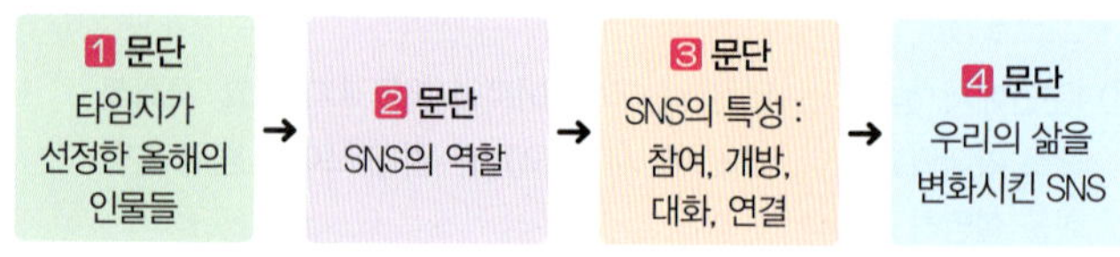

01 [정답] SNS ·· 핵심어 찾기

>왜 정답?

이 지문에서는 SNS의 특성과 SNS가 우리 삶에 미친 영향을 이야기하고 있다. 특히 2문단에서 '온라인 플랫폼인 SNS는 사용자 간의 자유로운 ~ 사회적 관계를 생성하고 강화할 수 있게 해 준다.'라고 하였다. 따라서 빈칸에 들어가기에 적절한 말은 'SNS'이다.

02 [정답] ③ ·· 중심 문장 찾기

>왜 정답?

③ 3문단에서는 SNS의 특성으로 참여, 개방, 대화, 연결을 들고 각각에 대해 설명하고 있다. 따라서 이와 같은 내용을 모두 포함하는 'SNS의 특성으로는 ~ 들 수 있다.'가 3문단의 중심 문장이다.

03 [정답] ③ ·· 내용 파악하기

> 윗글에 언급된 내용으로 가장 적절한 것은?
> ① SNS의 발전 과정
> 　지문에서 이야기하고 있지 않음.
> ② SNS의 기술적 한계
> 　지문에서 이야기하고 있지 않음.
> ③ SNS의 특성과 영향력
> 　지문의 중심 내용임.
> ④ SNS가 우리 삶에 미치는 부정적 영향
> 　지문에서 이야기하고 있지 않음.
> ⑤ SNS를 활용하여 UCC를 제작하는 방법
> 　지문에서 이야기하고 있지 않음.

>왜 정답?

③ 이 지문에서는 SNS의 특성에 대해 설명하고, SNS가 우리의 삶에 미친 영향에 대해 이야기하고 있다. 따라서 SNS의 특성과 영향력은 이 지문에 언급된 내용이다.

>왜 오답?

①, ②, ④, ⑤ 이 지문에서 이야기하고 있지 않은 내용이다.

04 [정답] ④ ·· 내용 파악하기

> SNS에 대한 설명으로 적절하지 <u>않은</u> 것은?
> ① SNS의 영향력이 점점 커지고 있다.
> 　2문단에 근거
> ② SNS를 통해서 정보가 더욱 다양하게 공유되고 유통된다.
> 　2문단에 근거 → SNS는 정보가 공유되고 유통될수록 의미가 커짐.
> ③ SNS를 활용하면 언제 어디서든 자신이 원하는 정보를 얻을 수 있다.
> 　4문단에 근거 → 원하면 언제 어디서든 정보를 습득할 수 있음.
> ④ SNS 덕분에 다른 사람과 직접 만나서 소통할 수 있는 기회가 확대되었다.
> 　직접 만나지 않고 소통하는 것이 가능해짐.
> ⑤ SNS 덕분에 시간과 공간의 제약을 받지 않고 다른 사람들과 관계를 유지할 수 있게 되었다.
> 　관계의 생성과 유지, 강화, 확장이 시간과 공간의 제약 없이 가능하게 됨.

>왜 정답?

④ 2문단에서 SNS의 발전으로 인해 '사람과 사람이 직접 만나야만 가능했던' 사람들 사이의 소통이 '시간과 공간의 제약 없이 가능하게 되었다.'라고 하였다. 즉, SNS 덕분에 다른 사람과 직접 만나지 않고도 소통하는 것이 가능해진 것이다.

>왜 오답?

① 2문단에서 'SNS의 영향력이 점점 커지고 있'다고 하였다.

② 2문단에서 'SNS는 정보가 더욱 다양하게 공유되고 유통될수록 그 의미가 커진다.'라고 하였다.

③ 4문단에서 SNS는 '누구든지 원하면 언제 어디서든 ~ 공유할 수 있는 세상을 열어 주었다.'라고 하였다.

⑤ 2문단에서 SNS의 발전으로 인해 '이전까지는 사람과 사람이 직접 만나야만 가능했던 관계의 생성과 유지, 강화, 확장이 눈에 보이지 않는 인터넷 통신을 이용해 시간과 공간의 제약 없이 가능하게 되었다.'라고 하였다.

05 [정답] ③ ·· 반응의 적절성 평가하기

> 윗글을 읽고 난 후의 반응으로 적절하지 <u>않은</u> 것은?
> ① SNS의 특성에는 참여, 개방, 대화, 연결이 있군.
> 　3문단에 근거
> ② SNS의 특성 중 연결은 여러 종류의 미디어를 결합하여 상호 관계를 구축하는 것이군.
> 　3문단에 근거
> ③ SNS의 특성 중 대화는 자신의 의견을 일방적으로 전달할 수 있는 기회를 의미하는군.
> 　쌍방향 대화와 커뮤니케이션을 지향하는 것임.
> ④ SNS의 특성 중 참여는 사용자들이 특정 주제에 대한 의견을 자발적으로 공유하는 것이군.
> 　3문단에 근거
> ⑤ SNS의 특성 중 개방은 사용자들이 자유롭게 정보를 공유하고, 댓글, 투표 등의 기능을 이용하는 것이군.
> 　3문단에 근거

>왜 정답?

③ 3문단에서 "대화'는 말 그대로 쌍방향 대화와 커뮤니케이션을 지향하는 것을 의미'한다고 하였다. 따라서 '대화'가 '자신의 의견을 일방적으로 전달할 수 있는 기회를 의미'하지는 않는다.

>왜 오답?

① 3문단에서 'SNS의 특성으로는 참여, 개방, 대화, 연결을 들 수 있다.'라고 했다.

② 3문단에서 "연결'은 인터넷상에서 링크와 여러 종류의 미디어 결합을 통해 상호 관계를 구축하는 것을 가리킨다.'라고 했다.

④ 3문단에서 "참여'는 특정 주제에 관심이 있는 사람들이 자발적으로 지식과 의견, 그리고 피드백을 공유하는 것이다.'라고 했다.

⑤ 3문단에서 "개방'은 사용자들이 피드백과 참여에 매우 개방되어 있어 자유롭게 정보를 공유하고, 댓글, 투표 등의 기능을 이용하는 것이다.'라고 했다.

우리말 다듬기

○ 핵심어　▬ 문단 중심 문장　▬ 전체 중심 문장

1 '성공한 케이스', '공격 템포', 'How to 뷰티 정보'. 이것들은 최근 신문과 잡지에서 쉽게 찾아볼 수 있는 표현이다. 이들의 공통점은 무엇일까? 바로 지나친 외래어 표현이라는 것이다. 요즘 옷, 화장품, 가게, 음식 이름 등과 컴퓨터 통신 언어 등에서 외래어가 많이 보인다. 또한 의학, 건축학, 컴퓨터공학, 경제학 등 각 학술 분야에서도 영어를 비롯한 외국어로 된 전문 용어를 번역하지 않고 외국어 그대로 사용함으로써, 우리말을 더욱 황폐화하고 있다.

2 국어 순화란 바로 위와 같은 것을 바로잡는 일에서부터 시작된다. 국어 순화는 '우리말 다듬기'라고도 하는데, 이는 외래어를 가능한 한 고유어로 재정리하는 것을 의미한다. 즉, 위의 '성공한 케이스'는 '성공한 경우'로, '공격 템포'는 '공격 속도'로, 'How to 뷰티 정보'는 '아름다움을 위한 정보'로 바꾸어 사용하는 것이다.

3 이러한 국어 순화는 국어를 어법에 맞게 쓰고 효과적으로 사용함으로써, 국어 생활을 좀 더 아름답고 풍성하게 하자는 의미를 갖고 있다. 말과 글은 어느 개인의 것이 아니라 겨레 한 사람 한 사람, 혹은 겨레 모두의 정신 작용과 밀접한 관련이 있기 때문에, 각 나라에서는 자기 나라의 말과 글을 다듬고 가꾸는 일을 꾸준히 해 오고 있다.

4 사실 외국으로부터 새로운 문물이 유입되면, 그에 따른 이름이나 표현 또한 자연스럽게 유입될 수밖에 없다. 이때 새로운 문물과 함께 들어온 외국어를 모국어 체계에 맞게 바꾸는 과정을 거치게 되는데, 그에 맞는 적절한 표현을 찾아내거나 새로 만드는 것은 결코 쉽지 않다. 그러나 이런 노력을 게을리 하거나 포기한다면, 결국 외래어에 의한 국어의 오염을 막을 수가 없다. 우리는 일상생활에서 지나친 외래어 사용을 지양하고 적절한 우리말로 바꿔서 표현하는 습관을 들여야 한다.

---

1 문단 요약
지나친 외래어 표현

2 문단 요약
국어 순화의 개념

3 문단 요약
국어 순화가 갖는 의미

[중심 문단]
4 문단 요약
국어 순화의 필요성

● **내용 :** 이 글은 국어 순화의 의미와 그 중요성에 대해 설명하고 있다. 국어 순화란 우리나라에 존재하는 다양한 외래어를 가능한 한 적절한 고유어로 바꾸어 재정리하는 것을 의미한다. 또한 언어는 개인과 겨레의 정신 작용과 큰 관련이 있기 때문에, 국어 순화를 통해 우리의 말과 글을 가꾸는 일은 아주 중요하다. 국어 순화를 하지 않으면 외래어에 의한 국어 오염을 막을 수 없으므로, 외래어를 우리말로 바꿔서 표현하는 습관을 들여야 한다.

● **주제 :** 국어 순화의 의미와 중요성

● **문단 간의 관계 :** 1문단에서는 구체적인 사례를 들어 지나친 외래어 표현을 소개하고 있다. 2문단에서는 국어 순화의 개념을 밝히고, 3문단에서는 국어 순화가 가지는 의미를 설명하고 있다. 4문단에서는 국어 순화의 필요성을 강조하며 글을 마무리하고 있다.

● **글의 구조도**

1 문단	→	2 문단	→	3 문단	→	4 문단
지나친 외래어 표현		국어 순화의 개념		국어 순화가 갖는 의미		국어 순화의 필요성

06 [정답] 국어 순화 ·················· 핵심어 찾기

왜 정답?

이 지문에서는 국어 순화의 개념과, 국어 순화의 중요성에 대해 설명하고 있다. 특히 2문단에서 '국어 순화는 ～ 재정리하는 것을 의미한다.'라고 하였다. 따라서 빈칸에 들어가기에 적절한 말은 '국어 순화'이다.

07 [정답] ② ·················· 중심 문장 찾기

왜 정답?

② 2문단에서는 국어 순화의 개념을 설명하고, 1문단에서 제시한 지나친 외래어 사용의 예들을 우리말로 적절히 순화하고 있다. 따라서 이와 같은 내용을 포함하고 있는 2문단의 중심 문장은 '국어 순화는 ～ 외래어를 가능한 한 고유어로 재정리하는 것을 의미한다.'이다.

08 [정답] ② ·················· 내용 파악하기

윗글의 내용으로 가장 적절한 것은?

① 외래어를 적절히 사용함으로써 전문성을 높여야 한다.
　지문의 내용과 거리가 멂.
② 외래어를 고유어로 적절하게 순화하여 사용해야 한다.
　국어 순화를 해야 한다고 함.
③ 세계화의 흐름에 따라 외래어를 더 많이 받아들여야 한다.
　지문의 내용과 거리가 멂.
④ 잘못된 언어생활을 바로잡기 위해 국어 교육을 더 많이
　지문에서 이야기하고 있지 않음.
해야 한다.
⑤ 학술 분야에 쓰이는 외국어로 된 전문 용어는 우리말을
　외국어 그대로인 전문 용어는 우리말을 더욱 황폐화한다고 함.
황폐화하지 않는다.

왜 정답?

② 4문단에서 '우리는 일상생활에서 지나친 외래어 사용을 지양하고 적절한 우리말로 바꿔서 표현하는 습관을 들여야 한다.'라고 하였다.

왜 오답?

①, ③ 이 지문에서는 외래어를 되도록 우리말로 바꿔서 사용하자고 하였으므로, '외래어를 적절히 사용'한다거나 '외래어를 더 많이 받아들여야 한다'는 내용은 이 지문의 내용과 거리가 멀다.
④ 이 지문에서는 '국어 교육'에 대해서는 이야기하고 있지 않다.
⑤ 1문단에서 '학술 분야에서도 영어를 비롯한 외국어로 된 전문 용어를 ～ 사용함으로써, 우리말을 더욱 황폐화하고 있다.'라고 하였다.

09 [정답] ② ·················· 내용 파악하기

국어 순화에 대한 설명으로 적절하지 않은 것은?

① 국어 순화는 국가적 차원에서만 이루어지는 것은 아니다.
　4문단에 근거 → 국어 순화는 일상생활에서도 이루어져야 함.
② 국어 순화는 컴퓨터 통신 언어 분야에서만 이루어져야 한다.
　1문단에 근거 → 국어 순화는 모든 분야에서 이루어져야 함.
③ 국어 순화를 하면 우리말을 좀 더 아름답고 풍성하게 가
　3문단에 근거 → 국어 순화는 국어 생활을 아름답고 풍성하게 하자는 의미를 가짐.
꿀 수 있다.

④ 국어 순화는 말과 글이 정신 작용과 밀접한 관련이 있다
　말과 글이 정신 작용과 밀접한 관련이 있기 때문에 여러 나라에서 국어 순화를 꾸준히 해 오고 있음.
는 점에서 매우 중요하다.
⑤ 국어 순화를 하는 것은 쉽지 않지만, 외래어에 의한 국어
　4문단에 근거
의 오염을 막기 위해 꼭 해야 한다.

왜 정답?

② 1문단에서는 '요즘 옷, 화장품, 가게, 음식 이름 등과 컴퓨터 통신 언어 등'뿐만 아니라 '학술 분야'에서도 외래어가 지나치게 사용되고 있다고 하였다. 국어 순화는 이와 같은 지나친 외래어 표현을 바로잡는 것이므로, 컴퓨터 통신 언어뿐만 아니라 전 영역에서 이루어져야 한다.

왜 오답?

① 4문단에서 '일상생활에서 ～ 습관을 들여야 한다.'라고 하였으므로, 국어 순화는 일상생활에서도 이루어져야 한다.
③ 3문단에서 '국어 순화는 ～ 의미를 갖고 있다.'라고 하였다.
④ 3문단에서 말과 글은 '겨레 모두의 정신 작용과 밀접한 관련이 있기 때문에, ～ 일을 꾸준히 해 오고 있다.'라고 하였다.
⑤ 4문단에서 '외국어를 모국어 체계에 ～ 수가 없다.'라고 하였다.

10 [정답] ② ·················· 실제 사례에 적용하기

다음은 윗글을 읽고 우리 주변에서 볼 수 있는 여러 단어를 순화해 본 것이다. 적절하지 않은 것은?

	전	후
①	네티즌 netizen : 시티즌(citizen)과 네트워크(network)의 합성어인 외래어	누리꾼 국어 순화 예시로 적절함.
②	호치키스 Hotchkiss	스테이플러 stapler : 외래어임.
③	포토존 photozone	사진 찍는 곳 국어 순화 예시로 적절함.
④	홈페이지 homepage	누리집 국어 순화 예시로 적절함.
⑤	프로필 profile	인물 소개 국어 순화 예시로 적절함.

왜 정답?

② 호치키스는 일본에서 스테이플러를 처음으로 수입한 미국 회사의 이름이다. 그리고 스테이플러(stapler)는 여전히 외래어 표현이다. 올바르게 국어 순화를 한 표현은 '찍개'이다.

왜 오답?

① 누리꾼의 의미는 '세상(누리)을 즐기는 꾼'이라는 의미로, 네티즌을 순화한 말로 적절하다.
③ 사진 찍는 곳은 포토존을 순화한 말로 적절하다.
④ 누리집은 '누리'와 '집'의 합성어로, 인터넷 세상의 집이라는 뜻이다. 이는 홈페이지를 순화한 말로 적절하다.
⑤ 인물 소개는 프로필을 순화한 말로 적절하다.

새로 새를 잡는다!

○ 핵심어　▮ 문단 중심 문장　▮ 전체 중심 문장

1 하늘을 나는 새들은 옛날부터 다양한 역할로 우리의 삶에 도움을 주었다. 지금처럼 통신이 발달하기 전에는 발목에 편지를 묶어 사람과 사람을 오감으로써 소식을 전달해 주기도 하였으며, 사냥을 할 때에 큰 도움을 주기도 하였다. 특히 새로 새를 잡는 매사냥은 우리나라뿐만 아니라 중앙아시아 등지에서 많이 행해졌는데, 지난 2010년 13개 나라가 공동으로 유네스코 무형 유산으로 등재를 신청하여 현재는 유네스코 인류무형문화유산으로 평가받고 있다.

2 매사냥이란 훈련된 매를 이용하여 사냥하는 것을 의미한다. 매사냥은 매나 독수리들이 사냥하는 습성을 이용하여 신석기 시대 전후인 기원전부터 시작되었다. 우리 민족은 고조선 시대부터 매사냥을 했다고 한다.

3 매사냥은 매를 길들이는 것부터 시작한다. 사냥을 하는 매는 송골매라 하며, 새끼를 길들여서 사냥에 쓰는 매를 보라매라고 하는데, 매사냥은 주로 보라매를 이용해 이루어진다. 매사냥꾼들은 보라매에게 먹이를 주며 손가락에 앉히고, 미끼를 이용해서 부르는 등의 여러 기술을 습득시킨다. 여러 가지 훈련 과정을 통해 훈련사와 매는 신뢰를 쌓고, 매는 훈련사에게 길들여지게 된다.

4 훈련이 끝난 매로 사냥을 할 때에는 매에 '빼짓체'라는 것을 매단다. '빼짓체'란 매에 맑은 소리가 나는 청동 방울을 달아 놓은 깃이다. 이 방울 때문에 매가 움직이면 소리가 나고, 이 소리를 좇으면 사냥감을 쫓아 날아간 매를 찾아낼 수 있다.

5 매의 발톱은 몹시 날카롭기 때문에 사냥꾼은 팔뚝에 두툼한 토시를 끼고, 그 토시 위에 매를 앉혀서 사냥을 할 장소에 오른다. 매가 사냥감을 잡은 것을 발견하면, 사냥꾼은 닭의 넓적다리를 꺼내어 매에게 먹이고, 매가 잡은 사냥감을 가로챈다. 매사냥은 다양한 것을 잡기 위해 행해졌지만, 특히 꿩을 잡는데 유용했다고 한다.

6 이와 같은 매사냥은 일제 강점기까지도 전국적으로 행해졌다고 하는데, 매를 길들이고 관리하는 것이 어려워 점차 우리 주변에서 보기는 어려워졌다. 산과 들을 뛰어다니면서 한 해의 농사를 끝낸 후 생활의 긴장을 풀고 여유를 가지면서 했던 매사냥은 새로 새를 잡으며 스트레스를 해소하고 신체를 단련했던 우리 조상들이 즐겼던 스포츠이다.

1 문단 요약
인류무형문화유산인 매사냥

[중심 문단]
2 문단 요약
매사냥의 의미

3 문단 요약
매를 길들이는 방법

4 문단 요약
빼짓체의 기능

5 문단 요약
매사냥의 과정

6 문단 요약
매사냥의 쇠퇴와 의의

- **내용** : 이 글은 매사냥의 의미와 구체적인 과정을 설명하고 있다.
- **주제** : 매사냥의 방법과 의의
- **문단 간의 관계** : 1문단에서는 매사냥에 대해 소개하고 있다. 2문단에서는 매사냥의 의미를 설명하고, 3문단부터 5문단에서는 매사냥을 하는 구체적인 방법과 과정을 설명하고 있다. 6문단에서는 매사냥의 쇠퇴와 의의를 언급하며 글을 마무리하고 있다.

- **글의 구조도**

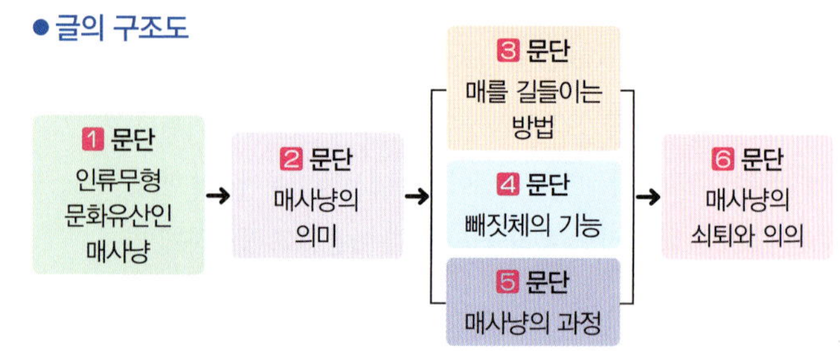

01 [정답] 매사냥 ······ 핵심어 찾기

왜 정답?

이 지문에서는 매사냥이 무엇인지에 설명하고, 매사냥의 과정을 구체적으로 설명하고 있다. 특히 2문단에서 '매사냥이란 훈련된 매를 이용하여 사냥하는 것을 의미한다.'라고 하였다. 따라서 빈칸에 들어가기에 적절한 말은 '매사냥'이다.

02 [정답] ① ······ 중심 문장 찾기

왜 정답?

① 3문단에서는 매사냥의 과정 중 매를 길들이는 방법에 대해 설명하고 있다. 따라서 이러한 내용을 모두 포함하고 있는 3문단의 중심 문장은 '매사냥은 매를 길들이는 것부터 시작한다.'이다.

03 [정답] 송골매, 보라매 ······ 핵심어 찾기

> **윗글을 읽고 빈칸에 들어가기에 적절한 말을 쓰시오.**
>
> 우리 민족은 매우 이른 시기부터 매사냥을 했다. 우리 민족은 사냥을 하는 매는 (　　　　)(이)라고 불렀고, 새끼를 길들여서 / 3문단 2번째 문장에 근거 / 사냥에 쓰는 매를 (　　　　)(이)라고 불렀다.

왜 정답?

3문단에서는 매 사냥의 과정 중 매를 길들이는 방법에 대해 설명하면서 매의 종류도 언급하고 있다. '사냥을 하는 매는 송골매라 하며, 새끼를 길들여서 사냥에 쓰는 매를 보라매라고' 한다고 하였다. 따라서 빈칸에 들어가기에 적절한 말은 순서대로 '송골매', '보라매'이다.

04 [정답] ① ······ 내용 파악하기

> **매사냥에 대한 설명으로 적절하지 않은 것은?**
> ① 매사냥은 송골매를 중심으로 이루어진다.
>   3문단에 근거 → 매사냥은 주로 보라매를 이용해 이루어짐.
> ② 매사냥이 끝나면 사냥꾼은 매에게 닭고기를 먹인다.
>   5문단에 근거 → 매에게 닭의 넓적다리를 먹이고 사냥감을 가로챔.
> ③ 매사냥은 매나 독수리들이 사냥하는 습성에서 착안한 것이다.
>   2문단에 근거 → 매사냥은 매나 독수리들이 사냥하는 습성을 이용함.
> ④ 매사냥을 할 때는 매에 맑은 소리가 나는 청동 방울을 달아 놓아야 한다.
>   4문단에 근거 → 빼짓체를 매달아야 함.
> ⑤ 매사냥꾼들은 매에게 먹이를 주고 손가락에 앉히는 훈련을 통해 매를 길들인다.
>   3문단에 근거 → 매에게 먹이를 주고 손가락에 앉히는 등의 기술을 습득시킴.

왜 정답?

① 3문단에서 '매사냥은 주로 보라매를 이용해 이루어진다.'라고 하였다. 따라서 매사냥이 송골매를 중심으로 이루어진다고 설명하는 것은 적절하지 않다.

왜 오답?

② 5문단에서 '매가 사냥감을 잡은 것을 발견하면, 매사냥꾼은 닭의 넓적다리를 꺼내어 매에게 먹이고, 매가 잡은 사냥감을 가로챈다.'라고 하였다.
③ 2문단에서 '매사냥은 매나 독수리들이 사냥하는 습성을 이용'한다고 하였다.
④ 4문단에서 매사냥을 위해 매에게 매다는 '빼짓체'는 '맑은 소리가 나는 청동 방울을 달아 놓은 깃'이라고 하였다.
⑤ 3문단에서 '매사냥꾼들은 보라매에게 먹이를 주며 손가락에 앉히고, 미끼를 이용해서 부르는 등 여러 기술을 습득시킨다.'라고 하였다.

05 [정답] ⑤ ······ 내용 파악하기

> **윗글을 읽고 알 수 없는 내용은?**
> ① 매사냥의 기원
>   2문단에 근거 → 기원전에 시작됨.
> ② 매사냥의 방법
>   5문단에 근거
> ③ 매사냥의 의의
>   6문단에 근거 → 스트레스를 해소하고 신체를 단련하는 스포츠
> ④ 매를 길들이는 방법
>   3문단에 근거
> ⑤ 매사냥의 발전 과정
>   지문에서 이야기하고 있지 않음.

왜 정답?

⑤ 이 지문에서는 매사냥이 어떻게 발전해 왔는지에 대해서는 이야기하고 있지 않다.

왜 오답?

① 2문단에서 '매나 독수리들이 사냥하는 습성을 이용하여, 신석기 시대 전후인 기원전부터 시작되었다.'라면서 매사냥의 기원을 언급하고 있다.
② 5문단에서 '매가 사냥감을 잡은 것을 발견하면, 사냥꾼은 닭의 넓적다리를 꺼내어 매에게 먹이고, 매가 잡은 사냥감을 가로챈다.'라면서 매사냥의 방법을 언급하고 있다.
③ 6문단에서 '매사냥은 새로 새를 잡으며 스트레스를 해소하고 신체를 단련했던 우리 조상들이 즐겼던 스포츠이다.'라고 하면서 매사냥의 의의를 언급하고 있다.
④ 3문단에서 매사냥꾼들이 '보라매에게 먹이를 주며 손가락에 앉히고, 미끼를 이용해서 부르는 등의 여러 기술을 습득시킨다.'라고 하면서 매를 길들이는 방법을 언급하고 있다.

은행의 기원

○ 핵심어　▮ 문단 중심 문장　▮ 전체 중심 문장

1 우리가 저금을 하고 돈을 빌리기도 하는 '은행'은 돈이 만들어진 이후부터 바로 생겨난 것일까? 그렇지는 않다. 과거에는 지금처럼 은행이라는 금융 기관이 따로 존재하지 않았다. 그 대신에 돈을 안전하게 보관해 주는 '골드스미스(goldsmith)'들이 있었다.

2 서양에서 돈, 화폐라는 개념이 처음 도입되었을 때 화폐는 대부분 금 아니면 은으로 만들어졌다. 금이나 은으로 만든 동전들은 모두 매우 무거웠고, 이들을 보관하는 것은 쉬운 일이 아니었다. 그래서 부자들은 돈을 누군가에게 맡겨야 한다고 생각하게 되었다.

3 부자들이 돈을 맡긴 사람들이 바로 골드스미스이다. 이들은 부자들의 돈을 맡아 주는 대신 부자들에게 보관료를 받았다. 보관료를 받으며 사업을 이어가던 골드스미스들은 부자들이 맡기는 화폐의 양이 그들이 찾아가는 양보다 훨씬 많다는 사실을 알게 되었다. 항상 돈을 보관하는 창고에는 일정 금액 이상이 남아있었고, 부자들이 돈을 한꺼번에 찾아가는 경우는 드물었다. 그래서 골드스미스들은 부자들의 이 돈을 돈이 필요한 사람에게 빌려주고, 이자를 받는 사업을 생각해 냈다.

4 골드스미스들은 더 많은 화폐를 보유하기 위한 방안을 모색했다. 보유하고 있는 화폐가 많아야만 빌려줄 수 있는 화폐가 늘어나고, 화폐를 더 많이 빌려줘야만 더 많은 이자를 거두어들일 수 있었기 때문이다. 이에 골드스미스들은 부자들에게 화폐를 보관해 줄 때 보관료를 받지 않고, 오히려 화폐를 맡긴 대가로 이자를 주겠다고 제안하게 되었다. 부자들의 돈을 더 많이 보관하게 된 골드스미스들은 이 사업을 확장하여 사람들의 화폐를 체계적으로 관리하기 시작했고, 이것이 은행의 시초가 되었다.

---

1 문단 요약
과거에 은행 대신 존재했던 골드스미스

2 문단 요약
골드스미스들이 생겨난 배경

3 문단 요약
골드스미스들의 사업

[중심 문단]
4 문단 요약
현재 은행의 시초가 된 골드스미스들의 사업

● **내용 :** 이 글은 은행의 기원인 골드스미스에 대해 설명하고 있다. 은행이 없던 시절, 당시의 돈은 대부분 금이나 은으로 만든 동전이었기 때문에 돈을 보관하기가 어려웠다. 그래서 부자들은 돈을 골드스미스들에게 맡겼고, 골드스미스들은 부자들의 돈을 보관하며 부자에게는 이자를 주고, 그 돈을 돈이 필요한 다른 사람에게 빌려주는 사업을 생각해 냈다. 이러한 방법을 통해 골드스미스들은 이윤을 얻을 수 있었고, 골드스미스들의 사업은 점점 확장되어 현재 은행의 시초가 되었다.

● **주제 :** 은행의 기원

● **문단 간의 관계 :** 1문단에서는 옛날에 은행의 역할을 했던 골드스미스에 대해 소개하고 있다. 2문단에서는 골드스미스의 등장 배경을 제시하고, 3문단에서는 그들의 사업을 설명하고 있다. 4문단에서는 골드스미스들의 사업이 현재 은행의 시초가 되었음을 언급하며 글을 마무리하고 있다.

● **글의 구조도**

1 문단
과거에 은행 대신 존재했던 골드스미스 →
2 문단
골드스미스들이 생겨난 배경 →
3 문단
골드스미스들의 사업 →
4 문단
현재 은행의 시초가 된 골드스미스들의 사업

06 [정답] 은행 ·· 핵심어 찾기

>왜 정답 ?

이 지문에서는 오늘날 은행의 시초가 된 골드스미스들에 대해 소개하고 있다. 특히 4문단에서 '부자들의 돈을 더 많이 보관하게 된 골드스미스들은 이 사업을 확장하여 사람들의 화폐를 체계적으로 관리하기 시작했고, 이것이 은행의 시초가 되었다.'라고 하였다. 따라서 빈칸에 들어가기에 적절한 말은 '은행'이다.

07 [정답] ①, ③ ······························· 중심 문장 찾기

>왜 정답 ?

①, ③ 3문단에서는 부자들이 맡기는 돈을 이용하여 이윤을 취하는 골드스미스들의 사업에 대해 설명하고 있다. 따라서 3문단의 중심 문장은 '그래서 골드스미스들은 부자들의 이 돈을 돈이 필요한 사람에게 빌려주고, 이자를 받는 사업을 생각해 냈다.'이다. 또 1문단의 중심 문장은 '그 대신에 ~ '골드스미스'들이 있었다.'이다.

08 [정답] ② ······························· 전개 방식 파악하기

윗글에 대한 설명으로 가장 적절한 것은?

① 은행의 개념과 역할을 소개하고 있다.
지문에서 이야기하고 있지 않음.
② 은행의 기원을 역사적으로 설명하고 있다.
은행이 나타나게 된 기원을 역사적 사실을 통해 설명하고 있음.
③ 은행이 현대 사회에서 미치는 영향을 설명하고 있다.
지문에서 이야기하고 있지 않음.
④ 은행의 내부 조직을 분석하여 그 구성 요소를 설명하고
지문에서 이야기하고 있지 않음.
있다.
⑤ 은행이 역사적으로 부정적인 영향을 미쳤던 사례를 소개
지문에서 이야기하고 있지 않음.
하고 있다.

>왜 정답 ?

② 이 지문에서는 오늘날 은행의 시초가 된 골드스미스들의 사업에 대해 설명하고 있다.

>왜 오답 ?

① 1문단에서 '우리가 저금을 하고 돈을 빌리기도 하는 '은행''이라고 언급하고는 있지만, 은행의 정확한 개념이나 은행의 역할을 이야기하고 있지는 않다.
③, ④, ⑤ 이 지문에서 이야기하고 있지 않은 내용이다.

09 [정답] ④ ······························· 내용 파악하기

윗글의 내용으로 가장 적절한 것은?

① 과거에도 지금과 똑같은 금융 기관이 존재했다.
과거에는 지금처럼 은행이라는 금융 기관이 따로 존재하지 않음.
② 은행은 돈이 만들어진 이후에 바로 생겨난 것이다.
그렇지 않음.
③ 골드스미스들은 화폐를 빌려주면 빌려줄수록 손해를 본다.
화폐를 더 많이 빌려줘야만 더 많은 이자를 거두어들일 수 있음.

④ 골드스미스란, 부자들의 돈을 대신 맡아 준 사람들을 의
부자들이 돈을 맡긴 사람들이 바로 골드스미스임.
미한다.
⑤ 이자란 부자들이 골드스미스들에게 화폐를 맡긴 대신에
이자는 골드스미스들에게 돈을 빌린 사람이 지불하는 금액임.
지불하는 금액이다.

>왜 정답 ?

④ 3문단에서 '부자들이 돈을 맡긴 ~ 골드스미스이다.'라고 했다.

>왜 오답 ?

① 1문단에서 '과거에는 지금처럼 ~ 존재하지 않았다.'라고 했다.
② 1문단에서 "은행'은 돈이 만들어진 이후부터 바로 생겨난 것일까? 그렇지는 않다.'라고 하였다.
③ 4문단에서 골드스미스는 '화폐를 더 많이 빌려줘야만 더 많은 이자를 거두어들일 수' 있다고 하였다.
⑤ 3문단에서 '골드스미스들은 부자들의 이 돈을 돈이 필요한 사람에게 빌려주고, 이자를 받는 사업을 생각해 냈다.'라고 하였다. 따라서 이자는 골드스미스에게 돈을 빌리는 사람들이 지불하는 금액이다.

10 [정답] ⑤ ······························· 반응의 적절성 평가하기

윗글을 읽고 난 후의 반응으로 가장 적절한 것은?

① 초기 화폐의 모습은 현재와 같은 지폐의 형태였군.
대부분 금 아니면 은으로 만들어진 동전이었음.
② 대부분의 경우 부자들이 한꺼번에 찾아와 화폐를 찾아갔군.
부자들이 돈을 한꺼번에 찾아가는 경우는 드물었음.
③ 골드스미스들은 부자들의 화폐를 지키기 위해 봉사했던
골드스미스들은 돈을 맡아 주는 대신 부자들에게 보관료를 받음.
집단이군.
④ 골드스미스들은 부자들의 화폐를 더 많이 보관하기 위해
오히려 부자들에게 보관료를 받지 않겠다고 제안함.
보관료를 높였군.
⑤ 골드스미스들은 부자들의 화폐를 돈이 필요한 이들에게
골드스미스들은 부자들의 화폐를 돈이 필요한 사람에게 빌려주고 이자를 받음.
빌려주며 이윤을 취했군.

>왜 정답 ?

⑤ 3문단에서 '골드스미스들은 부자들의 이 돈을 돈이 필요한 사람에게 빌려주고, 이자를 받는 사업을 생각해 냈다.'라고 하였다. 따라서 골드스미스들은 부자들의 화폐를 돈이 필요한 다른 사람에게 빌려주고 이자를 받음으로써 이윤을 취했음을 알 수 있다.

>왜 오답 ?

① 2문단에서 '서양에서 돈, 화폐라는 개념이 처음 도입되었을 때' 만들어진 화폐는 대부분 '금이나 은으로 만든 동전들'이라고 하였다.
② 3문단에서 '부자들이 돈을 한꺼번에 ~ 드물었다.'라고 하였다.
③ 3문단에서 골드스미스들은 '부자들의 돈을 맡아 주는 대신 부자들에게 보관료를 받았다.'라고 하였다. 따라서 골드스미스들은 봉사를 했던 것이 아니라, 돈을 벌기 위해 부자들의 화폐를 보관해 주었다.
④ 4문단에서 골드스미스들은 부자들의 화폐를 더 많이 보관하기 위해 '보관료를 받지 않고, ~ 제안하게 되었다.'라고 하였다.

힘들 때 초콜릿이 당기는 이유

○ 핵심어　▢ 문단 중심 문장　▢ 전체 중심 문장

1 왜 몸이 힘들거나 정신적으로 지칠 때에는 초콜릿이나 사탕처럼 단 음식이 먹고 싶을까? 바로 '포도당' 때문이다. 초콜릿과 같은 단 음식에는 포도당이 많이 함유되어 있는데, 포도당은 우리 몸에서 에너지원으로 사용되는 ATP를 합성하는 필수적인 요소이다. 인간을 포함한 모든 동물은 포도당과 산소를 이용하여 ATP를 만든다. 우리의 몸은 필요에 따라 ATP를 분해할 때 방출되는 에너지를 이용하여 운동을 하고 체온을 유지한다.

2 한편 우리 체중의 2%에 불과한 뇌는 우리가 소모하는 에너지의 20%를 사용한다. 이는 온몸의 근육이 사용하는 양과 동일한 정도이다. 인간의 뇌와 적혈구는 포도당만을 에너지로 사용하는데, 뇌 자체에는 포도당을 저장할 수 없다. 그래서 잠시라도 뇌에 가는 포도당의 공급을 끊으면 인간은 살 수 없다. 그래서 혈중 포도당 농도가 정상 수준의 50% 이하로 떨어지면 뇌 기능 장애가 나타나고, 심하면 혼수상태에 빠질 수도 있다. 그래서 우리의 몸은 혈당을 일정한 수준으로 유지하기 위해 다양한 체계가 발달되어 있다.

3 이러한 우리 몸의 특성을 고려하면, 우리가 몸이 힘들거나 정신적으로 지칠 때 초콜릿이나 사탕과 같이 단 음식을 찾게 되는 이유는 포도당을 섭취하기 위해서라고 할 수 있다. 우리 몸이 ATP를 합성하는 포도당을 섭취하여 신체의 기능을 유지하려고 하는 것이다. 또 포도당을 섭취하면 뇌에서 행복 호르몬인 세로토닌이 분비되는데, 이 호르몬 덕분에 심리는 안정되고, 행복감은 증가한다.

4 하지만 지나침은 모자람만 못하다고 지나치게 초콜릿이나 사탕을 많이 섭취하는 것은 좋지 않다. 초콜릿이나 사탕은 체내에서 빠르게 흡수되기 때문에 지나치게 많이 섭취하면 혈당이 빠른 시간 안에 너무 높아질 수 있고, 열량도 높은 편이라 많이 먹으면 비만이 될 가능성이 높다. 또 당뇨나 지방간 등의 병이 있는 경우에는 특히 유의해야 한다. 적당한 양의 초콜릿과 사탕을 먹음으로써 건강을 해치지 않으면서도 몸과 마음의 활력을 느껴 보는 것은 어떨까?

---

1 문단 요약
ATP를 합성하는 포도당

2 문단 요약
뇌의 에너지원인 포도당

[중심 문단]
3 문단 요약
포도당 섭취에 따른 몸의 변화

4 문단 요약
초콜릿이나 사탕을 지나치게 섭취했을 때 나타나는 부작용

● **내용 :** 이 글은 포도당의 기능과 역할에 대해 설명하고 있다. 포도당은 우리 몸속에서 ATP를 합성하고 뇌의 주요 에너지원으로 사용된다. 포도당을 적절히 섭취하면 심리가 안정되고 신체의 기능을 유지하는 데 도움을 주지만, 이를 위해 초콜릿이나 사탕을 과도하게 섭취하면 여러 가지 부작용이 나타날 수 있다.

● **주제 :** 포도당의 기능

● **문단 간의 관계 :** 1문단에서는 질문을 통해 중심 화제인 포도당에 대한 독자의 흥미를 유발하고 있다. 2문단에서는 포도당의 기능을, 3문단에서는 포도당이 우리 몸에 미치는 긍정적인 영향을 제시하고 있다. 4문단에서는 초콜릿과 사탕을 지나치게 섭취했을 때 나타날 수 있는 부작용에 대해서 언급하며 글을 마무리하고 있다.

● **글의 구조도**

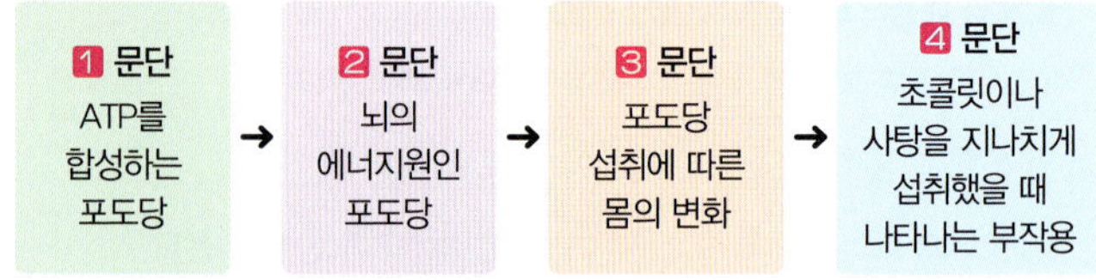

01 [정답] 포도당 ·· 핵심어 찾기

이 지문에서는 포도당의 기능과 포도당이 우리 몸에 미치는 영향에 대해 설명하고 있다. 특히 1문단에서 '왜 몸이 힘들거나 정신적으로 지칠 때에는 초콜릿이나 사탕처럼 단 음식이 먹고 싶을까? 바로 '포도당' 때문이다.'라고 하면서, 중심 대상인 포도당에 대한 독자의 흥미를 유발하고 있다. 따라서 빈칸에 들어가기에 적절한 말은 '포도당'이다.

02 [정답] ① ·· 중심 문장 찾기

왜 정답?

① 3문단에서는 포도당 섭취가 우리 몸에 어떠한 영향을 미치는지를 설명하고 있다. 이와 같은 내용을 모두 포함하는 3문단의 중심 문장은 '이러한 우리 몸의 특성을 고려하면, 우리가 몸이 힘들거나 정신적으로 지칠 때 초콜릿이나 사탕과 같이 단 음식을 찾게 되는 이유는 포도당을 섭취하기 위해서라고 할 수 있다.'이다.

03 [정답] 세로토닌 ·· 내용 파악하기

> **윗글을 읽고 빈칸에 들어가기에 적절한 말을 쓰시오.**
>
> 우리가 정신적으로 지칠 때, 본능적으로 단 음식을 찾게 되는 이유 중 하나는 포도당을 섭취하면 뇌에서 행복 호르몬인 (   )이/가 분비되기 때문이다.
> 3문단에 근거

왜 정답?

3문단에서 '우리가 몸이 힘들거나 정신적으로 지칠 때 초콜릿이나 사탕과 같이 단 음식을 찾게 되는 이유는 포도당을 섭취하기 위해서'라고 하며, '포도당을 섭취하면 뇌에서 행복 호르몬인 세로토닌이 분비'되어 심리를 안정시키는 데 도움을 준다고 하였다. 따라서 빈칸에 들어가기에 적절한 말은 '세로토닌'이다.

04 [정답] ④ ·· 전개 방식 파악하기

> **윗글을 읽고 알 수 없는 내용은?**
>
> ① 뇌가 사용하는 에너지원
> 인간의 뇌와 적혈구는 포도당만을 에너지로 사용함.
> ② ATP가 우리 몸에서 하는 역할
> ATP는 우리 몸에서 에너지원으로 사용됨.
> ③ 뇌가 우리 몸에서 에너지를 사용하는 비율
> 뇌는 우리가 소모하는 에너지의 20%를 사용함.
> ④ 당뇨 환자가 당을 과도하게 섭취하면 안 되는 이유
> 지문에서 이야기하고 있지 않음.
> ⑤ 혈액 속의 포도당 농도가 떨어지면 발생하는 몸의 변화
> 혈중 포도당 농도가 정상 수준의 50% 이하로 떨어지면 뇌 기능 장애가 나타남.

왜 정답?

④ 4문단에서 '당뇨나 지방간 등의 병이 있는 경우에는 특히' 초콜릿이나 사탕을 섭취하는 것에 유의해야 한다고 하였다. 그러나 그 이유는 이야기하고 있지 않다.

왜 오답?

① 2문단에서 '인간의 뇌와 적혈구는 포도당만을 에너지로 사용'한다고 하였다.

② 1문단에서 ATP는 '우리 몸에서 에너지원으로 사용' 된다고 하였고, '우리의 몸은 필요에 따라 ATP를 분해할 때 방출되는 에너지를 이용하여 체온을 유지한다.'라고 하였다.

③ 2문단에서 '뇌는 우리가 소모하는 에너지의 20%를 사용한다.'라고 하였다.

⑤ 2문단에서 '혈중 포도당 농도가 정상 수준의 50% 이하로 떨어지면 뇌 기능 장애가 나타나고, 심하면 혼수상태에 빠질 수도 있다.'라고 하였다.

05 [정답] ④ ·· 내용 파악하기

> **다음 글을 읽고 정리한 것이다. 적절하지 않은 것은?**
>
> **힘들 때 초콜릿이 왜 당기는 걸까?**
> • 초콜릿에는 포도당이 함유되어 있기 때문임. ·············· ①
> 1문단에 근거
> • 우리 몸이 포도당과 산소를 이용하여 ATP를 합성하기 때문임.
> 1문단에 근거 → 모든 동물은 포도당과 산소를 이용하여 ATP를 만듦. ②
>
> **왜 뇌에서는 포도당이 필요한 걸까?**
> • 뇌는 에너지로 포도당만 사용함. ························· ③
> 뇌는 포도당만을 에너지로 사용함.
> • 뇌 자체에는 포도당을 저장할 공간이 있음. ·············· ④
> 뇌 자체에는 포도당을 저장할 수 없음.
>
> **단 음식을 섭취하면 우리 몸에는 어떤 변화가 일어날까?**
> • 뇌에서 세로토닌이 분비됨. ·························· ⑤
> 포도당을 섭취하면 뇌에서 세로토닌이 분비됨.
> • 신체의 기능을 유지하는 데 도움을 줌.

왜 정답?

④ 2문단에서 '뇌 자체에는 포도당을 저장할 수 없다.'라고 했으므로 뇌 자체에 포도당을 저장할 공간이 있다고 정리하는 것은 적절하지 않다.

왜 오답?

① 1문단에서 힘들 때 초콜릿이 당기는 이유는 바로 '포도당' 때문이라고 하였다.

② 1문단에서 '인간을 포함한 모든 동물은 포도당과 산소를 이용하여 ATP를 만든다.'라고 하였다.

③ 2문단에서 '인간의 뇌와 적혈구는 포도당만을 에너지로 사용'한다고 하였다.

⑤ 3문단에서 '포도당을 섭취하면 뇌에서 행복 호르몬인 세로토닌이 분비'된다고 하였다.

세계 여러 곳에 존재하는 홍수 신화

○ 핵심어   ▬ 문단 중심 문장   ▬ 전체 중심 문장

1 ㉠〈노아와 방주〉 이야기는 세계적으로 유명한 기독교 신화로, 인간들의 악함을 더
이상 두고 볼 수가 없었던 하나님이 홍수로 인간 세상을 멸망시키고자 했던 것에서 시
작된다. 『하나님은 노아에게 큰 방주를 짓게 했고, 그 안에 노아의 가족들과 몇몇 짐승의
암수 한 쌍씩을 실어 오직 그들만 홍수를 피하게 했다. 홍수가 끝나자 새를 통해 땅이
말랐음을 확인한 노아와 그 가족들은 방주 밖으로 나와 새로운 인류의 시초가 되었다.』

2 이 〈노아의 방주〉 이야기가 우리에게 익숙한 이유는 단지 유명하기 때문일까? 세계
의 신화들은 서로 닮아 있는 경우가 많은데, 특히 '홍수 신화'는 세계의 여러 지역에서
많이 전해진다. 〈노아의 방주〉 역시 '홍수 신화' 중 하나이기 때문에 우리에게 익숙한 것
일 수도 있다.

3 홍수 신화는 일반적으로 '큰비가 내려 온 세상이 휩쓸리고, 적은 수의 사람들만이 살
아남아 새로운 인류를 만든다.'라는 구조로, 전 세계적으로 비슷하다. 그렇다면 우리나
라에도 홍수 신화가 전해질까? ㉡〈목도령 설화〉는 우리나라에 전해지는 대표적인 홍수
신화로, 선녀가 땅에 내려와 낳은 아름다운 소년 '목도령'이 주인공이다. 『목도령의 어머
니인 선녀는 목도령이 일곱 살이 되던 해에 하늘로 돌아간다. 그러자 큰비가 몇 달 동안
계속해서 내리는데, 이때 계수나무가 목도령에게 '나는 곧 폭풍우 때문에 무너진다. 너
는 내 등에 올라타야 살 수 있다.'라고 말한다. 넘어진 나무를 타고 물에 떠내려가던 목
도령은 살려 달라고 외치는 개미와 모기를 만나 그들을 구해 주고, 비가 그친 후 백두산
에서 신선이 된다.』

4 신화를 연구하는 학자들 중 일부는 이처럼 세계 곳곳에서 홍수 신화가 전해지는 이
유가 모든 문명이 강과 가까운 지역에서 발달했기 때문이라고 본다. 역사적으로 강은
큰비가 내릴 때마다 범람했고, 강이 범람하면 인간의 삶의 터전과 농사짓는 땅은 모두
엉망이 되었다. 이러한 경험들로 인해 사람들은 홍수라는 자연 재해에 대한 두려움을
신과 같은 초월적인 존재와 연결하여 생각하게 되었고, 이러한 인식이 사람들 사이에서
신화와 전설로 남게 되었다는 것이 그들의 생각이다.

---

1 문단 요약
〈노아의 방주〉 소개

2 문단 요약
세계 곳곳에 존재하는 홍수 신화

3 문단 요약
홍수 신화의 일반적 구조와 우리
나라의 홍수 신화

[중심 문단]
4 문단 요약
홍수 신화가 세계 곳곳에 전해지
는 이유

● **내용** : 이 글은 홍수 신화의 내용과 구조, 기원에 대해 설명하
고 있다. 과거 모든 문명이 강과 가까운 지역에서 발달하였고
홍수라는 자연 재해에 대한 두려움 때문에 이렇게 유사한 홍수
신화가 세계 곳곳에서 전해지는 것이다.

● **주제** : 세계 곳곳에 존재하는 홍수 신화

● **문단 간의 관계** : 1문단에서는 〈노아의 방주〉에 대해 소개하고
있다. 2문단에서는 세계 곳곳에 홍수 신화가 존재한다고 하였
고, 3문단에서 홍수 신화의 일반적 구조에 대해 설명하면서 우
리나라의 〈목도령 설화〉를 언급하고 있다. 4문단에서는 홍수
신화가 세계 곳곳에서 발견되는 이유를 설명하며 글을 마무리
하고 있다.

● **글의 구조도**

1 문단	→	2 문단	→	3 문단	→	4 문단
〈노아의 방주〉 소개		세계 곳곳에 존재하는 홍수 신화		홍수 신화의 일반적 구조와 우리나라의 홍수 신화		홍수 신화가 세계 곳곳에 전해지는 이유

06 [정답] 홍수 신화 ·································· 핵심어 찾기

> 왜 정답 ?

3문단에서 '홍수 신화는 일반적으로 '큰비가 내려 온 세상이 휩쓸리고,
~ 인류를 만든다.'라는 구조로, 전 세계적으로 비슷하다.'라고 하였다.
따라서 빈칸에 들어가기에 적절한 말은 '홍수 신화'이다.

07 [정답] ③ ·································· 중심 문장 찾기

> 왜 정답 ?

③ 4문단에서는 세계 곳곳에서 홍수 신화가 전해지는 이유를 설명하
고 있다. 따라서 이러한 내용을 모두 포함하는 4문단의 중심 문장
은 '이러한 경험들로 인해 ~ 되었다는 것이 그들의 생각이다.'이다.

08 [정답] ③ ·································· 전개 방식 파악하기

> **윗글에 대한 설명으로 가장 적절한 것은?**
>
> ① 홍수 신화가 시간에 따라 어떻게 변화했는지를 설명하고 있다.
>   지문에서 이야기하고 있지 않음.
> ② 홍수 신화의 긍정적 측면과 부정적 측면을 객관적으로
>   지문에서 이야기하고 있지 않음.
>   전달하고 있다.
> ③ 홍수 신화에 대해 설명하고 이와 관련된 구체적인 사례를
>   지문의 중심 내용임.   〈노아의 방주〉, 〈목도령 설화〉
>   소개하고 있다.
> ④ 홍수 신화가 전 세계적으로 나타나는 이유와 그 문제점
>   지문에서 이야기하고 있지 않음.
>   을 제시하고 있다.
> ⑤ 홍수 신화에 대한 학자들의 상반되는 의견을 언급한 후,
>   지문에서 이야기하고 있지 않음.
>   그 절충안을 제시하고 있다.

> 왜 정답 ?

③ 이 지문에서는 전체적으로 홍수 신화에 대해 설명하고 있다. 또한
홍수 신화와 관련된 구체적인 사례로 1문단에서는 〈노아의 방주〉
를, 3문단에서는 〈목도령 설화〉를 소개하고 있다.

> 왜 오답 ?

①, ②, ④, ⑤ 이 지문에서 이야기하고 있지 않은 내용이다.

09 [정답] ⑤ ·································· 내용 파악하기

>   〈목도령 설화〉
> **㉠과 ㉡에 대한 설명으로 적절하지 않은 것은?**
>   〈노아의 방주〉
> ① 초월적 존재가 등장한다.
>   ㉠에는 신이, ㉡에는 선녀가 등장함.
> ② 홍수가 일어나 기존의 세상이 멸망한다.
>   ㉠, ㉡ 모두 홍수가 일어나 기존 세상이 멸망함.
> ③ 홍수가 일어났지만 특별한 대상은 살아남는다.
>   ㉠에서는 노아의 가족이, ㉡에서는 목도령이 살아남음.
> ④ 결국에는 홍수가 그치며 이야기가 마무리된다.
>   ㉠, ㉡ 홍수가 그치며 이야기가 마무리됨.
> ⑤ 신에 의한 심판과 처벌의 의미를 가진 홍수가 일어난다.
>   ㉠만 해당함.

> 왜 정답 ?

⑤ 1문단에서 '〈노아의 방주〉 이야기는 ~ 하나님이 홍수로 인간 세상
을 멸망시키고자 했던 것에서 시작된다.'라고 하였다. 따라서 〈노아
의 방주〉(㉠)에서는 홍수가 신에 의한 심판과 처벌을 의미한다고 볼
수 있다. 그러나 〈목도령 설화〉(㉡)에는 목도령, 선녀, 계수나무, 개
미, 모기만 등장할 뿐, 신이 등장하지 않으므로 홍수가 신에 의한
심판과 처벌을 의미한다고 볼 수 없다.

> 왜 오답 ?

① 〈노아의 방주〉(㉠)에는 신이 등장하고, 〈목도령 설화〉(㉡)에는 선녀
가 등장한다. 따라서 모두 현실을 초월한 대상이 등장한다.
② 〈노아의 방주〉(㉠), 〈목도령 설화〉(㉡)에서는 모두 홍수에 휩쓸려 기
존 세계가 멸망하게 된다.
③ 〈노아의 방주〉(㉠)에서는 홍수가 그치고 노아의 가족과 몇몇의 짐
승만 살아남고, 〈목도령 설화〉(㉡)에서는 목도령과 개미, 그리고 모
기가 살아남게 된다.
④ 〈노아의 방주〉(㉠), 〈목도령 설화〉(㉡)에서는 모두 홍수가 끝나면서
이야기가 마무리된다.

10 [정답] ⑤ ·································· 반응의 적절성 평가하기

> **윗글을 읽고 난 후의 반응으로 가장 적절한 것은?**
>
> ① 악한 사람을 물리치고 싶어 한 소망이 홍수 신화로 발전
>   지문에서 이야기하고 있지 않음.
>   한 것이군.
> ② 많은 비 때문에 사냥에 어려움을 겪었던 경험이 홍수 신
>   지문에서 이야기하고 있지 않음.
>   화로 발전한 것이군.
> ③ 자신들의 문명이 다른 문명보다 우월하다는 자부심이 홍
>   지문에서 이야기하고 있지 않음.
>   수 신화로 발전한 것이군.
> ④ 가뭄 때문에 비가 내리기만을 바라던 사람들의 열망이
>   지문에서 이야기하고 있지 않음.
>   홍수 신화로 발전한 것이군.
> ⑤ 홍수라는 자연 재해에 대한 두려움을 초월적 존재와 연
>   홍수에 대한 두려움을 초월적 존재와 연결한 인식이 홍수 신화로 발전함.
>   결한 것이 홍수 신화로 발전한 것이군.

> 왜 정답 ?

⑤ 5문단에서 홍수는 '인간의 삶의 터전과 농사짓는 땅'을 모두 엉망으
로 만들었기 때문에, 사람들은 '홍수라는 자연 재해에 대한 두려움
을 신과 같은 초월적인 존재와 연결하여 생각하게 되었고, 이러한
인식이 사람들 사이에서 신화와 전설로 남게 되었다'고 하였다.

> 왜 오답 ?

①, ②, ③, ④ 이 지문에서 이야기하고 있지 않은 내용이다.

사회

동물원은 동물을 위한 곳일까?

○ 핵심어　　■ 문단 중심 문장　　■ 전체 중심 문장

1 2018년, 대전시의 한 동물원을 탈출한 퓨마가 사살된 사건이 있었다. 이를 계기로 사람들은 퓨마가 사살될 수밖에 없었던 상황에 대해 진지하게 생각하기 시작했다.

2 동물원은 시설을 갖추어 여러 가지 동물을 모아 기르는 곳이다. 동물원에서는 동물을 보호하고 번식시키며 동물에 대한 연구를 하고, 일반인들은 동물원 관람을 통하여 동물에 대한 지식을 넓히고 오락 및 휴식을 제공받는다. 그러나 사람들은 퓨마 사건을 계기로 동물원의 동물들이 일정한 수준 이상의 생활 환경을 보장받으면서도 동물원 본래의 목적을 달성할 수 있는 다양한 대안들을 모색하게 되었고, 다른 나라에서는 이미 여러 대안들이 도입되었다.

3 미국에서는 관람객이 동물의 서식지에 있다고 느낄 정도로 자연스럽게 만들어진 동물원인 '경관 몰입형 동물원'을 도입했다. 이 동물원은 동물이 숨어서 휴식할 공간을 따로 마련해 두었다. 이 때문에 동물원에 방문해도 동물이 보이지 않거나, 매우 작게 보일 수도 있다. 하지만 이러한 방식은 우리에게 동물들도 남들의 눈을 피해 혼자만의 시간을 보내는 존재라는 것을 느끼게 한다.

4 호주에서는 다른 나라에서 온 낯선 동물 대신 멸종 위기의 호주 토착 동물들을 볼 수 있는 '테즈메니아 데빌 언주(Tasmanian Devil Unzoo)'를 운영하고 있다. 이곳에서는 동물이 멸종되지 않도록 울타리를 없애고, 호주의 토착 식물을 심어 동물들의 서식지를 마련해 주었다. 『추운 북극에서 살다가 여름에 더운 우리나라에서 사는 북극곰처럼, 완전히 다른 기후를 가진 지역에서 오는 동물이 없기 때문에 동물들이 낯선 환경에 적응할 때 받는 스트레스가 없다. 관람객들도 동물들의 자연스러운 행동 양식을 관찰할 수 있다.』

5 이처럼 동물의 권리를 보호하기 위한 노력이 세계 곳곳에서 이루어지고 있다. 동물들도 사람과 같은 생명체임을 인식하고 동물들의 권리에 대해 생각해 본다면, 더 이상 사살된 퓨마와 같은 비극적인 사건은 발생하지 않을 것이다.

1 문단 요약
퓨마 사건이 남긴 영향

2 문단 요약
동물원의 개념과 동물원에 대한 인식의 변화

3 문단 요약
기존 동물원의 문제점을 해결하기 위한 대안 ① : 경관 몰입형 동물원

4 문단 요약
기존 동물원의 문제점을 해결하기 위한 대안 ② : 테즈메니아 데빌 언주

[중심 문단]
5 문단 요약
동물 권리 보호의 필요성

● **내용 :** 이 글은 기존 동물원의 대안으로 새로운 형태의 동물원을 소개하고 있다. 대전시의 한 동물원을 탈출한 퓨마가 사살된 사건을 계기로 동물원에서 지내는 동물들에게 일정 수준 이상의 생활 환경을 보장해 주어야 한다는 논의가 이루어졌다. 또한 이에 대한 대안으로 미국에서는 '경관 몰입형 동물원'을, 호주에서는 '테즈메니아 데빌 언주'를 이미 운영하고 있다.

● **주제 :** 기존 동물원의 한계와 새로운 형태의 동물원

● **문단 간의 관계 :** 1문단에서는 실제 사건을 제시하여 읽는 사람의 관심을 끌고, 2문단에서는 동물원의 개념과 동물원에 대한 인식의 변화를 언급하고 있다. 3문단과 4문단에서는 기존의 동물원의 문제점을 해결하기 위한 대안으로 경관 몰입형 동물

원과 테즈메니아 데빌 언주를 소개하고 있다. 5문단에서는 동물 권리 보호의 필요성을 언급하며 글을 마무리하고 있다.

● **글의 구조도**

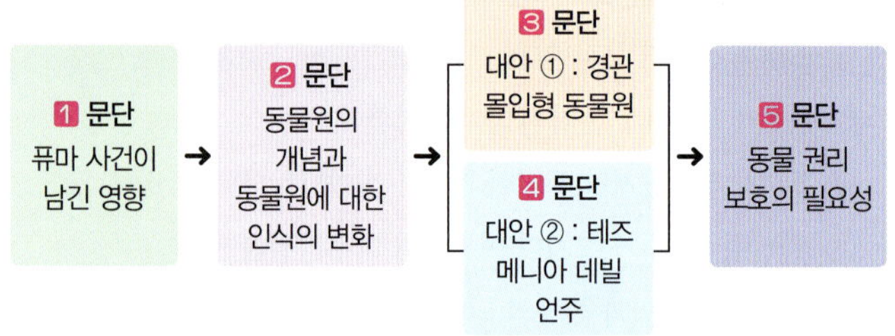

다음은 3문단의 내용을 요약한 것이다. 빈칸에 들어가기에 적절한 말을 쓰시오.

> 미국에서는 ( )동물원을 도입하였다.
> 3문단에 근거

>왜 정답?

이 지문에서는 기존 동물원의 한계를 설명하고, 그에 대한 대안으로 새로운 형태의 동물원을 소개하고 있다. 3문단에서는 기존 동물원의 문제점을 해결하기 위한 대안으로 미국에 도입된 '경관 몰입형 동물원'에 대해 자세히 소개하고 있다. 따라서 빈칸에 들어가기에 적절한 말은 '경관 몰입형'이다.

윗글에 대한 설명으로 적절하지 않은 것은?

① 1문단에서는 예를 들어 화제를 제시하고, 2문단에서는
   퓨마가 사살된 사건을 제시함.
   개념을 정의하고 있다.
   동물원의 개념을 정의함.
②3, 4문단에서는 대안을 소개하고, 5문단에서는 대안의
   기존 동물원의 대안을 소개함.
   문제점을 이야기하고 있다.
   지문에서 이야기하고 있지 않음.

>왜 정답?

② 이 지문에서는 기존 동물원의 대안으로 3문단에서 미국에 도입된 '경관 몰입형 동물원'에 대해 자세히 소개하고 있다. 또 4문단에서는 호주에서 운영하고 있는 '테즈메니아 데빌 언주'를 소개하고 있다. 그러나 5문단에서는 동물들의 권리에 대해 생각해 보아야 한다는 의견을 드러내고 있을 뿐, 경관 몰입형 동물원이나 테즈 메니아 데빌 언주의 문제점에 대해서 이야기하고 있지는 않다.

>왜 오답?

① 1문단에서는 퓨마가 사살된 사건을 제시하고 있다. 이어지는 2문단에서는 동물원의 개념을 정의하고, 동물원에 대한 인식이 변화하고 있다는 것에 대해 이야기하고 있다.

◈ 동물들의 조정 행동

동물들은 시시각각 변하는 주위의 환경 속에서 살아남기 위해 환경의 변화에 따라 자신의 행동을 조정한다. 이처럼 동물들이 주위 환경에 적응하여 행동을 조정하는 것을 '조정 행동'이라고 한다. 동물원에서 살고 있는 많은 동물들에게서 조정 행동을 찾아볼 수 있다. 동물원에서 지내는 동물들의 행동을 야생에서 지내는 동물들의 행동과 비교해 보았을 때 둘 사이에는 커다란 차이가 있는데, 이는 서식 환경에 따라 동물들의 행동이 달라지기 때문이다.

그러나 좁은 우리에 갇힌 동물들이 보이는 행동 변화는 단순히 환경 변화에 적응하는 모습이라고 볼 수만은 없다. 한 자리를 맴돌거나 같은 지점을 계속 왔다 갔다 하는 반복 행동, 자신의 배설물을 먹거나 털을 뽑는 등의 자기 학대 행위, 하루 종일 누워서 잠만 자는 무기력한 행동은 야생의 동물에게선 찾아볼 수 없기 때문이다. 동물원의 동물들이 보이는 이러한 이상 행동은 동물원이라는 공간이 야생 동물들에게 어떠한 영향을 미치는지 생각하게 만든다.

동물원의 동물들은 야생에서 생활하는 동물들에 비해 수명도 짧다. 야생에서 아시아 코끼리와 아프리카 코끼리는 각각 42년, 56년을 사는데, 동물원에서는 각각 17년, 19년을 산다고 한다. 동물원이라는 환경이 동물들에게 미치는 부정적인 영향을 심각하게 받아들이고, 동물들에게 최대한 나은 환경을 제공하기 위해 노력해야 한다.

바다가 우리에게 보내는 적신호

○ 핵심어　　▢ 문단 중심 문장　　▢ 전체 중심 문장

1 지구 표면의 약 70%를 이루고 있는 바다는 지구에 존재하는 물의 97%를 차지한다. 바닷속의 식물성 플랑크톤들은 광합성을 통해 이산화 탄소를 흡수하고 산소를 만들어 내는데, 이들은 지구상에 존재하는 산소의 절반 이상에 해당하는 양을 지난 20억 년 동안 만들어 냈다. 그러나 최근 식물성 플랑크톤의 보금자리이자, 지구 표면의 상당 부분을 차지하는 바다의 오염 문제가 심각해지고 있다. 가장 시급한 문제는 바다가 플라스틱 쓰레기로 가득 차고 있다는 점이다.
식물성 플랑크톤의 역할
1문단의 핵심어

1 문단 요약
최근 심각해지고 있는 바다의 오염 문제

2 세계적으로 매년 2억 8000만 톤의 플라스틱이 생산되고, 소비된다. 이 플라스틱들은 어디로 가게 되는 것일까? 『인도양에 있는 청정의 섬 코코스 제도에서는 4억 1400만 개의 플라스틱 조각들이 발견됐다고 한다. 이는 무게로 238톤에 달한다.』플라스틱들이 바다로 흘러 들어가 섬까지 이른 것이다. 한편 5mm 미만의 작은 플라스틱인 미세 플라스틱은 너무 작아 하수 처리 시설에서 걸러지지 않고, 바다와 강으로 흘러 들어간다. 이처럼 크고 작은 플라스틱들이 많은 해양 생물들의 숨통을 조이고 있다.
2문단의 핵심어
『 』: 구체적인 수치를 통해 심각한 상황임을 강조함.

2 문단 요약
플라스틱 쓰레기에 의해 심해진 해양 오염

3 코에 빨대가 낀 채 괴로워하는 바다거북, 봉지를 뒤집어쓴 바다 새의 사진들은 더 이상 우리에게 낯선 것이 아니다. 최근 영국의 한 연구 단체가 해안에 떠밀려온 돌고래, 물개, 고래 등 총 50마리의 해양 동물 사체를 조사했는데, 모든 동물의 소화 기관에서 플라스틱이 검출되었다는 충격적인 결과가 보고되기도 했다.
구체적인 사례를 들어 심각한 상황임을 강조함.
3문단의 핵심어

3 문단 요약
플라스틱 쓰레기에 의해 고통 받는 해양 생물들

4 바다로 흘러간 플라스틱들은 어떻게 될까? 인간이 모두 회수하여 처리하기는 쉽지 않다. 전 세계 식용 소금의 90% 이상에서 플라스틱이 검출됐다는 조사 결과를 고려하면 바다로 흘러 들어간 플라스틱은 결국 우리에게 악영향을 끼치게 될 것이다.
4문단의 핵심어

4 문단 요약
다시 사람에게 돌아오는 플라스틱

5 플라스틱으로 더 많은 재앙이 닥치기 전에 우리가 할 수 있는 일들 가운데 가장 중요한 것은 바로 플라스틱 쓰레기의 발생 자체를 줄이는 일이다. 플라스틱 빨대보다는 실리콘이나 스테인레스 빨대를, 비닐 봉투보다는 장바구니를, 일회용 아이스 컵 대신 텀블러를 쓰는 것부터 시작해 보자. 우리의 습관을 바꿈으로써 플라스틱 쓰레기 자체를 줄일 수 있다.
5문단의 핵심어
플라스틱 쓰레기를 줄일 수 있는 구체적인 방안

[중심 문단]
5 문단 요약
플라스틱 쓰레기를 줄이기 위해 할 수 있는 노력

● **내용 :** 이 글은 플라스틱 쓰레기로 인한 해양 오염의 심각성을 설명하고, 플라스틱 쓰레기의 발생 자체를 줄일 것을 권하고 있다.

● **주제 :** 플라스틱에 의한 해양 오염의 심각성과 이를 해결하기 위한 노력의 필요성

● **문단 간의 관계 :** 1문단에서는 해양 오염의 실태를 설명하고 있다. 2문단과 3문단에서는 플라스틱 쓰레기 배출로 인한 해양 오염의 심각성을 제시하고 있다. 또 4문단에서는 플라스틱 쓰레기가 인간에게 미치는 영향을 언급하고, 5문단에서는 플라스틱으로 인한 환경 오염 문제를 해결하기 위해 개인이 일상에서 실천할 수 있는 구체적인 방안을 소개하고 있다.

● **글의 구조도**

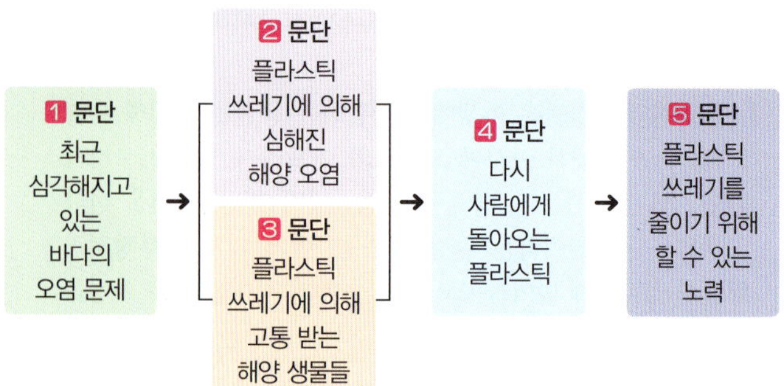

03 정답 플라스틱 ·························· 문단 요약하기

왜 정답?

5문단에서는 플라스틱 쓰레기로 인한 해양 오염을 줄이기 위해 '우리가 할 수 있는 일들 가운데 가장 중요한 것은 바로 플라스틱 쓰레기의 발생 자체를 줄이는 일이다.'라고 하였으므로, 빈칸에 공통으로 들어가기에 적절한 말은 '플라스틱'이다.

04 정답 ② ·························· 문단 간의 관계 파악하기

왜 정답?

② 1문단에서는 '플라스틱 쓰레기'로 인한 '바다의 오염 문제'라는 화제를 제시하고, 2~4문단에서 구체적 사례를 통해 플라스틱 쓰레기로 인한 해양 오염의 심각성을 드러내고 있다.

05 정답 ③ ·························· 내용 파악하기

윗글의 내용으로 적절하지 <u>않은</u> 것은?

① 식물성 플랑크톤의 광합성 과정에서 산소가 만들어진다.
식물성 플랑크톤들은 광합성을 통해 이산화 탄소를 흡수하고 산소를 만듦.
② 바다 속의 플라스틱 쓰레기들은 많은 해양 동물의 삶을 위협한다.
크고 작은 플라스틱들이 많은 해양 생물들의 숨통을 조임.
③ 바다 속 미세 플라스틱들은 해양 오염을 해결하는 데 도움이 된다.
5mm 미만의 작은 플라스틱인 미세 플라스틱도 해양 오염을 일으킴.
④ 플라스틱으로 오염된 바다는 우리의 삶과 건강에 나쁜 영향을 끼칠 것이다.
바다로 흘러 들어간 플라스틱은 결국 우리에게 악영향을 끼치게 될 것임.
⑤ 플라스틱 쓰레기 자체를 줄임으로써 플라스틱으로 인한 바다의 오염을 막을 수 있다.
플라스틱 쓰레기의 발생 자체를 줄여야 함.

왜 정답?

③ 2문단에서 '5mm 미만의 작은 플라스틱인 미세 플라스틱은 너무 작아 하수 처리 시설에서 걸러지지 않고, 바다와 강으로 흘러 들어'가며 '많은 해양 생물들의 숨통을 조이고 있다.'라고 하였다. 따라서 바다 속 미세 플라스틱들은 해양 오염을 해결하는 데 도움이 되는 것이 아니라 해양 오염을 일으킨다고 볼 수 있다.

왜 오답?

① 1문단에서 '식물성 플랑크톤들은 광합성을 통해 이산화 탄소를 흡수하고 산소를 만들어' 낸다고 하였다.
② 2문단에서 '크고 작은 플라스틱들이 많은 해양 생물들의 숨통을 조이고 있다.'라고 하였다.
④ 4문단에서 '바다로 흘러들어간 플라스틱은 결국 우리에게 악영향을 끼치게 될 것이다.'라고 하였다.
⑤ 5문단에서 '우리가 할 수 있는 일들 가운데 가장 중요한 것은 바로 플라스틱 쓰레기의 발생 자체를 줄이는 일이다.'라고 하였다.

06 정답 ① ·························· 내용 파악하기

윗글을 읽고 답할 수 있는 질문으로 적절하지 <u>않은</u> 것은?

① 해양 동물은 어떻게 음식물을 소화시키는가?
지문에서 이야기하고 있지 않음.
② 식용 소금에서 플라스틱이 검출되는 이유는 무엇인가?
플라스틱이 바다로 흘러가기 때문임.
③ 코코스 제도에서 발견된 플라스틱의 무게는 얼마인가?
238톤
④ 해양 오염을 줄이기 위해 우리가 할 수 있는 일은 무엇인가?
실리콘이나 스테인레스 빨대를 쓰고, 장바구니와 텀블러를 쓰는 일
⑤ 지구에 존재하는 물의 양 가운데 가장 많은 비율을 차지하는 것은 무엇인가?
지구에 존재하는 물의 양 가운데 97%를 바다가 차지함.

왜 정답?

① 이 지문에서 해양 동물이 어떻게 음식물을 소화시키는지에 대해서는 이야기하고 있지 않다.

왜 오답?

② 4문단에서 '바다로 흘러간 플라스틱들'로 인해 '전 세계 식용 소금의 90% 이상에서 플라스틱이 검출'되었다고 하였다.
③ 2문단에서 코코스 제도에서 발견된 플라스틱 조각들의 무게가 '238톤에 달한다.'라고 하였다.
④ 5문단에서 플라스틱 쓰레기의 발생 자체를 줄여야 한다면서 '실리콘이나 스테인레스 빨대', '장바구니', '텀블러'를 써 보자고 했다.
⑤ 1문단에서 '지구 표면의 ~ 물의 97%를 차지한다.'라고 하였다.

07 정답 ① ·························· 글쓴이의 의도 파악하기

글쓴이가 윗글을 통해 궁극적으로 말하고자 하는 바로 가장 적절한 것은?

① 해양 오염을 막기 위해 플라스틱 쓰레기를 줄여야 한다.
플라스틱 쓰레기의 발생 자체를 줄이는 것이 가장 중요함.
② 해양 동물이 멸종하는 것을 막기 위해 전 세계적으로 노력해야 한다.
지문에서 이야기하고 있지 않음.
③ 오염된 바다는 스스로 정화할 수 없으므로 바닷물 정화 시스템을 개발해야 한다.
지문에서 이야기하고 있지 않음.
④ 바다로 흘러 들어간 미세 플라스틱을 회수할 수 있는 신기술을 개발하는 것은 어려운 일이다.
지문에서 이야기하고 있지 않음.
⑤ 미세 플라스틱을 섭취하지 않도록 음식을 먹기 전에 플라스틱이 들어있는지 여부를 확인해야 한다.
지문에서 이야기하고 있지 않음.

왜 정답?

① 이 지문에서는 플라스틱 쓰레기에 의한 해양 오염의 심각성을 알리고, 그것을 해결하기 위한 노력에 대해 설명하고 있다. 특히 5문단에서 '우리가 할 수 있는 일들 ~ 발생 자체를 줄이는 일'이라고 했다.

왜 오답?

②, ③, ④, ⑤ 이 지문에서 이야기하고 있지 않은 내용이다.

제주도의 초가집

1 비행기를 타고 제주도에 도착해 공항에 내리면 마치 다른 나라에 온 것 같다. 길거리의 야자수를 비롯해 제주도를 둘러싸고 있는 에메랄드빛 바다, 화산이 만든 독특한 지형 등 제주도의 자연 환경은 육지에서는 쉽게 볼 수 없는 풍경이다.

1문단의 핵심어

2 흔히 제주도를 삼다도(三多島)라고 한다. 여자, 돌, 바람이 많다는 이야기인데, 이러한 제주도의 특수성 때문에 제주도에는 육지와는 다른 제주도만의 주거 형태가 만들어졌다.

2문단의 핵심어

먼저 제주도의 초가집은 바람이 많이 부는 환경에 잘 견디도록 지어졌다. 육지의 초가지붕이 재료들을 그대로 엮은 것에 비해 제주도의 지붕은 바람에 쉽게 날아가지 않도록 새끼줄을 그물처럼 사용했다.

제주도 초가집만의 특징 ①

즉, 새끼줄로 재료들을 엮을 때 물고기를 잡는 그물처럼 엮었고, 새끼줄로 지붕을 감싸 고정시켰다. 또한 육지의 초가지붕은 짚·갈대·왕골·띠·풀 등의 재료 가운데 주로 짚을 이용하여 만들어졌으나 제주도의 초가지붕은 짚이 아니라 주로 억새로 만들어졌다.

제주도 초가집만의 특징 ②

그 이유는 제주도에 돌, 그중에서도 현무암이 많기 때문이다. 제주도는 현무암으로 땅이 구성되어 있어서 육지와 달리 물이 바로 땅속으로 빠진다.

제주도 자연 환경의 특수성

이 때문에 벼농사를 거의 짓지 못했고, 그러다 보니 볏짚은 매우 귀한 재료였다. 그래서 제주도에서는 억새와 같이 쉽게 구할 수 있는 재료를 지붕에 사용하게 되었다.

3 또한 흙벽이 대부분인 육지의 초가집과는 달리, 제주의 초가집은 흙벽 바깥에 돌을 더 쌓은 형태이다.

3문단의 핵심어

이는 제주도에 돌이 많기 때문이기도 하지만, 바람을 막기 위해서 만들어진 것이다.

제주도 초가집만의 특징 ③

집을 둘러싸고 있는 돌담은 육지의 담보다 평균 26cm가 높아 바람을 막는 데 큰 도움을 준다.

제주도 초가집만의 특징 ④

이때 사용되는 돌 역시 육지에서는 보기 힘든 현무암이다. 검은색의 홈이 파여 있는 현무암은 화산의 폭발로 만들어진 것으로, 육지에서는 거의 볼 수 없다. 그래서 제주도의 초가집은 육지의 초가집과는 매우 다른 모습으로 완성되었다.

4 이처럼 제주도의 초가집은 제주도의 자연적 환경을 고려하여 만들어졌음을 알 수 있다.

4문단의 핵심어

제주도 초가집의 독특한 형태를 통해 우리의 조상들이 주어진 환경 속에서 최적의 주거지를 고안해 낼 정도로 지혜로웠음을 알 수 있다.

제주도 초가집의 의의

우측 요약

1 문단 요약
제주도의 독특한 자연 환경

2 문단 요약
제주도의 독특한 주거 형태 ① : 초가지붕

3 문단 요약
제주도의 독특한 주거 형태 ② : 돌담

[중심 문단]
4 문단 요약
제주도의 초가집에 담긴 조상들의 지혜

- **내용 :** 이 글은 제주도의 초가집에 대해 설명하고 있다. 제주도의 초가집은 제주도의 독특한 자연 환경의 영향으로 육지의 초가집과 달리 억새풀로 지붕을 만들며, 흙벽 바깥에 돌을 더 쌓은 형태로 만들어졌다. 제주도 초가집의 독특한 형태에는 주어진 환경 속에서 최적의 주거 형태를 고안해 낸 우리 조상들의 지혜가 담겨 있다.

- **주제 :** 자연 환경의 특수성을 반영한 제주도의 초가집

- **문단 간의 관계 :** 1문단에서는 제주도의 독특한 자연 환경을 소개하고 있다, 2문단에서는 제주도의 초가지붕을, 3문단에서는 돌담을 통해 제주도의 독특한 주거 형태를 자세히 설명하고 있다. 4문단에서는 제주도의 초가집에 담긴 조상들의 지혜를 언급하며 글을 마무리하고 있다.

- **글의 구조도**

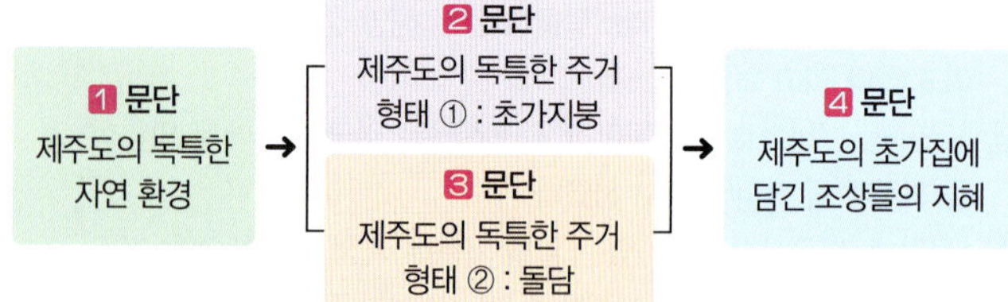

다음은 4문단의 내용을 요약한 것이다. 빈칸에 들어가기에 적절한 말을 쓰시오.

> 제주만의 자연적 특성이 반영된 제주도 (   )의 형태를
> 통해 우리 조상들의 지혜를 알 수 있다.
> 4문단에 근거

왜 정답?

4문단에서는 2문단과 3문단에서 설명한 제주도 초가집에 대해 정리하면서, 이러한 제주도 초가집에 담긴 우리 조상들의 지혜를 언급하고 있다. 특히 '제주도 초가집의 독특한 형태를 통해 우리의 조상들이 주어진 환경 속에서 최적의 주거지를 고안해 낼 정도로 지혜로웠음을 알 수 있다.'라고 하였으므로, 빈칸에 들어가기에 적절한 말은 '초가집'이다.

윗글에 대한 설명으로 적절하지 <u>않은</u> 것은?

① 1문단에서는 화제를 제시하고, 2문단과 3문단에서는 구체적인 예를 들고 있다.
'제주도의 자연 환경'
초가지붕, 돌담을 예로 듦.

② 4문단에서는 1~3문단의 내용을 요약하고, 미래에 대해 전망하고 있다.
지문에서 이야기하고 있지 않음.

왜 정답?

② 4문단에서는 제주도의 초가집을 통해 '우리의 조상들이 주어진 환경 속에서 최적의 주거지를 고안해 낼 정도로 지혜로웠음을 알 수 있다.'라면서 의의를 제시하고 있을 뿐, 제주도 초가집의 미래에 대해서 이야기하고 있지는 않다.

왜 오답?

① 1문단에서는 '제주도의 자연 환경'이라는 화제를 제시하고 있다. 또한 2문단에서는 제주도 초가집의 초가지붕의 재료와 만드는 방법을, 3문단에서는 돌담의 재료와 만든 이유를 구체적으로 설명하고 있다. 이것들은 모두 제주도의 독특한 자연 환경이 반영된 제주도만의 주거 형태를 설명하기 위한 구체적인 예이다.

현무암으로 구성된 땅, 제주도

제주도는 세계적으로 유명한 화산섬이다. 120만 년 전부터 2만 5천 년 전까지 한라산의 화산 활동을 거쳐 형성된 제주도의 땅은 대부분 화산암인 현무암으로 이루어져 있다.

우리가 잘 알고 있는 돌하르방 역시 현무암으로 만든 것이다. 검은빛을 띤 현무암은 단단하고 열에 강하며 구멍이 많이 뚫려 있다. 현무암에 생긴 구멍은 화산 폭발과 관련이 있다. 현무암은 땅 속의 마그마가 화산 폭발 때 뿜어져 나와 땅의 겉면인 지표 부근에서 굳어져 만들어진 암석이다. 현무암의 구멍은 마그마가 지표 부근에서 급하게 식을 때 화산 가스가 새어 나가면서 만들어진 것이다.

제주도의 땅은 이처럼 구멍이 많은 현무암으로 주로 구성되어 있어서 비가 오면 땅속으로 빗물이 스며든다. 게다가 빗물이 바다로 빠르게 흘러가 버리기도 한다. 그래서 제주도에는 하천이 별로 없다. 이렇게 하천이 잘 발달하지 못하고 물을 구하기 쉽지 않은 환경 때문에 제주도에서는 논농사보다 주로 밭농사가 많이 이루어진다.

소금의 역사

1 사람이 살아갈 때 없어서는 안 되는 것 중 하나는 바로 소금이다. 사람의 혈액 중 0.9%가 염분으로 구성되어 있다는 사실만으로도 사람의 생존에 소금이 얼마나 중요한지를 알 수 있다. 그런데 만약 소금 섭취량이 부족하면 어떻게 될까? 일단 소화액의 분비가 감소하여 식욕이 떨어진다. 계속해서 우리 몸 속 소금이 부족해지면 우리는 무력감과 피로감을 느끼게 되고, 심하면 정신적인 불안함을 느끼게 된다.

2 이렇게 중요한 소금은 동서양을 떠나 인류의 역사에서 아주 중요한 위치를 차지해 왔다. 인간에게 꼭 필요한 소금이 나는 곳은 한정적이었기 때문이다. 이미 선사시대부터 소금을 얻을 수 있는 소금 호수, 소금 바위가 있는 장소는 교역의 중심지가 되었다. 산에서 사냥을 주로 하며 사는 사람들이나, 땅에서 농사를 지으며 사는 사람들은 그들이 잡은 짐승이나 농산물을 소금과 교환하기 위하여 소금이 나오는 곳에 모이게 되었다. 그 결과 소금을 얻기 위한 시장과 길이 발달하게 되었고, 그 근처의 지역에는 도시도 만들어졌다.

3 소금을 판매하면 돈을 벌어들이고, 사람들도 효과적으로 통제할 수 있었기 때문에 중국 진나라의 황제인 진시황은 소금을 국가에서만 판매하게 하였다. 진나라가 망한 후 들어선 한나라에서는 이를 폐지했지만, 흉노와 싸우면서 돈이 필요해지자 다시 소금을 국가에서만 판매하였다. 한편 유럽에서도 전쟁을 하기 전에는 꼭 소금부터 준비했다. 당시 식량의 대부분을 차지하던 생선을 보존하려면 소금에 절여서 보관해야 했고, 식량을 많이 보유하고 있어야 긴 전쟁에서 버틸 수 있었기 때문이다.

4 이렇게 중요한 소금은 습기를 머금으면 쉽게 뭉친다는 단점이 있었다. 조이 몰튼은 1911년에 탄산과 마그네슘을 이용해 습기에 쉽게 뭉치지 않는 소금을 고안했고, 소금의 대중화를 이끌었다. 그는 Morton Salt Company를 세웠으며, 현재는 미국인이 사용하는 소금의 대부분을 이 회사에서 생산하고 있다.

[중심 문단]

1 문단 요약
사람의 생존에 필수적인 요소인 소금

2 문단 요약
인류사에서 중요한 위치를 차지한 소금

3 문단 요약
과거 국가에서 소금을 중요시한 사례

4 문단 요약
소금의 대중화

● **내용 :** 이 글은 인류의 역사에서 중요한 위치를 차지해 온 소금에 대해 설명하고 있다. 소금은 인간의 생존에 필수적인 요소이고, 소금이 나는 곳은 역사적으로 교통의 요지가 되고 그 근처 지역에는 도시가 생겼다. 또한 중국의 진나라와 한나라에서는 국가적 차원에서 소금의 생산과 판매를 통제하기도 하였다. 1900년대에 이르러 습기에 쉽게 뭉치지 않는 소금이 고안됨에 따라 소금이 대중화되었다.

● **주제 :** 인류의 역사에서 중요한 위치를 차지했던 소금

● **문단 간의 관계 :** 1문단에서는 인간의 생존에 꼭 필요한 소금에 대해 소개하고 있다. 2문단에서는 인류의 역사에서 소금이 중요한 위치를 차지했다는 점을 언급하고, 3문단에서는 과거 중국과 유럽의 사례를 들어 국가 차원에서 소금을 중요시했던 것을 설명하고 있다. 4문단에서는 소금이 대중화된 계기를 제시하며 글을 마무리하고 있다.

● **글의 구조도**

1 문단	→	**2 문단**	→	**3 문단**	→	**4 문단**
사람의 생존에 필수적인 요소인 소금		인류사에서 중요한 위치를 차지한 소금		과거 국가에서 소금을 중요시한 사례		소금의 대중화

03 [정답] 소금 ·················· 문단 요약하기

>왜 정답?

2문단에서는 소금이 나는 곳이 한정적이었기 때문에 소금을 얻기 위한 시장과 길 등이 발달했다고 하였다. 특히 '선사시대부터 소금을 얻을 수 있는 소금 호수, 소금 바위가 있는 장소는 교역의 중심지가 되었다.'라고 하였다. 따라서 빈칸에 들어가기에 적절한 말은 '소금'이다.

04 [정답] ③ ·················· 문단 간의 관계 파악하기

>왜 정답?

③ 4문단에서는 조이 몰튼이 '탄산과 마그네슘을 이용해 습기에 쉽게 뭉치지 않는 소금을 고안'하면서 소금이 대중화되었다고 설명하고 있다. 그러나 전쟁을 승리로 이끈 과학 기술의 발전에 대해 설명하고 있지는 않다.

05 [정답] ② ·················· 내용 파악하기

윗글에 언급된 내용으로 적절하지 <u>않은</u> 것은?

① 소금의 대중화를 이끈 사람
  조이 몰튼
② 소금 생산에 유리한 자연 기후
  지문에서 이야기하고 있지 않음.
③ 사람의 혈액 중 염분이 차지하는 비율
  사람의 혈액 중 0.9%가 염분으로 구성됨.
④ 유럽에서 전쟁을 하기 전에 소금을 준비하는 이유
  소금에 절인 식량을 마련해야 긴 전쟁에서 버틸 수 있었음.
⑤ 중국의 진시황이 소금을 국가에서만 판매하게 한 이유
  소금을 판매하면 돈을 벌어들이고, 사람들도 효과적으로 통제할 수 있었음.

>왜 정답?

② 2문단에서 소금을 얻을 수 있는 소금 호수, 소금 바위가 있는 장소가 교역의 중심지가 되었다고 하였을 뿐, 소금 생산에 유리한 자연 기후에 대해서는 이야기하고 있지 않다.

>왜 오답?

① 4문단에서 '조이 몰튼은 1911년에 ~ 쉽게 뭉치지 않는 소금을 고안했고, 소금의 대중화를 이끌었다.'라고 하였다.
③ 1문단에서 '사람의 혈액 중 0.9%가 염분으로 구성되어 있다'고 했다.
④ 3문단에서 '당시 식량의 대부분을 ~ 긴 전쟁에서 버틸 수 있었기 때문이다.'라고 하였다.
⑤ 3문단에서 '소금을 판매하면 돈을 벌어들이고, ~ 진시황은 소금을 국가에서만 판매하게 하였다.'라고 하였다.

06 [정답] ③ ·················· 전개 방식 파악하기

윗글에 대한 설명으로 가장 적절한 것은?

① 소금의 장점과 단점을 비교하고 있다.
  지문에서 이야기하고 있지 않음.
② 소금의 특성을 다른 대상에 빗대어 설명하고 있다.
  다른 대상에 빗대지 않음.
③ 소금의 중요성을 다양한 사례를 통해 설명하고 있다.
  소금을 국가에서만 판매하게 한 사례, 전쟁을 준비하며 소금부터 준비한 사례
④ 소금의 발전 과정을 시간의 순서에 따라 언급하고 있다.
  지문에서 이야기하고 있지 않음.
⑤ 소금에 대한 사람들의 상반되는 의견을 소개하고, 절충안을 도출하고 있다.
  지문에서 이야기하고 있지 않음.

>왜 정답?

③ 3문단에서 과거 중국의 진나라와 한나라, 유럽 국가의 사례를 들어 동서양을 막론하고 소금이 인류의 역사에서 아주 중요한 위치를 차지해 왔다는 것을 설명하고 있다.

>왜 오답?

① 이 지문에서 소금의 장점과 단점을 비교하고 있지는 않다.
② 이 지문에서 소금의 특성을 다른 대상에 빗대고 있지는 않다.
④, ⑤ 이 지문에서 소금의 발전 과정을 시간 순서에 따라 설명하거나, 상반되는 의견을 소개하고 절충안을 도출하고 있지는 않다.

07 [정답] ② ·················· 반응의 적절성 평가하기

윗글을 읽고 난 후의 반응으로 적절하지 <u>않은</u> 것은?

① 탄산과 마그네슘을 넣은 소금은 습기에 강하겠군.
  조이 몰튼이 탄산과 마그네슘을 이용해 습기에 쉽게 뭉치지 않는 소금을 고안함.
② 국가에서 소금을 관리한 나라의 국민들은 국가를 믿고 따랐군.
  지문에서 이야기하고 있지 않음.
③ 과거에는 전쟁을 할 때 소금을 충분히 확보하는 것이 중요했겠군.
  소금에 절인 식량을 마련해야 긴 전쟁에서 버틸 수 있었음.
④ 우리의 몸에 소금이 부족하면 무력감과 피로감을 쉽게 느끼게 되겠군.
  몸 속 소금이 부족해지면 우리는 무력감과 피로감을 느끼게 됨.
⑤ 역사적으로 소금이 나는 곳에 사람이 몰려 시장과 도시가 발전한 것이군.
  소금을 얻을 수 있는 장소에는 사람들이 몰려 시장과 도시가 발전함.

>왜 정답?

② 3문단에서는 과거 중국에서 소금을 국가에서만 판매하게 한 사례를 언급하고 있다. 그러나 국가에서 소금을 관리한 나라의 국민들이 국가를 믿고 따랐는지에 대해서는 이야기하고 있지 않다.

>왜 오답?

① 4문단에서 '조이 몰튼은 1911년에 탄산과 마그네슘을 이용해 습기에 쉽게 뭉치지 않은 소금을 고안했다'고 하였다.
③ 3문단에서 '당시 식량의 대부분을 차지하던 ~ 긴 전쟁에서 버틸 수 있었'다고 하였다.
④ 1문단에서 '우리 몸 속 소금이 부족해지면 우리는 무력감과 피로감을 느끼게' 된다고 하였다.
⑤ 2문단에서 사람들이 '그들이 잡은 짐승이나 농산물을 소금과 교환하기 위하여 ~ 도시도 만들어졌다.'라고 하였다.

시어에는 뭔가 특별한 것이 있다

○ 핵심어　　▭ 문단 중심 문장　　▭ 전체 중심 문장

1 누구나 한 번쯤 시를 읽을 때 한글로 쓰여 있는데도 정확히 무엇을 이야기하고 있는지 이해하기 어려웠던 경험이나, 한글로 쓰여 있지만 무엇을 의미하는지 파악하기 어려웠던 경험이 있을 것이다. 왜 우리는 이런 경험을 한 것일까? **시어에는 무엇인가 특별한 것이 있는 것일까?**
（1문단의 핵심어）

2 그 이유는 바로 시에 쓰이는 언어, 즉 '시어'가 우리가 일상생활에서 쓰는 말과는 다소 다르기 때문이다. **시어가 일상생활 속 언어와 다른 첫 번째 특성은 함축성이다.** 함축성이란 말이나 글이 많은 뜻을 담고 있는 성질을 의미하는데, 하나의 시어는 하나의 의미만 가지고 있는 것이 아니라, 다양한 의미를 가지고 있다.
（2문단의 핵심어 / 함축성의 의미）

3 한용운의 〈님의 침묵〉을 같이 살펴보자.

> 님은 갔습니다.
> 아아, 사랑하는 나의 님은 갔습니다.

'님'이라는 시어는 일반적으로 사랑하는 사람을 의미한다. 하지만 작가인 한용운이 승려였다는 점을 고려하면 '님'은 '절대자, 부처, 진리'를 상징한다고 볼 수 있다. 또한 시가 쓰인 시기가 일제 강점기라는 것을 생각하면 '님'은 '잃어버린 조국', '국권'을 의미한다고 볼 수도 있다. **'님'이라는 하나의 시어가 여러 의미로 파악될 수 있는 것도 바로 시어가 가진 함축성 때문이다.**
（하나의 시어가 다양한 의미를 가짐. / 3문단의 핵심어）

4 **시어의 또 다른 특성으로는 음악성을 들 수 있다.** 시어의 음악성이란, 시어의 배열 속에서 느껴지는 리듬을 가리킨다. 시를 줄글로 쓰지 않고 행과 연을 구분하여 쓰는 것도 모두 리듬을 살리기 위한 것이다.
（4문단의 핵심어 / 음악성의 의미）

5 고려 가요인 〈청산별곡〉을 같이 살펴보자. 〈청산별곡〉에서는 '얄리얄리 얄랑셩 얄라리 얄라'라는 후렴구가 반복된다. **이 후렴구에서는 'ㄹ'과 'ㅇ' 소리가 반복되는데, 이를 통해 리듬감을 느낄 수 있다.**
（5문단의 핵심어）

6 지금까지 살펴본 것처럼 시어는 일상 언어와는 다르게 함축성과 음악성이라는 특성을 가지고 있다. **이제부터 시를 읽을 때 이러한 시어의 특성을 고려하며 읽는다면, 시의 아름다움을 더 잘 느낄 수 있을 것이다.**
（6문단의 핵심어）

---

1 문단 요약
시어를 해석하기 어려웠던 경험

2 문단 요약
시어의 특성 ① : 함축성

3 문단 요약
시어의 함축성이 드러난 예

4 문단 요약
시어의 특성 ② : 음악성

5 문단 요약
시어의 음악성이 드러난 예

[중심 문단]
6 문단 요약
시어의 특성을 고려하여 읽기를 제안

- **내용 :** 이 글은 일상 언어와는 구별되는 시어의 특성을 함축성과 음악성으로 나누어 설명하고 있다. 시를 읽을 때 이와 같은 특성을 고려하며 읽으면 시의 아름다움을 더 잘 느낄 수 있다.

- **주제 :** 시어의 함축성과 음악성

- **문단 간의 관계 :** 1문단에서는 질문을 던져 중심 화제인 '시어'를 소개하고 있다. 2문단과 3문단에서는 시어의 함축성에 대해 설명하며 구체적인 예를 들고, 4문단과 5문단에서는 시어의 음악성에 대해 설명하며 구체적인 예를 들고 있다. 6문단에서는 시어의 특성을 고려하며 시를 읽을 것을 권하고 있다.

- **글의 구조도**

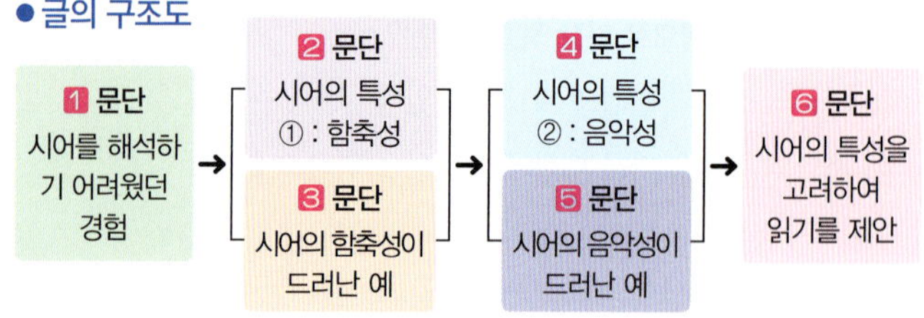

01 [정답] 시어 ──────────── 문단 요약하기

왜 정답?

6문단에서는 시어의 특성을 고려하면 시의 아름다움을 더 잘 느낄 수 있다고 하였다. 따라서 빈칸에 들어가기에 적절한 말은 '시어'이다.

02 [정답] ③ ──────────── 문단 간의 관계 파악하기

왜 정답?

③ 6문단에서는 시어의 특성을 고려하며 시를 읽자고 하였을 뿐, 서로 다른 대상을 비교하고 있지는 않다.

03 [정답] 함축성, 음악성 ──────────── 내용 파악하기

> **윗글을 읽고 빈칸에 들어가기에 적절한 말을 쓰시오.**
>
> 하나의 시어는 하나의 의미만 가지고 있는 것이 아니라, 다양한 의미를 가지고 있는데 이를 시어의 (　　2문단에 근거　　)(이)라고 한다. 또, 시어는 배열 속에서 느껴지는 리듬을 갖추고 있는데, 이를 시어의 (　　4문단에 근거　　)(이)라고 한다.

왜 정답?

2문단에서 시어의 함축성이란 '말이나 글이 많은 뜻을 담고 있는 성질을 의미'한다고 하였다. 또 4문단에서 '시어의 음악성이란, 시어의 배열 속에서 느껴지는 리듬을 가리킨다.'라고 하였다. 따라서 빈칸에 들어가기에 적절한 말은 '함축성', '음악성'이다.

04 [정답] ⑤ ──────────── 내용 파악하기

> **윗글의 내용으로 가장 적절하지 <u>않은</u> 것은?**
>
> ① 특정 소리가 반복되면 리듬감이 형성된다.
> 　〈청산별곡〉의 후렴구에서 'ㄹ', 'ㅇ'이 반복되어 리듬을 형성함.
> ② 하나의 시어는 여러 가지 의미를 가지고 있다.
> 　시어의 함축성
> ③ 시를 줄글로 쓰지 않는 이유는 리듬을 살리기 위해서이다.
> 　행과 연을 구분하여 쓰는 이유는 리듬을 살리기 위해서임.
> ④ 시어는 우리가 일상생활 속에서 사용하는 말과는 차이가 있다.
> 　시어는 일상 언어와 다르게 함축성과 음악성을 가짐.
> ⑤ 한국인이라면 한글로 쓰여 있는 시는 모두 쉽게 이해할 수 있다.
> 　시를 읽을 때 한글로 쓰여 있는데도 정확히 무엇을 이야기하고 있는지 이해하기 어려웠던 경험을 제시함.

왜 정답?

⑤ 1문단에서 '누구나 한 번쯤 시를 읽을 때 한글로 쓰여 있는데도 ～ 이해하기 어려웠던 경험이 있을 것이다.'라고 하였다.

왜 오답?

① 5문단에서 〈청산별곡〉의 '후렴구에서는 'ㄹ'과 'ㅇ' 소리가 반복되는데, 이를 통해 '리듬감을 느낄 수 있다.'라고 하였다.
② 2문단에서 '하나의 시어는 ～ 의미를 가지고 있다.'라고 하였다.
③ 4문단에서 '시를 줄글로 쓰지 않고 행과 연을 구분하여 쓰는 것도 모두 리듬을 살리기 위한 것이다.'라고 하였다.
④ 2문단에서 '시에 쓰이는 언어, 즉 '시어'가 우리가 일상생활에서 쓰는 말과는 다소 다르'다고 하였다.

05 [정답] ② ──────────── 실제 사례에 적용하기

> **윗글을 읽고 〈보기〉를 감상한 것으로 적절하지 <u>않은</u> 것은?**
>
> 〈보기〉
> 돌담에 속삭이는 햇발같이 / 풀 아래 웃음짓는 샘물같이
> 내 마음 고요히 고운 봄길 위에
> 오늘 하루 하늘을 우러르고 싶다
> 　　　　　　 – 김영랑, 〈돌담에 속삭이는 햇발같이〉
>
> ① '–같이'라는 시어가 반복되는 것에서도 리듬감이 느껴지는군.
> 　'시어의 배열'과 '반복'을 통해 리듬감을 느낄 수 있음.
> ② '봄길'이라는 시어는 '봄날의 길'이라는 한 가지 의미만 갖고 있군.
> 　시어는 다양한 의미를 가지고 있음.
> ③ '돌담'은 우리가 일상에서 쓰는 돌담과는 다른 의미를 가질 수도 있겠군.
> 　시어는 일상생활에서 쓰는 말과는 다소 다름.
> ④ '햇발', '샘물', '봄길'에 'ㄹ'이 반복됨으로써 시어의 음악성이 드러나는군.
> 　'ㄹ' 소리가 반복됨으로써 리듬감을 형성함.
> ⑤ 작가에 대한 정보가 더 주어진다면 '하늘'이 무엇을 상징하는지 알 수도 있겠군.
> 　작가의 처지와 시대적 상황을 고려하여 시어의 다양한 의미를 파악할 수 있음.

왜 정답?

② 2문단에서 '하나의 시어는 하나의 의미만 가지고 있는 것이 아니라, 다양한 의미를 가지고 있다.'라고 했다.

왜 오답?

① 4문단에서 '시어의 음악성이란, 시어의 배열 속에서 느껴지는 리듬'이라고 했고, 5문단에서는 〈청산별곡〉의 후렴구에서 'ㄹ'과 'ㅇ' 소리가 반복되는 것을 통해 리듬감을 느낄 수 있다고 했다. 따라서 '–같이'가 반복되는 시어의 배열을 통해 리듬감이 느껴진다고 볼 수 있다.
③ 2문단에서 시어는 '일상생활에서 쓰는 말과는 다소 다르'다고 했다.
④ 5문단에서 '소리가 반복'되는 것을 통해 리듬감을 느낄 수 있다고 했다.
⑤ 3문단에서 〈님의 침묵〉을 예로 들면서, 작가인 '한용운'의 처지와 '일제 강점기'라는 시대적 배경을 고려하면 '님'이라는 시어를 여러 의미로 파악할 수 있다고 했다. 따라서 작가의 정보가 더 주어진다면 〈보기〉의 '하늘'이 갖는 다양한 의미를 파악할 수도 있을 것이다.

애니메이션은 어떻게 만들어질까?

○ 핵심어　▮ 문단 중심 문장　▮ 전체 중심 문장

1 애니메이션이란 만화나 인형을 이용하여 그것이 마치 살아 있는 것처럼 생동감 있게 촬영한 영화, 혹은 이러한 영화를 만드는 기술을 의미한다. 애니메이션은 어떤 과정을 거쳐서 만들어질까?

2 애니메이션을 만들 때 가장 먼저 해야 하는 것은 시나리오를 쓰는 일이다. 표현하고자 하는 작품의 주제를 정하고 등장인물들의 성격을 결정한 후, 전체적으로 어떻게 내용을 전개해 나갈 것인지를 정해야 한다. 시나리오가 재미있어야 완성된 애니메이션도 여러 사람들의 흥미를 끌 수 있으므로, 시나리오를 작성하는 과정은 애니메이션 제작의 출발이자 핵심 단계라고 할 수 있다.

3 시나리오가 완성되면 등장인물들의 캐릭터를 디자인한다. 캐릭터를 디자인한다는 것은 등장인물의 키나 얼굴 생김새 등은 어떻게 그릴지, 어떤 동작을 하고 어떤 표정을 짓게 할지를 상세하게 결정하는 것을 말한다.

4 캐릭터가 완성이 되었다면, 본격적으로 그림을 그려야 한다. 그림을 구체적으로 그리기 전에 애니메이션 속 장면의 초안을 그린 문서, 즉 전체적인 이야기 내용을 쉽게 이해할 수 있도록 주요 장면을 그림으로 정리한 계획표인 스토리보드를 작성한다. 스토리보드에는 주요 장면뿐만 아니라, 주제와 화면의 제목, 그 화면에 대한 설명, 어떤 장면과 연결되는지 등이 기록된다. 스토리보드가 완성된 후에는 이를 바탕으로 등장인물의 동작이 자연스럽게 이어질 수 있도록 1초에 12장 정도의 그림을 그린다.

5 그림이 모두 완성되면, 등장인물들의 목소리를 입혀야 한다. 성우들은 상황에 맞게 등장인물들의 목소리를 연기한다. 등장인물들이 실제로 말하는 것처럼 표현하려면 그림 속 입 모양과 성우의 목소리가 일치해야 한다. 성우들이 등장인물들의 목소리를 녹음한 후에는 상황과 분위기에 어울리는 다양한 배경 음악을 삽입하기도 한다.

6 ＿＿㉠＿＿, 한 편의 완성된 애니메이션 속에는 수많은 사람들의 노력이 들어 있다. 애니메이션 속에 들어 있는 여러 사람들의 수많은 노력을 생각하며 애니메이션을 관람한다면, 그 의미가 색다르게 다가오지 않을까?

---

1 문단 요약
애니메이션의 의미

2 문단 요약
애니메이션을 만드는 과정 ① : 시나리오 작성

3 문단 요약
애니메이션을 만드는 과정 ② : 캐릭터 디자인

4 문단 요약
애니메이션을 만드는 과정 ③, ④ : 스토리보드 작성, 그림 그리기

5 문단 요약
애니메이션을 만드는 과정 ⑤, ⑥ : 목소리 녹음, 배경 음악 삽입

[중심 문단]
6 문단 요약
많은 사람의 노력이 들어가는 애니메이션 제작

- **내용 :** 이 글은 애니메이션의 제작 과정을 각 단계별로 설명하고 있다. 애니메이션은 시나리오 작성부터 캐릭터 디자인하기, 스토리보드 작성하기, 그림 그리기, 성우 목소리 녹음하기, 배경 음악 삽입하기의 순서를 거쳐 제작된다. 이처럼 한 편의 애니메이션을 제작하기 위해서는 많은 사람의 노력이 필요하다.

- **주제 :** 애니메이션의 제작 과정

- **문단 간의 관계 :** 1문단에서는 애니메이션의 의미를 설명하고 있다. 2문단부터 5문단에서는 애니메이션을 만드는 과정을 단계별로 나누어 설명하고 있다. 6문단에서는 한 편의 애니메이션을 완성하기 위해 많은 사람들의 노력이 필요하다는 사실을 언급하며 글을 마무리하고 있다.

- **글의 구조도**

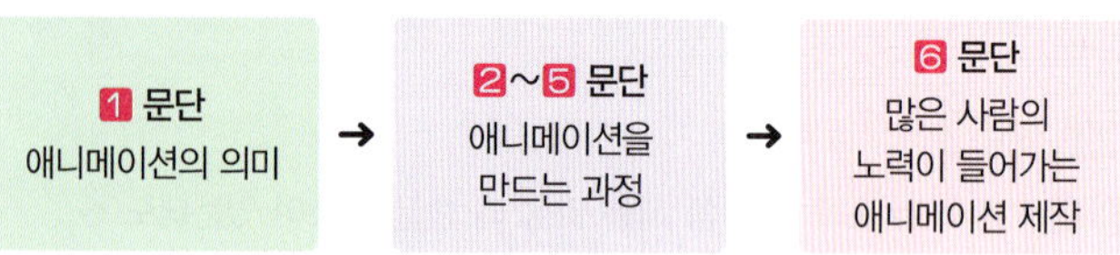

06 [정답] 시나리오 ··········· 문단 요약하기

> **왜 정답?**

2문단에서는 애니메이션을 만들 때 가장 먼저 해야 하는 일인 시나리오 작성에 대해 이야기하며, 시나리오 작성의 중요성을 이야기하고 있다. 따라서 빈칸에 들어가기에 적절한 말은 '시나리오'이다.

07 [정답] ② ··········· 문단 간의 관계 파악하기

> **왜 정답?**

② 3문단에서는 애니메이션 제작 과정 중 캐릭터 디자인에 대해서 설명하고 있을 뿐, 애니메이션의 역사를 소개하고 있지는 않다.

08 [정답] ① ··········· 내용 파악하기

애니메이션 제작 과정에 대한 설명한 것으로 가장 적절한 것은?

① 배경 음악은 보통 가장 마지막 단계에서 삽입된다.
　배경 음악은 보통 가장 마지막 단계에서 삽입됨.
② 캐릭터를 디자인할 때 표정은 크게 고려하지 않는다.
　캐릭터 디자인은 캐릭터가 지을 표정을 결정하는 것을 포함함.
③ 시나리오는 애니메이션을 만들 때 가장 나중에 작성한다.
　시나리오는 애니메이션을 만들 때 가장 먼저 작성함.
④ 성우들의 음성을 녹음한 후에, 애니메이션을 위한 그림
　그림이 완성되면 성우들의 음성을 녹음함.
을 그린다.
⑤ 스토리보드를 작성할 때에는 1초에 약 12장의 그림도 같
　스토리보드가 완성된 후에 그림을 그림.
이 그려야 한다.

> **왜 정답?**

① 5문단에서 '그림이 모두 완성되면' '성우들이 등장인물들의 목소리를 녹음'하고, 그 후에 '배경 음악을 삽입하기도 한다.'라고 하였다. 따라서 배경 음악은 보통 가장 마지막 단계에서 삽입된다는 것을 알 수 있다.

> **왜 오답?**

② 3문단에서 '캐릭터를 디자인한다는 것은 ~ 어떤 표정을 짓게 할지를 상세하게 결정하는 것을 말한다.'라고 하였다. 따라서 캐릭터를 디자인할 때 캐릭터의 표정도 고려한다는 것을 알 수 있다.
③ 2문단에서 '애니메이션을 만들 때 가장 먼저 해야 하는 것은 시나리오를 쓰는 일이다.'라고 하였다.
④ 5문단에서 '그림이 모두 완성되면, 등장인물들의 목소리를 입혀야 한다.'라고 하였다. 따라서 그림을 그린 후에 성우들의 음성을 녹음한다는 것을 알 수 있다.
⑤ 4문단에서 '스토리보드가 완성된 후에는 이를 바탕으로 등장인물의 동작이 자연스럽게 이어질 수 있도록 1초에 12장 정도의 그림을 그린다.'라고 하였다. 따라서 스토리보드를 작성할 때 그림을 그리는 것이 아니라, 작성이 모두 끝난 후에 그림을 그린다는 것을 알 수 있다.

09 [정답] ③ ··········· 내용 파악하기

윗글에 언급된 내용으로 적절하지 않은 것은?

① 스토리보드의 개념
　애니메이션 속 장면의 초안을 그린 문서
② 시나리오 작성 단계가 중요한 이유
　시나리오가 재미있어야 완성된 애니메이션도 여러 사람들의 흥미를 끌 수 있음.
③ 상황에 어울리는 배경 음악을 고르는 법칙
　지문에서 이야기하고 있지 않음.
④ 캐릭터를 디자인할 때 결정해야 하는 것들
　등장인물의 키, 생김새, 동작, 표정 등을 상세하게 결정함.
⑤ 등장인물들의 목소리를 실감나게 표현하는 방법
　그림 속 입 모양과 성우의 목소리가 일치해야 함.

> **왜 정답?**

③ 5문단에서 '상황과 분위기에 어울리는 다양한 배경 음악을 삽입하기도 한다.'라고 하였지만, 상황에 어울리는 배경 음악을 고르는 구체적인 방법이나 법칙에 대해서 이야기하고 있지는 않다.

> **왜 오답?**

① 4문단에서 '애니메이션 속 장면의 초안을 그린 문서, 즉 전형적인 이야기 내용을 쉽게 이해할 수 있도록 주요 장면을 그림으로 정리한 계획표'라고 스토리보드의 개념을 언급하고 있다.
② 2문단에서 '시나리오가 재미있어야 완성된 애니메이션도 ~ 핵심 단계라고 할 수 있다.'라고 하였다.
④ 3문단에서 '캐릭터를 디자인한다는 것은 등장인물의 키나 얼굴 생김새 등은 어떻게 그릴지, 어떤 동작을 하고 어떤 표정을 짓게 할지를 상세하게 결정하는 것'이라고 하였다.
⑤ 5문단에서 '등장인물들이 실제로 말하는 것처럼 표현하려면 그림 속 입 모양과 성우의 목소리가 일치해야 한다.'라고 하였다.

10 [정답] ② ··········· 올바른 접속어 찾기

㉠에 들어가기에 가장 적절한 접속어는?

① 하지만　　② 이처럼　　③ 그리고
④ 또는　　　⑤ 한편

> **왜 정답?**

② 6문단에서는 2~5문단에서 설명한 애니메이션 제작 과정을 정리하고 있다. 따라서 앞의 내용을 받아 뒤의 내용을 이끌 때 쓰는 표현인 '이처럼'이 ㉠에 들어가는 것이 가장 적절하다.

> **왜 오답?**

① '하지만'은 서로 일치하지 않거나 상반되는 사실을 나타내는 두 문장을 이어 줄 때 쓰는 표현이다.
③ '그리고'는 앞뒤 내용을 나란히 이어 줄 때 쓰는 표현이다.
④ '또는'은 또 다른 가능성이나 사실에 대해 제시할 때 쓰는 표현이다.
⑤ '한편'은 어떤 일에 대하여, 앞에서 말한 측면과 다른 측면을 말할 때 쓰는 표현이다.

우리의 동식물에는 우리말 이름을!

○ 핵심어　▨ 문단 중심 문장　▨ 전체 중심 문장

1 일제 강점기에 일본은 우리나라를 사회·경제적으로 수탈하려고 했을 뿐만 아니라, 아예 우리 민족을 말살하고자 했다. 『그 방법으로 일본은 1911년에 '조선교육령'을 발표하여 일본어를 보급하고, 1930년대에는 학교에서의 한국어 교육과 한국어 사용을 금지하였다. 1937년부터는 일상생활에서 한국어 사용을 금지하고 일본어만 사용하게 했다.』

2 이러한 상황에서 우리말을 지키기는 쉬운 일이 아니었다. 하지만 우리나라 사람들은 우리말을 지키기 위해 노력했다. 과학계에서도 순수한 우리말을 지키기 위해 치열하게 싸웠던 사람들이 있었는데, 이들이 바로 '조선박물연구회'이다. 이들은 순수 조선인들로 구성되었으며, 우리 땅에서 자란 동식물에 한글 이름을 붙이기 위해 노력했다.

3 박물학이란 동물학, 식물학, 광물학, 지질학을 통틀어 이르는 말로, 본디 천연물 전체에 걸친 지식을 기록하는 것을 목적으로 하는 학문이다. 특히 동물과 식물의 표본, 특성, 분포 등을 통합적으로 다루는 박물학자들은 박물학의 특성상 새로운 동물이나 식물을 발견했을 때, 그것에 이름을 붙이는 것에 중점을 두었다.

4 우리말 탄압이 심해지는 상황에서 새로 발견된 생물에 우리말 이름을 붙이기는 어려운 일이었다. 하지만 조선박물연구회 사람들은 〈조선식물향명집〉이라는 책을 발간하여 우리말로 된 동식물 이름을 붙이기 위해 노력했다. 〈조선식물향명집〉은 우리나라 사람의 손으로 식물을 과학적인 방법에 따라 배열하고, 또 우리나라 식물의 표준명을 정한 최초의 일이라는 의의가 있다. 조선박물연구회에서는 일본식 한자 이름인 '야인과(野人瓜)'라는 이름으로 불렸던 야생화에 '멀꿀'이라는 우리말 이름을 붙이기도 했고, '갈참나무'라고 일본인이 잘못 이름붙인 나무 이름도 '굴참나무'로 바로잡기도 했다.

5 이와 같은 조선박물연구회의 활동은 일본의 거센 탄압에 맞서 우리 민족의 과학적 자주성을 되찾고자 했던 저항 운동이라고 평가할 수 있다. 게다가 아직까지도 사용되고 있는 많은 식물의 이름들은 이 책에서 정리된 내용을 따르고 있으니, 그 영향력이 실로 대단하다.

---

1 문단 요약
일제 강점기의 시대적 상황

[중심 문단]
2 문단 요약
조선박물연구회 소개

3 문단 요약
박물학의 개념

4 문단 요약
조선박물연구회의 〈조선식물향명집〉 편찬

5 문단 요약
조선박물연구회 활동의 의의

● **내용 :** 이 글은 일제 강점기에 동식물에 순수 우리말 이름을 붙이기 위해 노력한 조선박물연구회의 활동에 대해 설명하고 있다. 우리말 탄압이 심해지던 시기에 조선박물연구회는 다양한 동식물에 우리말 이름을 붙였으며 이를 〈조선식물향명집〉이라는 책을 통해 발표하였다.

● **주제 :** 조선박물연구회의 활동과 의의

● **문단 간의 관계 :** 1문단에서는 일제 강점기의 시대적 상황을 제시하고, 2문단에서는 조선박물연구회를 소개하고 있다. 3문단에서는 박물학의 개념과 특성을 설명하고, 4문단에서 조선박물연구회의 활동 내용을 구체적으로 설명하고 있다. 5문단에서는 조선박물연구회 활동의 의의를 밝히고 있다.

● **글의 구조도**

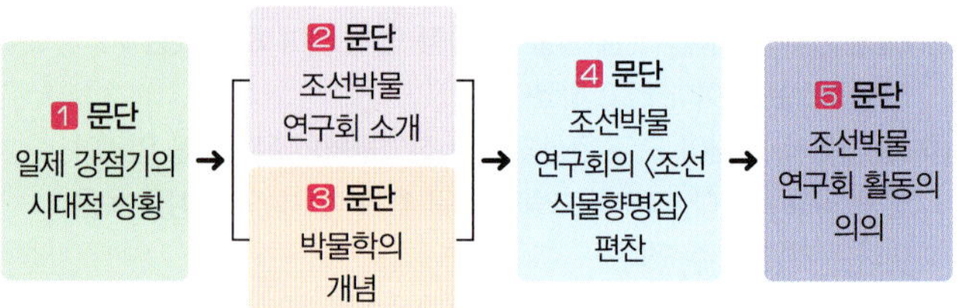

01 [정답] 조선박물연구회 ·················· 문단 요약하기

>왜 정답?

4문단에서 '조선박물연구회 사람들은 〈조선식물향명집〉이라는 책을 발간하여 우리말로 된 동식물 이름을 붙이기 위해 노력했다.'라고 하였다. 따라서 빈칸에 들어가기에 적절한 말은 '조선박물연구회'이다.

02 [정답] ③ ·················· 문단 간의 관계 파악하기

>왜 정답?

③ 4문단에서는 〈조선식물향명집〉을 펴낸 조선박물연구회의 구체적인 활동 내용을 설명하고, 5문단에서는 이러한 조선박물연구회의 활동의 의의를 설명하고 있다. 하지만 5문단에서 조선박물연구회의 활동이 준 부정적인 영향에 대해서는 설명하고 있지 않다.

03 [정답] 〈조선식물향명집〉 ·················· 내용 파악하기

> **윗글을 읽고 빈칸에 들어가기에 적절한 말을 쓰시오.**
>
> ( )은/는 우리나라 사람의 손으로 식물을 과학적인 방법에 따라 배열하고, 우리나라 식물의 표준명을 정해 기록한 최초의 책이다.
>
> 4문단에 근거

>왜 정답?

4문단에서 '〈조선식물향명집〉은 우리나라 사람의 손으로 ~ 표준명을 정한 최초의 일이라는 의의가 있다.'라고 하였다. 따라서 빈칸에 들어가기에 적절한 말은 '〈조선식물향명집〉'이다.

04 [정답] ④ ·················· 내용 파악하기

> **윗글에 대한 설명으로 적절하지 않은 것은?**
>
> ① 박물학의 개념을 설명하고 있다.
> 천연물 전체에 걸친 지식을 기록하는 것을 목적으로 하는 학문
> ② 조선박물연구회의 활동과 그 의의를 밝히고 있다.
> 4문단, 5문단에 근거
> ③ 조선박물연구회가 설립된 시대적인 배경을 드러내고 있다.
> 1문단, 2문단에 근거 → 일본이 우리말을 사용하지 못하게 탄압함.
> ④ 조선박물연구회의 연구가 가지고 있는 한계를 언급하고 있다.
> 지문에서 이야기하고 있지 않음.
> ⑤ 조선박물연구회가 일본식 한자 이름을 가진 식물의 이름을 한글 이름으로 바꾼 구체적 사례를 들고 있다.
> 야인과 → 멀꿀

>왜 정답?

④ 5문단에서 '조선박물연구회의 활동은 일본의 거센 탄압에 맞서 우리 민족의 과학적 자주성을 되찾고자 했던 저항 운동'이라면서 그 의의를 밝히고 있다. 그러나 이 지문에서 조선박물연구회의 연구가 가진 한계에 대해서 이야기하고 있지는 않다.

>왜 오답?

① 3문단에서 '박물학이란 ~ 천연물 전체에 걸친 지식을 기록하는 것을 목적으로 하는 학문이다.'라고 하면서 박물학의 개념을 설명하고 있다.

② 4문단에서 '조선박물연구회 사람들은 〈조선식물향명집〉이라는 책을 발간하여 우리말로 된 동식물 이름을 붙이기 위해 노력했다.'라면서 조선박물연구회의 활동을 제시하고 있다. 또 5문단에서 '조선박물연구회의 활동은 일본의 거센 탄압에 맞서 우리 민족의 과학적 자주성을 되찾고자 했던 저항 운동'이라면서 그 의의를 밝히고 있다.

③ 1문단과 2문단에서 일제 강점기에 일본이 우리 민족을 말살하고자 '한국어 사용을 금지'한 상황에서 조선박물연구회는 '순수한 우리말을 지키기 위'한 활동을 하게 되었다고 했다.

⑤ 4문단에서 '조선박물연구회에서는 일본식 한자 이름인 '야인과'라는 이름으로 불렸던 야생화에 '멀꿀'이라는 우리말 이름을 붙이기도 했'다고 하였다.

05 [정답] ② ·················· 내용 파악하기

> **'조선박물연구회'에 대한 설명으로 가장 적절한 것은?**
>
> ① 조선인과 일본인으로 구성되었다.
> 순수 조선인들로 구성됨.
> ② 우리 땅에서 자란 동식물에 우리말 이름을 붙였다.
> 우리 땅에서 자란 동식물에 한글 이름을 붙이기 위해 노력함.
> ③ 박물학의 특성을 고려하지 않은 연구만 진행하고자 했다.
> 박물학의 특성을 고려하여 우리말로 된 동식물 이름을 붙이기 위해 노력함.
> ④ 지역마다 다르게 불리는 우리나라 식물의 이름을 모두 인정했다.
> 지문에서 이야기하고 있지 않음.
> ⑤ 우리 땅에서 자란 식물뿐만 아니라, 세계 여러 나라의 식물에 관심을 가졌다.
> 지문에서 이야기하고 있지 않음.

>왜 정답?

② 2문단에서 조선박물연구회는 '우리 땅에서 자란 동식물에 한글 이름을 붙이기 위해 노력했다.'라고 하였다.

>왜 오답?

① 2문단에서 조선박물연구회는 '순수 조선인들로 구성되었다'고 했다.

③ 3문단에서 '박물학자들은 박물학의 특성상 새로운 동물이나 식물을 발견했을 때, 그것에 이름을 붙이는 것에 중점을 두었다.'라고 했으며, 2문단에서 조선박물연구회는 '우리 땅에서 자란 동식물에 한글 이름을 붙이기 위해 노력했다.'라고 하였다. 따라서 조선박물연구회의 연구는 박물학의 특성을 고려한 것이라고 볼 수 있다.

④ 이 지문에서는 조선박물연구회가 지역마다 다르게 불리는 우리나라 식물의 이름을 모두 인정했는지에 대해서는 이야기하고 있지 않다.

⑤ 이 지문에서는 조선박물연구회가 세계 여러 나라의 식물에 관심을 가졌는지에 대해서는 이야기하고 있지 않다.

성공적인 지역 축제

○ 핵심어　▢ 문단 중심 문장　▢ 전체 중심 문장

1 우리나라 곳곳에서는 각 계절마다, 각 지방의 특산물과 관련된 다양한 축제가 열린다. 1년 동안 각 지역에서 열리는 축제는 2400여 개나 된다고 한다. 이처럼 각 지방에서 많이 열리는 축제들의 긍정적인 측면과 부정적인 측면은 무엇일까?
질문을 통해 중심 화제를 제시함.

2 지역 축제의 긍정적인 측면은 지역 축제가 지역을 활성화시킨다는 점이다. 매년 봄, 진해에서는 벚꽃 축제의 하나인 군항제가 열린다. 사람들은 봄만 되면 벚꽃을 보고자 진해까지 달려간다. 사람들은 진해에 가서 꽃만 보고 오는 것이 아니라, 식사를 하기도 하고 하루 머물면서 진해시를 관광하기도 한다. 이처럼 진해 군항제와 같은 지역 축제는 낙후된 지역을 변화시키는 원동력이 된다. 사람들이 많이 찾음으로써 지역의 특산물, 지역의 문화, 문화재, 자연 환경 등이 자연스럽게 홍보되고, 이는 경제의 활성화로 이어진다. 대부분의 지역 축제의 목표가 많은 관광객들이 그 지역을 방문하게 하여 이를 통해 경제와 지역을 활성화시키려는 것임을 고려하면, 진해 군항제는 이와 같은 목표에 잘 부합하는 축제라고 볼 수 있다.

3 그러나 모든 지역 축제가 성공적으로 운영되는 것은 아니다. 너무 많은 지역 축제가 열리다보니 기획이 부실한 경우도 있고, 이 때문에 축제를 운영할 때 모든 부분을 신경 쓰지 못하여 예기치 못한 사고가 일어나기도 한다. 게다가 지나치게 환경 오염을 유발한다는 지적도 있다. 축제를 찾은 관광객들이 버리고 가는 쓰레기를 비롯해 축제를 하는 동안 사용된 현수막, 폭죽 등을 처리하는 것은 쉬운 일이 아니다. 게다가 많은 사람들이 방문함에 따라 발생하는 교통 체증, 소음 등도 그 지역에는 부정적인 영향을 준다.

4 그렇다면 성공적으로 지역 축제를 운영하려면 어떻게 해야 할까? 관광객을 유치하려고만 노력할 것이 아니라, 지역 축제를 하는 이유를 생각해 보고, 기획 단계에서부터 꼼꼼하게 이를 살펴야 한다. 지역 축제는 그 지역의 문화와 자연 환경 등을 다른 사람에게 알리는 자리이다. 따라서 지역 축제를 기획할 때에는 사람들이 그 지역의 이름을 듣고 떠올릴 수 있는 문화적·예술적 가치와 그 지역의 전통 문화를 고려해야 한다. 이때 각종 환경 오염이 발생하지 않도록 유의해야 하며, 안전사고가 일어나지 않도록 각종 안전장치를 마련함으로써 지역 축제의 질과 운영의 완성도를 높여야 한다.

---

1 문단 요약
다양하게 열리고 있는 지역 축제에 대한 의문

2 문단 요약
지역 축제의 긍정적인 측면

3 문단 요약
지역 축제의 부정적인 측면

[중심 문단]
4 문단 요약
성공적으로 지역 축제를 운영하는 방법

- **내용 :** 이 글은 현재 우리나라 각 지역에서 다양하게 열리고 있는 지역 축제의 긍정적 측면과 부정적 측면을 살펴본 후, 지역 축제를 성공적으로 운영하기 위한 방법을 설명하고 있다.
- **주제 :** 지역 축제의 양면성과 성공적인 운영 방법
- **문단 간의 관계 :** 1문단에서는 우리나라 지역 축제의 현황을 제시하고 있다. 2문단에서는 지역 축제의 긍정적 측면을, 3문단에서는 부정적 측면을 다루고 있다. 4문단에서는 성공적으로 지역 축제를 운영하는 방법을 제시하며 글을 마무리하고 있다.

- **글의 구조도**

06 [정답] 긍정적 ························· 문단 요약하기

>왜 정답?

2문단에서는 지역 축제의 긍정적 측면으로 '지역을 활성화시'키는 것과 '경제의 활성화'를 제시하고 있다. 따라서 빈칸에 들어가기에 적절한 말은 '긍정적'이다.

07 [정답] ① ························· 문단 간의 관계 파악하기

>왜 정답?

① 2문단에서는 지역 축제를 활성화시키기 위한 국가의 노력에 대해서는 이야기하고 있지 않다.

08 [정답] ⑤ ························· 전개 방식 파악하기

윗글에 대한 설명으로 가장 적절한 것은?

① 지역 축제와 세계 축제를 비교하고 있다.
  지문에서 이야기하고 있지 않음.
② 지역 축제의 변천 과정을 설명하고 있다.
  지문에서 이야기하고 있지 않음.
③ 지역 축제가 가지고 있는 한계만 지적하고 있다.
  지역 축제의 긍정적, 부정적 측면을 모두 이야기하고 있음.
④ 전문가의 의견을 인용하여 신뢰성을 높이고 있다.
  지문에서 이야기하고 있지 않음.
⑤ 지역 축제의 긍정적인 측면과 부정적인 측면을 소개하고 있다.
  2~3문단에 근거 → 지역 축제의 긍정적, 부정적 측면을 소개함.

>왜 정답?

⑤ 2문단에서 지역 축제의 긍정적인 측면을 소개하고, 3문단에서 지역 축제의 부정적인 측면을 소개하고 있다.

>왜 오답?

①, ②, ④ 이 지문에서 이야기하고 있지 않은 내용이다.
③ 이 지문에서는 지역 축제의 긍정적 측면과 부정적 측면을 모두 이야기하고 있지, 지역 축제의 한계만 이야기하고 있지 않다.

09 [정답] ⑤ ························· 내용 파악하기

지역 축제에 대한 설명으로 적절하지 않은 것은?

① 지역 축제는 쓰레기 문제, 교통 문제, 소음 문제 등을 발생시킬 수도 있다.
  3문단에 근거 → 지역 축제가 발생시킬 수 있는 문제들
② 지역 축제를 잘 기획하면 지역 문화를 발전시키고, 지역 경제를 활성화할 수 있다.
  2문단에 근거 → 지역 축제의 긍정적인 측면
③ 지역 축제를 통해 그 지역의 특산물을 홍보하는 것은 지역 경제의 활성화에 기여하는 일이다.
  2문단에 근거 → 지역 축제의 긍정적인 측면
④ 지역 축제를 성공적으로 개최하기 위해서는 먼저 그 지역의 문화적·예술적 가치를 생각해 보아야 한다.
  4문단에 근거 → 성공적으로 지역 축제를 개최하기 위한 방법
⑤ 지역 축제를 하는 이유는 다른 지역의 사람들보다 해당 지역의 주민들이 더 많이 참여하게 하기 위해서이다.
  지역 축제의 목표는 많은 관광객들이 그 지역을 방문하게 하는 것임.

>왜 정답?

⑤ 2문단에서 '대부분의 지역 축제의 목표가 많은 관광객들이 그 지역을 방문하게 하여 이를 통해 경제와 지역을 활성화시키려는 것'이라고 하였다. 따라서 지역 축제를 하는 이유는 다른 지역의 사람들이 그 지역을 많이 찾아오도록 하기 위함이지, 해당 지역의 주민들을 더 많이 참여하게 하기 위함이 아니다.

>왜 오답?

① 3문단에서 지역 축제가 그 지역에 미치는 부정적인 영향으로 쓰레기 처리 문제, 교통 체증과 소음 발생 등을 들고 있다.
② 2문단에서 '지역 축제는 ~ 경제의 활성화로 이어진다.'라고 하였다.
③ 2문단에서 지역 축제를 하면 '사람들이 많이 찾음으로써 ~ 경제의 활성화로 이어진다.'라고 하였다.
④ 4문단에서 '지역 축제를 기획할 때에는 ~ 문화적·예술적 가치와 그 지역의 전통 문화를 고려해야 한다.'라고 하였다.

10 [정답] ⑤ ························· 글쓴이의 의도 파악하기

글쓴이가 윗글을 통해 궁극적으로 말하고자 하는 바로 가장 적절한 것은?

① 지금보다 더 다양한 지역 축제가 개최되어야 한다.
  지문에서 이야기하고 있지 않음.
② 지역 축제를 통해 그 지역의 특산물을 더 적극적으로 홍보해야 한다.
  지문에서 이야기하고 있지 않음
③ 지역 축제에 더 많은 사람들이 참여할 수 있도록 교통 문화가 개선되어야 한다.
  지문에서 이야기하고 있지 않음.
④ 지역 축제가 일으키는 환경 오염 문제를 해결하기 위해 정부가 적극적으로 노력해야 한다.
  지문에서 이야기하고 있지 않음.
⑤ 지역 축제를 성공적으로 운영하여 긍정적인 측면을 확대하려면 지역 축제의 질과 운영의 완성도를 높여야 한다.
  4문단에 근거 → 지역 축제의 질과 운영의 완성도를 높여야 함.

>왜 정답?

⑤ 4문단에서 성공적으로 지역 축제를 운영하기 위해서는 '지역 축제의 질과 운영의 완성도를 높여야 한다.'라고 하였다.

>왜 오답?

① 1문단에서 각 지역에서 열리는 축제가 2400여 개나 된다고 하였을 뿐, 지금보다 더 다양한 지역 축제가 개최되어야 한다고 이야기하고 있지는 않다.
② 2문단에서 지역 축제를 통해 해당 지역의 특산물을 자연스럽게 홍보할 수 있다고 하였을 뿐, 더 적극적으로 홍보해야 한다고 이야기하고 있지는 않다.
③ 3문단에서 지역 축제 때문에 교통 체증이 발생한다고 하였을 뿐, 교통 문화가 개선되어야 한다고 이야기하고 있지는 않다.
④ 3문단에서 지역 축제의 부정적인 영향으로 '지나치게 환경 오염을 유발한다'고 하였지만, 이를 해결하기 위해 정부가 적극적으로 노력해야 한다고 이야기하고 있지는 않다.

바랜다고 되겠냐? 바라야지!

○ 핵심어 　문단 중심 문장 　전체 중심 문장

1 일상생활을 하면서 생각대로 어떤 일이 이루어지기를 기대한다는 의미를 표현할 때 '바라'와 '바래' 중 어떤 표현을 써야 할지 헷갈려 하는 사람들이 많다. '너의 꿈이 이루어지기를 바라.'와 '너의 꿈이 이루어지기를 바래.' 중 무엇이 적절한 표현일까?

2 표준국어대사전에 따르면 '생각이나 바람대로 어떤 일이나 상태가 이루어지거나 그렇게 되었으면 하고 생각하다.'를 의미하는 단어는 ㉠'바라다'이다. 반면 ㉡'바래다'는 '볕이나 습기를 받아 색이 변하다.', '볕에 쬐거나 약물을 써서 빛깔을 희게 하다.'를 의미하는 단어이다. 즉, '바라다'와 '바래다'는 서로 비슷하게 생겼고, 그래서 많은 사람들이 쓰임을 헷갈려 하지만 엄연히 다른 의미를 가진 별개의 단어인 것이다. 따라서 각 단어의 의미를 고려하면, 위와 같은 상황에서는 '너의 꿈이 이루어지기를 바라.'라고 써야 한다.

3 또한 우리나라 어문 규정 중 '표준어 규정' 제11항에서는 "다음 단어에서는 모음의 발음 변화를 인정하여, 발음이 바뀌어 굳어진 형태를 표준어로 삼는다."라고 명시되어 있고, '바라다'를 표준으로 삼고, '바래다'를 버린다고 예를 들고 있다. 게다가 "근래 '바라다'에서 파생된 명사 '바람'을 '바램'으로 쓰는 경향이 있다. '바람(風)'과의 혼동을 피하려는 심리 때문인 듯하다. 그러나 동사가 '바라다'인 이상 그로부터 파생된 명사가 '바램'이 될 수는 없어, 이를 명기하였다."라는 해설도 함께 제시되어 있다.

4 이와 같은 표준어 규정에 따라 정리하면, 어떤 일이 이루어지기를 기대한다는 의미를 표현할 때는 '바래'가 아닌 '바라'를, '바램'이 아닌 '바람'을 사용해야 한다. 일상생활을 할 때뿐만 아니라, 노래 제목이나 가사에서도 이런 오용 사례들이 자주 발견된다. 앞으로는 '바라'와 '바람'이 올바른 표현이라는 것을 기억하고, 어문 규정에 따라 명확하게 의사소통을 하는 것이 적절하지 않을까?

---

1 문단 요약
'바라'와 '바래'의 올바른 쓰임에 대한 의문

2 문단 요약
표준국어대사전에 따라 맞는 표현인 '바라'

3 문단 요약
표준어 규정에 제시된 '바라다'에 대한 해설

[중심 문단]
4 문단 요약
어문 규정에 따른 명확한 의사소통의 필요성

● **내용 :** 이 글은 사람들이 자주 헷갈리는 '바라'와 '바래'의 올바른 쓰임을 설명하고 있다. '바라'와 '바래'의 쓰임을 정확하게 알기 위해서는 표준국어대사전을 활용하는 것이 도움이 된다. 또한 표준어 규정에서 각 단어의 쓰임을 어떻게 제한하고 있는지 확인하는 것이 좋다. 그리고 일상생활에서 어문 규정에 맞는 정확한 표현을 사용하는 것이 명확한 의사소통에 도움이 된다.

● **주제 :** '바라다'의 올바른 쓰임

● **문단 간의 관계 :** 1문단에서는 '바라'와 '바래'의 올바른 쓰임에 대해 의문을 제시하고, 2문단에서 이에 대해 답하고 있다. 특히 2문단과 3문단에서는 신뢰할 수 있는 근거를 제시하여 '바라다'의 올바른 쓰임을 설명하고 있다. 4문단에서는 어문 규정에 따른 올바른 의사소통을 할 것을 권유하며 글을 마무리하고 있다.

● **글의 구조도**

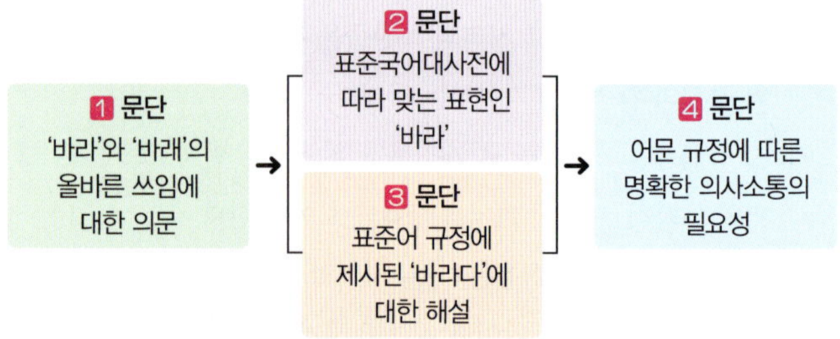

01 [정답] 바라 ···································· 문단 요약하기

왜 정답?

제시된 문장은 1문단의 내용을 요약한 것이다. 1문단을 보면 "바라'와 '바래' 중 어떤 표현을 써야 할지 헷갈려 하는 사람들이 많다.'라고 했으므로 빈칸에 들어가기에 적절한 말은 '바라'이다.

02 [정답] ③ ······························· 문단 간의 관계 파악하기

왜 정답?

③ 4문단에서는 1~3문단의 내용을 정리하며 어문 규정에 따른 의사소통의 필요성을 언급하고 있을 뿐, 특정 내용을 반박하거나 새로운 가능성을 제시하고 있지는 않다.

03 [정답] ③ ···································· 내용 파악하기

윗글의 내용으로 적절하지 <u>않은</u> 것은?

① '바라다'와 '바래다'는 사전적으로 다른 의미이다.
2문단에 근거 → 표준국어대사전에 따르면 두 단어는 다른 의미임.
② '바래다'는 대상의 색이 변화하는 것과 관련된 단어이다.
2문단에 근거 → '바래다'는 색이 변하거나 빛깔이 희어지는 것을 의미함.
③ 어문 규정은 실생활에서의 단어의 쓰임을 반영하지 못한다.
어문 규정이 실생활에서의 쓰임을 반영하지 못하는 것은 아님.
④ 표준어 규정 제11항에서는 '바라다'와 '바래다'를 예로 들고 있다.
3문단에 근거 → 표준어 규정 제11항에서 '바라다'와 '바래다'의 쓰임을 예로 들고 있음.
⑤ 사람들은 '바람(風)'과 헷갈리지 않기 위해 '바라다'의 파생어인 '바람'을 '바램'으로 쓰는 경향이 있다.
3문단에 근거 → 표준어 규정 제11항에서 명기하고 있음.

왜 정답?

③ 1문단에서는 일상생활에서 '바라다'와 '바래다'의 쓰임을 헷갈려 하는 사람이 많다고 하였다. 하지만 어문 규정이 실생활에서의 쓰임을 반영하지 못한다고 볼 수는 없다.

왜 오답?

① 2문단에서 '표준국어대사전'에 따르면, '바라다'는 '생각이나 바람대로 ~ 되었으면 하고 생각하다.'라는 의미라고 하였다. 반면 '바래다'는 '볕이나 습기를 받아 색이 변하다.', '볕에 쬐거나 약물을 써서 빛깔을 희게 하다.'를 의미하므로, 두 단어는 사전적으로 다른 의미이다.
② 2문단에서 "바래다"는 '볕이나 습기를 받아 색이 변하다.', '볕에 쬐거나 약물을 써서 빛깔을 희게 하다.'를 의미'한다고 하였다. 따라서 '바래다'는 대상의 색이 변하는 것과 관련 있는 단어이다.
④ 3문단에서 '표준어 규정 제11항'을 언급하면서 "바라다'를 표준으로 삼고, '바래다'를 버린다고 예를 들고 있다.'라고 하였다.
⑤ 3문단에서 사람들이 '바람(風)'과의 혼동을 피하려는 심리 때문에 '바람'을 '바램'으로 사용하는 경향이 있다고 하였다.

04 [정답] ④ ······························· 글쓴이의 의도 파악하기

윗글을 쓴 글쓴이의 의견으로 가장 적절한 것은?

① 규정에 얽매이기보다는 의미가 잘 통하는 것이 더 중요하다.
글쓴이의 의견과 맞지 않음.
② 표준어 규정은 참고 사항일 뿐 반드시 지키지는 않아도 된다.
글쓴이의 의견과 맞지 않음.
③ 노래 가사를 지을 때는 반드시 표준어 규정을 따르지 않아도 된다.
글쓴이의 의견과 맞지 않음.
④ 정확한 의사소통을 위해 '바라다'와 '바래다'를 구분해서 써야 한다.
4문단에 근거 → 어문 규정에 따라 명확하게 의사소통을 하는 것이 중요함.
⑤ 어문 규정에 어긋나는 표현을 많은 사람들이 사용하면 규정을 바꾸어야 한다.
글쓴이의 의견과 맞지 않음.

왜 정답?

④ 글쓴이는 '바라다'의 올바른 쓰임을 설명하고 있다. 또한 4문단에서는 이를 통해 '어문 규정에 따라 명확하게 의사소통을 하는 것'을 권유하고 있다.

왜 오답?

①, ②, ⑤ 글쓴이는 어문 규정에 따라 명확하게 의사소통을 하는 것이 중요하다고 생각하므로, 글쓴이의 의견과 맞지 않는다.
③ 4문단에서 글쓴이는 '바라'와 '바래'의 쓰임에 대해 정리하면서, '노래 제목이나 가사에서도 이런 오용 사례가 많다.'라고 하였다. 이를 통해 글쓴이가 노래 가사를 지을 때에도 표준어 규정에 맞지 않는 표현을 쓰는 것을 바람직하지 않다고 보고 있음을 알 수 있다.

05 [정답] ⑤ ·································· 실제 사례에 적용하기

㉠과 ㉡의 사용으로 적절하지 <u>않은</u> 것은?

① 나도 네가 이기기를 바라볼게.
어떤 일이 이루어지기를 기대한다는 의미이므로 적절함.
② 그의 바람은 단번에 날아가 버렸다.
어떤 일이 이루어지기를 기대한다는 의미이므로 적절함.
③ 성적이 잘 나오기를 바라기는 하니?
어떤 일이 이루어지기를 기대한다는 의미이므로 적절함.
④ 종이가 바래져 글씨를 읽을 수 없다.
볕이나 습기를 받아 색이 변한다는 의미이므로 적절함.
⑤ 나는 그가 돌아 올 것이라는 바램을 갖고 있다.
'바람'이라고 써야 함.

왜 정답?

⑤ '그가 돌아올 것'이라는 것은 '나'가 그렇게 이루어지기를 기대하는 것이기 때문에 '바램' 대신 '바람'을 써야 한다.

왜 오답?

①, ②, ③ 어떤 일이나 상태가 이루어지기를 기대한다는 의미로 '바라다'를 적절히 사용하였다.
④ '볕이나 습기를 받아 색이 변하다.'라는 의미로 '바래다'를 적절히 사용하였다.

화폐는 어떤 일을 할까?

○ 핵심어　━ 문단 중심 문장　▨ 전체 중심 문장

1 초기의 거래는 필요한 물품을 가진 사람끼리 직접 만나 교환하는 식으로 이루어졌다. (화폐가 없을 때는 물물 교환을 통해 거래가 이루어졌음.) 만일 빵을 가진 사람과 설탕을 가진 사람이 서로의 물건이 필요하다면 직접 얼굴을 마주 보고 만나야만 필요한 물건을 가질 수 있었다. 만일 그러기 힘든 상황이라면 둘은 서로 만나기 위해 많은 시간과 노력을 들여야만 했다. (직접 만나기 힘든 상황) **이러한 교환의 어려움을 줄이고자 생겨난 것이 화폐이다.** (1문단의 핵심어) 그렇다면 화폐는 거래에서 어떤 기능을 갖고 있었을까?

2 화폐가 생겨나면서 서로 필요한 물품을 가진 사람들이 반드시 만나지 않더라도 돈을 내고 필요한 물품을 구입할 수 있게 되었다. (화폐가 생기면서 변화하게 된 거래의 형태) 내가 설탕이 필요 없더라도 언제든지 빵을 팔고 설탕 대신 빵의 가치에 해당하는 돈을 받을 수 있었기 때문이다. **손에 든 빵은 사라졌지만 빵의 가치를 여전히 돈이라는 형태로 보유할 수 있게 되면서 그 보유한 가치로 다른 물품을 살 수 있게 된 것이다.** (화폐의 기능 ① : 보유 / 2문단의 핵심어)

3 또한 빵이 필요한 사람을 만나지 못해 교환하지 못하면 어떻게 되었을까? 그냥 먹을 수 있으면 그나마 다행인데, 그러지도 못할 경우 빵은 상하고 썩어 그 가치가 없어질 수밖에 없었다. 하지만 돈을 받고 빵을 팔면 그 돈은 여전히 빵의 가치를 지닐 수 있었다. **돈이 물건의 가치를 유지할 수 있게 한 것이다.** (3문단의 핵심어 / 화폐의 기능 ② : 유지) **뿐만 아니라, 창고에 모아 두면 썩는 빵과 달리 돈은 사용하지 않고 모음으로써 가치를 축적할 수도 있었다.** (3문단의 핵심어 / 화폐의 기능 ③ : 축적)

4 현대의 화폐는 과거의 지폐, 동전뿐만 아니라 수표, 신용 카드 등 그 형태도 다양해지고 사용되는 범위도 넓어졌다. (4문단의 핵심어 / 현대 화폐의 다양한 형태) **다만 과거에는 상상할 수 없었던 경제 발전 속에서도 화폐는 여전히 보유, 유지, 축적의 기능을 지닌다.** 이는 과거의 화폐가 지녔던 기능이 오늘날 경제 활동의 목적과 여전히 맞아떨어지기 때문일 것이다.

---

1 문단 요약
화폐가 생겨난 배경

2 문단 요약
화폐의 기능 ① : 보유

3 문단 요약
화폐의 기능 ②, ③ : 유지, 축적

[중심 문단]
4 문단 요약
현대에도 여전히 보유, 유지, 축적의 기능을 지니는 화폐

● **내용 :** 이 글은 화폐의 여러 가지 기능에 대해 설명하는 글이다. 화폐는 직접 만나 물건을 교환하는 어려움을 줄이기 위해 만들어졌다. 화폐가 생기면서 거래의 형태가 달라졌을 뿐만 아니라, 물품의 가치를 보유하고, 유지하고 축적할 수도 있게 되었다. 오늘날 화폐는 다양한 형태로 변화하였음에도 여전히 이러한 기능들을 지니고 있다.

● **주제 :** 가치를 유지, 보유, 축적하는 화폐의 기능

● **문단 간의 관계 :** 1문단에서는 초기의 거래 형태를 제시하면서 화폐가 생겨난 배경을 설명하고, 2문단과 3문단에서는 화폐의 기능을 설명하고 있다. 4문단에서는 화폐가 과거부터 현재까지 여전히 그 기능을 다하고 있음을 언급하며 글을 마무리하고 있다.

● **글의 구조도**

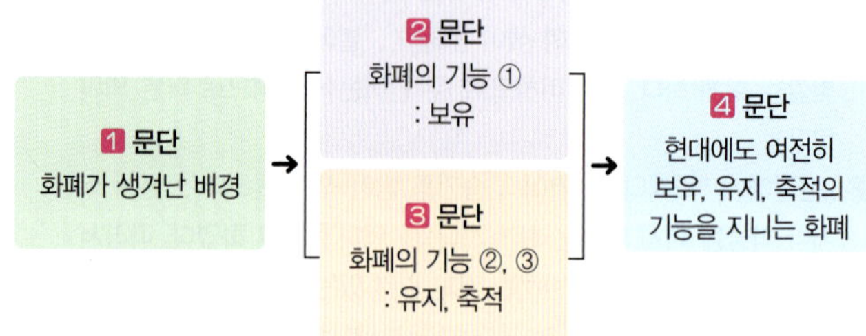

06 [정답] 화폐 ·· 문단 요약하기

>왜 정답?

제시된 문장은 4문단의 내용을 요약한 것이다. 4문단에서 '과거에는 상상할 수 없었던 경제 발전 속에서도 화폐는 여전히 보유, 유지, 축적의 기능을 지닌다.'라고 했다. 따라서 빈칸에 들어가기에 적절한 말은 '화폐'이다.

07 [정답] ① ·· 문단 간의 관계 파악하기

>왜 정답?

① 1문단에서 '그렇다면 화폐는 거래에서 어떤 기능을 갖고 있었을까?'라고 하며 앞으로 다룰 내용인 '화폐의 기능'에 대해 제시하고 있다.

08 [정답] ⑤ ·· 내용 파악하기

윗글의 내용으로 적절하지 않은 것은?

① 초기의 거래는 물물 교환의 형태로 이루어졌다.
　1문단에 근거 → 초기에는 물물 교환을 했음.
② 화폐를 사용하면서 가치를 축적할 수 있게 되었다.
　　　3문단에 근거 → 돈을 모으면 가치를 축적할 수 있음.
③ 과거에는 판매되지 않은 물품의 가치를 유지하는 일이
　3문단에 근거 → 빵과 같은 물품은 상하고 썩어서 그 가치를 유지하기 어려웠음.
　어려웠다.
④ 화폐를 사용한 거래에서 물품의 주인은 물품의 가치에
　　빵을 가진 사람은 빵을 팔고 빵의 가치에 해당하는 돈을 받음.
　해당하는 돈을 받았다.
⑤ 오늘날 화폐의 형태가 다양해진 것은 과거의 화폐가 한
　　　　　　지문에서 이야기하고 있지 않음.
　계를 가졌기 때문이다.

>왜 정답?

⑤ 4문단에서 오늘날 화폐의 형태가 다양해졌다고는 하였지만, 그것이 과거의 화폐가 한계를 가졌기 때문이라고 이야기하고 있지는 않다.

>왜 오답?

① 1문단에서 '초기의 거래는 필요한 물품을 가진 사람끼리 직접 만나 교환하는 식으로 이루어졌다.'라고 하였다.
② 3문단에서 '돈은 사용하지 않고 모음으로써 가치를 축적할 수도 있었다.'라고 하였다.
③ 3문단에서 빵을 교환하지 못하면 '빵은 상하고 썩어 그 가치가 없어질 수밖에 없었다.'라고 하였다. 즉, 과거에는 물품의 가치가 시간이 지나면 상하거나 변해서 그 가치를 유지하기 어려웠다.
④ 2문단에서 빵을 가진 사람은 '언제든지 빵을 팔고 설탕 대신 빵의 가치에 해당하는 돈을 받'았다고 했다. 따라서 화폐로 거래를 할 때, 물품의 주인은 그 물품의 가치에 해당하는 돈을 받았음을 알 수 있다.

09 [정답] ① ·· 전개 방식 파악하기

윗글에 대한 설명으로 가장 적절한 것은?

① 구체적인 상황을 예로 들어 설명하고 있다.
　빵과 설탕을 가진 사람들의 거래를 예로 들어 설명함.
② 통계를 바탕으로 경제 상황을 드러내고 있다.
　지문에서 이야기하고 있지 않음.
③ 일반적인 주장에 대한 반론을 제기하고 있다.
　지문에서 이야기하고 있지 않음.
④ 실험을 통해 대상이 지닌 특성을 증명하고 있다.
　지문에서 이야기하고 있지 않음.
⑤ 하나의 대상이 지닌 장단점을 비교하여 설명하고 있다.
　화폐의 장점과 단점을 비교하고 있지는 않음.

>왜 정답?

① 1~3문단에서 빵과 설탕을 가진 사람 사이의 거래를 예로 들어 화폐의 기능을 설명하고 있다.

>왜 오답?

②, ③, ④ 이 지문에서 이야기하고 있지 않은 내용이다.
⑤ 이 지문에서 설명하고 있는 화폐의 기능을 장점이라고 볼 수는 있다. 하지만 화폐의 단점을 언급하지도, 장점과 단점을 비교하고 있지도 않다.

10 [정답] ① ·· 내용 파악하기

윗글을 읽고 답할 수 있는 질문으로 적절하지 않은 것은?

① 초기 경제 활동의 장점은 무엇인가?
　지문에서 이야기하고 있지 않음.
② 화폐를 사용하게 된 이유는 무엇인가?
　물물 교환의 어려움을 줄이기 위해 화폐가 생겨남.
③ 현대의 화폐는 어떤 형태로 사용되고 있는가?
　지폐, 동전, 수표, 신용 카드 등
④ 물건 대신 돈을 모으는 것의 장점은 무엇인가?
　물건의 가치를 유지, 축적할 수 있음.
⑤ 지금까지 화폐가 여전히 제 기능을 다할 수 있었던 이유
　화폐의 기능이 오늘날 경제 활동의 목적과 여전히 맞아떨어지기 때문임.
　는 무엇인가?

>왜 정답?

① 1문단에서 초기 경제 활동은 물물 교환의 형태로 이루어졌다고 했다. 하지만 이러한 물물 교환의 장점은 이야기하고 있지 않다.

>왜 오답?

② 1문단에서 '직접 얼굴을 마주 보고 만나야만' 거래를 할 수 있었던 물물 교환의 어려움을 줄이고자 화폐가 생겼다고 하였다.
③ 4문단에서 '현대의 화폐는 과거의 지폐, 동전뿐만 아니라 수표, 신용카드 등 ~ 범위도 넓어졌다.'라고 하였다.
④ 3문단에서 물건은 시간이 지나면 상하거나 그 가치가 변하기 때문에 오래 보관할 수 없다고 하였다. 반면 물건의 가치를 돈으로 바꿔서 보관하면 그 물건의 가치를 유지할 수 있고, 이를 통해 가치를 축적하는 것도 가능하다고 하였다.
⑤ 5문단에서 '화폐는 여전히 보유, 유지, 축적의 기능을 ~ 여전히 맞아떨어지기 때문일 것이다.'라고 하였다.

종이는 어떻게 만들어질까?

○ 핵심어　　▮ 문단 중심 문장　　▮ 전체 중심 문장

1 중국 후한의 채륜이 발명하였다고 전해지는 종이는 학교에서 보는 교과서부터, 편의점에서 물건을 구매하고 받는 영수증에 이르기까지 일상생활에서 많이 사용되는 것 중 하나이다. 우리의 생활에서 빼놓을 수 없는 종이는 도대체 어떠한 물질이고 어떻게 만들어질까?

2 보통 매끄럽고 평평하다고 느껴지는 종이는 사실 얇고 작은 섬유로 구성되어 있어서 현미경 등으로 관찰하면 사실은 울퉁불퉁하다는 것을 알 수 있다. 우리가 종이가 울퉁불퉁하다는 것을 느끼지 못하는 이유는 촉각이 느끼는 범위를 벗어날 정도로 종이가 매우 작은 규모로 가공되었기 때문이다.

3 그렇다면 종이는 무엇으로 만들어질까? 많은 사람들이 알고 있는 것처럼 종이의 재료는 나무인데, 특히 나무 속의 섬유 셀룰로오스가 바로 종이의 주된 성분이다. 셀룰로오스는 거의 모든 식물이 공기 중에서 광합성으로 얻는 세 가지 요소 즉 탄소, 산소, 수소로 구성되어 있는데, 대단히 단단하고 복원력이 좋다. 셀룰로오스는 리그닌이라는 물질에 의해 서로 단단히 붙어 있는데, 이들을 분리하는 것은 머리카락에 엉겨 붙은 껌을 떼어 내는 것처럼 매우 힘들다.

4 일단 종이를 만들기 위해서는 큰 냄비 같은 통에 나무를 작은 조각으로 잘라 넣은 후, 높은 온도와 압력을 더하면서 화학 약품을 넣어 끓여야 한다. 이 과정에서 리그닌에 의해 결합되어 있던 셀룰로오스 섬유가 풀리고, 나무 펄프라고 하는 엉킨 섬유가 남게 된다. 이 섬유를 평평한 곳에 놓고 건조하면 드디어 종이가 만들어진다.

5 위의 과정을 거친 종이는 거칠고 갈색빛을 띠는데, 우리가 자주 쓰는 하얗고 빛나는 종이로 만들기 위해서는 종이를 하얗게 만드는 다른 과정을 또 거쳐야 한다. 즉, 화학 약품을 첨가하여 종이를 희게 만든 후, 탄산 칼슘과 같은 흰 가루를 섞어야 한다. 또한 매끄럽게 하기 위해서는 코팅 작업도 해야 한다.

6 우리가 자주 사용하는 한 장의 종이를 만들기 위해서는 이처럼 많은 과정을 거쳐야 한다. 종이를 마구잡이로 낭비하기 전에 이러한 과정을 한 번 생각해 보는 것은 어떨까?

---

1 문단 요약

종이에 대한 의문 제시

2 문단 요약

종이의 구성 : 얇고 작은 섬유로 구성되어 울퉁불퉁한 종이

3 문단 요약

종이의 구성 성분 : 셀룰로오스

4 문단 요약

종이를 만드는 과정 ① : 높은 온도와 압력, 화학 약품을 통해 만들어지는 종이

5 문단 요약

종이를 만드는 과정 ②, ③ : 표백과 코팅 작업을 거치는 종이

[중심 문단]

6 문단 요약

복잡한 과정을 거쳐 만들어지는 종이

- **내용 :** 이 글은 종이의 성분과 종이를 만드는 방법을 설명하고 있다. 종이의 주된 성분은 셀룰로오스이며, 우리가 사용하는 희고 매끄러운 종이를 만들기 위해서는 많은 과정을 가쳐야 한다.

- **주제 :** 종이의 성분과 종이를 만드는 방법

- **문단 간의 관계 :** 1문단에서는 종이의 성분과 종이를 만드는 방법에 대한 의문을 제시하고, 이에 대한 답으로 2문단과 3문단에서 종이의 구성과 성분을, 4문단과 5문단에서는 종이를 만드는 방법을 설명하고 있다. 6문단에서는 4~5문단의 내용을 정리하여 글을 마무리하고 있다.

- **글의 구조도**

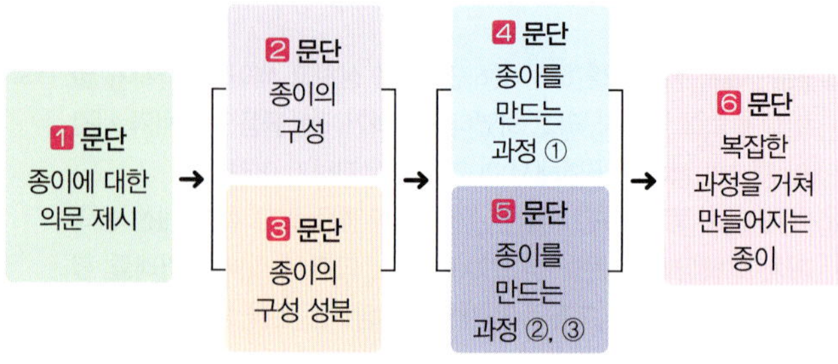

01 [정답] 셀룰로오스 ···················· 문단 요약하기

>**왜** 정답?

3문단에서 '특히 나무 속의 섬유 셀룰로오스가 바로 종이의 주된 성분이다.'라고 했으므로 빈칸에 들어가기에 적절한 말은 '셀룰로오스'이다.

02 [정답] ② ···················· 문단 간의 관계 파악하기

>**왜** 정답?

② 2문단에서는 종이가 얇고 작은 섬유로 구성되어 실제 표면이 울퉁불퉁하다는 것을, 3문단에서는 종이의 주된 성분이 셀룰로오스라는 것을 설명하고 있다. 2문단의 내용을 3문단 내용의 원인으로 볼 수 없다.

03 [정답] ④ ···················· 내용 파악하기

윗글의 내용으로 적절하지 **않은** 것은?

① 종이의 역사는 중국에서부터 시작되었다고 전해진다.
　1문단에 근거 → 종이는 중국 후한의 채륜이 발명했다고 전해짐.
② 종이의 실제 구조는 사람의 촉각으로는 느끼기 힘들다.
　2문단에 근거 → 종이가 아주 작은 규모로 가공되었기 때문임.
③ 하얀 종이를 만들기 위해서는 화학 처리를 거쳐야 한다.
　5문단에 근거 → 종이에 화학 약품을 첨가하여야 흰 종이가 됨.
④ 종이를 지금보다 더 쉽게 만드는 기술을 개발하기 위한
　지문에서 이야기하고 있지 않음.
　연구가 진행되고 있다.
⑤ 거칠고 갈색인 종이는 흰 종이에 비해 자연 상태에 더 가
　5문단에 근거 → 갈색인 종이가 흰 종이에 비해 화학 처리를 덜 한 상태이므로
　깝다고 할 수 있다.　　　　　　　　　　　자연 상태에 더 가까움.

>**왜** 정답?

④ 6문단에서 '한 장의 종이를 만들기 위해서는 이처럼 많은 과정을 거쳐야 한다.'라고 하였다. 하지만 그렇기 때문에 종이를 마구잡이로 낭비하지 말아야 한다는 것일 뿐, 종이를 더 쉽게 만들기 위한 기술에 대해서는 이야기하고 있지 않다.

>**왜** 오답?

① 1문단에서 종이는 '중국 후한의 채륜이 발명하였다고 전해'진다고 하였다.
② 2문단에서 '촉각이 느끼는 범위를 벗어날 정도로 종이가 매우 작은 규모로 가공되었'다고 하였다.
③ 5문단에서 '우리가 자주 쓰는 하얗고 빛나는 종이로 만들기 위해서는 종이를 하얗게 만드는 다른 과정을 또 거쳐야 한다.'라고 하였는데, 이 과정은 '화학 약품을 첨가하'는 화학 처리이다.
⑤ 5문단에서 갈색빛을 띄는 종이를 하얗게 만들기 위해서는 '화학 약품을 첨가하여 종이를 희게 만든 후, 탄산 칼슘과 같은 흰 가루를 섞어야 한다.'라고 하였다. 따라서 거칠고 갈색인 종이는 흰 종이에 비해 화학 처리를 덜 한 상태이기 때문에 조금 더 자연 상태에 가깝다고 할 수 있다.

04 [정답] ⑤ ···················· 내용 파악하기

윗글에 언급된 내용으로 가장 적절한 것은?

① 역사에 따른 종이의 변화
　지문에서 이야기하고 있지 않음.
② 셀룰로오스가 만들어지는 과정
　지문에서 이야기하고 있지 않음.
③ 우리나라 종이들의 역사와 종류
　지문에서 이야기하고 있지 않음.
④ 종이에 쓴 글씨가 오래 보존되는 이유
　지문에서 이야기하고 있지 않음.
⑤ 종이의 주요 성분과 종이를 만드는 방법
　지문 전체의 중심 내용임.

>**왜** 정답?

⑤ 이 지문에서는 중심 대상인 '종이'에 대해 설명하면서, 종이의 성분과 종이를 만드는 방법에 대해 구체적으로 제시하고 있다.

>**왜** 오답?

①, ②, ③, ④ 이 지문에서 이야기하고 있지 않은 내용이다.

05 [정답] ④ ···················· 반응의 적절성 평가하기

윗글을 읽고 난 후의 반응으로 적절하지 **않은** 것은?

① 일상생활에서 종이가 없으면 아주 불편하겠군.
　1문단 1번째 문장에 근거 → 일상생활에서 종이가 많이 사용되고 있음.
② 대부분의 식물은 광합성을 통해 산소, 수소, 탄소를 얻는군.
　3문단에 근거 → 거의 모든 식물이 광합성으로 탄소, 산소, 수소를 얻음.
③ 종이를 만드는 화학 과정에서는 높은 온도와 압력도 필
　4문단에 근거 → 종이를 통에 넣고 높은 온도와 압력을 가해 끓여야 함.
　요하군.
④ 흰 종이를 다시 갈색으로 되돌리려면 탄산 칼슘으로 화
　지문에서 이야기하고 있지 않음.
　학 처리를 하면 되겠군.
⑤ 종이를 현미경으로 관찰하면 우리가 알고 있는 것과 다
　2문단 1번째 문장에 근거 → 우리가 아는 것과 달리 사실은 울퉁불퉁한 종이의
　른 종이의 모습을 볼 수 있겠군.　　　　　　　　모습을 볼 수 있음.

>**왜** 정답?

④ 이 지문에서 흰 종이를 다시 갈색으로 되돌리는 방법은 이야기하고 있지 않다. 또한 탄산 칼슘으로 화학 처리를 하는 것은 갈색 종이를 흰 종이로 만드는 방법이다.

>**왜** 오답?

① 1문단에서 '종이는 학교에서 보는 ∼ 일상생활에서 많이 사용'된다고 하였다. 따라서 일상생활에서 종이가 없으면 아주 불편할 것이다.
② 2문단에서 셀룰로오스가 '거의 모든 식물이 공기 중에서 광합성으로 얻는 세 가지 요소 즉 탄소, 산소, 수소'로 구성되어 있다고 하였다. 이를 통해 대부분의 식물은 광합성을 통해 산소, 수소, 탄소를 얻음을 알 수 있다.
③ 4문단에서 종이를 만들 때 '높은 온도와 압력을 더하면서 화학 약품을 넣어 끓여야 한다.'라고 하였다.
⑤ 2문단에서 '보통 매끄럽고 평평하다고 ∼ 현미경 등으로 관찰하면 사실은 울퉁불퉁하다는 것을 알 수 있다.'라고 하였다.

계획된 농업 도시, 화성

○ 핵심어　　▆ 문단 중심 문장　　▆ 전체 중심 문장

1 경기도 수원에 있는 (화성)은 조선의 제22대 왕인 정조가 건설한 계획도시이다. 매우
　　　　 1문단의 핵심어
과학적인 방법으로 지어진 화성은 뛰어난 근대 건축물의 모범으로 평가된다. 그러나 화
　　　　　　　　　　　　　　　　화성에 대한 일반적인 평가
성은 단순히 조선 시대의 과학 기술 수준을 보여 주는 건축물이라는 의미만 있는 것은
　　　　　　　　　　　　　　　화성의 과학적 가치
아니다. 화성은 농업의 발전을 통해 백성들의 삶을 풍요롭게 하고자 했던 정조의 정치
　　　　　　　　　　　　농업 도시이자, 정조의 정치 철학이 담긴 산물인 화성
철학을 보여 주는 정신적 산물이기 때문이다.

2 화성이 지어지기 이전까지 그 일대의 땅은 아무것도 없는 거친 황무지였다. 그래서
백성들이 농사를 짓고 살기에는 적합하지 않았다. 화성을 건설하던 중 큰 가뭄이 들은
　　　　　　　　　　　　　　　　　　　　　　　만석거를 만들게 된 계기
일이 있었다. 정조는 이를 해결하고자 장마철에 자주 흘러넘치던 하천을 막고 둑을 쌓
아 수문을 설치하여 큰 저수지를 만들었고, 그 이름을 '만석거'라고 하였다.
　　　　　　　　　　　　　　　　　　　　　　2문단의 핵심어

3 또 만석거의 근처에 ㉠대유둔이라는 대규모의 농장을 만들고 만석거의 물을 끌어다
　　　　　　　　　3문단의 핵심어
농사에 쓸 수 있도록 했다. 대유둔은 평소에는 농사를 짓는 사람이 때에 따라 군사가 되
는 '병농일치'의 군사 제도를 운영하는 데에 적합한 형태의 농장으로, 『정조는 농장의
　　　　　　　　　　　　　　　　　　　　　　　　　　　　『 』: 대유둔을 운영하던 방식
2/3는 병사들에게 나누어 농사를 짓게 하고 나머지 1/3은 가난한 백성들에게 나누어 주
었다. 병사들은 평소에는 대유둔의 땅을 경작하여 농사를 지어 군수와 군량을 공급하고
유사시에는 전투에 동원되었다.』

4 정조는 대유둔의 땅을 경작하는 백성들에게는 농사에 필요한 소뿐만 아니라, 모든
　　4문단의 핵심어　　　　　　　　　　　　　　대유둔을 경작하는 백성들에게 주어졌던 혜택
농기구도 제공해 주었다. 그 대신 농사를 지은 쌀의 반을 땅값으로 받아 화성을 유지하
고, 관리하는 비용으로 사용하였다. 정조는 이러한 정책을 실시함으로써 이전의 황무지
같았던 화성 주변의 토지를 비옥한 농토로 탈바꿈시키는 한편, 화성의 백성들이 자립하
면서 굶주리지 않고 풍족한 삶을 누리게 하고자 했다.

---

1 문단 요약
정조의 정치 철학을 보여 주는 산물인 화성

2 문단 요약
화성 건설 중에 만들어진 저수지 '만석거'

3 문단 요약
만석거의 물을 활용한 대규모 농장 '대유둔'

[중심 문단]
4 문단 요약
화성의 농업 정책에 담긴 정조의 정치 철학

● **내용** : 이 글은 만석거와 대유둔을 통해 화성의 농업 도시로서
의 면모와 정조가 가지고 있던 정치 철학을 설명하고 있다. 수
원 화성은 뛰어난 근대 건축물의 모범이며, 조선 시대 과학 기
술 수준을 보여 주는 계획도시이다. 또한 동시에 농업 도시이
기도 하였는데, 정조는 화성에 만석거와 대유둔을 만들어 백성
들이 농사지을 수 있게 함으로써 백성들이 풍족하게 살기를 바
랐다. 즉, 화성의 농업 정책에는 정조의 정치 철학이 담겨 있는
것이다.

● **주제** : 화성의 농업 정책에 담긴 정조의 정치 철학

● **문단 간의 관계** : 1문단에서는 화성의 농업 도시로서의 가치를 설명하고
있다. 2문단과 3문단에서는 화성을 농업 도시로 만들 수 있었던 '만석거'와
'대유둔'을 소개하고 있다. 그리고 4문단에서는 화성의 농업 정책과, 이에
담긴 정조의 정치 철학을 설명하며 글을 마무리하고 있다.

● **글의 구조도**

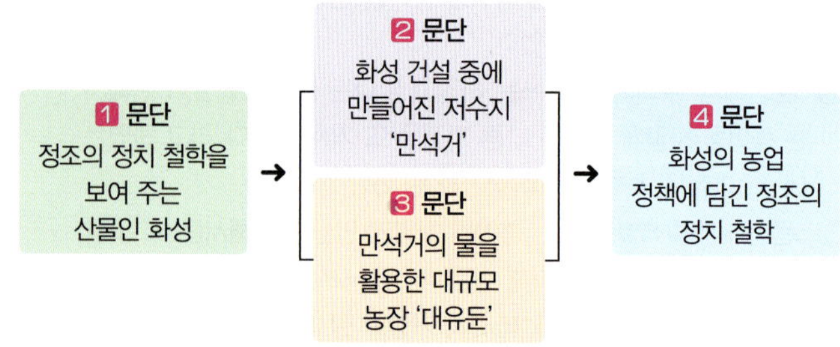

06 [정답] 만석거 ·········· 문단 요약하기

>왜 정답?

2문단에서 정조가 가뭄을 해결하고자 '큰 저수지를 만들었고, 그 이름을 '만석거'라고 하였다.'라고 했으므로 빈칸에 들어가기에 적절한 말은 '만석거'이다.

07 [정답] ④ ·········· 문단 간의 관계 파악하기

>왜 정답?

④ 4문단 1~2번째 문장에서 대유둔을 경작하는 것에 대해 설명하고 있는데, 이는 3문단에서 다룬 대유둔에 대해 보충하는 내용이다. 또한 3번째 문장에서는 이러한 화성의 농업 정책에 담긴 정조의 정치 철학, 즉 백성이 풍족한 삶을 살기 바랐던 이상을 설명하고 있다.

08 [정답] ④ ·········· 내용 파악하기

> 윗글의 내용으로 적절하지 <u>않은</u> 것은?
>
> ① 정조는 화성을 어떤 도시로 만들고 싶다는 계획이 있었다.
> 1문단 1번째 문장에 근거 → 화성은 정조가 만든 계획도시였음.
> ② 화성은 원래 대형 농장을 만들기에 적합하지 않은 땅이었다.
> 2문단에 근거 → 원래 아무 것도 없는 거친 황무지였음.
> ③ 부유하지 않은 백성들도 대유둔에서 농사를 지을 수 있었다.
> 3~4문단에 근거 → 가난한 백성들에게도 농장을 나눠주고, 농사짓는 데 필요한 소, 농기구를 제공했음.
> ④ 병농일치를 통해 조선이 농업에 비해 군사 제도를 소홀히 여겼음을 알 수 있다.
> 3문단에 근거 → 오히려 군사 제도를 중요하게 여겼음이 드러남.
> ⑤ 화성은 백성들이 풍족하게 살기를 바랐던 정조의 이상이 담긴 도시라고 할 수 있다.
> 4문단에 근거 → 화성의 농업 정책에는 정조의 이상이 담겨 있음.

>왜 정답?

④ 3문단에 따르면, 병농일치란 '평소에는 농사를 짓는 사람이 때에 따라 군사가 되는' 것임을 알 수 있다. 병농일치에 따라 농사를 짓던 사람도 때에 따라 군사가 될 수 있었으므로, 병농일치를 통해 오히려 군사 제도를 중요하게 여겼음을 알 수 있다.

>왜 오답?

① 1문단에서 '화성은 조선의 제22대 왕인 정조가 건설한 계획도시이다.'라고 하였다. 따라서 정조는 화성을 건설할 때 어떤 계획이 있었음을 알 수 있다.
② 2문단에서 화성은 원래 '황무지'였고, '농사를 짓고 살기에는 적합하지 않았다.'라고 하였다.
③ 3문단에서 '정조는 농장의 ~ 백성들에게 나누어 주었다.'라고 했고, 4문단에서 '정조는 대유둔의 땅을 경작하는 백성들에게는 ~ 모든 농기구도 제공해 주었다.'라고 하였다.
⑤ 4문단에서 정조는 화성의 농업 정책을 통해 '백성들이 스스로 자립하면서 굶주리지 않고 풍족한 삶을 누리게 하고자 했다.'라고 하였다. 따라서 화성은 이러한 정조의 이상이 담긴 도시임을 알 수 있다.

09 [정답] ④ ·········· 전개 방식 파악하기

> 윗글에 대한 설명으로 가장 적절한 것은?
>
> ① 구체적인 근거를 들어 화성의 문제점을 비판하고 있다.
> 지문에서 이야기하고 있지 않음.
> ② 역사적 자료를 통해 화성이 쇠퇴한 원인을 밝히고 있다.
> 지문에서 이야기하고 있지 않음.
> ③ 전문가의 말을 인용하여 화성의 다양한 역할을 설명하고 있다.
> 전문가의 말을 인용하고 있지 않음.
> ④ 만석거와 대유둔을 통해 농업 도시로서의 화성의 특징을 밝히고 있다.
> 만석거와 대유둔을 통해 이뤄졌던 화성의 농업에 대해 설명함.
> ⑤ 다른 대상과의 비교를 통해 화성 건축의 역사적 의의를 설명하고 있다.
> 화성을 다른 대상과 비교하고 있지 않음.

>왜 정답?

④ 이 지문에서는 농업 도시로서의 화성의 가치를 밝힌 뒤, 만석거와 대유둔을 통해 이루어졌던 화성의 농업에 대해 설명하고 있다.

>왜 오답?

①, ② 이 지문에서 이야기하고 있지 않은 내용이다.
③ 농업 도시로서의 화성의 역할을 설명하고 있다고 볼 수는 있지만, 전문가의 말을 인용하고 있지는 않다.
⑤ 화성 건축의 역사적 의의를 설명하고 있다고 볼 수는 있지만, 다른 대상과 화성을 비교하고 있지는 않다.

10 [정답] ① ·········· 내용 추론하기

> ㉠에 대한 설명으로 가장 적절한 것은?
> 대유둔
> ① ㉠이 잘 운영되기 위해서는 만석거가 필요했다.
> 3문단 1번째 문장에 근거 → 대유둔을 경작할 때 만석거의 물을 끌어다 썼음.
> ② ㉠은 정조 이후에도 조선 전역에서 널리 만들어졌다.
> 지문에서 이야기하고 있지 않음.
> ③ ㉠은 만석거와 달리 만드는 과정에서 많은 반발이 있었다.
> 지문에서 이야기하고 있지 않음.
> ④ ㉠의 실패로 정조의 개혁의 속도는 늦춰질 수밖에 없었다.
> 지문에서 이야기하고 있지 않음.
> ⑤ ㉠은 군인들만 이용할 수 있어 군사력을 높이는 데 도움이 되었다.
> 3문단에 근거 → 일반 백성들도 이용할 수 있었음.

>왜 정답?

① 3문단에서 '만석거의 근처에 '대유둔'이라는 대규모의 농장을 만들고 만석거의 물을 끌어다 농사에 쓸 수 있도록 했다.'라고 하였다. 따라서 만석거가 있어야 대유둔(㉠)이 잘 운영되었을 것이다.

>왜 오답?

②, ③, ④ 이 지문에서 이야기하고 있지 않은 내용이다.
⑤ 3문단에서 '정조는 농장의 2/3는 병사들에게 나누어 농사를 짓게 하고 나머지 1/3은 가난한 백성에게 나누어 주었다.'라고 하였다. 따라서 대유둔(㉠)은 군인들이 아닌 일반 백성들도 사용할 수 있었음을 알 수 있다.

금지의 심리학

1 금지란 법이나 규칙, 명령 따위로 어떤 행위를 하지 못하도록 하는 것을 의미한다. 우리는 바닥에 시멘트를 새로 깔아 넘어가지 말라고 표시된 땅에 발자국이 찍혀 있거나, 쓰레기를 버리지 말라는 푯말 밑에 오히려 쓰레기가 산처럼 쌓여 있는 경우를 많이 보게 된다. 왜 인간은 금지하는 행동을 굳이 더 하는 것일까?

2 한 심리학자가 어린아이를 대상으로 한 연구에서 사람들이 금지하는 행동을 오히려 더 많이 하는 이유를 찾아볼 수 있다. 이 심리학자는 아이와 어머니를 선반과 바닥에 장난감이 놓여 있는 실험실로 데리고 와, 어머니가 아이에게 방바닥의 장난감을 치우고 선반에 있는 장난감을 만지지 말라는 지시를 내리게 하였다. 어머니가 강압적으로 명령을 내린 경우에는 아이가 금지 사항을 어기고 지시에 따르지 않았지만, 지시를 지켜야 하는 이유를 설명해 준 경우에는 아이가 어머니의 말을 더 잘 들었다. 이를 통해 외부에서 강압적인 억압이 주어졌을 때 인간은 오히려 반발한다는 결과를 얻게 되었다.

3 인간은 자신과 주변을 스스로 통제하려는 욕구를 가지고 있다. 외부의 강압은 자신이 하고 싶어 하는 행동을 막는 것이며, 스스로를 통제하지 못하게 만든다. 이러한 상황은 인간에게 불만족스러운 상황이 되고, 인간은 그 상황에 반발하면서 금지된 행동을 오히려 더 하게 된다. 그래서 쓰레기를 버리지 말라고 하면, 쓰레기를 버리지 않을 사람까지 쓰레기를 버리게 되기도 하는 것이다.

4 「그렇다면 무언가를 금지해야 할 상황이 온다면 어떻게 해야 할까? 금지를 금지해야 한다.」 강압적으로 하지 말라고 하면 오히려 더 하고 싶어지는 심리가 생기므로 무조건 하지 말라고 하기 보다는 왜 그렇게 해야 하는지를 알려 주고 설득해야 한다. '화장실을 더럽게 사용하지 맙시다.' 대신 '아름다운 사람은 머문 자리도 아름답습니다.'라고 표현하는 것처럼 상대방을 이해시키고 설득할 수 있다면 반발 없이 자연스럽게 그 규칙은 지켜질 것이다.

---

1 문단 요약
인간이 금지된 행동을 굳이 더 하려고 하는 것에 대한 의문 제기

2 문단 요약
외부의 힘이 자신을 억압하면 오히려 반발하는 인간의 특성

3 문단 요약
자신과 주변을 스스로 통제하려는 인간의 욕구

[중심 문단]
4 문단 요약
인간의 특정한 행위를 효과적으로 금지하기 위한 방법

- **내용 :** 이 글은 금지에 관한 인간의 심리를 설명하며, 인간에게는 금지된 행동일수록 더 하려고 하는 심리가 있다고 설명하고 있다. 한 심리학자의 연구에 따르면 인간은 외부의 강압적인 억압에 반발하는 경향이 있다. 이는 인간이 자신과 주변을 스스로 통제하려는 욕구를 가지고 있기 때문이다. 따라서 무언가를 금지할 때에는 강압적으로 명령하는 것보다 왜 그렇게 해야 하는지 이유를 알려 주고 설득하는 것이 더욱 효과적이다.

- **주제 :** 금지에 관한 인간의 심리와 인간의 특정 행위를 금지하는 효과적인 방법

- **문단 간의 관계 :** 1문단에서는 금지된 행동일수록 더 하려고 하는 인간의 심리에 관해 의문을 제기하고 있다. 그리고 2문단과 3문단에서 인간이 금지된 행동을 더 하려는 이유를 설명하고 있다. 4문단에서는 특정 행위를 금지하는 더욱 효과적인 방법을 언급하며 글을 마무리하고 있다.

- **글의 구조도**

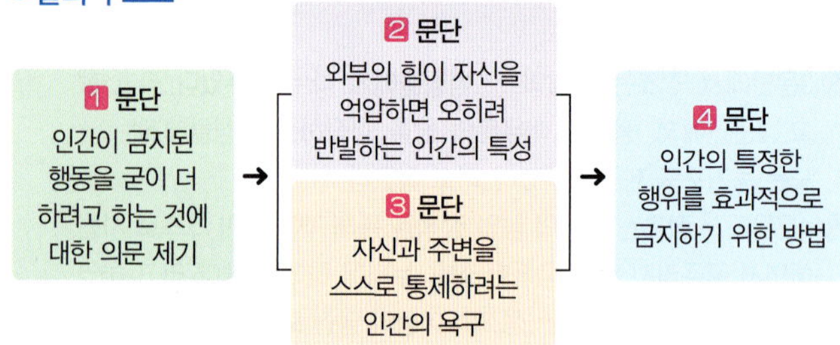

01 [정답] 금지 ·········· 문단 요약하기

>왜 정답?

1문단에서 '금지란 법이나 규칙, 명령 따위로 어떤 행위를 하지 못하도록 하는 것을 의미한다.', '왜 인간은 금지하는 행동을 굳이 더 하는 것일까?'라고 하였으므로 빈칸에 공통으로 들어가기에 적절한 말은 '금지'이다.

02 [정답] ③ ·········· 문단 간의 관계 파악하기

>왜 정답?

③ 3문단에서 2문단의 문제에 대한 해결 방안을 제시하고 있지는 않다.

03 [정답] ③ ·········· 내용 파악하기

> **윗글의 내용으로 적절하지 않은 것은?**
>
> ① 쓰레기를 버리지 말라는 푯말은 금지에 해당한다.
>   쓰레기를 버리는 '행위를 하지 못하도록 하는 것'이므로 금지에 해당함.
> ② 인간은 스스로 주변을 통제하려는 욕구를 가진다.
>   인간은 자신과 주변을 스스로 통제하려는 욕구를 가지고 있음.
> ③ 금지를 금지하면 사회적 규칙이 제대로 지켜지지 않게 된다.
>   4문단에 근거 → 금지를 금지하면 자연스럽게 사회적 규칙이 지켜질 수 있음.
> ④ 인간은 스스로를 통제하지 못하게 되면 불만족스러움을 느낀다.
>   3문단에 근거 → 인간은 스스로를 통제하지 못하게 만드는 상황에서 불만족스러움을 느낌.
> ⑤ 한 심리학자의 실험을 통해 인간은 억압당할 때 오히려 반발한다는 것이 증명되었다.
>   실험에서 어머니가 강압적으로 명령을 내리자 아이가 어머니의 지시에 따르지 않음.

>왜 정답?

③ 4문단에서 '금지를 금지'하면 '반발 없이 자연스럽게' 규칙이 지켜질 수 있다고 하였다.

>왜 오답?

① 1문단에서 금지의 예시로 '쓰레기를 버리지 말라는 푯말'을 들고 있다.
② 3문단에서 '인간은 ~ 통제하려는 욕구를 가지고 있다.'라고 하였다.
④ 3문단에서 인간은 '스스로를 통제하지 못하게 만'드는 상황에서 불만족스러움을 느낀다고 하였다.
⑤ 2문단에서 언급한 심리학자의 실험을 통해 외부의 강압적인 억압이 인간을 '오히려 반발'하게 만든다는 것이 증명되었다.

04 [정답] ⑤ ·········· 내용 파악하기

> **윗글에 언급된 내용으로 가장 적절한 것은?**
>
> ① 강압적인 금지가 필요한 상황
>   지문에서 이야기하고 있지 않음.
> ② 욕구 충족을 위한 금지의 필요성
>   지문에서 이야기하고 있지 않음.
> ③ 금지에 대한 심리학 이론의 변화
>   지문에서 이야기하고 있지 않음.
> ④ 금지 대신 설득을 하는 것의 한계
>   지문에서 이야기하고 있지 않음.
> ⑤ 외부의 강압이 인간 욕구에 미치는 영향
>   3문단에 언급된 내용임.

>왜 정답?

⑤ 3문단에서 외부의 강압은 '자신과 주변을 스스로 통제하려는 욕구'를 가진 인간이 '그 상황에 반발하면서 금지된 행동을 오히려 더 하게' 만든다고 설명하고 있다.

05 [정답] ② ·········· 반응의 적절성 평가하기

> **윗글을 읽고 〈보기〉에 대해 반응한 것으로 적절하지 않은 것은?**
>
> ─〈보기〉─
>
> 국내의 한 인기 여행지에서는 그곳을 찾는 관광객들이 담벼락에 낙서를 하는 일이 생겨 문제가 되고 있다. 해당 지역의 지방 자치 단체에서는 이 문제를 해결하기 위해 골머리를 앓고 있다.
>
> 
>
> ① 강압적인 금지 문구를 쓴다면 이런 일이 더 생길 수 있겠군.
>   강압적으로 하지 말라고 하면 오히려 더 하고 싶어지는 심리가 생김.
> ② 이 문제를 법적으로 강력하게 처벌할 것임을 적어 놓아야겠군.
>   1문단에 근거 → 사람들은 '법이나 규칙, 명령 따위로' 금지된 행동을 오히려 더 많이 함.
> ③ 이런 행동을 왜 하면 안 되는지를 설명하는 문구를 적어 놓으면 좋겠군.
>   4문단에 근거 → '상대방을 이해시키고 설득'하면 규칙이 자연스럽게 지켜질 것임.
> ④ 벽에 낙서하고 싶어 하는 사람들의 욕구가 표현되어 이런 문제가 생겼겠군.
>   3문단에 근거 → 사람들은 '자신과 주변을 스스로 통제하려는 욕구'에 따라 '자신이 하고 싶어 하는 행동'을 하게 됨.
> ⑤ 그림을 그리고 '아름다운 벽화를 지켜주세요.'라는 푯말을 세워 놓으면 문제가 해결되겠군.
>   4문단에 근거 → '상대방을 이해시키고 설득'하는 내용의 푯말이 있으면 규칙이 지켜질 수 있음.

>왜 정답?

② 1문단에서 '법이나 규칙, 명령 따위로 어떤 행위를 하지 못하도록 하는 것'을 금지라고 하는데, 사람들은 이렇게 금지된 행동을 오히려 더 많이 한다고 하였다. 따라서 〈보기〉의 경우 낙서를 법으로 금지하면 관광객들이 낙서를 더 많이 남기게 될 것임을 알 수 있다.

>왜 오답?

① 4문단에서 '강압적으로 하지 말라고 하면 오히려 더 하고 싶어지는 심리가 생'긴다고 하였다.
③, ⑤ 4문단에서 어떤 행위를 강압적으로 금지하는 것보다 '상대방을 이해시키고 설득'하는 것이 더 효과적이라고 하였다.
④ 3문단에서 '인간은 자신과 주변을 ~ 욕구를 가지고 있다.'라고 했고, '외부의 강압은 ~ 통제하지 못하게 만든다.'라고 하였다. 따라서 〈보기〉의 경우 담벼락이 낙서로 뒤덮인 것은 관광객들이 벽에 낙서하고 싶어 하는 자신들의 욕구에 따른 결과라고 할 수 있다.

발효 식품의 전통

○ 핵심어 ▨ 문단 중심 문장 ▨ 전체 중심 문장

1 우리 음식 문화의 특징 중 하나로 발효 문화가 발달하였다는 말을 종종 듣는다. 이를 반영하듯, 우리가 식탁에서 흔히 볼 수 있는 고추장이나 된장과 같은 각종 장류와 김치, 젓갈도 모두 발효 식품이다. 우리의 밥상을 풍요롭게 해 주는 발효 식품을 우리는 언제부터 어떻게 먹게 된 것일까?

발효 식품의 구체적 사례
1문단의 핵심어
질문의 형식으로 중심 화제를 제시함.

2 『대부분의 발효 식품은 소금에 절인 형태에서 시작되었다. 지금처럼 냉장고가 존재하지 않던 시절에는 채소나 콩, 수산물과 같은 음식을 오래 보관하려면 말리거나 소금에 절여야 했다. 소금에 절인 음식도 결국 언젠가는 부패하였는데, 이것이 아까웠던 누군가는 그것을 먹게 되었다. 상했다고 생각했던 음식이 독특한 맛과 향이 나는 맛있는 음식으로 바뀌었다는 것을 알게 되자, 다른 사람들도 이것을 먹기 시작했고 이것이 바로 우리가 발효 식품을 먹게 된 계기이다.』

「 」: 사람들이 발효 식품을 먹게 된 계기를 설명함.
2문단의 핵심어

3 우리 역사와 관련하여 발효 식품이 처음으로 언급된 것은 언제일까? 《삼국지 위지 동이전》에 따르면 '고구려 사람들은 장을 잘 담근다.'라는 기록이 남아 있다. 또 《삼국사기》 중 신라본기 신문왕조를 보면 신문왕 3년(683년)에 왕비를 맞이하는데 왕비에게 보낼 예물로 장과 젓갈을 보냈다는 기록이 있다. 이것들을 고려하면 적어도 지금으로부터 1300년 전부터 우리 민족은 장과 같은 발효 식품을 만들고 먹었음을 알 수 있다.

3문단의 핵심어
「 」: 발효 식품에 관한 역사적 기록을 구체적으로 제시함.
발효 식품의 역사가 오래되었음을 알 수 있음.

4 이처럼 우리와 오랜 시간동안 함께한 발효 식품의 장점은 무엇일까? 발효 식품에는 특유의 감칠맛과 향이 있다. 곰팡이, 효모, 세균 등의 미생물이 음식물을 분해하고 새로운 성분인 아미노산을 만들어 내면서 특유의 감칠맛을 내는 것이다. 이러한 발효 식품은 건강에 매우 도움이 된다. 여러 연구 결과에 따르면 된장에는 항암 효과와 콜레스테롤 저하 효과가 있고, 김치에는 항암 효과, 고혈압 등의 성인병을 예방하는 효과가 있다고 한다.

4문단의 핵심어
연구 결과를 언급하여 글의 내용의 신뢰성을 높임.
발효 음식의 의학적 효과를 구체적으로 나열함.

5 요즘에는 단순히 맛을 추구하기 위해 발효 식품을 먹는 것이 아니라, 그 효과를 얻기 위해 발효 식품에 포함된 좋은 성분을 의약품으로 가공하기도 한다. 지금까지 우리가 발효 식품과 함께한 것처럼, 앞으로도 다양한 분야에서 발효 식품을 활용하게 될 것으로 보인다.

5문단의 핵심어
발효 식품의 활용 사례
발효 식품과 관련한 전망을 제시하며 글을 마무리함.

---

1 문단 요약
발효 식품을 언제부터 먹게 된 것인지에 대한 의문

2 문단 요약
발효 식품을 먹게 된 계기

3 문단 요약
발효 식품에 관한 역사적 기록

4 문단 요약
발효 식품의 장점

[중심 문단]
5 문단 요약
발효 식품의 다양한 활용 가능성

● **내용** : 이 글은 발효 식품의 유래와 장점, 그리고 활용 가능성을 설명하고 있다. 또한 발효 식품은 의약품 등으로 앞으로 더 다양하게 활용될 것이라고 전망하고 있다.

● **주제** : 발효 식품의 유래와 장점, 활용 가능성

● **문단 간의 관계** : 1문단에서는 '발효 식품'을 중심 대상으로 제시하며 발효 식품의 유래에 관하여 의문을 제시하고, 2문단에서 이에 답한 후에 3문단에서 발효 식품에 관한 역사적 기록을 구체적으로 제시하고 있다. 4문단에서는 발효 식품의 장점을 나열하고, 5문단에서는 발효 식품이 다양한 분야에서 활용될 것이라는 전망을 제시하면서 글을 마무리하고 있다.

● **글의 구조도**

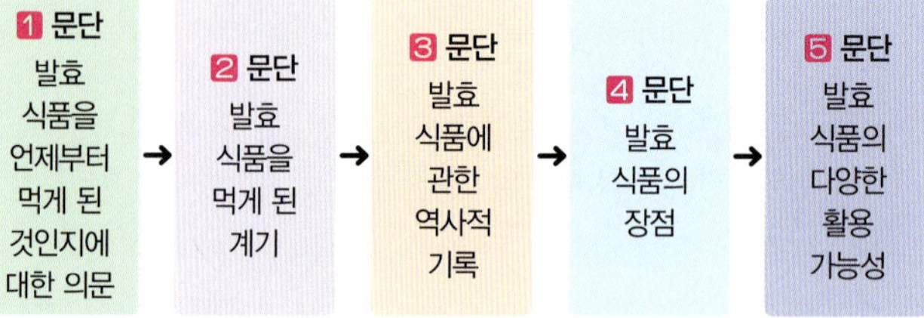

 정답 발효 식품 ·························· 문단 요약하기

〉왜 정답 ?

4문단에서 '발효 식품에는 특유의 감칠맛과 향이 있다.', '이러한 발효 식품은 건강에 매우 도움이 된다.'라고 하였다. 따라서 빈칸에 들어가기에 적절한 말은 '발효 식품'이다.

07 정답 ② ·························· 문단 간의 관계 파악하기

〉왜 정답 ?

② 4문단에서는 발효 식품의 장점만 언급하고 있을 뿐, 발효 식품의 단점을 이야기하고 있지는 않다.

08 정답 ② ·························· 세부 내용 파악하기

> 각 문단의 중심 내용으로 적절하지 <u>않은</u> 것은?
> ① 1문단 : 발효 문화가 발달한 우리의 음식 문화
> '고추장이나 된장과 같은 각종 장류와 김치, 젓갈'
> ② 2문단 : 발효 식품을 맛있게 먹는 방법
> 지문에서 이야기하고 있지 않음.
> ③ 3문단 : 발효 식품에 관한 역사적 기록
> 《삼국지 위지 동이전》과 《삼국사기》의 기록
> ④ 4문단 : 발효 식품의 장점
> '감칠맛과 향', '건강에 매우 도움이 된다.'
> ⑤ 5문단 : 발효 식품의 활용과 앞으로의 전망
> '의약품으로 가공', '다양한 분야에서 발효 식품을 활용하게 될 것으로 보인다.'

〉왜 정답 ?

② 이 지문에서 발효 식품을 맛있게 먹는 방법을 이야기하고 있지는 않다.

〉왜 오답 ?

① 1문단에서 '우리가 식탁에서 흔히 볼 수 있는 ~ 장류와 김치, 젓갈'을 언급하며 발효 문화가 발달한 우리의 음식 문화를 소개하고 있다.

③ 3문단에서 《삼국지 위지 동이전》과 《삼국사기》와 같은 역사서의 기록을 통해 발효 식품에 관한 역사적 기록을 제시하고 있다.

④ 4문단에서 '감칠맛과 향', '건강에 매우 도움이' 되는 것을 발효 식품의 장점으로 제시하고 있다.

⑤ 5문단에서 '의약품으로 가공'되기도 하는 발효 식품의 활용과 '다양한 분야에서' 활용될 것으로 보이는 발효 식품의 전망을 밝히고 있다.

09 정답 ⑤ ·························· 전개 방식 파악하기

> 윗글의 내용으로 가장 적절한 것은?
> ① 발효 식품은 요리하지 않고 먹는 것이 가장 좋다.
> 지문에서 이야기하고 있지 않음.
> ② 우리나라 사람들은 중국의 영향으로 발효 식품을 먹게 되었다.
> 지문에서 이야기하고 있지 않음.
> ③ 기록을 통해 우리가 발효 식품을 외국으로 수출하였음을 알 수 있다.
> 지문에서 이야기하고 있지 않음.

> ④ 발효에 영향을 주는 미생물의 종류에 따라 발효 식품의 맛이 달라진다.
> 지문에서 이야기하고 있지 않음.
> ⑤ 발효 식품은 냉장고가 존재하지 않던 시절에 우연한 계기로 발견되었다.
> 소금에 절인 음식이 부패했을 때 독특한 맛과 향이 나는 맛있는 음식이 된다는 것을 우연히 알게 됨.

〉왜 정답 ?

⑤ 2문단에서 '냉장고가 존재하지 않던 시절에' 어떤 사람이 시간이 지나 부패한 음식을 먹고 '독특한 맛과 향이 나는 맛있는 음식으로 바뀌었다는 것을 알게 되자, 다른 사람들도 이것을 먹기 시작했'다고 하였다. 따라서 발효 식품은 냉장고가 존재하지 않던 시절에 우연한 계기로 발견되었다고 할 수 있다.

〉왜 오답 ?

①, ②, ③, ④ 이 지문에서 이야기하고 있지 않은 내용이다.

10 정답 ② ·························· 내용 추론하기

> 윗글을 읽고 〈보기〉에 대해 반응한 것으로 가장 적절한 것은?
> ──〈보기〉──
> 올해 ○○제약에서 판매하기 시작한 '△△케어'는 유산균국화차에서 추출한 발효 물질을 사용하여 수면 장애를 완화시키는 데
> 발효 식품에 포함된 성분이 의약품을 만드는 데 사용됨.
> 도움이 됩니다. 또한 화학 성분이 아닌 천연 발효 물질을 사용하여서 위장 장애를 일으키지도 않습니다.
> – ○○제약 판매 사원 인터뷰
>
> ① 발효 식품은 현대인의 건강에 도움이 되지 않는군.
> 〈보기〉에서 수면 장애를 완화하는 효과가 있다고 함.
> ② 발표 식품이 과거와는 다른 용도로도 활용되고 있군.
> 〈보기〉에서 의약품으로 활용되고 있음을 제시함.
> ③ 옛날 사람들도 발효 식품의 의학적 효능을 정확하게 알았겠군.
> 지문과 〈보기〉에서 이야기하고 있지 않음.
> ④ 약을 만드는 데에 발효 식품을 활용하기에는 아직 너무 이르군.
> 〈보기〉에서 발효 식품을 활용하여 만든 약이 판매되기 시작했다고 언급함.
> ⑤ 발효 물질은 몸에 좋은 것이므로 모든 음식을 발효시켜 먹어야겠군.
> 지문과 〈보기〉에서 이야기하고 있지 않음.

〉왜 정답 ?

② 3문단에서 과거에는 '장과 같은 발효 식품을 만들고 먹었'다고 하였는데, 〈보기〉에서는 '발효 물질을 사용'한 약품이 판매된다고 하였다. 즉, 발효 식품은 과거와는 달리 의약품으로도 활용되고 있다.

〉왜 오답 ?

① 〈보기〉에서 발효 물질이 '수면 장애를 완화시키는 데 도움'이 된다고 하였다.

③, ⑤ 이 지문과 〈보기〉에서 이야기하고 있지 않은 내용이다.

④ 〈보기〉에서 발효 물질을 사용한 약이 판매되기 시작했다고 하였다.

냉동 인간을 만들 수 있을까?

핵심어 ◯ 문단 중심 문장 ▮ 전체 중심 문장 ▮

1 2016년, 영국의 한 소녀는 냉동 인간이 되었다. 현재 이 소녀의 몸은 영하 196℃ 액체 질소에 보관되어 있다. 소녀는 왜 이런 선택을 했을까? 당시 암에 걸려 곧 죽을 상황이었던 소녀는 현대의 의학 기술로는 살 수 있는 방법이 없었다. 소녀는 미래에 의학 기술이 더 발전하면 자신의 병을 치료할 수 있을 것이라고 생각했고, 그래서 그때까지 냉동 인간이 되기로 결정한 것이다. 과연 이 소녀는 미래에 다시 살아날 수 있을까?

2 현재의 기술로는 이 소녀가 다시 살아나는 것은 불가능하다. 전 세계적으로 한 생명체를 통째로 장기간 얼렸다가 살려 낸 사례는 아직까지 없기 때문이다. 냉동 인간을 만드는 일이 어려운 이유는 무엇일까? 냉동 인간을 만드는 기본 원리는 신체를 영하 196℃로 얼려 세포의 활동을 멈추었다가, 다시 해동해서 깨어나게 하는 것이다. 그런데 「우리 몸의 세포는 대부분 액체로 구성되어 있기 때문에 세포를 얼리면 부피가 늘어나고 얼음 결정이 생긴다. 바로 이 과정에서 세포가 손상될 위험이 크기 때문에」 냉동 인간을 만들기가 어렵다.

3 이러한 문제를 해결하기 위해 과학자들은 예전부터 끊임없이 연구를 진행해 오고 있다. 1946년, 프랑스의 한 생물학자는 '글리세롤'이라는 물질을 이용하여 개구리의 세포를 손상 없이 얼리는 데 성공하기도 했다. 그러나 이를 사람의 몸 전체를 얼리는 데에 적용할 수는 없었다. 사람의 몸은 개구리보다 크기도 크고 구조도 훨씬 복잡하기 때문이다. 게다가 사람의 몸을 냉동할 때는 내부의 혈액을 모두 인공 혈액과 보호제를 섞어 만든 액체로 바꿔야 하는데, 이 보호제가 독성이 강한 것도 문제가 되었다.

4 그렇지만 냉동 인간의 실현이 완전히 불가능하다고 섣불리 단정 지을 수는 없다. 냉동 인간을 만드는 연구가 꾸준히 진행되고 있고, 이에 따라 기술도 발달하고 있기 때문이다. 세포를 냉동하는 기술은 이미 상당히 발달하여 정자와 난자를 냉동 보관하였다가 다시 사용하는 것이 가능해졌고, 빠른 시일 내에 장기를 냉동하였다가 다시 사용하는 것도 가능할 것이라고 전망된다. 이와 같은 기술의 발달을 고려한다면 영국의 소녀 역시 곧 되살아날 수 있지 않을까?

---

1 문단 요약
냉동 인간이 되기로 선택한 영국의 소녀

2 문단 요약
냉동 인간의 실현이 어려운 이유

3 문단 요약
냉동 인간을 실현하기 위한 연구와 그 한계

[중심 문단]
4 문단 요약
냉동 인간의 실현을 가능하게 할 기술의 발달

- **내용 :** 이 글은 냉동 인간 기술의 현황과 전망을 설명하고 있다. 현재의 기술로는 냉동 인간을 만들 수 없다. 냉동 인간을 만드는 과정에서 인간의 몸속 세포가 손상될 위험이 크기 때문이다. 이러한 문제를 해결하기 위해 과학계에서 여러 연구가 진행되고 있지만, 냉동 인간을 실현하기 위해서는 여전히 해결해야 할 문제가 많다. 그러나 기술이 점차 발달하고 있으므로 미래에는 냉동 인간의 실현이 완전히 불가능하다고 할 수는 없을 것이다.
- **주제 :** 냉동 인간 연구의 현황과 전망

- **문단 간의 관계 :** 1문단에서는 영국 소녀의 이야기를 소개하며 냉동 인간의 개념을 언급하고 있다. 2문단에서는 냉동 인간을 실현하기 위한 기술의 현재 상황을 설명하고 있다. 3문단에서는 냉동 인간을 실현하기 위해 진행된 연구와 그 한계를 소개하고 있다. 4문단에서는 냉동 인간 실현의 가능성에 대한 긍정적인 전망을 드러내며 글을 마무리하고 있다.

- **글의 구조도**

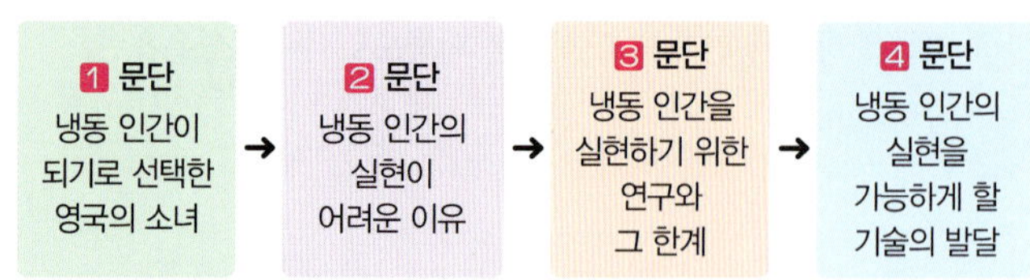

01 [정답] 냉동 인간 ································· 문단 요약하기

〉왜 정답?

2문단에서 '우리 몸의 세포는 대부분 액체로 구성되어 있기 때문에 세포를 얼리면 부피가 늘어나고 얼음 결정이 생긴다. 바로 이 과정에서 세포가 손상될 위험이 크기 때문에 냉동 인간을 만들기가 어렵다.'라고 하였다. 따라서 빈칸에 들어가기에 적절한 말은 '냉동 인간'이다.

02 [정답] ① ································· 문단 간의 관계 파악하기

〉왜 정답?

① 1문단에서 영국 소녀의 사례를 들어 냉동 인간의 실현 가능성에 관하여 질문한 후, 2문단에서 이에 대해 답하고 있다.

〉왜 오답?

② 2문단에서는 냉동 인간 기술의 한계를 언급하고, 3문단에서 이러한 한계를 해결하기 위해 진행된 연구 내용을 제시하고 있다. 하지만 '이를 사람의 몸 전체를 얼리는 데에 적용할 수는 없었다.'라고 하면서 여전히 냉동 인간 기술의 한계에 대해 이야기하고 있다. 따라서 3문단에서 2문단의 내용을 반박하며 새로운 가능성을 제시하고 있다고 볼 수 없다.

③ 4문단에서 2~3문단의 주장을 뒷받침하고 있지는 않다.

03 [정답] ④ ································· 내용 파악하기

윗글의 내용으로 적절하지 <u>않은</u> 것은?

① 사람의 세포는 대부분 액체로 구성되어 있다.
　　2문단에 근거
② 사람의 몸을 얼리면 몸속의 세포가 손상될 수 있다.
　　2문단에 근거 → 세포를 얼리면 부피가 늘어나고 얼음 결정이 생기기 때문
③ 사람의 몸은 개구리의 몸보다 복잡한 구조를 갖고 있다.
　　3문단 근거 → 사람은 개구리보다 복잡한 구조의 몸을 갖고 있음
④ 사람이나 동물의 세포를 손상 없이 얼리는 것은 불가능하다.
　　3~4문단에 근거 → 개구리의 세포를 손상 없이 얼리는 데 성공했고, 인간의 정자와 난자도 냉동 보관했다가 사용할 수 있음.
⑤ 사람의 몸을 냉동할 때에는 몸속에 다른 액체를 넣어야 한다.
　　3문단에 근거 → 내부의 혈액을 인공 혈액과 보호제를 섞어 만든 액체로 바꿔야 함.

〉왜 정답?

④ 3문단에서 '개구리의 세포를 손상 없이 얼리는 데 성공하기도 했다.'라고 했고, 4문단에서 '정자와 난자를 냉동 보관하였다가 다시 사용하는 것이 가능'하다고 했다.

〉왜 오답?

① 2문단에서 '우리 몸의 세포는 대부분 액체로 구성되어 있'다고 했다.
② 2문단에서 '세포를 얼리면 ~ 세포가 손상될 위험성이 크'다고 하였다.
③ 3문단에서 '사람의 몸은 개구리보다 ~ 구조도 훨씬 복잡하'다고 했다.
⑤ 3문단에서 '사람의 몸을 냉동할 때는 내부의 혈액을 모두 인공 혈액과 보호제를 섞어 만든 액체로 바꿔야' 한다고 하였다.

04 [정답] ⑤ ································· 내용 파악하기

윗글에 언급된 내용으로 가장 적절한 것은?

① 냉동 인간의 윤리적 문제
　　지문에서 이야기하고 있지 않음.
② 냉동 인간에 대한 인식 변화
　　지문에서 이야기하고 있지 않음.
③ 냉동 인간을 위한 법 제정의 필요성
　　지문에서 이야기하고 있지 않음.
④ 냉동 인간을 해동할 때 필요한 도구
　　지문에서 이야기하고 있지 않음.
⑤ 현재의 냉동 인간 기술과 앞으로의 전망
　　2~3문단에서는 현재 상황을, 4문단에서는 전망을 언급함.

〉왜 정답?

⑤ 2~3문단에서는 현재 기술로는 냉동된 인간이 살아나는 것이 불가능하다고 했고, 4문단에서는 그렇지만 기술이 발달함에 따라 냉동 인간의 실현이 불가능하지만은 않을 것이라고 전망하고 있다.

〉왜 오답?

①, ②, ③, ④ 이 지문에서 이야기하고 있지 않은 내용이다.

05 [정답] ④ ································· 전개 방식 파악하기

윗글에 대한 설명으로 가장 적절한 것은?

① 용어의 정의를 밝혀 주제를 명확히 드러내고 있다.
　　용어의 뜻을 밝히고 있지 않음.
② 개인의 경험을 통해 문제가 심각함을 드러내고 있다.
　　개인의 경험을 언급하고 있지 않음.
③ 비슷한 대상을 서로 비교하여 공통점을 나열하고 있다.
　　비슷한 대상을 서로 비교하고 있지 않음.
④ 과학적인 설명을 통해 중심 대상의 한계를 설명하고 있다.
　　2~3문단에 근거 → 냉동 인간 기술의 한계를 과학적으로 설명하고 있음.
⑤ 성공 사례를 들어 문제의 구체적인 해결 방안을 제시하고 있다.
　　문제의 구체적인 해결 방안을 제시하고 있지 않음.

〉왜 정답?

④ 2문단에서는 세포 손상의 문제, 3문단에서는 인간의 몸 구조의 복잡함과 보호제의 독성 문제를 들어 냉동 인간 기술의 한계를 과학적으로 설명하고 있다.

〉왜 오답?

① 이 지문에서 용어의 뜻을 명확히 밝히고 있지는 않다.
② 이 지문에서 글쓴이의 개인적 경험을 언급하고 있지는 않다.
③ 이 지문에서 비슷한 대상을 서로 비교하고 있지는 않다.
⑤ 이 지문에서는 글리세롤을 사용하여 개구리를 얼리는 데 성공한 사례를 언급하고 있다. 그러나 이를 통해 문제의 구체적인 해결 방안을 제시하고 있지는 않다.

철의 과거와 현재, 그리고 미래

○ 핵심어　▮ 문단 중심 문장　▮ 전체 중심 문장

1 인류에게 있어 철의 발견은 아주 획기적인 사건이었다. 철은 이전까지 사용하던 청동에 비해 훨씬 단단했고 날카롭게 만들 수 있었기 때문에, 생활용품은 물론이고 농기구와 무기를 만들기에도 아주 적합한 재료였다. 이에 따라 철은 농업과 전쟁, 즉 생존과 가장 밀접한 분야에서 큰 역할을 하는 강력한 자원으로 자리매김하게 되었다. 철제 농기구를 사용하면서 농업 생산량이 크게 높아졌고, 철제 무기는 군사력을 크게 높여 주었기 때문에 철은 나라의 발전과 문화의 발달에 있어서 중요한 역할을 하였다.

2 그렇다면 우리나라 역사상 철기 문화가 발달했던 시기는 언제였을까? 여러 기록에 따르면 철기 문화가 가장 활발하게 발달했던 시기는 고대 국가 때였다. 고대 국가 시기에 존재했던 나라인 가야에서는 철이 많이 생산되었고 생산된 철의 질 또한 좋았기 때문에 수많은 철제 도구와 무기들이 만들어졌다. 또 규격화된 쇳덩이를 화폐처럼 이용하기도 하는 등 가야는 철을 바탕으로 문화의 기반을 잡고 철기 문화를 더욱 발전시켰다.

3 기록에 따르면 비슷한 시기에 백제와 신라에서도 다양한 철기를 만들어 사용했다고 한다. 특히 백제는 철기를 다루는 기술을 일본에 전하기도 했다. 일본의 국보인 '칠지도'는 당시 백제에서 일본으로 보낸 철제 유물 중 하나로, 당대 한반도의 뛰어났던 철 가공 기술을 증명한다.

4 근대에도 철은 중요한 역할을 하였다. 유럽의 산업 혁명기를 주도한 철은 1970년대 이후 우리나라에서도 경제 발전을 이루는 데에 큰 역할을 하였다. 그 이후 현재 우리나라의 철 생산 기술과 그 생산량은 세계적으로 손꼽히는 상황이다.

5 최근에는 철의 여러 가지 장점 가운데, 환경친화적인 면도 주목을 받고 있다. 철은 녹이면 얼마든지 재활용이 가능하며, 재활용을 하는 과정에서 화학 처리를 하지 않아도 되기 때문에 오염 물질을 배출할 염려가 없다. 또한 인체에 유해한 영향을 끼치는 다른 금속들과 달리 인체에 해를 입히지 않는다. 게다가 매장량도 풍부하여 훗날까지 꾸준히 활용할 수 있는 자원이다. 이처럼 철은 기술의 발전에 맞물려 따라오는 환경 오염과 자원 고갈의 문제에서 우리를 자유롭게 해 주고, ⊙인류의 미래에 기여할 자원으로 그 가치가 매우 높다.

---

1 문단 요약
인류의 발전에 철의 발견이 미친 영향

2 문단 요약
우리나라의 철기 문화 – 가야의 철기 문화

3 문단 요약
우리나라의 철기 문화 – 일본에 전파된 백제의 철기 문화

4 문단 요약
우리나라의 근대 경제 발전을 이끈 제철 기술

[중심 문단]
5 문단 요약
철이 가진 여러 가지 장점

- **내용 :** 이 글은 철의 역사와 가치를 설명하고 있다. 철의 발견은 인류의 발전에 큰 영향을 미쳤다. 또한 철은 환경 오염과 자원 고갈의 문제에서 우리를 자유롭게 해 주고, 인류의 미래에 기여할 자원으로서 그 가치가 매우 높다.

- **주제 :** 철의 역사와 가치

- **문단 간의 관계 :** 1문단에서는 인류의 발전에 철의 발견이 미친 영향을 언급하고, 2문단과 3문단에서는 우리나라의 철기 문화를 소개하고 있다. 4문단에서는 근대 경제 발전에 철이 미친 영향을 설명하고, 5문단에서는 철의 가치를 긍정적으로 평가하고 있다.

- **글의 구조도**

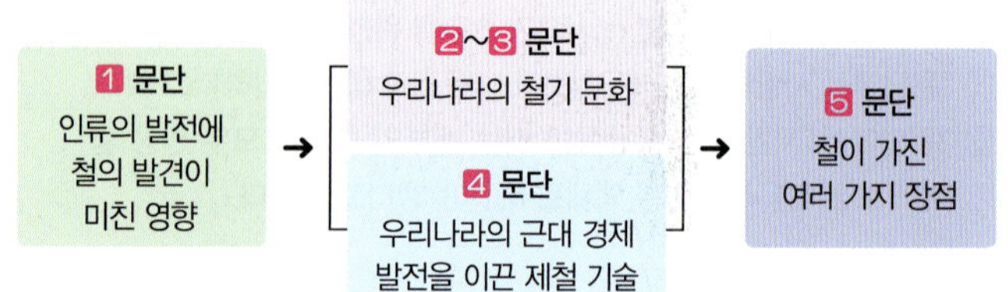

06 [정답] 철 ·· 문단 요약하기

> **왜 정답 ?**

1문단에서 '철은 농업과 전쟁, 즉 생존과 가장 밀접한 분야에서 큰 역할을 하는 강력한 자원으로 자리매김하게 되었다.'라고 하였다. 따라서 빈칸에 들어가기에 적절한 말은 '철'이다.

07 [정답] ③ ·· 문단 간의 관계 파악하기

> **왜 정답 ?**

③ 5문단에서 철이 '인류의 미래에 기여할 자원으로 그 가치가 매우 높다.'라고 하면서 중심 대상인 '철'의 가치를 긍정적으로 평가하고 있다.

08 [정답] ① ·· 전개 방식 파악하기

윗글에 대한 설명으로 적절하지 **않은** 것은?

① 철을 자연물에 빗대어 설명하고 있다.
　철을 자연물에 빗대어 설명하고 있지 않음.
② 철의 특징을 다른 금속과 비교하고 있다.
　　철의 특징을 청동과 비교하고 있음.
③ 철의 가치를 미래와 관련지어 설명하고 있다.
　인류의 미래에 기여할 자원으로서 철의 가치를 설명하고 있음.
④ 철의 발견이 인류에게 미친 영향을 살펴보고 있다.
　철은 나라의 발전과 문화의 발달에 있어 중요한 역할을 했다고 언급하고 있음.
⑤ 역사에 따라 철이 어떻게 사용되었는지 밝히고 있다.
　가야, 백제, 근대의 시기에 철이 어떻게 사용되었는지 밝히고 있음.

> **왜 정답 ?**

① 이 지문에서 철을 자연물에 빗대어 설명하고 있지는 않다.

> **왜 오답 ?**

② 1문단에서 철이 청동보다 훨씬 단단하고 날카롭게 만들 수 있었다고 했다.
③ 5문단에서 '미래에 기여할 자원'으로서의 철의 가치를 설명하고 있다.
④ 1문단에서 철이 '나라의 발전과 문화의 발달에 있어서 중요한 역할을 하였다.'라고 하였다.
⑤ 2~4문단에서 가야, 백제, 근대의 시기에 철이 어떻게 사용되었는지 밝히고 있다.

09 [정답] ③ ·· 내용 파악하기

철에 대한 설명으로 적절하지 **않은** 것은?

① 철이 널리 사용된 것은 재료로서의 장점 때문이다.
　철은 청동에 비해 훨씬 단단하고 날카롭게 만들 수 있었음.
② 일본은 백제로부터 철을 다루는 기술을 전해 받았다.
　　백제는 철 가공 기술을 일본에 전해 주기도 했음.
③ 철은 다루기가 힘들어 생활용품으로는 사용되지 않았다.
　　　철은 생활용품, 농기구, 무기를 만드는 데 사용되었음.
④ 백제에서는 철을 이용하여 칠지도와 같은 유물을 만들었다.
　　칠지도는 백제에서 일본으로 보낸 철제 유물 중 하나임.
⑤ 가야에서 철기 문화가 발전한 이유는 매장된 철의 우수
　가야에서 생산된 철의 질이 좋았기 때문에 철기 문화가 발전할 수 있었음.
성 때문이다.

> **왜 정답 ?**

③ 1문단에서 철은 '청동에 비해 훨씬 단단했고 날카롭게 만들 수 있었기 때문에, 생활용품은 물론이고 농기구와 무기를 만들기에도 아주 적합한 재료였다.'라고 하였다.

> **왜 오답 ?**

① 1문단에서 '철은 이전까지 사용하던 청동에 비해 훨씬 단단했고 날카롭게 만들 수 있었기 때문에, 생활용품은 물론이고 농기구와 무기를 만'드는 데에도 널리 사용되었다고 하였다. 따라서 철이 널리 사용될 수 있었던 이유는 재료로서의 장점 때문이라고 할 수 있다.
② 2문단에서 '백제는 철기를 다루는 기술을 일본에 전하기도 했다.'라고 하였다.
④ 3문단에서 '일본의 국보인 '칠지도'는 당시 백제에서 일본으로 보낸 철제 유물 중 하나'라고 하였다. 따라서 백제에서는 칠지도와 같은 유물을 만들었음을 알 수 있다.
⑤ 2문단에서 '가야에서는 철이 많이 생산되었고 생산된 철의 질 또한 좋았기 때문에 수많은 철제 도구와 무기들이 만들어졌다.'라고 하였다.

10 [정답] ② ·· 내용 추론하기

㉠의 의미로 적절하지 **않은** 것은?

① 매장량이 많아 풍족하게 쓸 수 있는 자원이다.
　철은 매장량이 풍부하여 훗날까지 꾸준히 활용할 수 있는 자원임.
② 그 속에서 새로운 물질을 추출할 수 있는 자원이다.
　　　　지문에서 이야기하고 있지 않음.
③ 오래 사용해도 건강에 악영향을 주지 않는 자원이다.
　　　　　철은 인체에 해를 입히지 않는 자원임.
④ 이미 한 번 사용했어도 녹여서 다시 사용할 수 있는 자원
　　　　　　　철은 녹이면 재활용이 가능한 자원임.
이다.
⑤ 재활용을 하는 과정에서 화학 처리를 하지 않아도 되는
　철은 재활용을 하는 과정에서 화학 처리를 하지 않아도 되는 자원임.
자원이다.

> **왜 정답 ?**

② 이 지문에서 철에서 다른 물질을 추출할 수 있다고 설명하고 있지는 않다.

> **왜 오답 ?**

① 5문단에서 철은 '매장량도 풍부하여 훗날까지 꾸준히 활용할 수 있는 자원이다.'라고 하였다.
③ 5문단에서 철은 '인체에 유해한 영향을 끼치는 다른 금속들과 달리 인체에 해를 입히지 않는다.'라고 하였다.
④ 5문단에서 '철은 녹이면 얼마든지 재활용이 가능'하다고 하였다.
⑤ 5문단에서 철은 '재활용을 하는 과정에서 화학 처리를 하지 않아도 되기 때문에 오염 물질을 배출할 염려가 없다.'라고 하였다.

DAY 17 과학

식물도 감각을 느낄까?

○ 핵심어　　🟨 문단 중심 문장　　🟪 전체 중심 문장

1 식물에게는 눈과 코와 같은 동물들이 가지고 있는 감각 기관이 없다. 그래서 사람들은 식물은 동물들이 느끼는 감각을 느끼지 못한다고 생각한다. 과연 그럴까? 답은 '아니다'이다. 우선 식물은 눈이 없지만 빛에 반응한다. 「어두운 곳에 넣어 둔 식물의 가지가 조금이라도 빛이 있는 쪽으로 뻗어서 자라거나, 서로 가까이에 서식하는 나무가 자신이 빛을 더 많이 보기 위해 경쟁하듯이 빨리 자라는 현상은 식물이 빛을 감지하기 때문에 일어난다.

2 식물은 촉각과 미각도 가지고 있다. 파리지옥은 특정한 냄새를 뿌려 파리를 잎에 앉게 만든다. 잎에 앉은 파리가 잎 표면의 자극털 3개 중 2개 이상을 건드리거나, 자극털을 2회 이상 건드리면 잎을 닫는다. 이것은 파리지옥에게 촉각이 있기 때문에 가능한 일이다. 또한 잎을 닫았더라도 그것이 먹지 못하는 것이면 다시 잎을 열어 그것을 제거한다. 이것은 파리지옥에게 미각이 있기 때문에 일어나는 일이다.

3 동물은 특정한 감각 기관을 통해 시각, 후각, 촉각 등의 감각을 느끼지만, 식물은 그렇지 않다. 즉, 식물은 특정한 감각 기관이 없이 전신에서 감각을 느낀다. 게다가 식물은 인간이 잘 느끼지 못하는 다른 것들을 느끼기도 한다. 식물은 자라나는 데 필요한 물질이나 해로운 물질을 몇 미터 떨어진 곳에서도 정확히 알아내어 뿌리를 그쪽으로 내어 필요한 물질을 흡수하거나, 해로운 물질을 피해 뿌리를 뻗는다. 게다가 땅속 습도도 파악하여 물이 있는 쪽으로 뿌리를 뻗는다. 그리고 식물은 중력을 감지하여 뿌리는 중력 방향으로, 줄기와 가지는 중력과 반대되는 방향으로 자라게 한다.

4 식물이 눈과 코, 귀, 혀 등이 없다고 해서 오감을 느끼지 못한다고 생각하는 것은 인간 중심의 사고이다. 따라서 식물을 대할 때에는 식물 그 자체의 기준으로 바라보고 이해하는 자세를 가져야 한다.

---

1 문단 요약
식물도 감각을 느낄 수 있느냐에 대한 문제 제기

2 문단 요약
식물도 촉각과 미각을 가지고 있음을 드러내는 사례 – 파리지옥

3 문단 요약
사람이 느끼지 못하는 감각까지도 느끼는 식물

[중심 문단]
4 문단 요약
식물을 대하는 바람직한 자세

● **내용 :** 이 글은 식물의 감각에 관하여 설명하고 있다. 식물은 동물과는 달리 감각 기관이 아닌 전신을 통해 감각을 느낀다. 그래서 눈은 없지만 빛을 감지할 수 있고, 촉각과 미각도 갖고 있다. 뿐만 아니라 식물은 사람이 잘 느끼지 못하는 것까지 감지할 수 있는 능력을 갖고 있다. 따라서 식물을 대할 때에는 인간의 관점에서 판단하는 것보다는 식물 그 자체의 기준으로 바라보는 자세가 필요하다.

● **주제 :** 식물이 가진 감각과 식물을 대하는 바람직한 자세

● **글의 구조 파악 :** 1문단에서는 식물이 감각을 느낄 수 있는지 여부에 관하여 설명하고 있다. 2문단과 3문단에서는 식물이 느낄 수 있는 다양한 감각을 구체적으로 제시하고 있다. 4문단에서는 식물을 대하는 바람직한 자세가 무엇인지 언급하며 글을 마무리하고 있다.

● **글의 구조도**

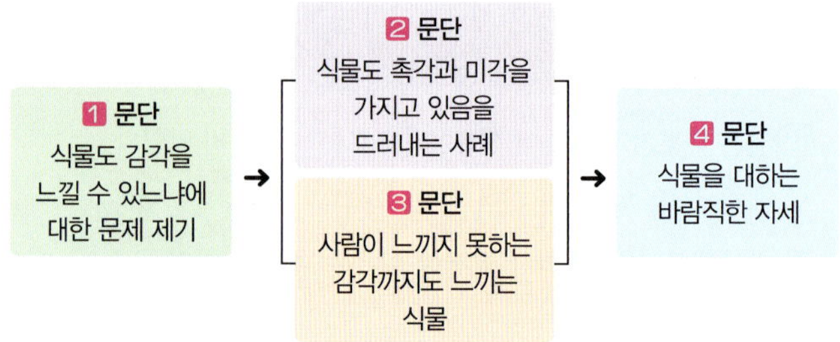

01 [정답] 감각, 기준 ·········· 글의 구조 파악하기

다음은 윗글의 내용을 정리한 것이다. 빈칸에 들어가기에 적절한 말을 쓰시오.

> 1문단에서는 '식물도 ☐☐을/를 느낄 수 있다.'라는 것을 설명하며, 그 근거로 식물이 빛을 감지하는 현상을 들고 있다. 또한 2문단과 3문단에서는 추가적인 근거를 들고 있으며, 4문단에서는 식물을 그 자체의 ☐☐(으)로 바라봐야 한다고 주장하고 있다.
>
> 파리지옥의 예, 식물이 인간이 느끼지 못하는 감각을 느끼는 예

﹥왜 정답 ?

1문단에서는 사람들이 '식물은 동물들이 느끼는 감각을 느끼지 못'할 것이라고 생각하는 것과는 달리 식물도 감각을 느낄 수 있다고 설명하고 있다. 또한 4문단에서는 식물에게 감각이 없다고 생각하는 것은 '인간 중심의 사고'라고 이야기하면서, '식물을 대할 때에는 식물 그 자체의 기준으로 바라보고 이해하는 자세를 가져야 한다.'라고 했다. 따라서 빈칸에 들어가기에 적절한 말은 '감각', '기준'이다.

02 [정답] 식물이 가진 감각과 식물을 대하는 바람직한 자세 ·········· 주제 찾기

다음은 윗글에 대한 설명이다. 빈칸에 들어가기에 적절한 말을 쓰시오.

> 윗글에서는 식물도 감각을 느낄 수 있다는 사실과, 그러므로 식물을 그 자체의 기준으로 바라봐야 함을 설명하고 있다. 이 글 전체의 핵심어는 '식물'이고, 식물이 감각을 느낀다는 것과 식물을 대하는 태도에 대해 이야기하고 있으므로 이 글의 주제는 '________________'이다.
>
> 1~3문단 4문단

﹥왜 정답 ?

이 지문에서는 식물도 감각을 느낄 수 있는지에 대해 문제를 제기하고, 이에 대해 답하며 식물도 감각을 느낄 수 있음을 설명하고 있다. 또한 식물이 감각을 느끼지 못한다고 생각하는 것은 인간 중심의 사고라는 것을 밝히며, 식물을 그 자체의 기준으로 대하는 것이 중요하다고 설명하고 있다. 따라서 이 글의 주제는 '식물이 가진 감각과 식물을 대하는 바람직한 자세'이다.

◑❮ 우리 삶에 유용하게 쓰이는 식물들

파리지옥과 같이 곤충을 잡아먹는 식물들을 통틀어서 '식충 식물'이라고 한다. 최근에는 이러한 식충 식물들이 일반 가정에서 파리, 개미 등의 벌레를 잡아먹는 용도로 길러지기도 한다. 파리지옥을 이용해 벌레를 잡는 것은 화학 제품인 살충제를 사용하여 벌레를 잡는 것보다 친환경적이고 인체에 해롭지 않다. 그래서 갓난아기가 있어서 살충제를 사용하는 것이 어려울 때 파리지옥 화분 여러 개를 집안에 두면 벌레를 효과적으로 잡을 수 있다.

또 최근 미세먼지가 심해지는 것과 관련하여 '공기 정화 식물'을 집안에 두는 사람들이 늘고 있다. 공기 정화 식물이란 실내의 공기 속에 있는 각종 오염 물질이나 유해 물질 등을 정화해 실내 환경을 쾌적하게 만들어 주는 식물을 가리킨다. 이들은 대표적인 실내 오염 물질로 꼽히는 포름알데히드, 일산화탄소, 암모니아, 벤젠, 톨루엔 등의 휘발성 유기 화합물을 제거하며, 미세먼지 정화, 실내 습도 조절 등의 역할을 한다.

▲ 대표적인 공기 정화 식물, 산세베리아

이야기를 좋아하는 호모 나랜스

○ 핵심어 ▨ 문단 중심 문장 ▨ 전체 중심 문장

1 '블로그, 유튜브, 인스타그램'의 공통점은 무엇일까? 가장 대표적인 공통점은 현대인
들이 자신의 이야기를 하는 인터넷 공간이라는 것이다. 자신의 관심사부터 자신이 사용
한 물건, 점심으로 먹은 음식, 여행을 가서 보고 들은 것 등 사람들은 자신과 관련된 다
양한 이야기를 그 속에서 쏟아 낸다. 왜 우리는 이렇게 자신과 주변에 대해 이야기하고
싶어 할까?
> 질문을 던지는 방식으로 화제에 대한 호기심을 불러 일으킴.
> 1문단의 핵심어
> 질문 형식을 통해 이야기하고 싶어 하는 인간의 특성에 대한 의문을 드러냄.

2 1999년 미국의 영문학자 존 닐은 '인간은 이야기하려는 본능이 있고 이야기를 통해
사회를 이해한다.'라면서 '이야기하는 사람'을 의미하는 '호모 나랜스(Homo Narrans)'
라는 말로 인류를 표현하였다. 인간은 직접적인 경험만으로는 우리가 사는 세계를 모두
이해할 수 없기 때문에 간접 경험을 통해 세상을 이해해 왔다. 인간이 간접 경험을 할
수 있게 하는 가장 주된 수단이 바로 이야기이다. 여기에서의 이야기는 정보만을 가리
키는 것이 아니라, 감정적으로 사람들의 공감을 끌어낼 수 있는 이야기를 의미한다.
> 화제와 관련된 개념을 제시함.
> 2문단의 핵심어
> '이야기'의 개념을 확장함.

3 이야기는 단순한 공감을 넘어서 개인의 선택을 바꾸기도 한다. 요즘 사람들이 물건을
살 때 주로 참고하는 것은 그 물건의 성능 테스트 결과서도, 설명서도, 기업의 홍보 자
료도 아니다. 그 물건을 실제로 써 본 사람들이 인터넷 매체에 올린 물건에 대한 후기를
참고한다. 기업들도 사람들의 이러한 호모 나랜스적 특징을 고려하여, 신상품을 홍보할
때에는 인기 있는 블로거나 유튜버를 대상으로 홍보회를 열거나 체험용 샘플을 배부한
다. 물건에 대한 그들의 이야기를 읽은 사람들이 곧 그 물건의 소비자가 되기 때문이다.
> 3문단의 핵심어
> 이야기의 힘 ①
> 이야기를 활용하여 더 많이 소비하게 하려는 기업들의 의도

4 또 이야기는 사회를 바꾸는 힘이 되기도 한다. '다른 사람을 차별해서는 안 된다.'라는
뻔한 문구보다는 인종 차별을 다룬 영화 한 편이 흥행에 성공함으로써 그 문제에 대한 다
양한 사회 운동을 촉발하는 경우를 우리 주변에서 확인할 수 있다. 이 역시 인간이 이야
기를 좋아하고 이야기에 많은 영향을 받는 호모 나랜스이기 때문에 일어나는 현상이다.
> 4문단의 핵심어
> 이야기의 힘 ②
> 이야기가 우리 사회에 변화를 준 사례

5 호모 나랜스인 우리는 단순히 이야기를 하고, 듣고 즐기는 것도 중요하지만, 이야기
가 우리에게 어떤 영향을 미치고 우리에게 무엇을 요구하고 있는지 바르게 판단할 수
있어야 한다. 즉, 이야기 속에 담긴 의도를 파악할 수 있는 능력을 키워야 한다.
> 5문단의 핵심어
> 호모 나랜스인 인간에게 요구되는 능력

---

1 문단 요약
자신과 주변에 대해 이야기하고 싶어 하는 인간

2 문단 요약
존 닐이 정의한 인류의 특성, '호모 나랜스'

3 문단 요약
이야기의 힘 ① : 공감을 넘어서 인간의 선택에 영향을 줌.

4 문단 요약
이야기의 힘 ② : 사회를 바꾸는 힘이 됨.

[중심 문단]
5 문단 요약
호모 나랜스인 인간에게 요구되는 능력

- **내용** : 이 글은 자신과 주변에 대해 이야기하고 싶어 하는 인
  간의 특성을 '호모 나랜스'라는 개념으로 설명하고 있다.

- **주제** : 호모 나랜스인 인간에게 요구되는 능력

- **글의 구조 파악** : 1문단에서는 이야기하기를 좋아하는 인간의
  특성을 소개하고, 2문단에서는 '호모 나랜스'라는 개념을 설명
  하고 있다. 3문단과 4문단에서는 이야기의 영향력에 관하여, 5문
  단에서는 호모 나랜스로서 인간에게 요구되는 능력이 무엇인
  지 설명하고 있다.

- **글의 구조도**

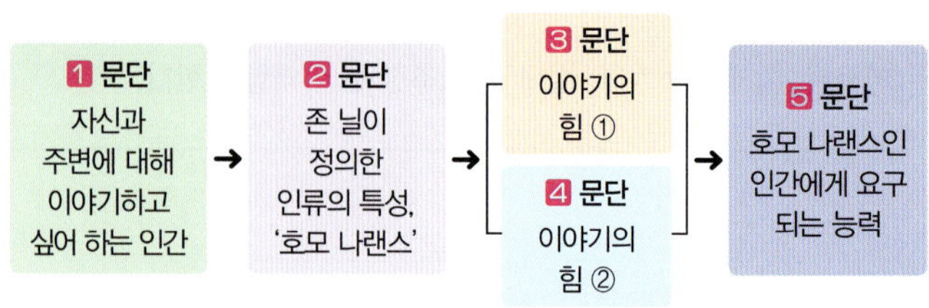

03 [정답] 이야기, 선택 ···················· 글의 구조 파악하기

>왜 정답?

1문단에서는 '자신과 주변에 대해 이야기하고 싶어' 하는 인간의 특성을, 3문단에서는 개인의 선택에 영향을 주는 이야기의 힘을 설명하고 있다. 따라서 빈칸에 들어가기에 적절한 말은 '이야기', '선택'이다.

04 [정답] 호모 나랜스인 인간에게 요구되는 능력 ··· 주제 찾기

>왜 정답?

이 지문에서는 '호모 나랜스'라는 개념을 통해 인간의 특성을 설명하고, 호모 나랜스인 인간이 갖춰야 할 능력에 대해 이야기하고 있다. 따라서 이 글의 주제는 '호모 나랜스인 인간에게 요구되는 능력'이다.

05 [정답] ④ ···················· 내용 파악하기

> 윗글을 읽고 답할 수 있는 질문으로 적절하지 <u>않은</u> 것은?
>
> ① 이야기는 어떤 힘을 가지고 있는가?
>   이야기는 개인의 선택과 사회를 바꾸는 힘을 가지고 있음.
> ② 이야기를 들을 때는 무엇을 파악해야 하는가?
>   이야기를 들을 때는 그 속에 담긴 의도를 파악해야 함.
> ③ '호모 나랜스'는 인간의 어떤 특징을 나타내는 용어인가?
>   이야기하려는 본능이 있고 이야기를 통해 사회를 이해하려는 인간의 특징
> ④ 직접 경험보다 간접 경험이 더 중요한 이유는 무엇인가?
>   지문에서 이야기하고 있지 않음.
> ⑤ 현대인들은 인터넷상의 공간에서 어떤 이야기들을 하는가?
>   관심사, 사용한 물건, 점심 등 자신과 관련된 다양한 이야기

>왜 정답?

④ 이 지문에서 직접 경험과 간접 경험 중에 어떤 경험이 더 중요한지에 관해서는 이야기하고 있지 않다.

>왜 오답?

① 3문단과 4문단에서 이야기는 '개인의 선택을 바꾸기도' 하며, '사회를 바꾸는 힘이 되기도' 한다고 하였다.
② 5문단에서 호모 나랜스인 우리는 '이야기 속에 담긴 의도를 파악할 수 있는 능력을 키워야 한다.'라고 하였다.
③ 2문단에서 '호모 나랜스'는 '이야기하려는 본능이 있고 이야기를 통해 사회를 이해'하는 인간의 특징을 나타낸다고 하였다.
⑤ 1문단에서 현대인들은 인터넷상의 공간에서 '자신의 관심사부터 ~ 다양한 이야기'를 쏟아낸다고 하였다.

06 [정답] ④ ···················· 전개 방식 파악하기

> 윗글에 대한 설명으로 적절하지 <u>않은</u> 것은?
>
> ① 질문을 던지며 독자의 관심을 이끌어 내고 있다.
>   1문단에 근거 → '왜 우리는 이렇게 자신과 주변에 대해 이야기하고 싶어 할까?'
> ② 전문가의 말을 인용하여 인간의 특징을 설명하고 있다.
>   2문단에 근거 → 미국의 영문학자 존 닐의 말을 인용함.
> ③ 서로 다른 두 사례를 비교하여 이야기의 특성을 설명하고 있다.
>   4문단에 근거 → 뻔한 문구를 쓰는 경우와 영화 한 편이 흥행에 성공하는 경우를 비교함.

④ 상반되는 주장을 통해 호모 나랜스가 지닌 한계를 설명하고 있다.
  상반되는 주장을 제시하고 있지 않으며, 호모 나랜스가 지닌 한계를 설명하고 있지도 않음.

⑤ 구체적인 예시를 들어 호모 나랜스적 특징을 지닌 우리의 모습을 소개하고 있다.
  1문단에 근거 → 인터넷 공간에서 자신의 이야기를 하는 우리의 모습을 소개함.

>왜 정답?

④ 이 지문에서 상반되는 주장은 제시하고 있지 않으며, 호모 나랜스가 지닌 한계를 설명하고 있지도 않다.

07 [정답] ③ ···················· 실제 사례에 적용하기

> 윗글을 읽고 〈보기〉에 대해 반응한 것으로 적절하지 <u>않은</u> 것은?
>
> 〈보기〉
>
> 민서는 테레사 수녀의 일대기를 담은 영화를 보았다. 테레사 수녀는 한평생을 가난한 사람들을 위해 봉사하며 병든 사람과 고아들을 보살폈고, 그들의 목소리를 대변하기 위해 노력한 인물이었다. 이 영화를 보고 난 후 민서는 자신도 힘없는 사람들을 도와야겠다고 마음먹었고, 이를 계기로 자신의 꿈을 사회 복지사로 정하게 되었다.
>
> ① 민서는 영화를 통해 테레사 수녀의 삶을 간접 경험한 것이군.
>   2문단에 근거 → 이야기를 통해 간접 경험을 할 수 있음.
> ② 민서는 영화를 보며 테레사 수녀의 삶에 공감했다고 볼 수 있군.
>   민서는 테레사 수녀의 삶에 공감하여 '자신도 힘없는 사람들을 도와야겠다고 마음먹'음.
> ③ 민서가 이 영화를 선택한 것을 보니 이 영화는 분명히 흥행했겠군.
>   〈보기〉의 내용과 관련 없음.
> ④ 민서는 테레사 수녀의 이야기에 영향을 받아 꿈을 사회 복지사로 정한 것이군.
>   민서는 테레사 수녀의 이야기를 접한 것을 계기로 자신의 꿈을 사회복지사로 정함.
> ⑤ 영화를 보고 민서와 같이 느낀 사람이 많다면 영화가 사회를 바꾸는 힘이 되었다고 볼 수 있겠군.
>   4문단에 근거 → 이야기는 사회를 바꾸는 힘이 되기도 함.

>왜 정답?

③ 민서가 선택한 영화가 흥행했는지에 대한 내용은 〈보기〉와 관련이 없다.

>왜 오답?

① 2문단에서 '인간이 간접 경험을 ~ 바로 이야기이다.'라고 하였다. 〈보기〉의 민서 역시 영화를 통해 테레사 수녀의 삶을 간접 경험한 것이라고 볼 수 있다.
② 〈보기〉의 민서는 영화를 보고 '자신도 힘없는 사람들을 도와야겠다고 마음먹'고 있다. 이는 민서가 영화를 보며 테레사 수녀의 삶에 공감했기 때문이라고 볼 수 있다.
④ 〈보기〉의 민서는 테레사 수녀의 이야기를 다룬 영화를 보고 자신의 꿈을 사회 복지사로 정했다. 이는 민서가 테레사 수녀의 이야기에 영향을 받은 것이라고 볼 수 있다.
⑤ 4문단에서 '이야기는 사회를 바꾸는 힘이 되기도 한다.'라고 하였다. 〈보기〉의 민서의 경우처럼 영화를 통해 영향을 받은 사람이 많다면 영화는 사회를 바꾸는 힘이 되었다고 볼 수 있다.

신드롬이란 무엇일까?

○ 핵심어　　🟨 문단 중심 문장　　🟪 전체 중심 문장

1 지나는 영화 '○○'을 보고 그 영화의 팬이 되었다. 영화와 관련된 작은 소품들을 하나씩 사던 지나는 어느새 용돈을 '○○' 영화 관련 상품들을 사는 데에만 쓰게 되었다. 전국적으로 영화 '○○'이 인기를 얻자, 영화와 관련된 한정판 상품들이 속속 출시되었고, 지나는 이것을 사기 위해 3시간이나 줄을 서기도 했다.

2 위의 이야기는 신드롬의 한 예라고 할 수 있다. 신드롬이란 어떤 것을 좋아하는 현상이 전염병과 같이 전체를 휩쓸게 되는 현상을 의미한다. 원래 의학 용어로 어떤 것을 너무 좋아해서 병적으로 그것에 집착하거나 정상적이지 않은 반응을 보일 때 사용하는 말이었다. 위의 예뿐만 아니라, 유명 요리사가 나온 프로그램을 보고 그 사람의 식당을 너도나도 찾아가 2~3시간씩 기다리거나, 한류 드라마의 인기로 외국인 관광객들이 그 드라마의 배경이 된 장소를 찾아가 그곳이 유명 관광지가 된 것도 신드롬의 일종이라고 볼 수 있다.

3 신드롬은 우리에게 어떤 영향을 끼칠까? 앞서 제시한 일화의 지나의 경우처럼 개인에게 불필요한 과소비를 조장하거나, 특정 질병이 발생하였을 때 이것이 전염되지 않는데도 너무 과한 대응을 하여 사회적으로 불안을 조성하는 것은 신드롬의 부정적인 영향이라고 볼 수 있다. 한편 신드롬이 긍정적인 영향을 줄 때도 있다. 어려운 상황을 이겨 내고 경기에서 우승한 A 선수가 있다고 하자. A 선수의 활약이 국민들에게 희망을 주어 어려움을 이겨 내는 원동력이 된다면 A 선수의 신드롬은 긍정적이라고 평가할 수 있다.

4 신드롬은 사회 전체로 퍼져 유행하기 때문에 우리 사회에 큰 영향을 미친다. 따라서 사회적으로 유행하는 것이 있다면 그것이 나의 가치관과 상황에 부합하는지, 유행이기 때문에 내가 무조건 좇아가는 것은 아닌지를 먼저 생각해야 한다. 또한 증세의 정도가 심하고 반복적으로 신체와 심리, 사회 활동에 지장을 준다면 의학적 도움도 고려해 보아야 한다.

---

1 문단 요약
○○ 영화의 팬이 된 지나의 사례

2 문단 요약
신드롬의 정의와 또 다른 사례

3 문단 요약
신드롬이 미치는 부정적 영향과 긍정적 영향

[중심 문단]
4 문단 요약
신드롬에 대처하는 바람직한 자세

- **내용** : 이 글은 신드롬이라는 현상에 관하여 설명하고 있다. 신드롬이란 어떤 것을 좋아하는 현상이 전염병과 같이 전체를 휩쓸게 되는 현상을 의미한다. 신드롬은 불필요한 과소비를 조장하거나 사회적 불안을 만들어내기도 하지만, 심리적 어려움을 이겨내는 원동력이 되기도 한다. 신드롬은 우리 사회에 큰 영향을 미치므로 신드롬의 영향력에 대해서 충분히 인식하고 사회적으로 유행하는 것에 대해 주체적인 태도를 지녀야 한다.

- **주제** : 신드롬의 개념과 신드롬에 대처하는 바람직한 자세

- **글의 구조 파악** : 1문단에서는 신드롬의 사례를 소개하고, 2문단에서는 신드롬의 정의를 밝히며 신드롬의 또 다른 사례들을 제시하고 있다. 3문단에서는 신드롬이 미치는 영향을 부정적 측면과 긍정적 측면으로 나눠 살펴보고, 4문단에서는 신드롬에 대처하는 바람직한 자세를 언급하며 글을 마무리하고 있다.

- **글의 구조도**

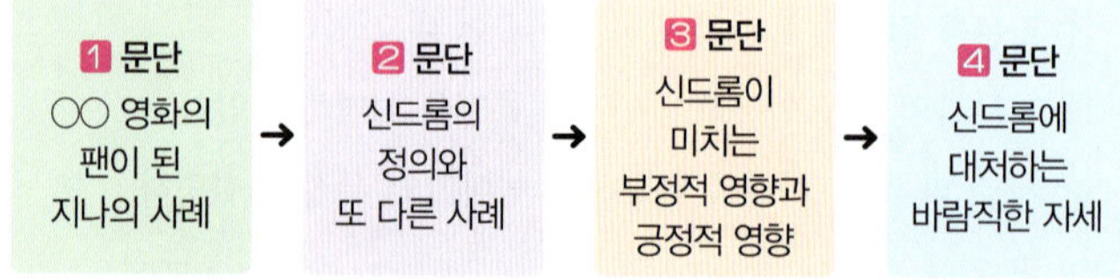

01 정답 신드롬, 영향 ·········· 중심 내용 파악하기

다음은 윗글의 내용을 정리한 것이다. 빈칸에 들어가기에 적절한 말을 쓰시오.

> 1문단과 2문단에서는 예시를 통해 □□□에 대해 설명하고 있다. 3문단에서는 신드롬이 우리에게 미치는 □□을/를 설명한 후, 4문단에서는 신드롬에 대처하는 바람직한 자세를 알려 주고 있다.
>
> 지나의 예, '유명 요리사가 ~ 유명 관광지가 된 것'
> 먼저 주체적으로 생각해 보아야 함.

왜 정답 ?

1문단에서는 신드롬에 해당하는 사례를 제시한 후, 2문단에서 신드롬의 정의를 밝히고 신드롬과 관련된 추가적인 사례들을 제시하고 있다. 3문단에서는 '신드롬은 우리에게 어떤 영향을 끼칠까?'라고 질문을 던진 후, 이에 대한 대답으로 신드롬이 우리에게 미치는 부정적 영향과 긍정적 영향을 설명하고 있다. 따라서 빈칸에 들어가기에 적절한 말은 '신드롬', '영향'이다.

02 정답 신드롬의 개념과 신드롬에 대처하는 바람직한 자세 ·········· 주제 찾기

다음은 윗글에 대한 설명이다. 빈칸에 들어가기에 적절한 말을 쓰시오.

> 윗글에서는 다양한 예시를 통해 신드롬에 대해 설명하고 있다. 이 글 전체의 핵심어는 '신드롬'이고, 신드롬에 대처하는 바람직한 자세를 강조하고 있으므로 이 글의 주제는 '________________'이다.
>
> 1~3문단
> 4문단

왜 정답 ?

이 지문에서는 ○○ 영화의 팬이 된 '지나'의 사례나, '유명 요리사가 나온 프로그램을 보고 그 사람의 식당을 너도나도 찾아가'는 것, '한류 드라마의 인기로 외국인 관광객들이 그 드라마의 배경이 된 장소를 찾아가 그곳이 유명 관광지가 된 것' 등 다양한 예시를 통해 중심 대상인 신드롬에 대해 설명하고 있다. 또 신드롬이 사회적으로 미치는 영향을 언급하고, 신드롬에 대처하는 바람직한 자세에 대해 설명하고 있다. 따라서 이 글의 주제는 '신드롬의 개념과 신드롬에 대처하는 바람직한 자세'이다.

◎〉 휴대 전화와 관련된 신드롬

특정 연예인에 열광하지 않거나, 친구들이 모두 따르는 유행에 관심이 없으면 나는 신드롬과 거리가 먼 사람일까? 현대인들 중에는 생각보다 많은 사람들이 신드롬을 경험한다. 대부분의 사람들이 휴대 전화를 사용하고 있기 때문이다.

사회가 발달할수록 각종 신드롬들이 많이 생기는데, 그중 현대 사회를 대표하는 신드롬으로 손꼽히는 것은 바로 휴대 전화와 관련된 신드롬이다. 보통 휴대 전화에 대한 중독으로

인해 나타나는 신드롬으로, '노모포비아(Nomophobia) 신드롬'과 '팬텀 바이브레이션(phantom vibration) 신드롬'이 이에 해당한다.

노모포비아 신드롬이란 '노 모바일폰 포비아(No mobile-phone phobia)'의 줄임말로, 휴대 전화를 손에 쥐고 있지 않으면 불안함을 느끼는 증상을 가리킨다. 이는 휴대 전화에 중독되어 휴대 전화를 잠시라도 떨어뜨려 놓으면 일종의 금단 증상으로 불안감을 느끼는 것이라고 할 수 있다.

팬텀 바이브레이션 신드롬은 우리말로 '유령 진동 증후군', '휴대 전화 헛진동 증후군' 등으로 불리는데, 말 그대로 휴대 전화의 진동이 울리지 않았는데도 휴대 전화가 진동한 것처럼 느끼는 현상을 가리킨다. 이 또한 휴대 전화에 과도하게 집중하는 탓에 발생하는 일종의 중독 현상이다.

이러한 휴대 전화 중독과 관련된 신드롬들은 증상이 심해지면 일상생활에 큰 방해가 되고, 불안감을 넘어서 불안 장애나 강박 장애로까지 이어질 수 있다고 한다. 따라서 평소에 휴대 전화를 꼭 필요할 때에만 사용하고, 휴대 전화를 이용하는 것 외의 취미 생활을 가짐으로써 휴대 전화를 적절히 이용하도록 노력해야 한다.

인문학이 주목받는 이유

○ 핵심어　▢ 문단 중심 문장　▨ 전체 중심 문장

1 근 몇 년간 여러 강연회에서 인문학에 대해 많이 다루었다. 인문학의 위기와 관련된 내용부터 미래 사회를 위해서는 인문학을 알아야 한다는 내용까지 그 주제와 내용 또한 천차만별이다. 여러 강연에서 종합적으로 도출할 수 있는 주제는 바로 우리가 인문학을 알아야 한다는 것이다.

2 자연 과학이 인간의 주변의 것을 다루는 학문 분야라면 인문학은 바로 인간 자체를 다루는 학문 분야이다. 인간의 가치를 다루는 언어, 역사, 문학, 철학 따위를 연구의 영역으로 삼고 있는 인문학은 자연 과학과는 상대적인 개념이라고 할 수 있다.

3 인문학의 역사는 고대 그리스 시대까지 거슬러 올라간다. 그리스에는 사회를 짊어지고 나갈 젊은이들을 교육하기 위한 다양한 교육 프로그램들이 존재했는데, 그중에는 교양 있는 시민을 기르기 위한 일반 교육도 있었다. 이 일반 교육이 바로 인문학의 시작이다. 중세에 이르러 인문학은 인간의 정신을 고귀하고 완전하게 하는 학문으로 여겨졌고, 현대에는 실증적이고 객관적인 것을 추구하는 학문이 아니라 인간다움이란 무엇인가를 찾는 학문으로 인식되었다.

4 그렇다면 왜 사람들이 다시 인문학을 이야기하는 것일까? 지금 이 순간에도 과학과 기술의 발전으로 인해 우리가 살아가는 하루하루의 삶이 달라지고 있다. 자연 과학, 기술의 시대라고 부르던 근대, 현대를 거치며 우리는 발전과 성장에 치중하여 자신을 돌아보는 것을 잊었고, 우리 삶의 편리함을 위해 주변을 돌아보지 않았다. 환경을 생각하지 못한 발전, 생명의 존엄을 무시하는 성장이 마구잡이식으로 이루어졌고, 우리 사회는 제대로 나아가고 있는지조차 알 수 없는 상황이다.

5 과학과 기술의 발전이 벽돌 탑을 쌓는 것이라면, 이제는 그 벽돌 탑의 방향을 정해 주고 무너지지 않게 잡아 주는 역할이 필요하다. 그 역할을 담당하는 것이 바로 인문학이다. 우리 사회가 나아갈 방향, 즉 발전의 방향을 잡아 주고 속도를 조절해 주는 학문으로서 인문학이 필요한 것이다.

---

1 문단 요약 최근 주목받고 있는 인문학

2 문단 요약 인문학의 정의와 주요 연구 영역

3 문단 요약 인문학의 개념에 대한 시대별 인식

4 문단 요약 오늘날 인문학이 강조되는 이유

[중심 문단]
5 문단 요약 인문학의 역할과 가치

● **내용 :** 이 글은 오늘날 인문학의 역할을 설명하고 있다. 인문학은 빠른 속도로 변화하고 발전하는 현대 사회가 나아갈 방향을 제시해 줄 수 있다는 점에서 그 필요성이 점차 높아지고 있다.

● **주제 :** 오늘날 인문학의 역할과 가치

● **글의 구조 파악 :** 1문단에서는 최근 인문학이 주목받고 있는 상황을 제시하고 있다. 2문단에서는 인문학의 정의와 주요 연구 영역을 소개하고, 3문단에서는 인문학의 개념에 대한 인식이 어떻게 변화해 왔는지 제시하고 있다. 4문단에서는 오늘날 인문학이 강조되는 이유를 설명하고, 5문단에서는 이에 따른 인문학의 역할과 가치를 언급하며 글을 마무리하고 있다.

● **글의 구조도**

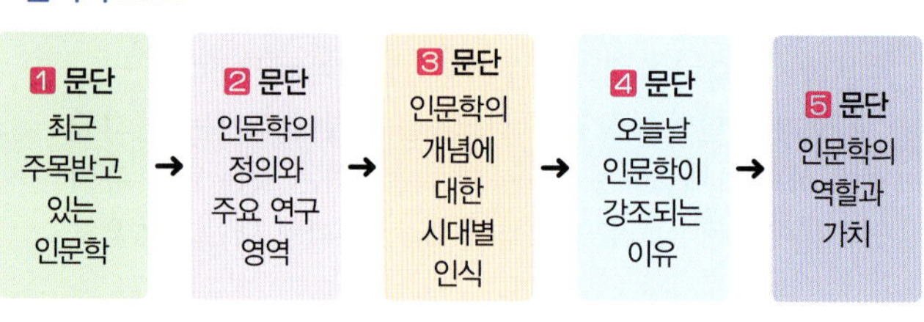

03 [정답] 인문학 ·················· 글의 구조 파악하기

왜 정답?

4문단에서는 '그렇다면 왜 사람들이 다시 인문학을 이야기하는 것일까?'라고 하면서 오늘날 인문학이 강조되는 이유를 설명하고 있다. 따라서 빈칸에 들어가기에 적절한 말은 '인문학'이다.

04 [정답] 오늘날 인문학의 역할과 가치 ·········· 주제 찾기

왜 정답?

이 지문에서는 오늘날 주목받고 있는 인문학에 대해 소개하고, 인문학의 역할과 가치에 대해 설명하고 있다. 따라서 이 글의 주제는 '오늘날 인문학의 역할과 가치'이다.

05 [정답] ④ ·················· 세부 내용 파악하기

> **윗글을 읽고 답할 수 있는 질문으로 적절하지 않은 것은?**
> ① 자연 과학과 인문학의 차이는 무엇인가?
>   자연 과학은 인간 주변의 것을, 인문학은 인간 자체를 다룸.
> ② 오늘날 인문학이 필요한 이유는 무엇인가?
>   발전의 방향을 잡아 주고 속도를 조절해 주는 학문으로서 인문학이 필요함.
> ③ 인문학의 연구 영역에는 어떤 학문들이 있는가?
>   2문단 2번째 문장에 근거 → 언어, 역사, 문학, 철학 등이 있음.
> ④ 중세와 달리 현대의 인문학이 갖고 있는 문제는 무엇인가?
>   지문에서 이야기하고 있지 않음.
> ⑤ 근대와 현대의 발전을 거치며 인간이 놓치고 있는 점은 무엇인가?
>   4문단에 근거 → 발전과 성장에 치중하면서 자신과 주변을 돌아보는 것을 잊음.

왜 정답?

④ 이 지문에서는 중세와 달리 현대의 인문학이 갖고 있는 문제가 무엇인지 언급에 대해서는 이야기하고 있지 않다.

왜 오답?

① 2문단에서 '자연 과학이 인간의 주변의 것을 다루는 학문 분야라면 인문학은 바로 인간 자체를 다루는 학문 분야이다.'라고 하였다.
② 5문단에서 '우리 사회가 나아갈 방향, 즉 발전의 방향을 ~ 조절해 주는 학문으로서 인문학이 필요한 것이다.'라고 하였다.
③ 2문단에서 인문학은 '인간의 가치를 다루는 언어, 역사, 문학, 철학 따위를 연구의 영역으로 삼고 있'다고 하였다.
⑤ 4문단에서 '근대, 현대를 거치며 인간은 ~ 우리 삶의 편리함을 위해 주변을 돌아보지 않았다.'라고 하였다.

06 [정답] ② ·················· 전개 방식 파악하기

> **윗글에 대한 설명으로 가장 적절한 것은?**
> ① 전문가의 말을 인용하여 신뢰성을 높이고 있다.
>   전문가의 말을 인용하고 있지는 않음.
> ② 비유적 표현을 사용하여 중심 내용을 정리하고 있다.
>   5문단에 근거 → '과학과 기술의 발전이 ~ 잡아 주는 역할이 필요하다.'
> ③ 과학적 원리를 통해 문제 현상의 원인을 분석하고 있다.
>   과학적 원리를 통해 문제 현상의 원인을 분석하고 있지는 않음.
> ④ 구체적인 예를 들어 두 대상 간의 공통점을 설명하고 있다.
>   두 대상 간의 공통점을 설명하고 있지는 않음.

> ⑤ 사람들이 가진 편견을 비판하며 새로운 관점을 제시하고 있다.
>   사람들이 가진 편견을 비판하고 있지는 않음.

왜 정답?

② 5문단에서 '과학과 기술의 발전이 벽돌 탑을 쌓는 것이라면, 이제는 그 벽돌 탑의 방향을 정해 주고 무너지지 않게 잡아 주는 역할이 필요하다.'라고 하면서 중심 내용을 벽돌 탑을 쌓는 것에 비유하고 있다.

왜 오답?

①, ③, ④, ⑤ 이 지문에서 다루고 있지 않은 내용이다.

07 [정답] ⑤ ·················· 반응의 적절성 평가하기

> **윗글을 쓴 글쓴이의 의견으로 적절하지 않은 것은?**
> ① 과학과 기술이 발전할수록 인문학의 필요성은 높아진다.
>   인문학은 과학과 기술을 통한 발전의 방향을 잡아 주는 역할을 함.
> ② 인문학은 앞으로 우리 사회가 나아가야 할 방향을 보여 준다.
>   5문단에 근거 → 인문학은 우리 사회가 나아가야 할 방향을 잡아 주는 학문으로서 필요성이 높음.
> ③ 과학과 기술은 사회가 발전하기 위해 필요한 요소 중 하나이다.
>   4문단에 근거 → 과학과 기술의 발전으로 인해 우리의 삶이 달라지고 있음.
> ④ 환경 파괴 등의 문제를 해결하는 데에 인문학이 중요한 역할을 할 수 있다.
>   환경을 생각하지 못한 발전이 이루어지는 상황에서 발전의 방향을 잡아 주는 역할을 할 수 있음.
> ⑤ 인문학의 가장 중요한 역할은 사회의 발전이 끝난 후에 이를 객관적으로 평가하는 것이다.
>   5문단에 근거 → 인문학의 역할은 발전의 방향을 잡아 주는 것임.

왜 정답?

⑤ 5문단에서 인문학이 과학과 기술의 발전으로 사회가 변화할 때 발전의 방향을 잡아 주는 역할을 한다고 하였다.

왜 오답?

① 이 지문에서는 과학과 기술을 통해 발전을 해 나가는 과정에서 발전의 방향을 잡아 주는 인문학의 역할이 중요하다고 설명하고 있다. 따라서 글쓴이는 과학과 기술이 발전할수록 인문학의 필요성이 높아진다고 보고 있음을 알 수 있다.
② 5문단에서 인문학이 우리 사회가 나아갈 방향을 잡아 주는 학문으로서 필요하다고 하였다. 따라서 글쓴이는 인문학이 앞으로 우리 사회가 나아가야 할 방향을 보여 준다고 보고 있음을 알 수 있다.
③ 4문단에서 과학과 기술의 발전으로 우리 삶의 하루하루 달라지고 있다고 하였다. 따라서 글쓴이는 과학과 기술이 미래 사회로 나아가기 위해 필요한 요소 중 하나라고 보고 있음을 알 수 있다.
④ 4문단에서 우리는 발전과 성장에 치중하여 환경을 생각하지 못한 발전을 해 왔다고 하였고, 5문단에서는 이런 상황에서 인문학이 발전의 방향을 잡아 주는 역할을 한다고 하였다. 따라서 글쓴이는 환경 파괴 등의 문제를 해결하는 데 인문학이 중요한 역할을 할 수 있다고 보고 있음을 알 수 있다.

애견테라피스트(Dog Therapist)

◯ 핵심어　▮ 문단 중심 문장　▮ 전체 중심 문장

1 한 연구소의 보고서에 의하면 애견과 같은 반려동물을 키우는 가구는 우리나라 전체 가구의 25.1%로 그와 관련된 시장은 매년 10% 이상씩 성장하고 있다고 한다. (구체적인 자료를 언급하며 최근의 사회적 분위기를 드러냄.) 사람들의 개에 대한 애정과 관심이 커지고 관련된 시장이 확대되면서 애견과 관련된 진로를 희망하는 학생들의 수 또한 점차 늘어나고 있다. 우리나라에서는 아직 생소한 직업이지만, 외국에서는 애견과 관련된 직업으로 많은 사람들이 선택하고 있는 직업이 있다. 바로 애견테라피스트(Dog Therapist)이다. (1문단의 핵심어)

2 원래 개는 집안이 아니라 자연 속에서 자유롭게 생활하던 동물이었다. 「하지만 아파트에 거주하는 사람들이 늘어남에 따라, 집안에서 개를 키우는 경우가 늘어났다. 밖에 돌아다니고 싶은 본성을 억누르고 집안에서만 지내는 개들이 받는 스트레스 역시 늘어났고, 스트레스가 쌓인 개들에게는 정신적·신체적 문제가 발생하기도 했다.」(「」: 애견테라피스트가 생기게 된 배경) 그래서 이를 해결해 주기 위해 만들어진 직업이 애견테라피스트이다. (2문단의 핵심어)

3 애견테라피스트는 (3문단의 핵심어) 개들이 갖고 있는 습성과 자연 치유력을 이용하여 개들의 심신을 안정시키고 건강하게 지낼 수 있도록 돕는 사람들을 말한다. (애견테라피스트의 개념) 이들은 개들에게 아로마향 등을 이용해 향기 치료를 하기도 하고, 손으로 개들의 몸에 부드럽게 자극을 주어 심리적인 균형을 맞추는 마사지 치료, 놀이 치료 등을 하기도 한다. (애견테라피스트들의 다양한 치료 방법)

4 애견테라피스트가 되기 위해서는 기본적으로 개를 사랑하는 마음이 있어야 한다. (4문단의 핵심어 / 애견테라피스트가 되기 위한 조건 ①) 거기에 전문적인 지식을 쌓고 훈련을 받아야 애견테라피스트로 거듭날 수 있다. (애견테라피스트가 되기 위한 조건 ②) 즉, 개의 자연 치유력을 높이기 위한 각종 치료 방법을 익히고, 개의 행동 습성을 파악하며, 마사지를 하기 위해 해부학 등 전문적이고 다양한 교육을 받아야 한다.

5 아직 국내에는 애견테라피스트와 관련된 자격증이 없지만 한국직업능력개발원이 발간한 '미래의 직업 세계(해외직업편)'에서는 유망한 직업으로 애견테라피스트를 소개하고 있다. (5문단의 핵심어 / 관련된 서적을 근거로 애견테라피스트가 유망한 직업임을 강조함.) ⓐ머지않아 우리나라에서도 애견테라피스트라는 직업을 가진 사람이 많이 늘어나지 않을까? (질문의 형식으로 긍정적 전망을 드러내며 글을 마무리함.)

	문단 요약
1 문단 요약	반려동물 산업과 관련한 새로운 직업, 애견테라피스트
2 문단 요약	애견테라피스트가 생겨난 배경
3 문단 요약	애견테라피스트의 개념과 역할
4 문단 요약	애견테라피스트가 되기 위한 조건
[중심 문단] **5** 문단 요약	애견테라피스트의 전망

● **내용 :** 이 글은 새롭게 생겨난 직업인 애견테라피스트에 대해 소개하고 있다. 애견테라피스트는 다양한 방법을 통해 개들의 심신을 안정시키고 건강하게 지낼 수 있도록 돕는 사람이다. 애견테라피스트가 되기 위해서는 개를 사랑하는 마음과 전문적인 지식을 지녀야 하며 일정한 훈련을 거쳐야 한다. 또한 애견테라피스트는 전망이 밝을 것으로 예상되는 직업이다.

● **주제 :** 애견테라피스트의 개념과 역할 및 전망

● **글의 구조 파악 :** 1문단에서는 애견테라피스트라는 직업에 대해 소개하고, 2문단에서는 애견테라피스트가 생겨난 배경을 설명하고 있다. 3문단에서는 애견테라피스트의 개념과 역할을 제시하고, 4문단에서는 애견테라피스트가 되기 위한 조건을 설명하고, 5문단에서는 애견테라피스트와 관련된 전망을 제시하며 글을 마무리하고 있다.

● **글의 구조도**

01 [정답] 애견테라피스트, 전망 ·········· 글의 구조 파악하기

>왜 정답 ?

5문단에서는 애견테라피스트와 관련하여 국내의 현황과 전망을 제시하고 있다. 따라서 빈칸에 들어가기에 적절한 말은 '애견테라피스트'와 '전망'이다.

02 [정답] 애견테라피스트의 개념과 역할 및 전망

·· 주제 찾기

>왜 정답 ?

이 지문에서는 애견테라피스트라는 직업을 소개하고, 그 개념과 역할에 대해 설명하고 있다. 또 애견테라피스트의 전망이 밝다는 것을 이야기하고 있다. 따라서 이 글의 주제는 '애견테라피스트의 개념과 역할 및 전망'이다.

03 [정답] ⑤ ································· 내용 파악하기

윗글의 내용으로 적절하지 <u>않은</u> 것은?

① 아파트는 개의 본성을 충족시키는 데 적합하지 않다.
   2문단에 근거 → 아파트는 밖에 돌아다니고 싶은 개의 본성을 억누름.
② 우리나라 사람들의 개에 대한 애정과 관심이 커지고 있다.
   사람들의 개에 대한 애정과 관심이 커지고 관련된 시장이 확대되고 있음.
③ 애견테라피스트는 기본적으로 개들의 습성과 자연 치유
   3문단 1번째 문장에 근거
   력을 이용한다.
④ 애견테라피스트가 되기 위해서는 전문적인 지식을 쌓고
   4문단 2번째 문장에 근거
   훈련을 받아야 한다.
⑤ 반려동물 관련 시장이 성장하는 추세에 비해 이에 대한
   국가적 지원이 부족하다.
   지문에서 이야기하고 있지 않음.

>왜 정답 ?

⑤ 1문단에서 애견과 관련된 시장의 성장세가 크다는 내용을 다루고 있지만, 이에 대한 국가적 지원에 대해서는 이야기하고 있지 않다.

>왜 오답 ?

① 2문단에서 '아파트에 거주하는 사람들이 늘어남에 따라, 집안에서 개를 키우는 경우가 늘어'나면서 '밖에 돌아다니고 싶은 본성을 억누르고 집안에서만 지내는 개들이 받는 스트레스 역시 늘어났'다고 하였다.
② 1문단에서 '사람들의 개에 대한 애정과 관심이 커지고 관련된 시장이 확대되'었다고 하였다.
③ 3문단에서 '애견테라피스트는 개들이 갖고 있는 습성과 자연 치유력을 이용하여 개들의 심신을 안정시키고 건강하게 지낼 수 있도록 돕는'다고 하였다.
④ 4문단에서 '전문적인 지식을 쌓고 훈련을 받아야 애견테라피스트로 거듭날 수 있다.'라고 하였다.

04 [정답] ⑤ ·········· 글쓴이의 의도 파악하기

글쓴이가 윗글을 통해 궁극적으로 말하고자 하는 바로 가장 적절한 것은?

① 개가 아프면 자연적인 방법으로 치료해야 한다.
   지문에서 이야기하고 있지 않음.
② 우리나라의 애견 시장은 경제적으로 가치가 높다.
   글쓴이의 중심 생각으로 볼 수 없음.
③ 개가 좋아하는 향기에 대해 더 많이 연구해야 한다.
   지문에서 이야기하고 있지 않음.
④ 우리나라와 다른 나라의 직업의 종류는 차이가 많다.
   지문에서 이야기하고 있지 않음.
⑤ 애견테라피스트가 머지않아 우리나라에서도 흔한 직업
   5문단에 근거 → 머지않아 우리나라에서도 애견테라피스트라는 직업을 가진 사람이 많이 늘어날 것이라고 전망함.
   이 될 것이다.

>왜 정답 ?

⑤ 5문단에서 '머지않아 우리나라에서도 애견테라피스트라는 직업을 가진 사람이 많이 늘어나지 않을까?'라고 하였다. 이를 고려하면 글쓴이는 애견테라피스트가 머지않아 우리나라에서도 흔한 직업이 될 것이라고 전망하고 있음을 알 수 있다.

>왜 오답 ?

① 이 지문에서 개가 아프면 자연적인 방법으로 치료해야 한다고 이야기하고 있지는 않다.
② 1문단에서 애견과 관련된 시장이 확대되고 있다고는 했지만, 이를 글쓴이의 중심 생각이라고 볼 수는 없다.
③ 이 지문에서 개가 좋아하는 향기에 대해 더 많이 연구해야 한다고 이야기하고 있지는 않다.
④ 이 지문에서 우리나라와 다른 나라의 직업의 종류는 차이가 많다고 이야기하고 있지는 않다.

05 [정답] ③ ·········· 상황에 맞는 한자 성어 찾기

㉠의 상황을 나타내는 말로 가장 적절한 것은?

① 동문서답
   물음과는 전혀 상관없는 엉뚱한 대답
② 일편단심
   진심에서 우러나오는 변치 아니하는 마음을 이르는 말
③ 전도유망
   앞으로 잘될 희망이 있음.
④ 자수성가
   물려받은 재산이 없이 자기 혼자의 힘으로 집안을 일으키고 재산을 모음.
⑤ 작심삼일
   단단히 먹은 마음이 사흘을 가지 못한다는 뜻으로, 결심이 굳지 못함을 이르는 말

>왜 정답 ?

③ ㉠은 애견테라피스트의 전망을 긍정적으로 평가하는 내용이다. 따라서 '앞으로 잘될 희망이 있음.'이라는 의미의 '전도유망'이 ㉠의 상황을 나타내는 말로 가장 적절하다.

>왜 오답 ?

①, ②, ④, ⑤ ㉠의 상황을 나타낸다고 볼 수 없다.

문명의 상징, 수레

○ 핵심어　▨ 문단 중심 문장　▨ 전체 중심 문장

1 인류가 만들어 낸 수많은 발명품 중에는 인류 전체의 삶을 바꿔 놓을 만큼 큰 영향을 준 것들도 많다. 그중 하나인 수레는 인류 문명의 상징이라고 불릴 정도로 우리의 삶에 큰 영향을 주었다. 수레는 어떻게 만들어졌으며, 왜 인류 문명의 상징이라고 불리는 것일까?

2 수레를 만드는 가장 핵심적인 기술은 바로 바퀴이다. 『원래 수레가 처음 만들어졌을 때의 바퀴는 원반 모양으로 둥그렇게 자른 통나무를 끼운 것이었다. 그러나 바퀴의 재료로 쓸 큰 통나무가 많지 않았고, 시간이 지나면서 바퀴가 나뭇결을 따라 부서지는 일도 많아졌다. 이에 대한 보완책으로 나온 것이 쪼개진 나무 조각을 못으로 이어 붙여 원판으로 만든 바퀴인데, 원판으로 만든 바퀴는 무겁고 움직이기 힘들었다. 그러다 기원전 2000년경 지금의 자전거 바퀴처럼 테두리에 바큇살을 박아 만든 바퀴가 만들어졌고, 이 바퀴로 만들어진 수레는 무게가 가벼워 많은 짐을 싣고도 빠르고 쉽게 움직일 수 있었다.』

3 이렇게 발전해 온 수레는 인류의 삶에 어떤 영향을 끼쳤을까? 첫 번째로 수레는 인간이 시간과 공간의 한계를 크게 뛰어넘게 해 주었다. 동물이 끄는 수레를 사용하기 시작하면서 인간은 많은 양의 짐을 싣고 먼 거리를 빠르게 이동할 수 있게 되었다. 이로 인해 예전보다 시간이 남으면서 더 많은 일을 할 수 있게 되었고, 더 먼 곳의 장소를 경험할 수 있게 되었다.

4 두 번째로 수레는 도시 건설의 밑거름이 되었다. 수레가 다니려면 반드시 필요한 것이 길이다. 수레가 다닐 길을 만들고, 그 길로 더 많은 수레들이 다니면서 그 근처에는 교통의 요지이자 상업의 중심지가 생겨나게 되었다. 이 지역은 나중에 도시로 발전했다. 세 번째로 수레는 다른 '빠른 탈것'을 만들어 내는 원동력이 되었다. 수레를 사용하게 된 인류는 좀 더 빠르고, 많은 짐을 실을 수 있는 탈것을 만들기 위해 끊임없이 노력했다. 이에 따라 자동차, 비행기 등을 만들어 냈다.

5 이처럼 수레 덕분에 인류는 시간과 공간의 장애를 극복하고 문명을 더욱 발전시킬 수 있게 되었다. 이러한 점을 고려하면 수레는 인류 문명의 상징이라고 부를 수 있을 것이다.

---

1 문단 요약
인류 문명의 상징인 수레

2 문단 요약
수레의 핵심 기술인 바퀴의 발전 과정

3 문단 요약
수레의 영향 ① : 시간과 공간의 한계를 뛰어넘게 해 줌.

4 문단 요약
수레의 영향 ②, ③ : 도시 건설의 밑거름이 되고, 다른 '빠른 탈것'을 만드는 원동력이 됨.

[중심 문단]
5 문단 요약
인류 문명의 발전에 큰 도움이 된 수레

● **내용 :** 이 글은 인류 최고의 발명품 중 하나인 수레를 소개하고, 수레가 인류의 삶에 끼친 영향을 세 가지로 나누어 설명하고 있다.

● **주제 :** 인류 문명 발전에 있어 수레의 역할

● **글의 구조 파악 :** 1문단에서는 인류 문명의 상징인 수레를 소개하고, 2문단에서는 수레 바퀴의 발전 과정을 설명하고 있다. 3문단과 4문단에서는 수레가 인류에 미친 영향을, 5문단에서는 수레의 의의를 언급하며 글을 마무리하고 있다.

● **글의 구조도**

| **1 문단** 인류 문명의 상징인 수레 | → | **2 문단** 수레의 핵심 기술인 바퀴의 발전 과정 | → | **3 문단** 수레의 영향 ① / **4 문단** 수레의 영향 ②, ③ | → | **5 문단** 인류 문명의 발전에 큰 도움이 된 수레 |

06 [정답] 문명, 바퀴 ·················· 글의 구조 파악하기

﹥왜 정답?

1문단에서는 '인류 문명의 상징'인 수레를 소개하고 있다. 또 2문단에서는 수레의 핵심 기술인 바퀴의 발전 과정을 설명하고 있다. 따라서 빈칸에 들어가기에 적절한 말은 '문명', '바퀴'이다.

07 [정답] 인류 문명 발전에 있어 수레의 역할 ··· 주제 찾기

﹥왜 정답?

이 지문에서는 수레가 인류의 삶에 미친 영향을 설명하며 수레가 인류의 삶과 문명의 발전에 큰 도움이 되었다고 이야기하고 있다. 따라서 이 글의 주제는 '인류 문명 발전에 있어 수레의 역할'이다.

08 [정답] ② ································ 내용 파악하기

> **윗글의 내용으로 적절하지 않은 것은?**
>
> ① 수레는 인류의 문명에 있어 탈 것 이상의 의미를 가진다.
>   1문단과 5문단에 근거 → 수레는 인류 문명의 상징임.
> ② 수레를 소유했는지의 여부에 따라 빈부의 격차가 생겨났다.
>   지문에서 이야기하고 있지 않음.
> ③ 수레를 사용함으로써 하루 동안 갈 수 있는 거리가 늘어났다.
>   수레를 사용하기 시작하면서 먼 거리를 빠르게 이동할 수 있게 됨.
> ④ 수레의 바퀴를 지금과 같은 모습으로 만들기 위해 많은 과정을 거쳤다.
>   2문단에 근거 → 수레의 바퀴는 많은 변화를 거쳐 지금과 같은 모습이 됨.
> ⑤ 수레를 사용한 후 인류는 기술적으로 더 발전한 탈것을 만들기 위해 노력했다.
>   4문단에 근거 → 수레를 사용한 이후 인류는 더 빠르고, 더 많은 짐을 실을 수 있는 탈것을 만들기 위해 노력함.

﹥왜 정답?

② 이 지문에서는 수레가 인류 문명의 발전에 미친 다양한 영향을 설명하고 있다. 그러나 수레의 소유 여부와 빈부 격차의 차이에 관해서 이야기하고 있지는 않다.

﹥왜 오답?

① 1문단과 5문단에서 수레는 단순히 탈것을 넘어서 '인류 문명의 상징'이라고 하였다.

③ 3문단에서 '수레를 사용하기 ~ 이동할 수 있게 되었다.'라고 하였다.

④ 2문단에서 수레의 바퀴가 많은 과정을 거쳐 '지금의 자전거 바퀴처럼 테두리에 바큇살을 박아 만든 바퀴가 만들어졌다'고 하였다.

⑤ 4문단에서 '수레를 사용하게 된 ~ 끊임없이 노력했다.'라고 하였다.

09 [정답] ② ································ 전개 방식 파악하기

> **윗글에 대한 설명으로 가장 적절한 것은?**
>
> ① 구체적인 통계 자료를 근거로 제시하고 있다.
>   구체적인 통계 자료를 제시하고 있지는 않음.
> ② 중심 대상의 가치를 여러 가지 측면에서 살펴보고 있다.
>   3, 4문단에 근거 → 중심 대상인 수레의 가치를 여러 측면에서 살펴보고 있음.
> ③ 비유적인 표현을 통해 독자를 효과적으로 설득하고 있다.
>   비유적인 표현을 사용하고 있지는 않음.
> ④ 개인적인 경험을 통해 중심 대상의 역사를 소개하고 있다.
>   개인적인 경험을 언급하고 있지는 않음.
> ⑤ 서로 다른 두 사례를 비교하여 문제 상황을 비판하고 있다.
>   서로 다른 두 사례를 비교하여 문제 상황을 비판하고 있지는 않음.

﹥왜 정답?

② 이 지문에서는 수레의 가치를 인간의 삶의 영역을 바꾸어 놓은 점, 도시 건설에 영향을 준 점, 탈것을 만들어 내는 원동력이 된 점 등 다양한 측면에서 살펴보고 있다.

﹥왜 오답?

① 이 지문에서 구체적인 통계 자료를 근거로 제시하고 있지는 않다.

③ 이 지문에서는 비유적인 표현을 사용하지도, 이를 통해 독자를 설득하고 있지도 않다.

④ 이 지문에서는 중심 대상인 수레의 역사를 소개하고 있다. 그러나 개인적인 경험을 언급하고 있지는 않다.

⑤ 이 지문에서 서로 다른 두 사례를 비교하고 있지 않으며, 이를 통해 문제 상황을 비판하고 있지도 않다.

10 [정답] ④ ································ 반응의 적절성 평가하기

> **윗글을 읽고 난 후의 반응으로 적절하지 않은 것은?**
>
> ① 수레들이 많이 다니던 길 주변에는 도시가 발달했군.
>   4문단에 근거 → 수레가 다니던 지역은 나중에 도시로 발전함.
> ② 동물이 끄는 수레에는 많은 양의 짐을 실을 수 있었군.
>   동물이 끄는 수레를 사용하기 시작하면서 많은 양의 짐을 운반할 수 있게 됨.
> ③ 수레가 발명되기 이전에 인류는 공간과 시간의 제약이 꽤 컸겠군.
>   3문단에 근거 → 수레는 인류가 공간과 시간의 제약을 뛰어넘을 수 있도록 도움을 줌.
> ④ 처음 만들어졌던 바퀴는 아주 튼튼해서 오랜 시간 동안 쓸 수 있었군.
>   2문단에 근거 → 시간이 지나면 나뭇결을 따라 부서짐.
> ⑤ 쪼개진 나무 조각을 못으로 이어 붙인 원판을 수레의 바퀴로 사용하기도 했군.
>   2문단에 근거 → 처음 만들어졌던 바퀴를 보완하기 위해 쪼개진 나무 조각을 이어 붙여 원판으로 만든 바퀴를 사용함.

﹥왜 정답?

④ 2문단에서 '수레가 처음 만들어졌을 때의 바퀴는 ~ 시간이 지나면서 바퀴가 나뭇결을 따라 부서지는 일도 많아졌다.'라고 하였다.

﹥왜 오답?

① 4문단에서 '수레가 다니려면 반드시 필요한 것이 길'인데, 그 근처에 생겨난 상업의 중심지는 '나중에 도시로 발전했다.'라고 하였다.

② 3문단에서 '동물이 끄는 수레를 사용하기 시작하면서 인간은 많은 양의 짐을 지고' 이동할 수 있게 되었다고 하였다.

③ 3문단에서 '수레는 인간이 시간과 공간의 한계를 크게 뛰어넘게 해 주었다.'라고 하였다. 따라서 수레가 발명되기 이전의 인류는 시간과 공간의 제약이 꽤 컸을 것임을 추측할 수 있다.

⑤ 2문단에서 처음에 만들어졌던 바퀴가 시간이 지나면서 부서지는 문제를 해결하기 위해 '쪼개진 나무 조각을 못으로 이어 붙여 원판으로 만든 바퀴'를 사용했다고 하였다.

인류에게 문명을 가져다준 불

○ 핵심어　▬ 문단 중심 문장　▬ 전체 중심 문장

1 불은 인류를 다른 동물들과 구별되는 존재로 만들었다고 평가받는 것 중 하나이다. 인류가 처음 불을 사용했을 때는 번개나 화산 폭발 등 자연적으로 발생한 불을 사용했지만, 그렇게 만들어진 불을 계속 보존할 수는 없었다. 신석기 시대에 이르러서야 석기를 다듬기 위해 돌끼리 부딪히면서 불꽃이 일어나는 것을 본 인류는 이 원리를 이용하여 부싯돌을 만들었고, 이후에는 필요할 때에 불을 만들 수 있게 되었다.

2 불은 인간의 삶의 시간적, 공간적 영역을 확대시켜 주었다. 불을 피움으로써 예전에는 추워서 살기 힘들었던 곳에서 살 수 있게 되었고, 밤에도 활동을 할 수 있게 되었다. 또한 불을 이용한 음식을 먹게 되면서 인간의 지적 능력도 발달했다. 익히지 않은 음식물은 인간이 소화해서 영양분을 흡수하는 데 시간이 많이 걸린다. 그러나 불에 익힌 음식물은 인간이 더 빨리 소화할 수 있고, 영양분의 흡수율도 더 높다. 인간이 이전보다 더 쉽고 빠르게 음식을 소화하고, 영양분도 더 많이 흡수하게 됨에 따라 음식을 먹으면 에너지가 남게 되었다. 이때 이 남은 에너지를 바로 뇌가 사용하면서 인간의 지적 능력이 비약적으로 발전한 것이다.

3 또 불을 사용하게 됨에 따라 새로운 재료로 만든 도구도 사용할 수 있게 되었다. 신석기 시대에는 흙을 빚어 불에 구움으로써 그릇을 만들어 다양한 것들을 보관할 수 있었다. 그 후 청동기 시대에는 청동기를 불로 녹여 만든 제기 등의 물건을 통해 종교적, 정치적 입지를 다지는 사람들이 생겨났고, 철기 시대에는 철기로 다양한 철제 농기구와 무기를 만듦으로써 농업의 생산력을 높이고 정복 전쟁도 펼치게 되었다.

4 이처럼 인류의 역사가 크게 변할 때, 불은 늘 인류의 곁에 있었다. 이러한 점에서 볼 때 불은 단순한 수단이 아니라, 인류 문명을 만든 원동력이자 인류에게 문명이라는 선물을 전해 준 고마운 존재라고 볼 수 있다.

---

1 문단 요약
필요할 때 불을 만들어 사용할 수 있게 된 인간

2 문단 요약
불이 인류에게 미친 영향 ①, ② : 시간적, 공간적 영역의 확대, 지적 능력의 발달

3 문단 요약
불이 인류에게 미친 영향 ③ : 새로운 재료로 만든 도구 사용

[중심 문단]
4 문단 요약
인류 문명의 원동력이 된 불

● **내용** : 이 글은 인류의 역사에 불이 미친 영향을 설명하고 있다. 인류는 처음에는 스스로 불을 만들지 못했으나, 돌끼리 부딪히면서 불꽃이 일어나는 것을 보고 부싯돌을 만듦으로써 불을 직접 피울 수 있게 되었다. 직접 불을 피울 수 있게 되면서 인간은 삶의 시간적, 공간적 영역을 확대시킬 수 있었고, 지적 능력도 발달하게 되었다. 또 인간이 불을 사용하게 됨에 따라 새로운 재료로 만든 도구도 사용할 수 있게 되었다. 이처럼 불은 인류가 문명을 싹 틔울 수 있게 도와준 고마운 존재라고 할 수 있다.

● **주제** : 인류 문명의 원동력이 된 불

● **글의 구조 파악** : 1문단에서는 인류가 불을 이용하게 된 과정을 제시하고, 2문단과 3문단에서는 불이 인류에게 미친 영향을 설명하고 있다. 4문단에서는 인류 역사에 있어서 불이 갖는 의의를 밝히며 글을 마무리하고 있다.

● **글의 구조도**

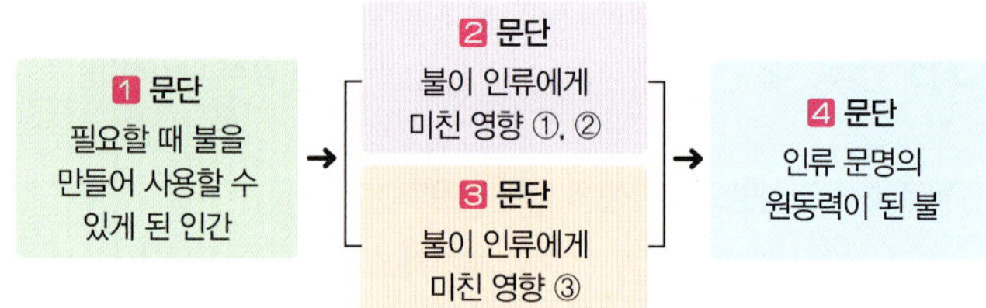

01 정답 불 ·········· 글의 구조 파악하기

>왜 정답?

1문단에서는 '불은 인류를 다른 동물들과 구별되는 존재로 만들었다고 평가받는 것 중 하나이다.'라고 하면서 중심 대상인 '불'을 소개하고 있다. 따라서 빈칸에 들어가기에 적절한 말은 '불'이다.

02 정답 인류 문명의 원동력이 된 불 ·········· 주제 찾기

>왜 정답?

이 지문에서는 불이 인간의 삶에 미친 영향을 설명하며, 인류 문명의 원동력이 된 불에 대해 이야기하고 있다. 따라서 이 글의 주제는 '인류 문명의 원동력이 된 불'이다.

03 정답 ① ·········· 내용 파악하기

윗글의 내용으로 가장 적절한 것은?

① 인간은 처음에 자연 현상으로 인해 발생한 불을 사용했다.
1문단에 근거 → 번개나 화산 폭발 등 자연적으로 발생한 불을 사용함.
② 불의 편리함에 익숙해진 인간은 점차 지적 능력이 떨어졌다.
2문단에 근거 → 불을 이용한 음식을 먹게 되면서 인간의 지적 능력이 발달함.
③ 불을 사용함으로써 인간이 만들 수 있는 도구의 종류가 적어졌다.
3문단에 근거 → 불을 사용하면서 새로운 재료로 만든 도구도 사용할 수 있게 됨.
④ 부싯돌을 사용하는 방법으로는 인간이 원할 때 불을 만들기 어려웠다.
1문단에 근거 → 부싯돌을 이용하여 필요할 때에 불을 만들 수 있게 됨.
⑤ 청동기 시대에 종교가 발전하면서 불을 사용하는 것이 신성하게 여겨졌다.
지문에서 이야기하고 있지 않음.

>왜 정답?

① 1문단에서 '인류가 처음 불을 사용했을 때는 번개나 화산 폭발 등 자연적으로 발생한 불을 사용했'다고 하였다.

>왜 오답?

② 2문단에서 '불을 이용한 음식을 먹게 되면서 인간의 지적 능력도 발달했다.'라고 하였다.
③ 3문단에서 '불을 사용하게 됨에 따라 새로운 재료로 만든 도구도 사용할 수 있게 되었다.'라고 하였다. 따라서 불을 사용함으로써 인간이 만들 수 있는 도구의 종류가 늘어났을 것임을 알 수 있다.
④ 1문단에서 부싯돌을 만든 이후 인류는 '필요할 때에 불을 만들 수 있게 되었다.'라고 하였다.
⑤ 3문단에서 '청동기 시대에는 ~ 종교적, 정치적 입지를 다지는 사람들이 생겨났'다고 하였다. 그러나 종교가 발전하면서 불을 사용하는 것이 신성하게 여겨졌는지에 대해서는 이 지문에서 이야기하고 있지 않다.

04 정답 ⑤ ·········· 글쓴이의 의도 파악하기

윗글에 대한 설명으로 가장 적절한 것은?

① 비슷한 현상에 빗대어 불의 단점을 설명하고 있다.
불의 단점을 설명하고 있지는 않음.
② 다른 동물들과의 차이를 통해 인간을 비판하고 있다.
다른 동물들과의 차이를 통해 인간을 비판하고 있지는 않음.
③ 인간과 불의 특성을 비교하여 인간의 이기심을 드러내고 있다.
인간과 불의 특성을 비교하고 있지도, 이를 통해 인간의 이기심을 드러내고 있지도 않음.
④ 불에 대한 질문을 던지면서 독자의 호기심을 이끌어 내고 있다.
불에 대한 질문을 던지고 있지는 않음.
⑤ 시대의 흐름에 따라 인간이 불을 사용했던 모습을 제시하고 있다.
3문단에 근거 → 시대별로 인간이 불을 사용했던 모습을 제시하고 있음.

>왜 정답?

⑤ 3문단에서 '신석기 시대', '청동기 시대', '철기 시대'에 각각 인간이 불을 사용하여 어떤 도구들을 만들고, 이를 어떻게 사용하였는지를 언급하고 있다.

>왜 오답?

① 이 지문에서는 불의 단점을 설명하고 있지는 않다.
② 이 지문에서 다른 동물들과 인간의 차이를 언급하고 있지 않고, 이를 통해 인간의 이기심을 드러내고 있지도 않다.
③ 이 지문에서 인간과 불의 특성을 비교하고 있지 않고, 이를 통해 인간의 이기심을 드러내고 있지도 않다.
④ 이 지문에서는 불에 대한 질문을 던지고 있지 않다.

05 정답 ② ·········· 내용 파악하기

윗글의 중심 내용으로 가장 적절한 것은?

① 인류의 불에 대한 인식 변화
지문에서 이야기하고 있지 않음.
② 불이 인류의 삶에 미친 영향
지문 전체의 중심 내용임.
③ 불로 인해 생길 수 있는 위험
지문에서 이야기하고 있지 않음.
④ 불과 음식의 영양분과의 관계
중심 내용이라고 볼 수 없음.
⑤ 인류가 불을 함부로 사용하지 않았던 이유
지문에서 이야기하고 있지 않음.

>왜 정답?

② 이 지문에서는 불이 인류의 삶에 미친 영향을 설명하며, 인류 문명의 원동력이 된 불의 의의를 언급하고 있다. 따라서 '불이 인류의 삶에 미친 영향'은 이 지문의 중심 내용이라고 할 수 있다.

>왜 오답?

①, ③, ⑤ 이 지문에서 이야기하고 있지 않은 내용이다.
④ 2문단에서 익히지 않은 음식에 비해 '불에 익힌 음식물은 ~ 영양분의 흡수율도 더 높다.'라고 하였다. 하지만 이를 이 지문의 중심 내용이라고 볼 수 없다.

비를 만들어라!

○ 핵심어　　■ 문단 중심 문장　　■ 전체 중심 문장

1 계절을 가리지 않고 한반도에서 미세먼지가 기승을 부리고 있다. 우리나라에 미세먼지가 심한 날이 늘어나면서 이와 관련된 질환을 앓는 사람의 수도 점차 증가하고 있다. 이러한 미세먼지로 인한 문제를 해결하기 위한 방법 중 하나가 바로 인공 비를 내리는 것이다.

2 인공 비의 원리를 이해하려면 먼저 자연적인 비가 내리는 원리를 알아야 한다. 구름 속에는 아주 작은 물방울들, 즉 구름 입자들이 모여 있는데, 구름 입자들이 모여 무거워져서 땅 위로 떨어지는 것이 바로 비이다. 일반적으로 구름 속 습도가 400% 이상이 되어야 비가 내리지만 습도가 100%여도 비가 내리는 경우가 있다. 이는 구름 입자들이 뭉치는 데 도움을 주는 먼지, 연기 등이 구름 속에 들어 있는 경우이다. 이때의 먼지, 연기 등을 응결핵이라고 한다.

3 인공 비를 내리려면 우선 구름에 응결핵의 역할을 하는 구름씨를 뿌려야 한다. 구름씨로 사용되는 물질은 구름의 고도에 따라 다르다. 높은 구름에는 아이오딘화은이나 드라이아이스를, 낮은 구름에는 염화나트륨이나 염화칼륨 등을 구름씨로 사용한다. 이 물질들은 수분을 흡수하는 성질, 즉 흡습성을 가지고 있어서 구름 속 물방울을 끌어들인다. 다만 구름에 구름씨만 뿌린다고 비가 내리는 것이 아니라, 그 밖의 조건들이 모두 맞을 때만 비가 내린다.

4 인공 비를 내리게 하면 부작용은 없는 걸까? 먼저 일부 전문가들은 구름씨로 사용하는 아이오딘화은이나 드라이아이스가 환경 오염에 영향을 미칠지 모른다고 주장한다. 게다가 또 다른 전문가들의 말에 의하면 중국에서 인공 비를 내리게 하면 공기 속 수증기가 부족해져 한반도에 사막화가 일어날 수도 있다고 한다.

5 현재는 이런 문제를 해결하면서도 인공 비를 내리게 하기 위해 많은 연구가 진행 중이다. 공기 속의 입자들을 전기장으로 교란시켜 수증기를 끌어 모으는 방법으로 구름이 없는 곳에서도 비를 내리게 하는 방법 등이 그것이다. 이러한 연구들이 계속된다면 언젠가 비를 마음대로 내리게 하는 세상이 올지도 모른다.

---

1 문단 요약
미세먼지 문제를 해결할 인공 비

2 문단 요약
자연적인 비의 원리와 응결핵

3 문단 요약
인공 비를 내리는 방법

4 문단 요약
인공 비의 부작용

[중심 문단]
5 문단 요약
인공 비 기술의 전망

- **내용** : 이 글은 인공 비의 원리와 부작용, 인공 비 기술에 관한 전망을 설명하고 있다. 인공 비는 응결핵의 역할을 하는 구름씨를 구름에 뿌려서 비가 인공적으로 내릴 수 있도록 하는 것이다.
- **주제** : 인공 비의 원리와 부작용, 인공 비 기술의 전망
- **글의 구조 파악** : 1문단에서는 사회적 문제와 관련 지어 중심 대상인 '인공 비'를 소개하고 있다. 2문단에서는 자연적인 비가 내리는 원리와 응결핵을 설명하고, 3문단에서는 이를 바탕으로 인공 비를 내리는 방법을 제시하고 있다. 4문단에서는 인공 비로 인해 발생할 수 있는 부작용을, 5문단에서는 인공 비 기술에 관한 전망을 제시하며 글을 마무리하고 있다.

- **글의 구조도**

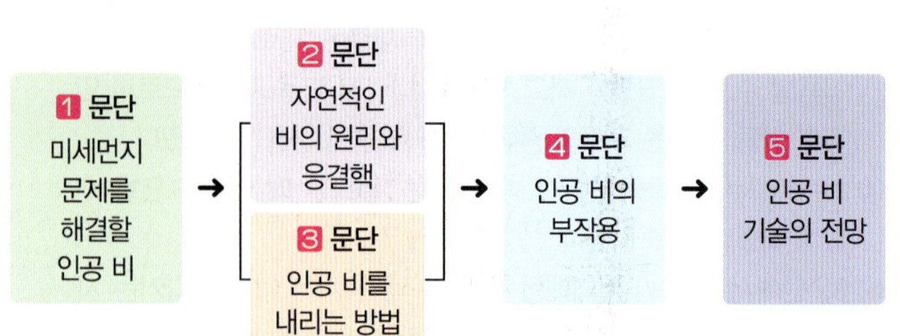

06 [정답] 인공, 부작용 ·········· 글의 구조 파악하기

>왜 정답?

1문단에서는 인공 비를 '미세먼지로 인한 문제를 해결하기 위한 방법 중 하나'로 소개하고 있다. 또 4문단에서는 인공 비를 내리게 하면 어떤 부작용이 생길 수 있는지 설명하고 있다. 따라서 빈칸에 들어가기에 적절한 말은 '인공', '부작용'이다.

07 [정답] 인공 비의 원리와 부작용, 인공 비 기술의 전망
·········· 주제 찾기

>왜 정답?

이 지문에서는 인공 비의 원리와 부작용, 인공 비 기술의 전망에 대해 설명하고 있다. 따라서 이 글의 주제는 '인공 비의 원리와 부작용, 인공 비 기술의 전망'이다.

08 [정답] ⑤ ·········· 내용 파악하기

> **윗글의 내용으로 적절하지 <u>않은</u> 것은?**
>
> ① 우리나라에서 미세먼지 관련 문제가 점차 심각해지고 있다.
> 1문단에 근거 → 우리나라에 미세먼지가 심한 날이 늘어나고 있다고 함.
> ② 인공 비의 원리는 자연적으로 비가 내리는 원리와 관련이 있다.
> 2문단 1번째 문장에 근거
> ③ 전기장을 이용하여 인공 비를 내리게 하는 방법에 대한
> 5문단에 근거 → '공기 속의 입자들을 전기장으로 ~ 비를 내리게 하는 방법'
> 연구가 진행되고 있다.
> ④ 인공 비를 내리게 하는 것은 미세먼지 문제를 해결할 수
> 1문단 3번째 문장에 근거
> 있는 방법 중 하나이다.
> ⑤ 인공 비를 내리게 하는 것은 친환경적인 일이므로 부작
> 4문단에 근거 → 인공 비의 부작용을 제시하고 있음.
> 용을 걱정하지 않아도 된다.

>왜 정답?

⑤ 4문단에서 '일부 전문가들은 ~ 환경 오염에 영향을 미칠지 모른다고 주장한다.'라고 하였고, '중국에서 인공 비를 내리게 하면 ~ 한반도에 사막화가 일어날 수도 있다고 한다.'라고 하였다.

>왜 오답?

① 1문단에서 '우리나라에 미세먼지가 심한 날이 늘어'나고 있다고 했다.
② 2문단에서 '인공 비의 원리를 이해하려면 ~ 알아야 한다.'라고 하였다.
③ 5문단에서 '공기 속의 입자들을 전기장으로 교란시켜 ~ 비를 내리게 하는 방법 등'이 연구되고 있다고 하였다.
④ 1문단에서 '이러한 미세먼지로 ~ 인공 비를 내리는 것이다.'라고 하였다.

09 [정답] ④ ·········· 전개 방식 파악하기

> **윗글에 대한 설명으로 가장 적절한 것은?**
>
> ① 질문을 던지고 그에 답하며 인공 비의 장점을 설명하고 있다.
> 질문을 던지고 그에 답하고 있지는 않음.
> ② 시간 순서에 따라 인공 비 연구의 발전 과정을 설명하고 있다.
> 인공 비 연구의 발전 과정을 시간의 순서에 따라 설명하고 있지는 않음.
>
> ③ 전문가의 의견을 인용하여 인공 비가 우리 몸에 미치는
> 전문가의 말을 인용하고 있지는 않음.
> 영향을 설명하고 있다.
> ④ 자연적인 비가 내리는 원리를 통해 인공비를 내리게 하
> 2~3문단에 근거
> 는 방법을 설명하고 있다.
> ⑤ 인공 비와 자연적인 비를 비교하여 자연적으로 내리는
> 자연적으로 내리는 비의 한계를 밝히고 있지는 않음.
> 비의 한계를 밝히고 있다.

>왜 정답?

④ 2문단에서 자연적인 비가 내리는 원리를 설명함으로써 3문단에서 인공 비를 내리게 하는 방법을 설명하고 있다.

10 [정답] ⑤ ·········· 내용 추론하기

> **〈보기〉는 인공 비를 내리는 과정을 그림으로 나타낸 것이다. ㉠~㉢에 대한 설명으로 적절하지 <u>않은</u> 것은?**

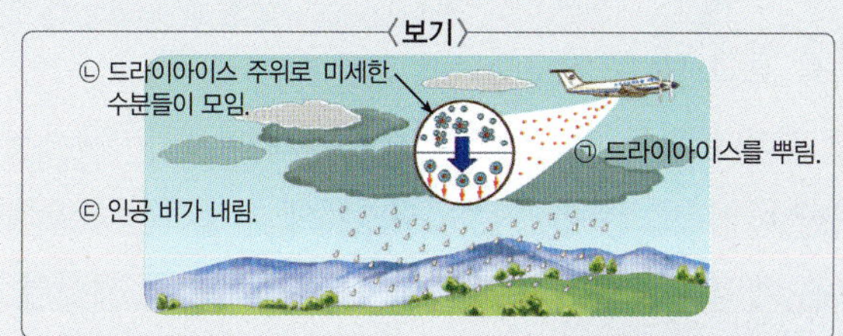

> ① ㉠에서 구름에 뿌려진 드라이아이스가 응결핵의 역할을 한다.
> 3문단에 근거 → 드라이아이스를 응결핵의 역할을 하는 구름씨로 사용하기도 함.
> ② ㉠에서 구름씨를 뿌릴 때는 구름의 고도에 따라 다른 물
> 3문단에 근거 → 구름씨로 사용되는 물질은 구름의 고도에 따라 다름.
> 질을 사용한다.
> ③ ㉡에서 드라이아이스가 끌어들인 물로 인해 구름의 무게
> 2문단에 근거 → 구름 속의 물방울들이 모이면 구름의 무게가 점점 무거워짐.
> 가 점점 무거워진다.
> ④ ㉡에서 드라이아이스 주위에 수분이 모이는 것은 드라이
> 3문단에 근거 → 드라이아이스는 수분을 흡수하는 성질인 흡습성을 가짐.
> 아이스의 흡습성 때문이다.
> ⑤ ㉢과 같이 비가 내리는 데에는 특별한 조건이 필요하지 않다.
> 3문단 5번째 문장에 근거 → 구름씨를 뿌리는 것 외에도 여러 조건이 맞아야 함.

>왜 정답?

⑤ 3문단에서 구름씨를 뿌리더라도 '그 밖의 조건들이 모두 맞을 때만 비가 내린다.'라고 하였다.

>왜 오답?

① 3문단에서 드라이아이스가 구름씨로 사용되며, 구름씨는 응결핵의 역할을 한다고 하였다.
② 3문단에서 '구름씨로 사용되는 ~ 고도에 따라 다르다.'라고 하였다.
③ 2문단에서 구름 속의 작은 물방울들, 즉 구름 입자들이 모여서 구름이 무거워진다고 하였다.
④ 3문단에서 드라이아이스와 같은 물질들은 '흡습성을 가지고 있어서 구름 속 물방울을 끌어들인다.'라고 하였다.

세균 잡는 바이러스

○ 핵심어　■ 문단 중심 문장　■ 전체 중심 문장

1 대부분의 사람들이 병을 일으키는 원인이라고 생각하는 바이러스는 완전한 생명체라고 볼 수 없다. 생명체로 인정받기 위한 세 가지 조건을 갖추지 못했기 때문이다. 생명체로 인정받기 위해서는 스스로 번식하여 자손을 퍼뜨릴 수 있어야 하며, 양분을 흡수하여 생명을 유지해야 하고, 환경에 적응하고 진화할 수 있어야 한다. 그런데 바이러스는 스스로 자손을 퍼뜨리는 능력을 갖추지 못해서 생명체로 인정받지 못한다.

2 그렇다면 스스로 자손을 퍼트리지 못하는 바이러스는 어떻게 번식하여 병을 일으키는 것일까? 바로 다른 생명체의 세포를 이용한다. 『먼저 인간과 같은 숙주의 몸속에 들어온 바이러스는 세포에 기생한다. 보통 대부분의 바이러스는 인간 몸속의 많은 세포 가운데 자신이 좋아하는 세포가 있어서 그 속으로 자신의 유전 물질을 집어넣는다. 유전 물질에 의해 세포 속에는 바이러스의 수가 무수히 늘어나게 되고, 어느 정도 이상으로 늘어나게 되면 바이러스는 세포를 뚫고 밖으로 나온다. 그 과정에서 바이러스는 자신이 기생하고 있던 숙주의 세포를 파괴하고, 이에 따라 바이러스에 감염된 숙주는 피해를 입게 된다.』

3 그러나 모든 바이러스가 숙주에게 피해를 주는 것은 아니다. '박테리오파지'라는 특이한 바이러스는 살아있는 생명체에 기생하는 것은 다른 바이러스와 같지만, 숙주에게 해를 끼치는 세균에 기생한다. 그래서 세균의 세포를 파괴하기 때문에 숙주에게 유익하다. '박테리오파지'라는 이름도 세균을 뜻하는 그리스어인 '박테리오'와 먹는다는 의미의 그리스어인 '파지'를 결합하여 만들어진 것으로, '세균을 먹는다.'라는 의미이다.

4 이러한 박테리오파지를 이용한 자연치료 요법이 주목을 받으면서 박테리오파지와 관련된 연구는 최근 활발하게 진행되고 있다. 세균 잡는 바이러스가 인류의 건강에 기여하는 시대가 찾아온 것이다.

---

1 문단 요약
완전한 생명체로 인정받지 못하는 바이러스

2 문단 요약
숙주에 기생하여 자손을 번식하는 바이러스

[중심 문단]
3 문단 요약
세균에 기생하기 때문에 숙주에게 유익한 박테리오파지

4 문단 요약
박테리오파지와 관련된 최근 연구 현황

● **내용** : 이 글은 일반적인 바이러스와 박테리오파지를 비교하여 설명하고 있다. 바이러스는 스스로 자손을 퍼뜨리는 능력이 없기 때문에 생명체로 인정받지 못하는 대신 다른 생명체의 세포를 이용하여 번식한다. 바이러스는 인간과 같은 숙주의 체내에 들어와서 번식하는데, 그 과정에서 숙주의 세포를 파괴한다. 그러나 '박테리오파지'라는 특수한 바이러스는 번식 과정에서 숙주에게 해를 끼치는 세균에 기생하고, 이 세균의 세포를 파괴하기 때문에 숙주에게 유익하다. 최근에는 이 박테리오파지를 치료에 활용하기 위한 연구가 활발히 진행되고 있다.

● **주제** : 바이러스가 번식하는 방법과 박테리오파지의 특성

● **글의 구조 파악** : 1문단에서는 '바이러스'를 소개하고, 2문단에서는 바이러스가 번식하는 방법을 설명하고 있다. 3문단에서는 일반적인 바이러스와 다른 박테리오파지에 대해 설명하고, 4문단에서는 박테리오파지와 관련된 연구의 현황을 언급하며 글을 마무리하고 있다.

● **글의 구조도**

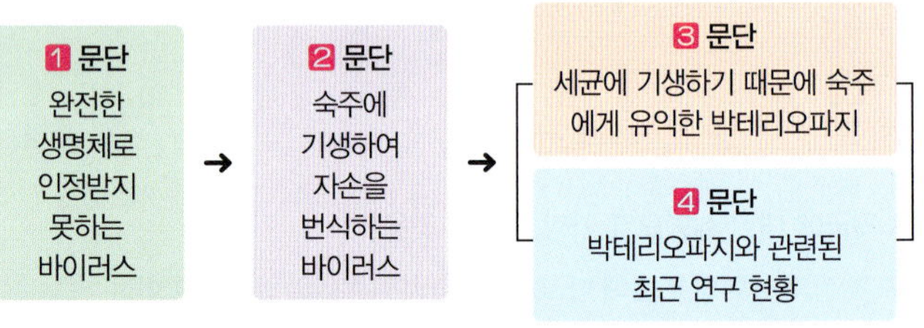

01 [정답] 바이러스, 박테리오파지 ······ 글의 구조 파악하기

>왜 정답?

1문단에서는 중심 대상인 '바이러스'에 대해 소개하고 있다. 또 3문단에서는 '숙주에게 유익'한 바이러스인 '박테리오파지'에 대해 설명하고 있다. 따라서 빈칸에 들어가기에 적절한 말은 '바이러스', '박테리오파지'이다.

02 [정답] 바이러스가 번식하는 방법과 박테리오파지의 특성 ······ 주제 찾기

>왜 정답?

이 지문에서는 바이러스가 번식 과정에서 숙주에게 해를 끼친다는 것과, 숙주에게 유익한 바이러스인 박테리오파지에 대해 설명하고 있다. 따라서 이 글의 주제는 '바이러스가 번식하는 방법과 박테리오파지의 특성'이다.

03 [정답] ⑤ ······ 내용 파악하기

> 윗글을 읽고 알 수 없는 내용은?
> ① 바이러스가 번식하는 방법
>   2문단에 근거 → 다른 생명체의 세포를 이용하여 번식함.
> ② 생명체로 인정받기 위한 조건
>   1문단에 근거 → 생명체로 인정받기 위한 세 가지 조건을 언급함.
> ③ 바이러스가 숙주에게 피해를 주는 방식
>   2문단에 근거 → '그 과정에서 바이러스는 ~ 숙주는 피해를 입게 된다.'
> ④ 최근 박테리오파지 연구가 활발하게 진행되는 이유
>   4문단에 근거 → '이러한 박테리오파지를 이용한 ~ 활발하게 진행되고 있다.'
> ⑤ 박테리오파지를 이용한 자연치료 요법의 경제적 효과
>   지문에서 이야기하고 있지 않음.

>왜 정답?

⑤ 4문단에서 '박테리오파지를 이용한 자연치료 요법이 주목을 받'고 있다고는 하였다. 그러나 박테리오파지를 이용한 자연치료 요법의 경제적 효과를 이야기하고 있지는 않다.

>왜 오답?

① 2문단에서 바이러스는 '다른 생명체의 세포를 이용'하여 번식한다고 하였다.

② 1문단에서 '생명체로 인정받기 위한 세 가지 조건'에 대해 이야기하고 있다.

③ 2문단에서 '바이러스는 자신이 기생하고 있던 숙주의 세포를 파괴'함으로써 숙주에게 피해를 입힌다고 하였다.

④ 3문단에서 박테리오파지는 '숙주에게 해를 끼치는 세균에 기생'하여 '세균의 세포를 파괴'한다고 하였다. 그리고 4문단에서 '이러한 박테리오파지를 이용한 자연치료 요법이 주목을 받으면서' 최근 박테리오파지 연구가 활발하게 진행되고 있다고 하였다. 따라서 최근 박테리오파지 연구가 활발하게 진행되는 이유는 세균에 기생하여 그 세균을 파괴하는 박테리오파지의 특성 때문이라고 할 수 있다.

04 [정답] ② ······ 전개 방식 파악하기

> 윗글에 대한 설명으로 가장 적절한 것은?
> ① 일반적인 인식을 반박하여 독자를 설득하고 있다.
>   일반적인 인식을 반박하여 독자를 설득하고 있지는 않음.
> ② 이름의 어원을 밝혀 대상의 의미를 설명하고 있다.
>   '박테리오파지'라는 이름의 어원을 밝히고 그 의미를 설명하고 있음.
> ③ 대상에 대한 찬성과 반대의 입장을 소개하고 있다.
>   찬성과 반대의 입장을 소개하고 있지는 않음.
> ④ 구체적인 사례를 들어 대상의 한계를 제시하고 있다.
>   구체적인 사례를 들어 대상의 한계를 제시하고 있지는 않음.
> ⑤ 다양한 측면에서 문제가 되는 현상의 원인을 밝히고 있다.
>   다양한 측면에서 문제가 되는 현상의 원인을 밝히고 있지는 않음.

>왜 정답?

② 3문단에서 '박테리오파지'라는 이름이 그리스어인 '박테리오'와 '파지'를 결합하여 만들어졌다고 하며 이름의 어원을 밝히고, '박테리오파지'란 '세균을 먹는다.'라는 의미임을 설명하고 있다.

>왜 오답?

①, ③, ④, ⑤ 이 지문에서 다루고 있지 않은 내용이다.

05 [정답] ② ······ 내용 파악하기

> 다음은 윗글을 읽고 그 내용을 정리한 것이다. 적절하지 않은 것은?
>
> **일반적인 바이러스의 특징**
> • 생명체로 인정받지 못함. ······ ①
>   1문단에 근거
> • 스스로 번식하지 못하므로 자손을 퍼뜨리지 못함. ······ ②
>   2문단에 근거 → 다른 생명체의 세포를 이용하여 번식함.
> • 숙주의 몸속에서 자신이 좋아하는 세포에 기생함. ······ ③
>   2문단에 근거 → 자신이 좋아하는 세포에 유전 물질을 집어넣음.
> • 숙주의 세포를 파괴함.
>
> **박테리오파지의 특징**
> • 숙주에게 해를 끼치는 세균에 기생함. ······ ④
>   3문단 2번째 문장에 근거
> • 박테리오파지를 이용해 치료가 가능함. ······ ⑤
>   5문단에 근거 → 박테리오파지를 이용한 자연치료 요법이 주목받고 있음.

>왜 정답?

② 2문단에서 바이러스는 '스스로 자손을 퍼트리지 못하'지만 '다른 생명체의 세포를 이용'하여 번식한다고 하였다. 따라서 바이러스는 다른 생명체를 이용하여 자손을 퍼트린다는 것을 알 수 있다.

>왜 오답?

① 1문단에서 '바이러스는 ~ 생명체로 인정받지 못한다.'라고 하였다.

③ 2문단에서 바이러스는 숙주의 세포에 기생하는데, '많은 세포 가운데 자신이 좋아하는 세포'에 '자신의 유전 물질을 집어넣는다.'라고 했다.

④ 3문단에서 박테리오파지는 '숙주에게 해를 끼치는 세균에 기생한다.'라고 하였다.

⑤ 4문단에서 '박테리오파지를 이용한 자연치료 요법이 주목'받게 되었다고 하였으므로 박테리오파지를 이용한 치료가 가능함을 알 수 있다.

쓰레기로 만든 작품

○ 핵심어　▮ 문단 중심 문장　▮ 전체 중심 문장

1 과자 봉지를 붙인 그림, 다 쓴 휴지의 심을 모아서 만든 조형물. 이런 것들도 예술 작품이라고 볼 수 있을까? 정답은 '그렇다.'이다. 초등학교 때 해 보았을 재활용품을 이용한 만들기 숙제처럼 느껴지는 이러한 작품들은 모두 정크 아트(junk art)라고 불리는 미술의 한 영역에 속한다. 이름부터 생소한 정크 아트란 과연 무엇일까?

1 문단 요약
정크 아트가 무엇인지에 대한 의문

2 정크 아트의 정크는 '쓸모없는 물건, 폐물, 쓰레기'를 뜻하는 영어 단어 'junk'에서 유래했다. 즉, 정크 아트란 생활 속의 잡동사니나 망가진 기계 부품 따위를 이용하여 만드는 미술의 한 영역으로, 1950년대에 유럽과 미국에서 시작되었다.

2 문단 요약
정크 아트의 개념과 유래

3 산업 혁명 이후 인류가 만들어 낸 쓰레기의 양은 폭발적으로 늘었고 이로 인한 환경 오염도 점차 심각해지고 있다. 인간이 쓰레기를 만들어 내고, 자연을 파괴하는 현실을 비판하며 쓰레기로 예술 작품을 만들기 시작한 것이 바로 정크 아트이다. 그래서 정크 아트 작품들은 단순히 쓰레기를 재활용한다는 의미를 뛰어넘어 그 속에 ㉠작가가 전달하고자 하는 메시지를 담고 있다.

3 문단 요약
정크 아트가 시작된 배경

4 정크 아트 작가들은 지구의 자원을 활용하여 굳이 필요 없는 물건을 만들고 이를 너무나 쉽게 소비하는 사람들을 비판한다. 그들은 더 이상 사용할 수 없는 쓰레기를 작품에 사용함으로써 작품을 만들기 위해 사용하는 자원을 줄인다. 이와 더불어 관객들에게 자신들이 버리는 쓰레기도 어디에선가 재창조될 수 있을지도 모른다는 생각을 심어 준다.

4 문단 요약
정크 아트 작가들의 의도

5 결국 정크 아트 작가들은 현대인들이 물질 만능주의에 빠져 과도한 소비를 하는 것을 비판하고, 녹색 환경을 만들어야 함을 강조하는 것이다. 이처럼 정크 아트 작품들은 미적 아름다움을 추구하던 예술의 영역을 인간의 깨달음과 반성의 영역으로까지 확장시켰다.

[중심 문단]
5 문단 요약
정크 아트에 담긴 현대인들에 대한 비판과 정크 아트의 의의

● **내용** : 이 글은 질문 형식으로 정크 아트라는 화제를 제시한 후, 정크 아트의 개념과 유래를 통해 해당 미술이 가진 특징을 설명하고 있다. 또한 정크 아트가 산업 혁명 이후 쓰레기를 만들어 내며 자연을 파괴하는 인간에 대한 비판적 메시지를 담아 낸 예술임을 밝히면서 정크 아트의 의의를 제시하고 있다.

● **주제** : 정크 아트의 개념과 의의

● **글의 구조 파악** : 1문단에서는 정크 아트가 무엇인지에 대한 의문을 제기하고, 2문단에서는 정크 아트의 개념과 유래를 설명하고 있다. 3문단에서는 정크 아트가 시작된 배경을 제시하고, 4문단에서는 정크 아트 작가들의 의도가 무엇인지 설명하고 있다. 5문단에서는 정크 아트의 의의를 언급하며 글을 마무리하고 있다.

● **글의 구조도**

06 [정답] 정크 아트, 작가 ·················· 글의 구조 파악하기

>왜 정답 ?

1문단에서는 '정크 아트란 과연 무엇일까?'라면서 정크 아트에 대한 의문을 제시하고, 4문단에서는 정크 아트 작가들의 의도를 설명하고 있다. 따라서 빈칸에 들어가기에 적절한 말은 '정크 아트', '작가'이다.

07 [정답] 정크 아트의 개념과 의의 ·················· 주제 찾기

>왜 정답 ?

이 지문에서는 정크 아트란 무엇인지를 설명하고, 그 안에 담긴 비판 의식과 정크 아트의 의의에 대해 설명하고 있다. 따라서 이 글의 주제 는 '정크 아트의 개념과 의의'이다.

08 [정답] ⑤ ·················· 내용 파악하기

> **윗글의 내용으로 가장 적절한 것은?**
> ① 정크 아트를 만들 수 있는 재료는 재활용품으로만 제한된다.
> '정크 아트란 생활 속의 잡동사니나 망가진 기계 부품 따위를 이용하여' 만듦.
> ② 정크 아트는 쓰레기를 효과적으로 재활용하는 방법을 말한다.
> 정크 아트 작품들은 단순히 쓰레기를 재활용한다는 의미를 뛰어넘는다고 함.
> ③ 정크 아트 작품은 관객들에게 예술적 즐거움을 주기 위
> 5문단에 근거 → 정크 아트는 '예술의 영역을 인간의 깨달음과 반성의 영역
> 해 만들어졌다. 으로까지 확장시켰다.'
> ④ 정크 아트에는 인간이 자연과 공존해야 한다는 동양적
> 지문에서 이야기하고 있지 않음.
> 세계관이 담겨 있다.
> ⑤ 정크 아트는 쓰레기로 인해 환경 오염이 심각해지는 현
> '인간이 쓰레기를 만들어 내고, 자연을 파괴하는 현실을 비판하며' 시작된 것이
> 실을 비판하는 것에서 시작되었다. 정크 아트임.

>왜 정답 ?

⑤ 3문단에서 정크 아트는 '인간이 쓰레기를 만들어 내고, ~ 작품을 만들 기 시작한 것'이라고 하였다. 따라서 정크 아트는 쓰레기로 인해 환경 오염이 심각해지는 현실을 비판하는 것에서 시작되었다고 할 수 있다.

>왜 오답 ?

① 3문단에서 '정크 아트 작품들은 단순히 쓰레기를 재활용한다는 의 미를 뛰어넘어 ~ 메시지를 담고 있다.'라고 하였다.
② 2문단에서 '정크 아트란 ~ 만드는 미술의 한 영역'이라고 하였다.
③ 5문단에서 '정크 아트 작품들은 ~ 확장시켰다.'라고 하였다.
④ 5문단에서 언급한 '녹색 환경'을 인간과 자연이 공존하는 환경이라 고 볼 수는 있다. 하지만 이것이 동양적 세계관에 해당하는지는 이 지문에서 이야기하고 있지 않다.

09 [정답] ⑤ ·················· 전개 방식 파악하기

> **윗글에 대한 설명으로 적절하지 않은 것은?**
> ① 단어의 뜻을 정의하여 정크 아트의 개념을 설명하고 있다.
> 2문단에 근거 → '정크'의 뜻을 정의하여 정크 아트의 개념을 설명하고 있음.
> ② 질문을 던지며 정크 아트에 대한 흥미를 이끌어 내고 있다.
> 1문단에 근거 → '이런 것들도 ~ 볼 수 있을까?', '이름부터 ~ 무엇일까?'

> ③ 구체적인 시기를 언급하여 정크 아트가 시작된 때를 알
> 2문단에 근거 → 정크 아트가 1950년대 유럽과 미국에서 시작되었다고 함.
> 려 주고 있다.
> ④ 정크 아트에 해당하는 구체적인 예시를 들어 독자의 이
> 1문단에 근거 → '과자 봉지를 붙인 그림', '다 쓴 휴지의 심을 모아서 만든
> 해를 돕고 있다. 조형물'을 예시로 들고 있음.
> ⑤ 정크 아트에 반대하는 의견을 통해 정크 아트의 단점을
> 정크 아트에 반대하는 의견이나, 정크 아트의 단점을 이야기하고 있지는 않음.
> 설명하고 있다.

>왜 정답 ?

⑤ 정크 아트에 반대하는 의견을 언급하고 있지 않고, 이를 통해 정크 아트의 단점을 설명하고 있지도 않다.

>왜 오답 ?

① 2문단에서 영어 단어 'junk'의 뜻을 언급하며 정크 아트의 개념을 설명하고 있다.
② 1문단에서 '이런 것들도 ~ 있을까?', '이름부터 생소한 ~ 무엇일 까?'라고 질문을 던지며 정크 아트에 대한 흥미를 이끌어 내고 있다.
③ 2문단에서 정크 아트는 '1950년대에 ~ 시작되었다.'라고 하였다.
④ 1문단에서 '과자 봉지를 붙인 그림, 다 쓴 휴지의 심을 모아 만든 조 형물'을 정크 아트의 구체적인 예시로 들고 있다.

10 [정답] ③ ·················· 내용 추론하기

> **㉠의 내용으로 적절하지 않은 것은?**
> ① 무분별한 소비로 인해 자연 환경이 파괴되고 있다.
> 과도한 소비와 자연을 파괴하는 현실을 비판함.
> ② 인간과 자연이 함께 사는 녹색 환경을 만들어야 한다.
> 5문단 1번째 문장에 근거 → 녹색 환경을 만들어야 함을 강조함.
> ③ 사람들이 정크 아트의 뛰어난 예술성을 잘 모르고 있다.
> 지문에서 이야기하고 있지 않음.
> ④ 편리함을 위해 일회용품을 과도하게 사용해서는 안 된다.
> 일회용품의 사용은 쓰레기의 양을 늘리고 자연을 파괴하는 것임.
> ⑤ 쓰레기를 무심코 버리기 전에 재활용이 가능한지 한 번
> 정크 아트는 관객들에게 자신들이 버리는 쓰레기가 어디선가 재창조될 수
> 더 생각해야 한다. 있을지도 모른다는 생각을 심어 줌.

>왜 정답 ?

③ 이 지문에서 이야기하고 있지 않은 내용이다.

>왜 오답 ?

① 3문단에서 정크 아트는 '자연을 파괴하는 현실을 비판'하는 것에서 시작되었다고 했고, 4문단에서 정크 아트 작가들은 '굳이 필요 없 는 ~ 소비하는 사람들을 비판한다.'라고 했다.
② 5문단에서 '정크 아트 작가들은 ~ 만들어야 함을 강조'한다고 하였다.
④ 3문단에서 정크 아트가 시작된 배경으로 '쓰레기의 양은 ~ 환경 오염도 점차 심각해지고 있는' 상황을 들었다. 일회용품을 과도하 게 사용하는 것 역시 쓰레기의 양을 늘려 환경 오염을 심각하게 만 드는 일이므로, 정크 아트 작가의 비판 대상이 될 것이다.
⑤ 4문단에서 정크 아트는 '관객들에게 자신들이 ~ 생각을 심어 준다.' 라고 했다. 따라서 쓰레기를 버리기 전에 재활용이 가능한지 생각해 보라는 것은 정크 아트 작가가 전달하고자 하는 메시지로 적절하다.

군인들이 발을 맞추어 걸으면 다리가 무너진다고?

○ 핵심어 ▨ 문단 중심 문장 ▨ 전체 중심 문장

1 1831년, 영국의 브로턴이라는 지역에서 훈련을 끝낸 74명의 군인들이 힘차게 행진하던 다리가 한순간 붕괴되는 일이 발생했다. 실제 사례를 소개함. 당시 과학자들은 이 다리가 붕괴된 원인이 군인들이 발을 맞추어 다리 위를 행군하면서 발생한 '공진' 때문이라고 주장했다. 당시 과학자들은 다리 붕괴의 원인으로 공진을 지목함. 1문단의 핵심어 이 때문에 이 사건 이후 사람들은 다리를 건널 때 발을 맞춰 걸으면 다리가 무너질 것이라고 공진 때문에 다리가 붕괴되었다고 믿음. 믿기 시작했다. 군대에서는 모든 군인들에게 인원수와 상관없이 다리를 건널 때는 다리가 무너지지 않도록 발을 맞춰 걷지 말라는 명령이 내려지기도 했다.

2 공진이란, 서로 진동수가 같은 진동이 여러 번 겹쳐서 일어날 때 그 진동의 속도와 2문단의 핵심어 공진의 개념 힘이 아주 커지는 현상을 가리킨다. 버스 손잡이를 손으로 쭉 밀면 손잡이는 좌우로 세차게 흔들리다가 점점 작은 폭으로 흔들리고, 어느 순간에는 멈추게 된다. 이처럼 어떤 물체에 일시적으로 힘을 가하면 그 물체는 특정한 진동수에 따라 진동을 하다가 서서히 멈춘다. 이때 이 특정한 진동수를 이 물체의 '고유 진동수'라고 하며, 모든 물체는 자신 고유 진동수의 개념 만의 '고유 진동수'를 갖는다.

3 영국 브로턴의 다리가 붕괴한 원인을 공진 때문이라고 보았던 과학자들은 바로 이 '고유 진동수'에 주목한 것이다. 군인들이 힘차게 발을 구르며 행진하면 그 발을 구르는 3문단의 핵심어 다리가 진동하게 됨. 힘은 바닥을 울리게 되는데, 이때 다리의 고유 진동수와 다리의 바닥을 울리는 진동수 공진이 발생할 수 있는 조건 : 서로 진동수가 같은 진동이 여러 번 겹쳐서 일어남. 가 똑같아 공진이 발생하였다는 것이다. 또한 과학자들은 공진이 발생하면 군인들이 발을 맞춰 걸으며 생긴 진동이 다리를 붕괴시킬 정도로 강력한 힘을 갖게 된다고 주장했다. 공진이 발생하면 나타나는 효과 : 진동의 속도와 힘이 아주 커짐.

4 공진은 분명히 실재하는 과학적 현상이다. 그러나 브로턴 지역의 다리가 붕괴한 것은 공진 현상과는 관계가 없다. 이후에 기술자가 붕괴된 다리를 조사한 결과, 다리의 설 앞의 내용과 반대되는 내용이 이어짐. 4문단의 핵심어 다리가 붕괴할 수밖에 없었던 이유 ① 기존 과학자들의 연구 결과와 반대되는 내용 계도에도 문제가 있었으며, 다리의 바닥에 고정된 커다란 받침대의 부품이 부러져 있었 다리가 붕괴할 수밖에 없었던 이유 ② 음이 밝혀졌다. 즉, 이 다리는 지어질 때부터 결함이 있어 언젠가는 무너질 수밖에 없었 앞의 내용을 다르게 표현한 내용이 이어짐. 던 것이었다. 하지만 사람들 사이에서 한번 미신처럼 굳어진 믿음은 쉽게 사라지지 않 앞의 내용과 반대되는 내용이 이어짐. 공진 때문에 다리가 붕괴되었다는 믿음 았고, 아직도 많은 수의 군인들이 다리를 건널 때에는 발을 맞추지 않는다고 한다.

---

1 문단 요약 브로턴 지역의 다리가 붕괴된 원인으로 지목된 공진

2 문단 요약 공진과 고유 진동수의 개념

3 문단 요약 고유 진동수에 주목한 과학자들

4 문단 요약 브로턴 지역의 다리가 붕괴할 수밖에 없었던 이유

● **내용 :** 이 글은 영국 브로턴에서 있었던 다리 붕괴 사건을 소개하며, 이 사건의 원인으로 지목된 공진을 설명하고 있다.

● **주제 :** 공진의 개념과 공진에 대한 잘못된 믿음

● **글의 구조 파악 :** 1문단에서는 영국 브로턴의 다리가 붕괴된 원인으로 지목된 공진을 소개하고, 2문단에서는 공진과 고유 진동수의 개념을 설명하고 있다. 3문단에서는 고유 진동수에 주목한 과학자들의 주장을 제시하고, 4문단에서는 이에 반박하여 다리가 무너진 것은 공진과 관련이 없음을 밝히고, 공진에 대한 잘못된 믿음을 언급하며 글을 마무리하고 있다.

● **글의 구조도**

1 문단		2 문단		3 문단		4 문단
브로턴 지역의 다리가 붕괴된 원인으로 지목된 공진	→	공진과 고유 진동수의 개념	→	고유 진동수에 주목한 과학자들	→	브로턴 지역의 다리가 붕괴할 수밖에 없었던 이유

01 [정답] 공진, 고유 진동수 ·········· 글의 구조 파악하기

>왜 정답?

1문단에서는 브로턴의 다리가 붕괴되자 그 원인으로 지목된 공진에 대해 소개하고 있다. 또한 2문단에서는 공진과 고유 진동수의 개념을 설명하고, 3문단에서는 고유 진동수에 주목한 과학자들의 주장을 제시하고 있다. 따라서 빈칸에 들어가기에 적절한 말은 '공진', '고유 진동수'이다.

02 [정답] 공진의 개념과 공진에 대한 잘못된 믿음

·········· 주제 찾기

>왜 정답?

이 지문에서는 브로턴 지역의 다리가 붕괴한 원인으로 지목된 '공진'이 사실은 다리의 붕괴와 관련이 없었음을 밝히며 공진에 대한 잘못된 믿음에 대해 설명하고 있다. 따라서 이 글의 주제는 '공진의 개념과 공진에 대한 잘못된 믿음'이다.

03 [정답] ② ·········· 내용 파악하기

윗글을 읽고 알 수 없는 내용은?
① 공진이 발생할 수 있는 조건
　서로 진동수가 같은 진동이 여러 번 일어나야 함.
②물체의 크기와 고유 진동수 사이의 관계
　지문에서 이야기하고 있지 않음.
③ 영국 브로턴의 다리가 붕괴할 수밖에 없었던 이유
　지어질 때부터 결함이 있었기 때문
④ 영국 브로턴의 다리 붕괴 사건에 대한 과학자들의 주장
　공진으로 인해 다리가 무너진 것이라고 주장함.
⑤ 다리를 건널 때 발을 맞춰 걸으면 안 된다는 잘못된 믿음
　다리가 무너졌을 당시 과학자들이 공진을 원인으로 지목한 것
　이 생긴 계기

>왜 정답?

② 2문단에서 '모든 물체는 자신만의 '고유 진동수'를 갖는다.'라고 하였다. 그러나 이 지문에서 물체의 크기와 고유 진동수 사이에 어떤 관계가 있는지는 이야기하고 있지 않다.

>왜 오답?

① 2문단에서 '서로 진동수가 같은 진동이 여러 번 겹쳐서 일어날 때' 공진이 발생한다고 하였다.
③ 4문단에서 '붕괴된 다리를 조사한 결과, 다리의 설계도에도 문제가 있었으며, 다리의 바닥에 고정된 커다란 받침대의 부품이 부러져 있었음이 밝혀졌다.'라고 하였다. 즉, 영국 브로턴의 다리가 붕괴할 수밖에 없었던 이유는 '지어질 때부터 결함이 있'었기 때문이다.
④ 1문단에서 '당시 과학자들은 다리가 붕괴된 원인을 ～ '공진' 때문이라고 주장했다.'라고 하였다.
⑤ 1문단에서 당시 과학자들이 다리가 붕괴된 원인으로 공진을 지목한 이후 '사람들은 다리를 건널 때 발을 맞춰 걸으면 다리가 무너질 것이라고 믿기 시작했다.'라고 하였다.

04 [정답] ① ·········· 전개 방식 파악하기

윗글에 대한 설명으로 가장 적절한 것은?
①실제 사건의 원인을 분석하고 있다.
　브로턴 지역의 다리가 붕괴한 원인을 분석함.
② 사회 현상을 다양한 관점에서 비판하고 있다.
　사회 현상을 다양한 관점에서 비판하고 있지 않음.
③ 문제 해결을 위한 여러 방안을 제안하고 있다.
　문제 해결을 위한 여러 방안을 제안하고 있지 않음.
④ 두 대상 사이의 공통점과 차이점을 설명하고 있다.
　두 대상 사이의 공통점과 차이점을 설명하고 있지 않음.
⑤ 통계 자료를 제시하여 글쓴이의 주장을 강조하고 있다.
　통계 자료를 제시하여 글쓴이의 주장을 강조하고 있지 않음.

>왜 정답?

① 이 지문에서는 1831년, 영국 브로턴 지역에서 실제로 발생했던 다리 붕괴 사건의 원인이 공진 때문이 아니라 다리 자체의 결함에 있었다고 분석하고 있다.

>왜 오답?

②, ③, ④, ⑤ 이 지문에서 다루고 있지 않은 내용이다.

05 [정답] ③ ·········· 상황에 맞는 속담 찾기

윗글에서 설명하고 있는 군인들의 행진과 다리가 붕괴된 것의 관계를 표현한 속담으로 가장 적절한 것은?
① 밑 빠진 독에 물 붓기
　아무리 힘이나 밑천을 들여도 보람 없이 헛된 일이 됨.
② 소 잃고 외양간 고친다.
　일이 이미 잘못된 뒤에는 손을 써도 소용이 없음.
③까마귀 날자 배 떨어진다.
　아무 관계없이 한 일이 공교롭게도 때가 같아 어떤 관계가 있는 것처럼
　　　　　　　　　　　　　　　　　　　　　　　　　　　의심을 받게 됨.
④ 아니 땐 굴뚝에 연기 나랴.
　원인이 없으면 결과가 있을 수 없음.
⑤ 돌다리도 두들겨 보고 건너라.
　잘 아는 일이라도 세심하게 주의를 하라는 말

>왜 정답?

③ '까마귀 날자 배 떨어진다'는 아무 관계없이 한 일이 공교롭게도 때가 같아 어떤 관계가 있는 것처럼 의심을 받게 됨을 비유적으로 이르는 말이다. 이 지문에서는 사람들의 믿음과 달리 군인들의 행진과 다리의 붕괴 사이에는 실제로 아무런 관계도 없다고 하였다. 따라서 '까마귀 날자 배 떨어진다.'라는 속담이 군인들의 행진과 다리가 붕괴된 것의 관계를 표현하기에 가장 적절하다.

>왜 오답?

① '밑 빠진 독에 물 붓기'는 아무리 힘이나 밑천을 들여도 보람 없이 헛된 일이 되는 상태를 비유적으로 이르는 말이다.
② '소 잃고 외양간 고친다.'는 일이 이미 잘못된 뒤에는 손을 써도 소용이 없는 상황을 비유적으로 이르는 말이다.
④ '아니 땐 굴뚝에 연기 나랴.'는 원인이 없으면 결과가 있을 수 없음을 비유적으로 이르는 말이다.
⑤ '돌다리도 두들겨보고 건너라.'는 잘 아는 일이라도 세심하게 주의를 하라는 말이다.

조선 시대의 의료 시스템

○ 핵심어 　■ 문단 중심 문장 　■ 전체 중심 문장

1 기대 수명이란 어떤 사회에서 인간이 태어났을 때 앞으로 생존할 것으로 기대되는 평균적인 생존 연수를 의미한다. (기대 수명의 개념) 오늘날을 기준으로 볼 때, 우리나라 사람들의 기대 수명은 82.7세라고 한다. 이는 우리나라에 지금 태어나는 사람들은 평균적으로 82.7세까지 살 수 있을 것으로 기대된다는 것을 의미한다. 그렇다면 조선 시대 사람들의 평균 수명은 몇 살이었을까? (1문단의 핵심어) 질문의 방식으로 화제를 제시함.

1 문단 요약
조선 시대 사람들의 평균 수명에 대한 의문 제시

2 조선 시대의 출생과 사망에 관해 남아 있는 기록을 분석해 보면 (조선 시대 사람들의 평균 수명을 추측하는 근거) 조선 시대 사람들의 평균 수명은 35세 이하였을 것이라고 추측된다. (2문단의 핵심어) 조선 시대의 평균 수명이 현재 기대 수명의 절반에도 미치지 못할 정도로 짧았던 이유에는 여러 가지가 있겠으나, 전염병과 같은 질병이 무시할 수 없을 정도로 큰 영향을 끼쳤을 것이다. 조선 시대에는 의학 기술이 지금과 같이 발달해 있지 않았기 때문이다. (조선 시대 사람들의 평균 수명이 오늘날보다 짧았던 이유)

2 문단 요약
조선 시대 사람들의 평균 수명

3 조선 시대에는 한 번 전염병이 돌면 아무 대응을 하지 못했을 것이라고 생각할 수도 있다. 하지만 이러한 생각과는 달리 조선에서는 전염병이 돌면 관청이 주도하여 구휼, 치료, 매장의 세 단계로 대응했다. (전염병에 대한 조선의 대응 방식 ① : 구휼, 치료, 매장) (3문단의 핵심어) 구휼이란 어려움을 겪는 백성들이 필요로 하는 물건을 직접 지원해 주는 것을, 치료는 백성들에게 의사와 약을 보내 병을 치료받을 수 있도록 도와주는 것을, 매장은 전염병에 걸려 죽은 시체를 따로 안전하게 묻어 더 이상 병이 퍼지지 않도록 예방하는 것을 의미한다. 조선은 이처럼 전염병을 관리하기 위한 체계적이고 과학적인 시스템을 갖추고 있었다. 게다가 여러 질병의 원인과 처방을 다룬 의학 서적을 펴내 백성들이 과학적 지식에 근거하여 질병에 대응할 수 있게 하기도 했다. (질병을 관리하기 위한 조선의 대응 방식 ② : 의학 서적의 출간)

3 문단 요약
질병에 대응하는 나름의 체계를 가지고 있던 조선

4 일부 기록에서 조선은 병을 치료하기 위해 귀신을 쫓는 굿을 하는 나라로 그려지기도 한다. (조선의 의료 시스템에 대한 잘못된 이해 : 굿으로 병을 치료함.) 물론 일부 조선 시대 사람들은 전염병이 돌면 신의 노여움을 산 것으로 생각해서 실제로 굿을 하여 이를 풀고자 하기도 했다. 하지만 굿은 당시 풍습의 일부였을 뿐이다. 조선은 당시의 환경에서 과학적으로 체계 잡힌 의료 시스템을 갖추기 위해 최선의 노력을 다했다는 사실을 잊지 말아야 한다. (조선의 의료 시스템에 대한 올바른 이해 : 당시의 환경에서 과학적으로 체계 잡힌 의료 시스템을 갖추려고 함.)

[중심 문단]
4 문단 요약
조선의 의료 시스템에 대한 올바른 이해의 필요성

● **내용** : 이 글은 조선 시대 때에도 전염병과 같은 질병을 관리하는 체계적인 의료 시스템을 갖추고 있었음을 설명하고 있다.

● **주제** : 조선의 체계적인 의료 시스템

● **글의 구조 파악** : 1문단에서는 조선 시대 사람들의 평균 수명에 대한 의문을 제시하고, 2문단에서 이에 답하고 있다. 또 3문단에서는 질병에 과학적으로 대응했던 조선의 의료 체계에 대해 소개하고, 4문단에서는 이에 대한 올바른 이해가 필요함을 언급하며 글을 마무리하고 있다.

● **글의 구조도**

| **1** 문단 | → | **3** 문단 | → | **4** 문단 |
조선 시대 사람들의 평균 수명에 대한 의문 제시 / 조선 시대의 평균 수명 → 질병에 대응하는 나름의 체계를 가지고 있던 조선 → 조선의 의료 시스템에 대한 올바른 이해의 필요성

2 문단
조선 시대의 평균 수명

06 [정답] 조선, 의료 시스템 ·············· 글의 구조 파악하기

> **왜 정답?**

3문단에서는 조선 시대에도 전염병과 같은 질병에 대응하는 나름의 체계가 있었음을 설명하고, 4문단에서는 이러한 조선의 의료 시스템에 대한 올바른 이해가 필요하다고 이야기하고 있다. 따라서 빈칸에 들어가기에 적절한 말은 '조선', '의료 시스템'이다.

07 [정답] 조선의 체계적인 의료 시스템 ·············· 주제 찾기

> **왜 정답?**

이 지문에서는 조선 시대에도 질병에 대응하는 나름의 과학적이고 체계적인 시스템이 있었다고 설명하고 있다. 따라서 이 글의 주제는 '조선의 체계적인 의료 시스템'이다.

08 [정답] ⑤ ·············· 내용 파악하기

> **윗글의 내용으로 적절하지 않은 것은?**

① 조선 시대 사람들의 평균 수명은 현대인의 기대 수명보다 짧았다.
　조선 시대 사람들의 평균 수명은 35세 이하, 현대인의 기대 수명은 82.7세라고 함.

② 조선 시대에는 여러 질병의 원인과 처방을 다룬 책이 출간되기도 했다.
　3문단 5번째 문장에 근거

③ 조선 시대의 사람들은 전염병이 돌면 신의 노여움을 산 것으로 여기기도 했다.
　4문단 2번째 문장에 근거

④ 조선 시대에는 어려움을 겪는 백성들에게 국가가 직접 물건을 지원하기도 했다.
　관청이 주도하여 구휼, 치료, 매장을 했는데, 구휼은 어려운 백성들에게 필요한 물건을 지원해 주는 것임.

⑤ 조선 시대에는 전염병이 돌면 곧바로 해당 전염병에 대한 내용을 다룬 책을 펴냈다.
　지문에서 이야기하고 있지 않음.

> **왜 정답?**

⑤ 3문단에서 '여러 질병의 원인과 처방을 다룬 의학 서적을 펴내 백성들이 과학적 지식에 근거하여 질병에 대응할 수 있게 하기도 했다.'라고 했다. 하지만 전염병이 돌면 곧바로 해당 전염병에 대한 내용을 다룬 책을 펴냈다고 이야기하고 있지는 않다.

> **왜 오답?**

① 1문단에서 오늘날 '우리나라 사람들의 기대 수명은 82.7세'라고 하였고, 2문단에서 '조선 시대 사람들의 평균 수명은 35세 이하일 것으로 추측된다.'라고 하였다.

② 3문단에서 '여러 질병의 원인과 처방을 다룬 의학 서적을 펴내 ~ 질병에 대응할 수 있게 하기도 했다.'라고 했다.

③ 4문단에서 '일부 조선 시대 사람들은 전염병이 돌면 신의 노여움을 산 것으로 생각'하기도 했다고 하였다.

④ 3문단에서 '조선에서는 전염병이 돌면 관청이 주도하여 ~ 물건을 직접 지원해 주는 것'이라고 하였다.

09 [정답] ⑤ ·············· 내용 파악하기

> **윗글을 쓴 글쓴이의 의견으로 가장 적절한 것은?**

① 조선 시대의 의료 혜택은 일부 백성들만 누릴 수 있었다.
　지문에서 이야기하고 있지 않음.

② 조선 시대의 의사들은 주로 굿을 하는 방식으로 병을 치료했다.
　굿은 일부 사람들이 했던 당시의 풍습임.

③ 조선 시대의 의료 시스템은 의학 서적을 내는 것에만 초점을 맞추고 있었다.
　구휼, 치료, 매장의 단계별 대응을 하기도 함.

④ 조선 시대의 의료 시스템은 현대의 의료 시스템보다 기술적인 면에서 발달해 있었다.
　조선 시대에는 의학 기술이 지금처럼 잘 발달하지는 못했음.

⑤ 조선 시대의 의료 시스템은 전염병에 과학적으로 대응하기 위해 많은 노력을 기울였다.
　4문단 4번째 문장에 근거

> **왜 정답?**

⑤ 이 지문에서는 조선 시대에도 질병에 과학적이고 체계적으로 대응하기 위한 의료 시스템이 있었음을 설명하고 있다. 특히 4문단에서 '조선은 당시의 ~ 사실을 잊지 말아야 한다.'라고 하였다.

> **왜 오답?**

① 이 지문에서 조선의 의료 혜택을 일부 백성들만 누릴 수 있었다고 이야기하고 있지는 않다.

② 4문단에서 '일부 조선 시대 사람들은 ~ 굿을 하여 이를 풀고자 하기도 했다.'라고 하였다.

③ 3문단에서 조선 시대 때에는 전염병이 돌면 구휼, 치료, 매장의 세 단계로 이에 대응하였고, 의학 서적을 내기도 했다고 하였다.

④ 2문단에서 '조선 시대에는 의학 ~ 발달해 있지 않았'다고 하였다.

10 [정답] ⑤ ·············· 반응의 적절성 평가하기

> **윗글을 읽고 난 후의 반응으로 가장 적절한 것은?**

① 조선 시대에는 지금보다 나이 많은 사람들이 많았겠구나.
　조선 시대 사람들의 평균 수명은 현재의 기대 수명보다 훨씬 짧았음.

② 조선 시대에는 관청에서 백성들의 건강을 관리하지는 않았겠구나.
　전염병이 돌면 관청이 주도하여 구휼, 치료, 매장의 세 단계로 백성들을 도움.

③ 조선 시대에는 질병을 치료하기 위해 서양 문물의 도움을 받았겠구나.
　지문에서 이야기하고 있지 않음.

④ 조선 시대에는 의학 서적을 출간할 만한 과학적 지식이 충분하지 않았겠구나.
　의학 서적을 출간하여 질병에 과학적으로 대응할 수 있게 함.

⑤ 조선 시대 사람들의 평균 수명이 짧았던 이유 중 하나는 전염병으로 볼 수 있겠구나.
　2문단 2번째 문장에 근거

> **왜 정답?**

⑤ 2문단에서 '조선 시대의 평균 수명이 현재의 절반에도 미치지 못할 정도로 짧았던 이유에는 여러 가지가 있겠으나, 전염병과 같은 질병이 무시할 수 없을 정도로 큰 영향을 끼쳤을 것이다.'라고 하였다.

거울 속의 나

○ 핵심어　　▨ 문단 중심 문장　　▨ 전체 중심 문장

1 영국의 유명한 어떤 축구팀의 전 감독은 'SNS는 인생의 낭비다.'라는 말을 남긴 것으로 유명하다. 그 말은 우리의 삶에 SNS가 주는 부정적인 영향이 막대하다는 의미로 볼 수 있다. 특히 청소년기에 과도하게 SNS를 사용하는 것은 자아 형성에도 영향을 줄 수 있기 때문에 문제의 심각성이 크다.

2 대부분의 사람들이 처음에는 관심사나 일상적인 내용, 어떤 문제에 대한 자신의 생각을 전달하기 위해서 SNS를 시작했지만, 『시간이 지나면서 사람들의 조회 수, 댓글의 수를 의식하게 되고 이것에 영향을 받게 되는 일이 많아졌다. 이에 따라 조회 수와 댓글의 수를 늘리기 위해 다른 사람들이 원하는 글이나 사진을 게시하고, 남들이 바라는 모습으로 자신의 모습을 포장하는 사람들이 늘고 있다. 그 정도가 지나치면 결국 나중에는 자신의 진정한 모습을 잃어버리게 될 수 있다.』

3 이러한 현상을 미국의 사회학자인 찰스 쿨리는 '거울 자아' 이론으로 설명했다. 거울 자아란 거울 속에 비친 자신의 모습처럼 다른 사람의 눈에 비친 자신의 모습, 혹은 사람들이 나에게 기대한다고 생각하는 모습을 말한다. 찰스 쿨리는 사람들이 거울 자아의 일부분을 흡수하여 자아를 형성해 나가고, 다른 사람들의 평가가 어떤지에 따라 수치심이나 굴욕감을 느끼거나 만족감을 느끼게 된다고 보았다. 즉, 사람은 사회적인 관계 속에서 다른 사람들과 상호 작용을 하면서 점차 남들이 보는 자신의 모습을 인식하게 되고, 만족감을 얻기 위해 자신의 본 모습이 아니라 다른 사람들이 긍정적으로 평가하는 모습에 맞춰 자신을 바꾸게 된다는 것이다.

4 청소년기는 자신을 탐색하고 그 속에서 자신이 어떤 존재인지를 깨닫는 시기이다. 하지만 이 과정이 생략된 채 남들이 바라는 자신의 모습으로만 살아가려고 한다면 그 순간에는 남들의 인정을 받아 기쁨을 느낄 수 있지만, 결국 자신이 살고 싶어 하는 삶이 무엇인지를 찾기가 힘들어질 수 있다. 그렇기 때문에 청소년기에는 지나치게 SNS를 사용하여 남들에게 휘둘리기보다는 자신의 모습을 먼저 찾고 튼튼하게 중심을 잡기 위해 노력해야 한다.

---

1 문단 요약
SNS의 부정적 측면에 대한 문제 제기

2 문단 요약
지나친 SNS 사용의 부작용

3 문단 요약
'거울 자아' 이론 소개

[중심 문단]
4 문단 요약
청소년기의 지나친 SNS 사용에 대한 당부

● **내용** : 이 글은 청소년기에 지나친 SNS 사용을 유의해야 하는 이유를 '거울 자아' 이론을 통해 설명하고 있다. 청소년기에 SNS를 과도하게 사용하면 거울 자아를 지나치게 추구하다가 진정한 자신의 모습을 잃어버릴 수도 있다. 따라서 청소년기에는 먼저 자신의 모습을 찾고 중심을 잘 잡기 위해 노력하는 것이 중요하다.

● **주제** : 청소년기에 SNS 사용을 유의해야 하는 이유

● **글의 구조 파악** : 1문단에서는 SNS의 부정적 측면에 대하여 문제를 제기하고, 2문단에서는 지나친 SNS 사용의 부작용을 제시하고 있다. 또 3문단에서는 '거울 자아' 이론의 내용을 설명하고 있다. 4문단에서는 청소년기의 SNS 사용에 대해 당부하며 글을 마무리하고 있다.

● **글의 구조도**

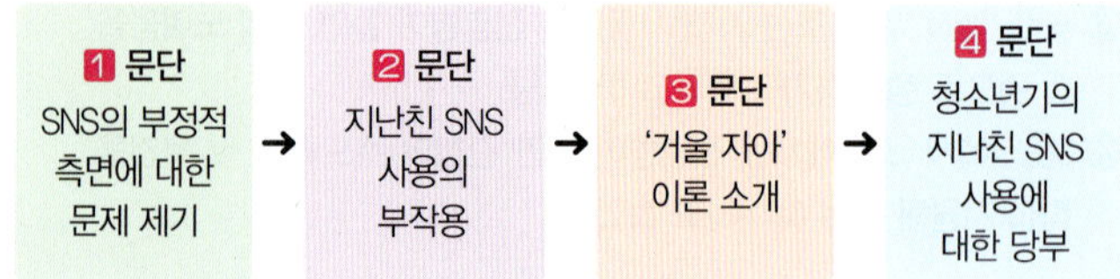

01 [정답] 거울 자아 ·················· 글의 구조 파악하기

>왜 정답?

3문단에서는 SNS로 인해 자신의 진정한 모습을 잃어버리게 되는 현상을 설명한 '거울 자아' 이론을 소개하고 있다. 따라서 빈칸에 들어가기에 적절한 말은 '거울 자아'이다.

02 [정답] 청소년기에 SNS 사용을 유의해야 하는 이유
·················· 주제 찾기

>왜 정답?

이 지문에서는 '거울 자아' 이론을 통해 SNS의 지나친 사용에 대한 부작용을 설명하면서, 청소년기에 과도한 SNS 사용을 유의해야 하는 이유에 대해 이야기하고 있다. 따라서 이 글의 주제는 '청소년기에 SNS 사용을 유의해야 하는 이유'이다.

03 [정답] ③ ·················· 내용 파악하기

윗글의 내용으로 적절하지 <u>않은</u> 것은?

① 거울 자아는 남에게 보이는 자신의 모습을 가리킨다.
　3문단에 근거 → 거울 자아란 '다른 사람의 눈에 비친 자신의 모습'을 말함.
② 거울 자아는 타인과 상호 작용을 하는 과정에서 생겨난다.
　3문단에 근거 → 거울 자아는 '다른 사람들과 상호 작용을 하면서' 형성됨.
③ 거울 자아가 긍정적일 경우 청소년의 발달에 도움이 된다.
　지문에서 이야기하고 있지 않음.
④ 거울 자아의 모습은 나에 대한 타인의 기대에 따라 달라진다.
　3문단에 근거 → '거울 자아란 ~ 나에게 기대한다고 생각하는 모습'을 말함.
⑤ 거울 자아를 지나치게 많이 흡수하여 자아를 형성하면 문제가 된다.
　정도가 지나치면 결국에는 자신의 진정한 모습을 잃게 됨.

>왜 정답?

③ 이 지문에서 거울 자아가 긍정적일 경우 청소년의 발달에 도움이 되는지에 대해서는 이야기하고 있지 않다.

>왜 오답?

① 3문단에서 '거울 자아란 거울 속에 비친 자신의 모습처럼 다른 사람의 눈에 비친 자신의 모습'을 말한다고 하였다.
② 3문단에서 '다른 사람들과 상호 작용을 하면서 점차 남들이 보는 자신의 모습을 인식하게' 된다고 하였다. 따라서 거울 자아는 타인과 상호 작용을 하는 과정에서 생겨난다고 할 수 있다.
④ 3문단에서 '거울 자아란 ~ 사람들이 나에게 기대한다고 생각하는 모습을 말한다.'라고 하였다. 따라서 거울 자아의 모습은 나에 대한 타인의 기대에 따라 달라질 것임을 알 수 있다.
⑤ 2문단에서 '남들이 바라는 모습으로 ~ 나중에는 자신의 진정한 모습을 잃어버리게 될 수 있다.'라고 하였다. 3문단에 따르면 '남들이 바라는 모습'은 곧 '거울 자아'이다. 따라서 거울 자아를 지나치게 많이 흡수하여 자아를 형성하면 결국에는 자신의 진정한 모습을 잃어버리는 문제가 생길 수 있다.

04 [정답] ② ·················· 전개 방식 파악하기

윗글에 대한 설명으로 가장 적절한 것은?

① 개인적인 경험을 사례로 들고 있다.
　개인적인 경험을 사례로 들고 있지는 않음.
② 관련된 이론을 통해 설명을 보충하고 있다.
　'거울 자아' 이론을 통해 SNS의 부정적 영향에 대한 설명을 보충하고 있음.
③ 중심 대상의 종류를 분류하여 설명하고 있다.
　중심 대상의 종류를 분류하고 있지는 않음.
④ 질문을 통해 독자의 호기심을 이끌어 내고 있다.
　질문을 통해 독자의 호기심을 이끌어 내고 있지는 않음.
⑤ 중심 대상과 다른 대상의 공통점을 제시하고 있다.
　중심 대상과 다른 대상의 공통점을 제시하고 있지는 않음.

>왜 정답?

② 이 지문에서는 '거울 자아' 이론을 통해 지나친 SNS 사용으로 사람들이 '자신의 진정한 모습을 잃어버리게 되는' 현상을 보충하여 설명하고 있다.

>왜 오답?

①, ③, ④, ⑤ 이 지문에서 다루고 있지 않은 내용이다.

05 [정답] ④ ·················· 내용 파악하기

윗글을 쓴 글쓴이의 의견으로 가장 적절한 것은?

① 청소년들이 SNS를 사용하지 못하게 해야 한다.
　지문에서 이야기하고 있지 않음.
② 남들이 보는 자신의 모습은 삶에서 큰 의미가 있다.
　글쓴이의 의견과 맞지 않음.
③ 남들의 기대를 충족시킬 수 있는 사람이 되어야 한다.
　글쓴이의 의견과 맞지 않음.
④ 청소년기의 지나친 SNS 사용은 자아 형성에 방해가 된다.
　5문단에 근거
⑤ SNS를 마구잡이로 사용하면 개인 정보가 유출될 수 있다.
　지문에서 이야기하고 있지 않음.

>왜 정답?

④ 5문단에서 청소년기에 지나치게 SNS를 사용함으로써 '남들이 바라는 자신의 모습으로만 살아가려고 한다면' '결국 자신이 살고 싶어 하는 삶이 무엇인지를 찾기 힘들어질 수 있다.'라고 하였다. 따라서 글쓴이는 청소년기의 지나친 SNS 사용은 자아 형성에 방해가 된다고 보고 있음을 알 수 있다.

>왜 오답?

①, ⑤ 이 지문에서 이야기하고 있지 않은 내용이다.
②, ③ 이 지문에서 글쓴이는 SNS를 지나치게 사용하면 '거울 자아'에 맞춰 자신을 바꾸게 되어, 결국에는 진정한 자신의 모습을 잃을 수도 있다고 하였다. 따라서 '남들이 보는 자신의 모습'이 큰 의미가 있다거나, '남들의 기대를 충족시키는 사람'이 되어야 한다는 것은 모두 '거울 자아'에 자신을 맞추는 것이므로 글쓴이의 의견과 맞지 않는다.

블랙홀을 관측하다

핵심어 ◯ 문단 중심 문장 ▮ 전체 중심 문장 ▮

1 공상 과학 영화에 단골로 등장하는 소재 중 하나는 바로 블랙홀이다. 블랙홀이란, 중력이 너무 커서 빛조차도 빠져나갈 수 없는 천체를 가리키는데, 인류에게는 이것을 찾아 나설 기술도, 관측할 기술도 없었기 때문에 긴 시간 동안 이론상으로만 존재해 왔다. 그러다가 아인슈타인이 상대성이론을 통해 블랙홀을 이론적으로 입증하였고, 최근 일부 국가에 있는 8개의 전파 망원경을 통해 실제 블랙홀의 모습을 관측하기에 이르렀다. 인류는 어떤 방법으로 블랙홀을 볼 수 있었을까?

2 우주에 존재하는 천체는 전파를 방출한다. 전파 망원경은 그 전파를 모아 주는 망원경이다. 렌즈를 통해 사람의 눈으로 감지할 수 있는 영역에서 천체를 관찰하는 기존의 광학 망원경과 달리 ㉠전파 망원경은 커다란 접시 모양의 안테나와 수신기로 전파를 모아 천체를 관측한다. 『먼 천체에서부터 방출되는 전파를 전파 망원경을 통해 모아 분석하고, 거기에서 얻은 정보를 컴퓨터로 영상 처리를 하는 과정을 거쳐 우리는 눈으로 볼 수 없었던 천체의 크기, 위치, 구성 요소 등 다양한 모습을 관측하게 되는 것이다.』 이러한 전파 망원경을 통해 블랙홀의 모습을 관측할 수 있다.

3 먼 우주로부터 오는 전파는 매우 약하기 때문에 이를 효과적으로 모으기 위해서는 전파 망원경의 접시 안테나의 크기가 매우 커야 하는데, 그 크기가 무한대로 커질 수는 없다. 그래서 여러 개의 전파 망원경에서 관측한 전파를 종합하여 그 결과를 관측하는 방법을 사용한다. 이를 테면, 거리가 200km 떨어진 두 지점에 전파 망원경을 설치하고 같은 시간대에 똑같은 천체를 관측한다. 이렇게 관측한 전파를 컴퓨터로 합성하여 영상 처리를 하면 지름이 200km인 전파 망원경으로 관측한 것과 똑같은 결과를 얻을 수 있다. 실제로 블랙홀의 모습을 관측할 때에도 이 방법을 사용하여 지구 크기의 전파 망원경으로 보는 것과 같은 결과를 얻는다고 한다.

4 인간은 늘 미지의 대상에 대해 호기심을 품었고, 그것을 해결하기 위해 많은 과학적, 기술적 발전을 거듭하고 있다. 블랙홀을 관찰하기 위해 전파 망원경을 이용한 것처럼 앞으로도 인간은 우주라는 미지의 세계를 탐구하기 위해 끊임없이 노력할 것이다.

---

1 문단 요약
블랙홀에 대한 인류의 탐구와 블랙홀 관측에 대한 의문

2 문단 요약
블랙홀을 관측할 수 있는 전파 망원경

3 문단 요약
약한 전파를 효과적으로 모을 수 있는 방법

[중심 문단]
4 문단 요약
우주를 탐구하기 위한 인간의 노력

● **내용 :** 이 글은 전파 망원경으로 블랙홀을 관측하는 방법을 설명하고 있다. 전파 망원경은 천체가 방출하는 전파를 모아 주는 망원경으로, 커다란 접시 모양의 안테나와 수신기로 전파를 모아 천체를 관측한다.

● **주제 :** 전파 망원경을 이용한 블랙홀 관측 방법

● **글의 구조 파악 :** 1문단에서는 블랙홀 관측에 대한 의문을 제시하고, 2문단과 3문단에서 전파 망원경으로 블랙홀을 관측하는 방법을 설명하고 있다. 4문단에서는 우주를 탐구하기 위한 인간의 노력을 언급하며 글을 마무리하고 있다.

● **글의 구조도**

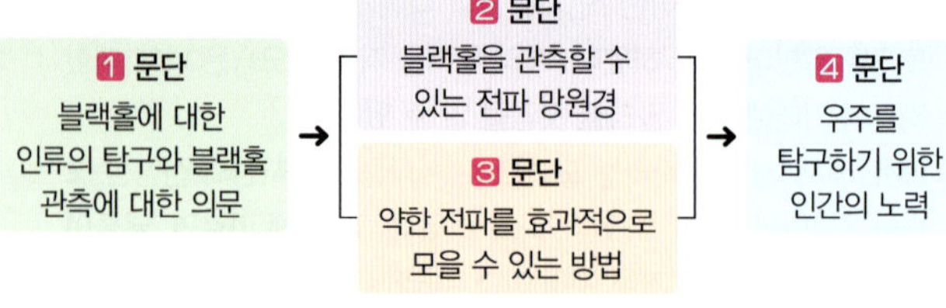

06 [정답] 블랙홀, 전파 ·················· 글의 구조 파악하기

>왜 정답?

1문단에서는 블랙홀에 대한 인류의 탐구를, 3문단에서는 전파 망원경으로 블랙홀을 관측할 때 약한 전파를 효과적으로 모을 수 있는 방법을 설명하고 있다. 따라서 빈칸에 들어가기에 적절한 말은 '블랙홀', '전파'이다.

07 [정답] 전파 망원경을 이용한 블랙홀 관측 방법 ·· 주제 찾기

>왜 정답?

이 지문에서는 전파 망원경을 소개하고, 이것을 통해 블랙홀을 관측하는 방법을 설명하고 있다. 따라서 이 글의 주제는 '전파 망원경을 이용한 블랙홀 관측 방법'이다.

08 [정답] ④ ·················· 내용 파악하기

> **윗글을 읽고 알 수 <u>없는</u> 내용은?**
>
> ① 전파 망원경이 광학 망원경과 다른 점
>   2문단 3번째 문장에 근거
> ② 전파 망원경의 접시 안테나가 큰 이유
>   3문단 1번째 문장에 근거 → 먼 우주로부터 오는 전파가 매우 약하기 때문
> ③ 전파 망원경으로 천체를 관측하는 원리
>   2문단에 근거
> ④ 전파 망원경을 사용할 때 주의해야 할 점
>   지문에서 이야기하고 있지 않음.
> ⑤ 여러 개의 전파 망원경으로 천체를 관측하는 방법
>   3문단에 근거

>왜 정답?

④ 이 지문에서 이야기하고 있지 않은 내용이다.

>왜 오답?

① 2문단에서 '렌즈를 통해 사람의 눈으로 ~ 전파를 모아 천체를 관측한다.'라면서 전파 망원경이 광학 망원경과 다른 점을 언급하고 있다.
② 3문단에서 '먼 우주로부터 오는 ~ 크기가 매우 커야' 한다고 하였다.
③ 2문단에서 '전파 망원경은 ~ 전파를 모아 천체를 관측한다.'라고 하면서 전파 망원경으로 천체를 관측하는 원리를 언급하고 있다.
⑤ 3문단에서 약한 전파를 효과적으로 모으기 위해 여러 개의 전파 망원경으로 천체를 관측하는 방법을 언급하고 있다.

09 [정답] ④ ·················· 내용 파악하기

> **㉠에 대한 설명으로 적절하지 <u>않은</u> 것은?**
>
> ① 전파를 모으는 기능을 가지고 있다.
>   2문단 2번째 문장에 근거 → 천체가 방출하는 전파를 모아 주는 망원경임.
> ② 접시 안테나와 수신기로 구성되어 있다.
>   2문단 3번째 문장에 근거 → 커다란 접시 모양의 안테나와 수신기로 구성됨.
> ③ 컴퓨터를 이용한 작업이 함께 이루어져야 한다.
>   2문단 4번째 문장에 근거 → 컴퓨터로 영상 처리를 하는 과정을 거쳐야 함.
> ④ 우주의 천체 중에서 블랙홀만을 관측할 수 있다.
>   지문에서 이야기하고 있지 않음.
> ⑤ 사람의 눈으로 볼 수 없는 우주의 모습도 관측할 수 있다.
>   사람의 눈으로 볼 수 없었던 천체를 관측할 수 있게 해 줌.

>왜 정답?

④ 이 지문에서는 전파 망원경(㉠)을 이용하여 블랙홀을 관측하는 방법을 설명하고 있다. 그러나 전파 망원경(㉠)이 우주의 천체 중에서 블랙홀만을 관측할 수 있는지에 대해서는 이야기하고 있지 않다.

>왜 오답?

① 2문단에서 '천체는 전파를 방출'하는데, '전파 망원경은 그 전파를 모아 주는 망원경이다.'라고 하였다.
② 2문단에서 '전파 망원경은 커다란 접시 모양의 안테나와 수신기로' 구성되어 있다고 하였다.
③ 2문단에서 '먼 천체에서부터 방출되는 전파를 ~ 컴퓨터로 영상 처리를 하는 과정을 거친다'고 하였다.
⑤ 2문단에서 전파 망원경을 통해 우리는 '눈으로 볼 수 없었던 천체의 크기, 위치, 구성 요소 등 다양한 모습을 관측'할 수 있다고 하였다.

10 [정답] ④ ·················· 반응의 적절성 평가하기

> **윗글을 읽고 난 후의 반응으로 가장 적절한 것은?**
>
> ① 오로지 한 국가만 블랙홀을 관측할 수 있군.
>   1문단에 근거 → 일부 국가에 있는 8개의 전파 망원경을 통해 블랙홀을 관측함.
> ② 블랙홀은 중력도 빛도 없는 천체를 가리키는군.
>   블랙홀은 중력이 너무 커서 빛조차도 빠져나갈 수 없는 천체를 가리킴.
> ③ 아인슈타인은 죽기 전에 블랙홀을 직접 볼 수 있었겠군.
>   1문단에 근거 → 블랙홀을 관측하게 된 것은 최근의 일임.
> ④ 미지의 영역에 대한 호기심이 과학적 발전을 이끌어 낸다고 볼 수 있군.
>   4문단에 근거 → 미지의 대상에 대한 호기심을 해결하기 위해 과학적, 기술적 발전이 이루어짐.
> ⑤ 우주에 전파 망원경을 설치하면 접시 안테나를 지구보다 더 크게 만들 수 있겠군.
>   접시 안테나의 크기가 일정 크기 이상 커질 수 없기 때문에 여러 개의 전파 망원경으로 블랙홀을 관측함.

>왜 정답?

④ 4문단에서 '인간은 늘 미지의 대상에 대해 호기심을 품었고, 그것을 해결하기 위해 많은 과학적, 기술적 발전을 거듭하고 있다.'라고 하였다. 따라서 미지의 대상에 대한 호기심을 해결하기 위한 노력이 과학적 발전을 이끌어 낸다고 볼 수 있다.

>왜 오답?

① 1문단에서 '최근 일부 국가에 있는 8개의 전파 망원경을 통해 실제 블랙홀의 모습을 관측하기에 이르렀다.'라고 하였다.
② 1문단에서 '블랙홀이란, 중력이 ~ 천체를 가리'킨다고 하였다.
③ 1문단에서 '최근 일부 ~ 관측하기에 이르렀다.'라고 하였다.
⑤ 3문단에서 접시 안테나의 크기가 일정 크기 이상 커질 수 없기 때문에 여러 개의 전파 망원경을 사용하여 블랙홀을 관측한다고 하였다.

읽기가 어려운 아이들

○ 핵심어　　█ 문단 중심 문장　　█ 전체 중심 문장

1 난독증은 지능, 시각, 청각이 모두 정상인데도 글자를 읽고 이해하는 데에 어려움이 있는 증세를 가리킨다. 난독증이 있는 사람들은 글을 정확하게 읽거나 글자를 정확하게 쓰는 것이 힘들다. 왜냐하면 이들은 어떤 글자를 보아도 뜻을 알 수 없는 낯선 기호처럼 보이기 때문이다. 난독증이 없는 사람들은 '별'이라는 글자를 보면, 이 글자가 'ㅂ, ㅕ, ㄹ'이라는 3개의 음운으로 이루어져 있다는 것을 알 수 있다. 또한 이 단어가 밤하늘에 반짝이는 별을 가리킨다는 사실을 알 수 있다. 그러나 난독증이 있으면 이처럼 글자를 읽고 단어의 의미를 파악하는 데 어려움을 겪는다.

2 외국에서는 이미 예전부터 난독증과 관련한 문제를 심각하게 생각하였다. 그래서 난독증인 사람이 쉽게 읽을 수 있는 글씨체를 만들어 책에 사용하고 있다. 「난독증이 있는 사람은 일반적으로 명조체보다 고딕체의 글자를 쉽게 읽을 수 있다. 또한 한 글자 안에서 초성–중성–종성의 간격과 글자 간의 간격, 줄 간격이 모두 넓어야 글자를 좀 더 읽기 쉽다고 한다.」

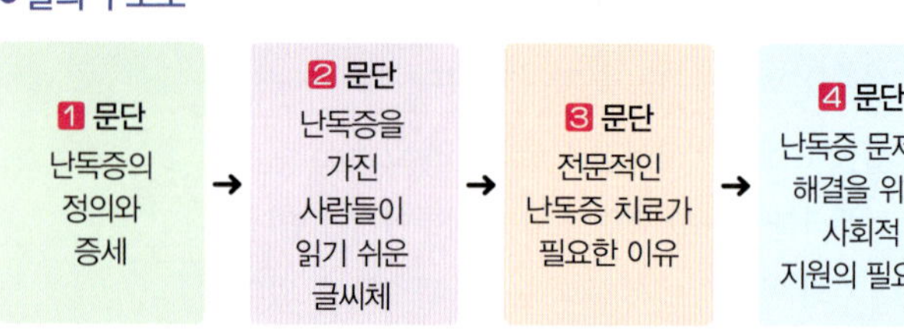

3 일반적으로 학교에서 배우고 평가하는 것이 '글'로 이루어지다보니 난독증이 있는 아이들은 학년이 올라갈수록 학습에 어려움을 겪게 된다. 난독증은 단순히 책을 많이 읽어 주고 시간을 두고 기다려 주면 저절로 나아지는 것이 아니다. 난독증의 치료를 위해서는 전문적인 훈련과 치료를 받아야 한다. 특히 난독증 치료는 어린 나이부터 받기 시작할수록 효과가 좋아서, 꾸준히 치료를 받으면 일반적인 수준의 읽기 능력을 갖추게 되는 것도 가능하다고 한다.

4 통계 자료에 따르면 우리나라의 경우 전체 인구 중 10~15% 정도가 난독증을 겪고 있다고 알려져 있다. 난독인을 위한 글씨체의 개발, 전문적이고 체계적인 훈련과 함께 오디오북, 대화, 영상 등 다양한 매체를 통해 학습 내용을 이해할 수 있도록 사회적인 지원을 아끼지 말아야 할 때이다.

---

1 문단 요약
난독증의 정의와 증세

2 문단 요약
난독증을 가진 사람들이 읽기 쉬운 글씨체

3 문단 요약
전문적인 난독증 치료가 필요한 이유

[중심 문단]
4 문단 요약
난독증 문제의 해결을 위한 사회적 지원의 필요성

● **내용 :** 이 글은 난독증 문제의 현황과 그 해결을 위한 사회적 지원의 필요성을 설명하고 있다.

● **주제 :** 난독증 문제의 현황과 그 해결을 위한 사회적 지원의 필요성

● **글의 구조 파악 :** 1문단에서는 난독증의 정의와 증세가 무엇인지 소개하고 있다. 2문단에서는 외국의 사례와, 난독증을 가진 사람들이 읽기 쉬운 글씨체를 설명하고 있다. 3문단에서는 전문적인 난독증 치료가 필요한 이유를 살펴보고, 4문단에서는 난독증 문제의 해결을 위한 사회적 지원의 필요성을 언급하고 있다.

● **글의 구조도**

1 문단	**2 문단**	**3 문단**	**4 문단**
난독증의 정의와 증세	→ 난독증을 가진 사람들이 읽기 쉬운 글씨체	→ 전문적인 난독증 치료가 필요한 이유	→ 난독증 문제의 해결을 위한 사회적 지원의 필요성

01 [정답] 난독증, 치료 ························· 글의 구조 파악하기

>왜 정답?

1문단에서는 난독증의 정의와 증세를 제시하고, 3문단에서는 전문적인 난독증 치료가 필요한 이유에 대해 설명하고 있다. 따라서 빈칸에 들어가기에 적절한 말은 '난독증', '치료'이다.

02 [정답] 난독증 문제의 현황과 그 해결을 위한 사회적 지원의 필요성 ························· 주제 찾기

>왜 정답?

이 지문에서는 난독증의 정의와 증세를 소개하고, 전문적인 난독증 치료가 필요한 이유를 설명하며 이를 위한 사회적 지원이 필요함을 이야기하고 있다. 따라서 이 글의 주제는 '난독증 문제의 현황과 그 해결을 위한 사회적 지원의 필요성'이다.

03 [정답] ② ························· 내용 파악하기

윗글의 내용으로 가장 적절한 것은?

① 외국에서는 난독증에 대해 관심이 없다.
  2문단 1번째 문장에 근거 → 외국에서는 난독증 문제를 심각하게 생각함.
② 난독증이 있으면 글자를 정확히 읽고 쓰기 어렵다.
  1문단 2번째 문장에 근거
③ 난독증은 시각과 청각에 이상이 생겨서 발생하는 질병이다.
  1문단 1번째 문장에 근거 → 지능, 시각, 청각은 모두 정상임.
④ 난독증이 있는 사람들은 명조체로 쓴 글자를 가장 쉽게 읽는다.
  2문단 3번째 문장에 근거 → 명조체보다 고딕체의 글자를 더 쉽게 읽음.
⑤ 난독증이 있으면 어떤 훈련을 받더라도 일반적인 수준의 읽기 능력을 갖추기 어렵다.
  3문단에 근거 → 어린 나이부터 꾸준히 치료를 받으면 일반적인 수준의 읽기 능력을 갖출 수 있음.

>왜 정답?

② 1문단에서 '난독증이 있는 사람들은 글을 정확하게 읽거나 글자를 정확하게 쓰는 것이 힘들다.'라고 하였다.

>왜 오답?

① 2문단에서 '외국에서는 이미 ~ 심각하게 생각하였다.'라고 하였다.
③ 1문단에서 '난독증은 지능, 시각, 청각이 ~ 증세'라고 하였다.
④ 2문단에서 '난독증이 있는 사람은 일반적으로 명조체보다 고딕체의 글자를 쉽게 읽'는다고 하였다.
⑤ 3문단에서 '난독증 치료는 어린 나이부터 ~ 일반적인 수준의 읽기 능력을 갖추게 되는 것도 가능하다고 한다.'라고 하였다.

04 [정답] ④ ························· 전개 방식 파악하기

윗글에 대한 설명으로 가장 적절한 것은?

① 자신의 경험을 밝히고 있다.
  자신의 경험을 밝히고 있지는 않음.
② 전문가의 의견을 제시하고 있다.
  전문가의 의견을 제시하고 있지는 않음.
③ 근거를 들어 다른 사람의 의견을 반박하고 있다.
  근거를 들어 다른 사람의 의견을 반박하고 있지는 않음.
④ 통계 자료를 근거로 들어 주장을 강화하고 있다.
  4문단에 근거 → '전체 인구 중 10~15% 정도가 난독증'
⑤ 시작 부분에서 질문을 함으로써 읽는 사람의 흥미를 이끌어 내고 있다.
  시작 부분에서 질문을 하고 있지는 않음.

>왜 정답?

④ 4문단에서 '통계 자료에 따르면 ~ 10~15% 정도가 난독증을 겪고 있다'고 하였다. 이는 바로 뒤에 이어지는, 난독증 문제의 해결을 위한 '사회적인 지원을 아끼지 말아야' 한다는 주장을 강화하는 근거이다.

>왜 오답?

①, ②, ③, ⑤ 이 지문에서 다루고 있지 않은 내용이다.

05 [정답] ④ ························· 내용 파악하기

〈보기〉는 윗글을 읽고 그 내용을 정리한 것이다. 적절하지 <u>않은</u> 것은?

〈보기〉

난독증의 증상

• '달'이 'ㄷ, ㅏ, ㄹ'로 이루어진 것을 알기 힘들다. ············ ①
  1문단에 근거 → 음운을 구분하기 어려움.
• '돌'과 '달'의 의미를 구분하는 데 어려움을 겪는다. ········· ②
  1문단에 근거 → 단어의 의미를 파악하기 어려움.

난독증을 앓고 있는 사람들을 위한 노력

• 읽기 쉬운 글씨체를 개발한다. ····························· ③
  난독증인 사람들이 더 읽기 쉬운 글씨체가 있음.
• 글자 사이의 간격을 좁혀 쓴다. ··························· ④
  2문단에 근거 → 간격이 넓어야 읽기 쉬움.
• 어린 나이에 글씨를 읽는 전문적이고 체계적인 훈련을 시작할 수 있도록 지원한다. ····· ⑤
  난독증 치료는 어린 나이부터 받기 시작할수록 효과가 좋음.

>왜 정답?

④ 2문단에서 난독증이 있으면 '초성–중성–종성 간의 간격과 글자 간의 간격, 줄 간격 모두 넓어야 글자를 좀 더 읽기 쉽다고 한다.'라고 했다.

>왜 오답?

① 1문단에서 난독증이 있으면 음운 구성을 파악하기 어렵다고 하였다.
② 1문단에서 난독증이 있으면 '단어의 의미를 ~ 겪는다.'라고 하였다.
③ 2문단에서 난독증 환자가 '쉽게 읽을 수 있는 글씨체'가 따로 있다고 하였다.
⑤ 3문단에서 '난독증 치료는 어린 나이부터 ~ 일반적인 수준의 읽기 능력을 갖추게 되는 것도 가능하다고 한다.'라고 하였다.

사람의 뇌를 가진 돼지?

○ 핵심어 ▬ 문단 중심 문장 ▬ 전체 중심 문장

1 장기 이식이란 다른 개체의 정상적인 장기나 조직을 떼어 내서 손상된 부분에 이식
함으로써 기능을 회복시키는 일로, 주로 심장, 콩팥, 간 등을 이식하는 경우가 많다. 현
재 대부분의 나라에서는 장기 이식을 기다리는 환자는 많은 반면, 이식용으로 쓸 수 있
는 장기는 턱없이 부족한 실정이다. 이러한 문제를 해결하기 위해 과학계에서는 키메라
연구가 진행되고 있다.

2 '키메라'는 그리스 신화에 나오는 사자의 머리에 양의 몸통, 뱀의 꼬리를 가진 괴물의
이름이다. 이에 착안하여 이름 붙여진 '키메라 연구'란, 서로 다른 종의 유전자를 결합하
여 새로운 종을 만들어 내는 기술을 연구하는 것을 의미한다. 과학자들은 이 키메라 연
구를 통해 미래에는 돼지의 몸 안에서 사람의 장기를 키워 환자에게 이식하는 일도 가
능할 것이라고 본다. 다른 포유동물에 비해 돼지는 장기의 형태나 크기가 사람과 특히
비슷하기 때문이다.

3 키메라 연구는 어떻게 진행이 될까? 혈액, 뼈, 피부, 간 등 우리 몸 안에 있는 모든
조직의 세포로 분화할 수 있는 능력을 가진 세포를 배아 줄기 세포라고 한다. 과학자들
은 돼지의 수정란에서 특정 장기를 만들어 내는 유전자를 잘라 낸 후 인간의 배아 줄기
세포를 주입하면 돼지의 몸속에서 인간의 장기가 자라날 것이라고 생각한다. 미국의 한
연구팀은 실제로 인간의 배아 줄기 세포를 주입한 돼지의 수정란이 암컷의 자궁에 착상
된 후 인체의 근육과 여러 장기 세포의 초기 형태를 띠게 된 것을 확인했다고 밝히기도
했다.

4 그러나 키메라 연구가 진행되어 돼지의 몸으로부터 인간의 장기가 만들어진다고 하
더라도 이것을 바로 인간에게 이식할 수 있는 것은 아니다. 만들어진 장기의 세포는 인
간의 것이지만, 장기와 연결된 혈관은 여전히 돼지의 것이기 때문이다. 돼지의 혈관이
연결된 장기를 인간에게 이식하면, 인간의 몸은 자신의 것이 아니기 때문에 면역 거부
반응을 일으켜 이식된 장기를 파괴하려 할 것이다. 또한 키메라 연구를 통해 돼지가 인
간의 지능이나 정서를 갖게 된다면 어떻게 할 것인지에 대한 윤리적인 문제도 언급되고
있다. 이와 같은 문제점들로 인해 키메라 연구는 아직 갈 길이 먼 실정이다.

[중심 문단]

1 문단 요약
이식용 장기가 부족한 문제를 해
결하기 위한 키메라 연구

2 문단 요약
키메라 연구의 개념

3 문단 요약
돼지를 이용한 키메라 연구의 진
행 방법

4 문단 요약
키메라 연구의 한계점과 윤리적
문제

● **내용**: 이 글은 이식용 장기가 부족한 문제를 해결하기 위한
키메라 연구의 개념과 현황 및 한계를 설명하고 있다.

● **주제**: 키메라 연구의 개념과 현황, 한계

● **글의 구조 파악**: 1문단에서는 키메라 연구가 시작된 배경을
소개하고 있다. 2문단에서는 키메라 연구란 무엇인지 밝히고,
3문단에서는 키메라 연구의 진행 방법을 설명하고 있다. 4문단
에서는 키메라 연구의 한계를 언급하며 글을 마무리하고 있다.

● **글의 구조도**

1 문단		**2** 문단		**3** 문단		**4** 문단
이식용 장기가 부족한 문제를 해결하기 위한 키메라 연구	→	키메라 연구의 개념	→	돼지를 이용한 키메라 연구의 진행 방법	→	키메라 연구의 한계점과 윤리적 문제

06　[정답]　장기, 돼지　············· 글의 구조 파악하기

>왜 정답?

1문단에서는 키메라 연구가 시작된 배경을 밝히고 있다. 또 3문단에서는 돼지를 이용한 키메라 연구가 어떻게 진행되는지 설명하고 있다. 따라서 빈칸에 들어가기에 적절한 말은 '장기', '돼지'이다.

07　[정답]　키메라 연구의 개념과 현황, 한계　······ 주제 찾기

>왜 정답?

이 지문에서는 키메라 연구의 개념과, 키메라 연구의 현황과 한계를 설명하고 있다. 따라서 이 글의 주제는 '키메라 연구의 개념과 현황, 한계'이다.

08　[정답]　⑤　···················· 내용 파악하기

> **키메라 연구에 대한 설명으로 적절하지 않은 것은?**
>
> ① 윤리적 문제 때문에 아직 갈 길이 먼 실정이다.
> 　　　　　　4문단에 근거
> ② 인간의 배아 줄기 세포를 돼지의 수정란에 주입하기도 한다.
> 　　　키메라 연구의 진행 방법에 해당함.
> ③ 사람의 장기를 동물에게서 키워 이를 사람에게 이식하고
> 　　돼지의 몸 안에서 사람의 장기를 키워 환자에게 이식하는 것을 목표로 함.
> 　자 진행되는 연구이다.
> ④ 포유동물 중에서 장기의 형태나 크기가 사람과 비슷한
> 　　　　　　　　　　2문단에 근거
> 　돼지를 이용해 진행된다.
> ⑤ 돼지들에게 유전되는 질병의 치료법과, 이를 사람에게
> 　　　　지문에서 이야기하고 있지 않음.
> 　응용하는 방법을 알아내려는 연구이다.

>왜 정답?

⑤ 이 지문에서 키메라 연구가 돼지에게 유전되는 질병의 치료법을 알아내려는 연구라고 이야기하고 있지는 않다.

>왜 오답?

① 4문단에서 키메라 연구와 관련하여 '윤리적인 문제'가 있다고 하였다.
② 3문단에서 키메라 연구는 '돼지의 수정란에서 ~ 인간의 배아 줄기 세포를 주입'하는 방식으로 진행된다고 하였다.
③ 2문단에서 '키메라 연구를 통해 미래에는 돼지의 몸 안에서 사람 장기를 키워 환자에게 이식하는 일도 가능할 것'이라고 하였다.
④ 2문단에서 키메라 연구에서 돼지를 이용하는 것은 '돼지는 장기의 형태나 크기가 사람과 특히 비슷하기 때문이다.'라고 하였다.

09　[정답]　④　···················· 전개 방식 파악하기

> **윗글에 대한 설명으로 적절하지 않은 것은?**
>
> ① 키메라 연구의 문제점을 지적하고 있다.
> 　　'면역 거부 반응', '윤리적인 문제'
> ② 키메라 연구가 시작된 배경을 밝히고 있다.
> 　이식용 장기가 부족한 문제를 해결하기 위해 시작됨.
> ③ 키메라 연구가 진행되는 방법을 설명하고 있다.
> 　'돼지의 수정란에서 ~ 유전자를 잘라 낸 후 인간의 배아 줄기 세포를 주입'

> ④ 키메라 연구에 모든 국민이 관심을 가질 것을 요청하고
> 　　　　지문에서 이야기하고 있지 않음.
> 　있다.
> ⑤ 키메라 연구가 키메라 연구라고 이름 붙여진 이유를 설
> 　그리스 신화에 나오는 괴물인 '키메라'에 착안하여 이름 붙여짐.
> 　명하고 있다.

>왜 정답?

④ 이 지문에서 모든 국민이 키메라 연구에 관심을 가질 것을 요청하고 있지는 않다.

>왜 오답?

① 4문단에서 키메라 연구는 '면역 거부 반응'을 일으킬 수 있는 문제뿐만 아니라 '윤리적인 문제'도 있음을 지적하고 있다.
② 1문단에서 '이식용으로 쓸 수 있는 장기'가 부족하여 키메라 연구가 진행되고 있음을 설명하고 있다.
③ 3문단에서 키메라 연구가 '돼지의 수정란에서 특정 장기를 ~ 인간의 배아 줄기 세포를 주입'하는 방식으로 진행됨을 설명하고 있다.
⑤ 2문단에서 키메라 연구는 그리스 신화에 나오는 괴물의 이름인 '키메라'에 착안하여 이름 붙여졌음을 설명하고 있다.

10　[정답]　⑤　···················· 반응의 적절성 평가하기

> **윗글을 읽고 난 후의 반응으로 적절하지 않은 것은?**
>
> ① 장기 이식을 기다리는 환자가 생각보다 많군.
> 　　현재 대부분의 나라에서 장기 이식을 기다리는 환자가 많음.
> ② 인간에게는 모든 장기의 조직 세포로 분화할 수 있는 특
> 　　　인간에게는 모든 조직의 세포로 분화할 수 있는 배아 줄기 세포가 있음.
> 　수한 세포가 있군.
> ③ 키메라 연구에 반드시 필요한 것은 돼지의 수정란과 인
> 　　키메라 연구는 돼지의 수정란에 인간의 배아 줄기 세포를 주입하는 것임.
> 　간의 배아 줄기 세포이군.
> ④ 장기를 이식받은 후에 몸에서 면역 거부 반응이 일어나
> 　　인간의 몸이 면역 거부 반응을 일으키면 이식된 장기가 파괴될 수 있음.
> 　면 이식받은 장기가 손상되겠군.
> ⑤ 키메라 연구가 성공적으로 진행된다면 장기 이식을 받아
> 　키메라 연구는 이식용 장기를 마련하기 위한 것이므로 장기 이식 환자 수와는
> 　야 하는 환자들도 크게 줄어들겠군.　　　　　　관련이 없음.

>왜 정답?

⑤ 키메라 연구는 이식용 장기를 충분히 마련하기 위한 연구이다. 키메라 연구와 장기 이식이 필요한 환자의 수는 관련이 없다.

>왜 오답?

① 1문단에서 '현재 대부분의 나라에서는 ~ 환자는 많'다고 하였다.
② 2문단에서 인간의 몸속에 있는 배아 줄기 세포는 모든 조직의 세포로 분화할 수 있는 세포라고 하였다.
③ 3문단에서 키메라 연구는 돼지의 수정란에 인간의 배아 줄기 세포를 주입하는 방식으로 진행된다고 하였다.
④ 4문단에서 장기 이식을 받은 후에 몸에서 면역 거부 반응을 일으키면 이식된 장기가 파괴될 수 있다고 하였다.

학교 시험 유형 훈련과 단계별로 서술형 문제 완성!!

자이스토리 중등 수학

QR코드를 통한 생생한 개념 강의와 전문항 동영상 강의 수록

*** 2022 개정교육과정에 꼭 맞춘 자이스토리**

자이스토리와 함께 하면 수학 실력이 하루하루 달라지는 놀라운 경험을 하실 수 있습니다.

[자이스토리 중등 수학 시리즈]
중등 수학 1-1, 1-2
중등 수학 2-1, 2-2
중등 수학 3-1, 3-2

01 개념 다지기 + 개념 확인 문제

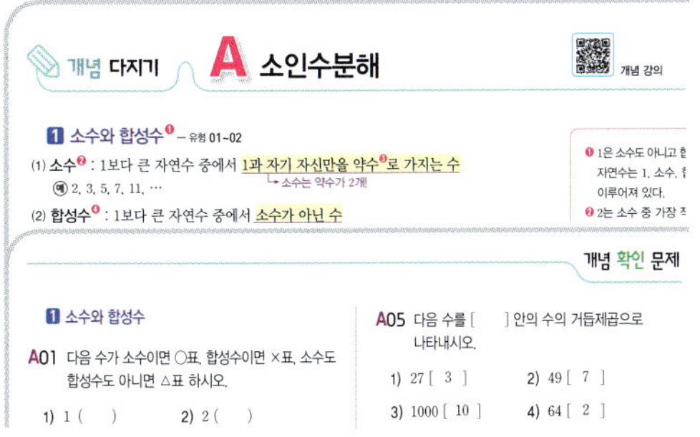

- 각 단원에서 꼭 알아야 하는 개념을 촘촘히 분류해 이해하기 쉽게 설명하였습니다.
- 개념 확인 문제를 풀어보며 개념을 다시 한 번 점검할 수 있습니다.

02 학교 시험 유형 익히기

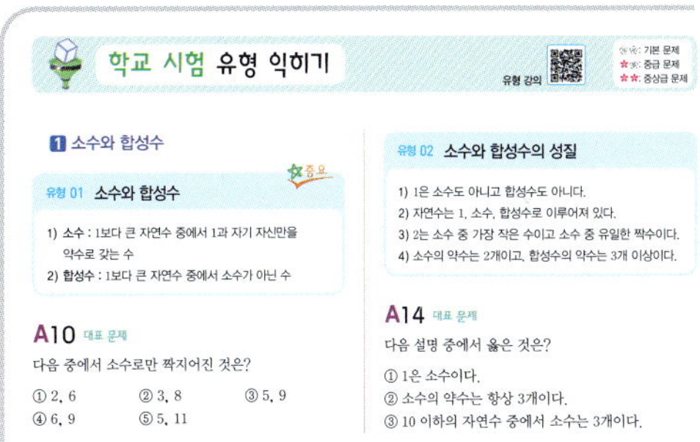

- 학교 시험에 출제되는 모든 유형을 정확히 파악할 수 있습니다.
- 최대 유형 훈련으로 개념을 확장시켜 문제를 쉽게 풀 수 있어 수학 실력이 쑥쑥 오릅니다.

03 서술형 다지기

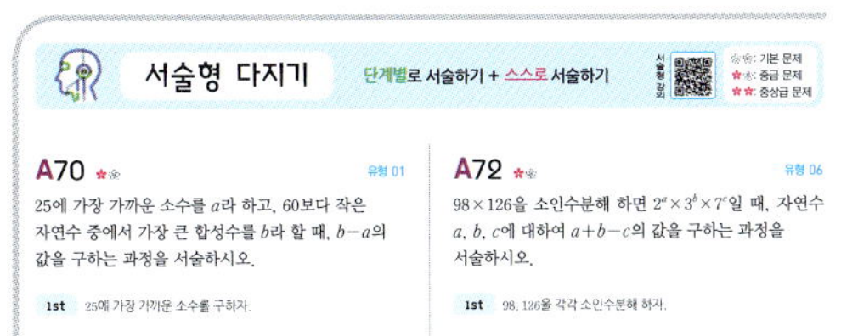

- 어려워 하는 서술형 문제를 단계별로 익힐 수 있습니다.
- 스스로 서술하는 연습을 충분히 하면 학교 시험 서술형 문제가 쉽게 느껴질 것입니다.

04 고난도 도전 문제

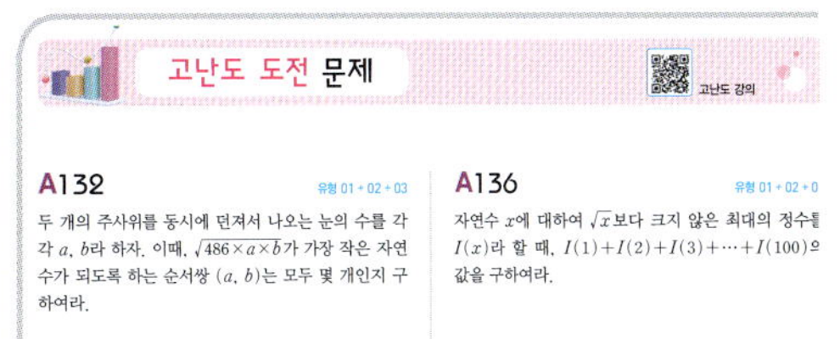

- 여러 개념이 복합된 고난도 문제의 접근 방법을 배우고 익힙니다.
- 수학적 사고력을 확장시켜 학교 시험에서 100점을 받을 수 있습니다.

MEMO

MEMO

MEMO

MEMO

자이스토리

중학 국어 독해력 완성 시리즈

[비문학]

○ **재미있는 소재로 하루 2지문씩 24일 완성**

• '추석 연휴가 고작 하루였다고?', '슈퍼 히어로를 좋아하는 이유' 등 흥미로운 소재의 지문으로 지루함 없이 독해 연습을 할 수 있습니다.
• 인문, 사회, 과학, 기술, 예술 지문은 물론 복합 지문까지 다양한 영역의 지문을 수준별 난이도에 따라 수록했습니다.

○ **지문을 쉽게 이해하게 도와주는 나만의 과외 선생님 Follow Me!**

• STEP Ⅰ∼Ⅲ 과정을 통해 혼자 공부하더라도 지문을 쉽게 이해할 수 있도록 친절하고 자세하게 설명합니다.
• 핵심어를 파악하는 방법, 문단 요약하는 방법, 주제를 찾는 방법 등을 구체적으로 알려줍니다.

○ **매일 다양한 유형의 어휘 문제와 배경지식 넓히기**

• 독해의 기초가 되는 어휘를 매일 여러 유형의 문제로 테스트해 익힐 수 있습니다.
• 지문에 나온 내용과 관련된 배경지식은 SNS, 만화, 그림 등으로 표현하여 오래도록 기억하게 합니다.

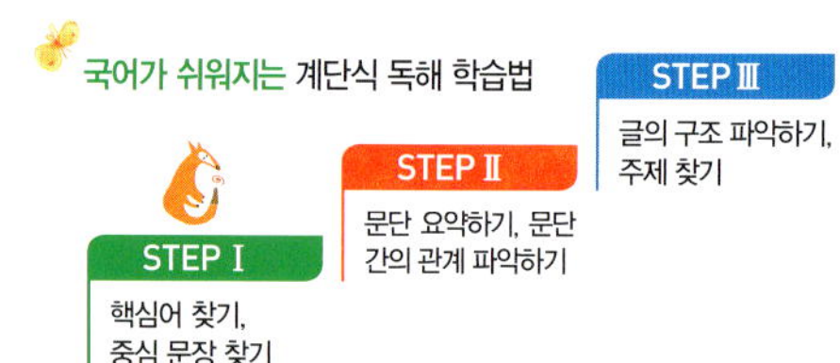

자이스토리 중학 국어 독해력 완성 [비문학] 시리즈

교재 단계	지문 구성	문제 유형	학습 대상
독해력 완성 1 [비문학]	흥미로운 소재 + 기본 어휘로 구성된 지문	내용 이해 문제 + 어휘 문제	중2 ∼ 예비 중1
독해력 완성 2 [비문학]	흥미로운 소재 + 실전 어휘로 구성된 지문	내용 이해 문제 + 내용 추론 문제 + 어휘 문제	중3 ∼ 중1
독해력 완성 3 [비문학]	흥미로운 소재 + 실전 어휘 + 고1 학평 기출 변형 지문	내용 이해 문제 + 내용 추론 문제 + 수능형 문제 (구체적 사례 및 반응의 적절성) + 어휘 문제	예비 고1 ∼ 중3

판매량 **1**위, 만족도 **1**위, 추천도서 **1**위!!

쉬운 개념 이해와 정확한 연산력을 키운다!!

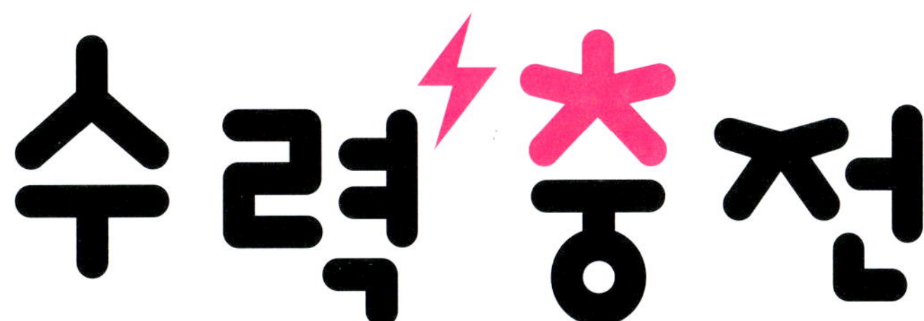

★ 수력충전이 꼭 필요한 학생들

- 계산력이 약해서 시험에서 실수가 잦은 학생
- 개념 이해가 어려워 자신감이 없는 학생
- 부족한 단원을 빠르게 보충하려는 학생
- 스스로 원리를 터득하기 원하는 학생
- 수학의 전체적인 흐름을 잡기 원하는 학생
- 선행 학습을 하고 싶은 학생

1 쉬운 개념 이해와 다양한 문제의 풀이를 따라가면서 수학의 연산 원리를 이해하는 교재!!

2 매일매일 반복하는 연산학습으로 기본 개념을 자연스럽고 완벽하게 이해하는 교재!!

3 단원별, 유형별 다양한 문제 접근 방법으로 부족한 부분의 문제를 집중 학습할 수 있는 교재!!

★ 수력충전 시리즈

초등 수력충전 [기본]

초등 수학 1–1, 2 / 초등 수학 2–1, 2
초등 수학 3–1, 2 / 초등 수학 4–1, 2
초등 수학 5–1, 2 / 초등 수학 6–1, 2

중등 수력충전

중등 수학 1–1, 2
중등 수학 2–1, 2
중등 수학 3–1, 2

고등 수력충전

공통수학1, 공통수학2
대수 / 미적분 I / 확률과 통계

꼼꼼한 지문 분석, 명쾌한 문제 풀이로 국어가 쉬워진다!

대한민국 No.1 수능 기출 문제집

자이스토리
국어 시리즈

*동영상 강의
독서, 언어(문법)

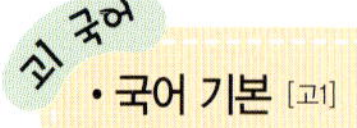

고1 국어
• 국어 기본 [고1]

– 처음부터 차근차근 고등 국어 기초 쌓기
• 고등 국어를 처음부터 체계적으로 공부할 수 있도록 꼭 맞는 학습법을 알려 드립니다.
• 독서, 문학, 문법(언어), 화법과 작문, 매체까지 고등 국어를 쉽고 재미있게 공부할 수 있습니다.

독서
• 독서 실전 [고3]
• 독서 완성 [고2]
• 독서 기본 [고1] NEW

– 독해 공식과 문제 유형별 꿀팁으로 쉽고 빠르게 독서 마스터
• 수능 독서 시험의 최신 경향에 꼭 맞는 학습법을 알려 드립니다.
• 지문 유형별 독해 공식과 지문 분석·문제 풀이 특강으로 지문 분석·문제 풀이 훈련을 합니다.

문학
• 문학 실전 [고3]
• 문학 완성 [고2]
• 문학 기본 [고1] NEW

– 갈래별 독해 공식으로 어떤 문학 작품이라도 쉽고 빠르게 분석
• 작품 갈래별로 반드시 파악해야 할 요소를 독해 공식으로 알려 드립니다.
• 작품 갈래별 독해 공식과 지문 분석·문제 풀이 특강으로 정답을 한눈에 파악할 수 있습니다.

• 고등 국어 문법 총정리
[고1, 2, 3] NEW

– 2022 개정 교육과정을 반영, 고등 국어 문법 개념 총정리
• 고등 국어 교과서의 문법 개념을 총정리한 책으로, 내신과 수능을 동시에 대비할 수 있습니다.

• 화법과 작문 실전 [2015 교육과정]
• 언어와 매체 실전
• 언어(문법) 기본 [2022 교육과정]

– 세분화된 선택 과목 집중 훈련
• 고등 국어 문법·화법과 작문 개념을 쉽게 이해할 수 있도록 도식화·시각화했습니다.
• 여러 유형의 다양한 문제를 통해 내신과 수능을 대비할 수 있습니다.

• 전국연합 고1 국어
• 전국연합 고2 국어
• 연도별 고3 모의고사

– 실전 훈련으로 국어 1등급 완성 (최신 유형·최다 수록)
• 전국연합 모의고사 고1, 고2 국어: 최신 3개년 학력평가 12회
• 연도별 고3 모의고사: 최신 기출 모의고사 30회

• 고전 시가 총정리
[고1, 2, 3]

– 단계별 기출문제로 어려운 고전 시가 총정리
• 작품 갈래에 따라 반드시 파악해야 할 요소를 독해 공식으로 알려 드립니다.

• 수능 국어 개념어 총정리
• 국어 독해력을 키우는 실전 어휘

– 독해력을 키우는 바탕! 어휘력 키우기
• 독서, 문학, 수능 주요 어휘 등 수능 국어 모든 영역의 어휘를 한 번에 학습할 수 있습니다.
• 지문과 문제를 통해 어휘력이 쌓였는지 확인하면서, 독해력도 높입니다.

자이스토리 국어 시리즈